JN252143

自分描画法の基礎と臨床

小山充道 著

遠見書房

はじめに

　本書は拙著『思いの理論と対話療法』（誠信書房）の続編です。1985 年に発刊した『脳障害者の心理臨床』（学苑社）から数えて 8 冊目の臨床ノートとなります。本書では「思い」を浮かび上がらせるひとつの方法として，筆者創案の「自分描画法」を紹介しています。自分描画法は思いの理論にもとづく心理学的手法で，描画法を用いながらも描画法そのものではないという性質をもっています。わかりやすく言えば，「絵から何かしらの心理的動きを見出す」という査定の心理的道具としてよりも，「人が思いを浮かび上がらせることができる身近な方法として選ばれた心理臨床的手法」と位置づけられます。

　「思い（OMOI）」という言葉は心理臨床における学術用語とはなっていませんが，私は「思い」は心理臨床の核と考えています。心理臨床は「今変わろうとしている個人」を主対象としています。「自分を変えたい」「自分が変わりたい」，「自分を変えなければならないと思う」「自分が変わって欲しい」，「自分が嫌だ」「自分を見たくない」など，「人が変わりつつあるという心理的状況」がその前提としてあるはずです。この場合，「自分が変わる」という心理的状況の背後には，「自分の “何を” 変えたいのか」という自分自身に対する問いかけがあります。この「何を」を解き明かし，熟考し思いを深める中で心理的健康回復および増進に生かす道筋を示すという役割を本書はもっています。本書では，「何を」の答えを「思いを」ととらえ，未知の「思い」という心の世界を展開しています。

　本書はまた，「自分が変わるには，心理的変化に順序というものがある」ということを多くの心理臨床事例より示しています。それは比喩的にいえば，意識的であっても無意識的であっても「思いに苦しむ段階」から，「思いをつかむ段階」へ，そしてこの「思いをつかむ」段階を乗り越えて，やっと「思いを収める」ことができるようになるという道筋です。これは本書で展開する「思いの理論」の背景にある仮説です。

　世界ではアナログが衰退し，デジタル化が進んでいます。しかしどんなに社会がデジタル化しようとも，それについていけない心特有の世界があります。効率を重んじる昨今の日本の状況を省みますと，デジタル化の発展

と同じようにますます「思い」を大切にする心理臨床的態度が重要となることを，多くのクライエントが教えてくれています。私見に過ぎませんが，単に考え方を変えるだけでは，人はなかなか変わりません。人間はそんなに単純な生き物ではありません。戸惑い，矛盾，理屈に合わない行動などを真摯にとらえてこそ，心の深奥に迫れるのだと思います。私には「自分を変えよう」とする心の動きの背後に，本能的かつ感情的な心のしこりがあってこそ「人は変わることができる」との思いがあります。思いの理論は，意識水準で言えばやや心の奥にあるところの「こころ」を問題にしています。少し余裕をもち，自分を振り返れば自分をつかむことができるあたりの心模様と言ってもいいでしょう。

　本書でとりあげる「自分描画法」は，見えにくい心の部分にふれ得る一つの手法です。直接の契機は筆者の4人の子どもが書き残した多数の描画および落書きと映像，病院臨床で出会った多くの患者さんが描いた絵と残した言葉，スクールカウンセラーとして接した子どもの落書きノート，学生相談中に大学生が描いた描画等に私自身が接したことによります。面接体験から気づいたことはたくさんあります。以下に箇条書きします。

1. 不思議なことに普通の状態にある成人は落書きをあまり残さない。成人はおそらく心の中に落書きをし，これを心の中に描く（残す）のだろうと私は感じ取っています。多くの場合，成人面接ではその"落書き"内容が面接で語られます。葛藤，苦渋，忍耐，矛盾，落胆など，クライエントはある出来事を伝えるのにある感情を添えがちです。

2. 震えながら告白する，泣きながら話し始めるなど，「面接状況によりある感情が押し上げられる」という印象を私は強く感じています。このことは，治療セッティングを考える時の重要な手掛かりとなります。

3. 落書きはあるときは思いを吐き出す手段として用いられ，またあるときは時間つぶしの道具であったりもします。病理領域となれば，落書きは各種妄想となり代わり，現実が塗り替えられ，イメージ化されたりもします。

4. 落書きにはたくさんの情報がつまっています。だからこそ，慎重に"ふれる"こと。

5. 落書きには構成要素と，描きやすい順序というものがあるようです。たとえば子どもはまず自分を何かの形で表現したあと，今気になって

いるもの（あるいは気になっていること）を描く。次に背景を描き，最後に物語を加えるという流れです。一つが次を触発し，触発され出現したものがまた次の触発を生むという展開です。心の玉突きのような感じです。たとえば，不登校中の子どもの問題が夫婦関係に影響を与え，夫婦仲の悪化が次の子育てに影響を与えるといった展開は，よくみられる自然な家族変容のプロセスでしょう。この場合，母親は悩みを深め，育児を放棄するかもしれない。その結果，父親が子育てをしなければならなくなることもあるでしょう。家族成員の役割が変わるということは，家族成員の心が変化していることを示唆します。

　"思い"は心の少し深いところに潜み，多くの場合何らかのメッセージをもっていると考えられます。
　自分描画法は落書きに4つの構成要素を想定し，人が何かを思い浮かべるのに抵抗が少ないように順序を考え考案しできたものです。
　これまで自分描画法に関する心理臨床研究により明らかにされたことは次のとおりです。

①自分描画法を導入することで，対話がスムーズになった。
②自分描画法を実施する過程において，クライエントの自分への振り返りが比較的短時間に行われ，大きな抵抗もなく対象者が抱く思いが深められた。
③自分描画法は心理査定道具として，クライエントの心の質的分析に役立っている。

　これらの結果は自分描画法が心理療法になにほどか貢献していることを示唆しています。しかし何事にも効用と限界があるように，自分描画法にも限界があると思っています。その詳細については，体験者が赤裸々に語ってくれています。効用を学ぶと同時に限界についてもしっかりと学ぶ。そんな姿勢を持ち続けたいと思います。
　自分描画法は，心を外界に投映するひとつの心理査定法であり，また対話をしながら描画するため，対象者にとって興味深く比較的なじみやすい心理療法および心理査定技法となっています。また身体病の人が抱く身体像の歪みを検出する心理査定として，また思春期〜青年期に生じる錯綜した

自己像と自分を取り巻く環境との関係を自分描画に投映，描画者に自分という存在に対する気づきを高める道具として用いられてきています。対話を重視する心理療法の道具として自分描画法が用いられるのであれば，その有効性は拡大すると考えられます。自分描画法では，文字通り，自分を振り返る用具として"自分描画"と"対話"を用います。

　本書の構成です。
　第1章は自分描画法創案の背景を，「気づき」，「心理アセスメント」，「セルフレポート」の視点から述べたものです。本書の導入となっています。
　第2章は自分描画法をわかりやすく紹介しました。最初に本章を読めば，自分描画法ができるかと思います。その内容や考え方についてはそれ以外の章をお読み下さい。
　第3章は落書きの心理学的な分析をもとに，落書きがもつ心理的特徴を示し，構成要素を探る試みです。
　第4章は幼児から高齢者に至るまでの自分描画法の資料を紹介し，個々の作品について解説を加えました。本書の根幹となる章です。
　第5章は自分描画法を支える科学的な根拠を示しています。他の描画法との特徴比較から，自分描画法と類似するTATとの詳細な比較，自分描画法体験者の生の声などで構成されています。
　第6章は思いの理論に焦点をあてた記述となっています。自分描画法の背景を理解していただく手掛かりになるかと思います。
　第7章は対話分析法のやり方を紹介しています。自分描画法は「自分のありよう」に焦点をあてていることから，対話場面では「〜の私」を意識的につかむ心の作業を推し進めます。
　第8章は事例編です。児童虐待事例，脳に障がいを持った女子生徒の事例，家族修復を願う成人男性の事例，そして高齢で認知症をもつ人との自分描画法をとおしたやりとりを取り上げました。認知症の事例は，試みとして行ったものです。
　付録に自分描画法実施時に役立つ道具として，自分描画法記録用紙の紹介と，実際に記入後の記録用紙を掲載しました。バウムテストは別書で学ぶことが必要となりますが，それ以外は本書の解説で記入可能と考えています。
　自分描画法の概要を次のページ記しました。参考にして下さい。

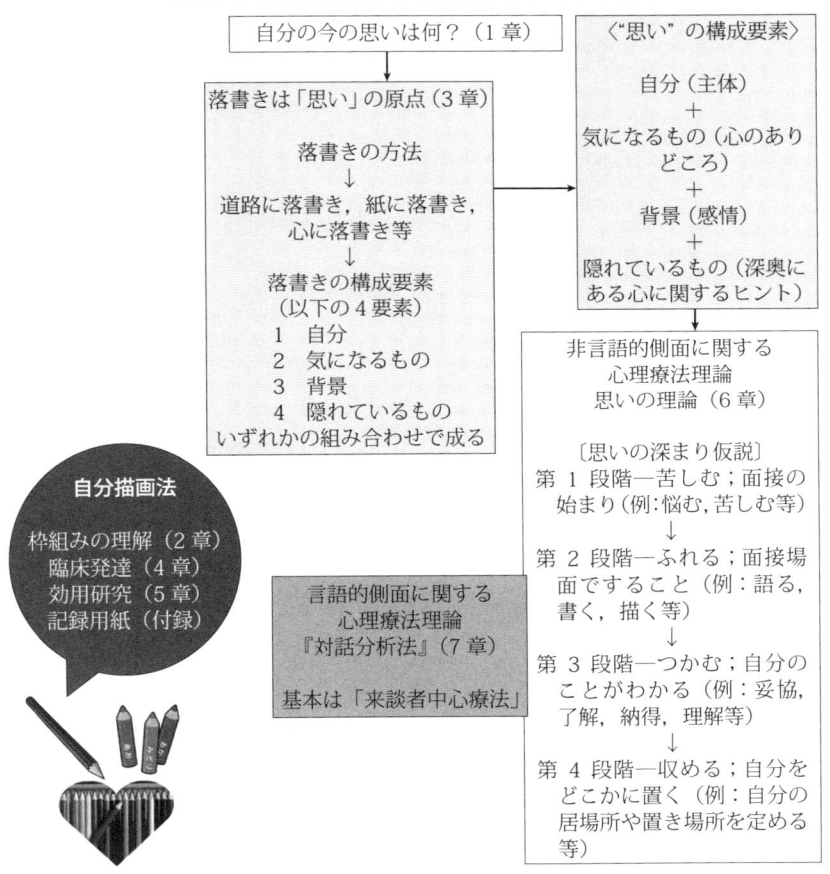

自分描画法（Self-Portrait Method；SPM）の概要
＝　思いをつかむ方法　＝

自分の今の思いは何？（1章）

〈"思い"の構成要素〉

自分（主体）
＋
気になるもの（心のあり
どころ）
＋
背景（感情）
＋
隠れているもの（深奥に
ある心に関するヒント）

落書きは「思い」の原点（3章）

落書きの方法
↓
道路に落書き，紙に落書き，
心に落書き等

落書きの構成要素
（以下の4要素）
1　自分
2　気になるもの
3　背景
4　隠れているもの
いずれかの組み合わせで成る

自分描画法

枠組みの理解（2章）
臨床発達（4章）
効用研究（5章）
記録用紙（付録）

言語的側面に関する
心理療法理論
『対話分析法』（7章）

基本は「来談者中心療法」

非言語的側面に関する
心理療法理論
思いの理論（6章）

〔思いの深まり仮説〕
第1段階—苦しむ；面接の
始まり（例：悩む，苦しむ等）
↓
第2段階—ふれる；面接場
面ですること（例：語る，
書く，描く等）
↓
第3段階—つかむ；自分の
ことがわかる（例：妥協，
了解，納得，理解等）
↓
第4段階—収める；自分を
どこかに置く（例：自分の
居場所や置き場所を定める
等）

　最後になりましたが，『学校における思春期・青年期の心理面接』『必携
臨床心理アセスメント』（金剛出版）に引き続き，編集の労を取ってくださ
った遠見書房社長，山内俊介さんには心から感謝申し上げます。

　2015年5月　　北海道松前城南殿桜に心奪われながら……

小山　充道

目　　次

自分描画法の基礎と臨床

1 章　自分描画法創案の背景

Ⅰ　"自分の思い"に気づく

　　自分描画法（Self-Portrait Method；略称 SPM）の着想は，子どもが描く落書きによる。筆者はスクールカウンセラーとして出会った子どもが，よく落書きする場面に遭遇した。その落書きを見て，筆者には落書きの内容と表現方法には何かしらの心理的意味があるに違いないという直観が働いた。幼い子どもは落書き帳にしばしば親の顔を描くが，多くの大人は落書き帳を持とうとはしない。大人は心の中に落書きをすると考えられる。一例として大人の落書きはつぶやき（例：ツイッター，フェイスブック，インスタグラム等の主要なソーシャルネットワークサービス〔SNS〕）の中に具現化されているように感じる。普段，他者に言いづらい自慢や溜まった愚痴は，常にどこかにはけ口を求めている。SNS は情報を瞬時に伝える手段として機能しているが，不満や弱音をはける場所ともなっている。

　　人は成長するにつれクレヨンや色鉛筆から遠ざかる。大人にクレヨンを持たせると，多くの人がこういう。「懐かしい…」と。落書き，クレヨン，色鉛筆などは，幼い頃の思い出の中にあるようだ。筆者は心理臨床において「思い」という心の様相を重視する。落書きやクレヨンにふれると思いの世界に近づけるのではないかという直観は，その後，落書きを整理し枠組みを整えた"自分描画法"の創案へと結びついていく。本書はその経過を記した報告書である。

　　自分描画法では最初に自分を描かせる。自分を描くのは誰にとっても多少なりの抵抗が生じる。自分を描くには事前に被描画者との信頼関係が必要となる。自分描画法をスクリーニングテストとして用いるとき，心理的抵抗を測ることは可能だろうが，自分描画法の背景にある繊細な思いの世

界に迫ることは難しい。本来自分描画法は検査者と受検査者との信頼関係が樹立した後，被検査者に自己探索欲求が芽生えてからの利用を想定している。

　今から 67 年前にマコーバー女史（Machover, K., 1949) は『人物画への性格投影』という本を出版し，人物画テスト（Draw-a-Person Test；DAP）を紹介した。DAP では「ひとりの人間を描いてください」と教示し，男性像と女性像をそれぞれ描いてもらう。人物画を性格分析の手掛かりとする試みはマコーバーが出発点となった（深田，1986）。マコーバーによれば，たとえば「頭」は知的能力，社会的支配性，肉体的衝動統制の中枢である。女性像に母親のイメージを投映している男性は，不均衡に大きな頭部をもつ女性の絵を描く傾向があるという。DAP では身体の重要部分についての内容分析と，大きさ，筆圧，ライン，用紙上の位置等の形式分析結果も解釈に加える。最後に描画結果としての「人物像」そのものが解釈される。自分描画法では，人物（自己）像は，気になること，背景，そして隠れているものとの関連から解釈される。その結果，「描画者の今の思い」が紡ぎ出される。

　自分像の描画には，「自分を意識する（自己意識化）→自分の姿形等を思い浮かべる（自己イメージの形成）→それを絵にする（表現力）」という 3 つの力を必要とする。筆者はこの 3 つのプロセスを経て，「自分への気づきが生じる」と考えている。

　最初に，自己意識化について考える。人間は何かの形で常に自分とふれあっている。自分というものに特に気づかないで過ごしている人，自分は生きているからこそ自分はここにいると言うことができると話す人，気づいていても気づかないようにしている人など，「自分」とのふれあい方には無数の形がある。大学生に「自分を感じた出来事」を挙げてもらった。

　「アルバイトを始めたことで，店員は買い物客を結構見ていることに気づいた。買い物客だったときの自分は，まさか店員に見られていると感じたことがなかった。ちょっとざわっとした」といった「他者から見られている自分に気づいた」事例，「何気なくいつものように友達と話をしていたとき，友達から "お前は口先ばかりだ" と指摘された。よくよく考えてみた。確かに自分は実行せず，言葉でいうことばかりだ……知らず知らずのうちに見ないようにしていた自分自身と対面した一瞬だった」といった友達からの思わぬ発言から，自分について振り返らざるを得なくなったという事

例がある。他者は自分というものを意識づける存在となりうる。

　「人から今何時？と聞かれて，お昼頃じゃない？とだけ答え，詳しい時間を教えてあげなかった。そのとき，自分はちょっと意地悪な一面も持っているなと感じた」という「自分の発言が自分の性格を振り返るきっかけとなった」事例，「高校生のときは本当の自分を抑え周囲の望むように振る舞い，心理的に苦しかったことを思い出す。"本当は違うんだよ"といつも小声でつぶやいていた。本当の姿で振る舞うことができないまま息を殺して3年間を過ごした。そんな経緯から大学に合格したときは"これからは本当の自分を大切にしよう"と心に決めた。そして"自分のために毎日を過ごそう"と思った。しかし人生はそのとおりにはいかない。心に決めたはずのことができない……」という「現実を前にして決心が揺らいだ」事例，「受験時に流れる雲を見て，合否なんて小さいことだと思ったとき，あぁっ！と言葉が漏れた。私は結構受験を怖がっていたのかもしれない……」などは自分の心の中で起こった出来事が自分というものを意識づけることがあることを教えてくれる。自己内対話の事例がこれにあたる。

　「部活の試合でよい成績をとった。新聞に自分の名前が載ったとき，強く自分の存在を感じた」という事例では，「頑張るぞ！」という読み人の声は聞こえない。

　筆者は10年ほど前のある夜，一つの夢を見た。これは印象的だったので，記憶に残っている。「ある男が教室で目を覚ました。なぜ自分がここにいるかが思い出せない。教卓の向こう側に女性がいる。その女性はその男を怪しい人間だと決めつけ，そのうちののしる。学校は山と川がある田舎にある。一本の狭い道が延々続いている。身体に傷のある自分。いったい自分は何者で，どうしてここにいるのかがわからず，戸惑い焦っている」という内容の夢だった。孤独な癒しを求める男への深層から届く痛切なメッセージとも読み取れる『私は誰？』といった内容の夢は，夢見手に疑問と不安感を与える。

Ⅱ　自己発見を目的とした心理アセスメント

　次に「自己イメージの形成」であるが，現在頻発する心に関する事件に接し，自分を対象化することの難しさと，心理的環境に関するイメージに揺らぎを感じている人は多いだろう。自己イメージはしばしば言語や描画

内容に投映される。

　自己発見を目的とした言語や描画を用いる心理アセスメントは，自己イメージを形成するために役立つ一つの心理的手段といえる。

　自分探しは人間にとってまさに永遠のテーマである。心理学史的に見ると，自分に関するアセスメントの試みは半世紀以上前から行われている。

　ブーゲンタールら（Bugental, J. F. T. et al., 1950）が紹介した WAY（Who Are You）技法研究では，71 名の女性と 63 名の男性からなる受検査者が 1 枚の用紙を渡された。そこには「あなたは誰ですか？」という質問が記載されている。受検査者はその用紙の空白に 3 通りの回答を求められた。その結果 653 の回答が寄せられ，469 個にカテゴリー化された。出現頻度から挙げると，名前（全回答数の 63.3%，例「私はジョーです」），職業（62.3%，例「私は学生です」），性別（61.9%，例「私は男性です」），地理関係（40.3%，例「私はヒルガード 2356 番地に住んでいます」「私はアメリカ市民です」），非個人的な反応（27.6%，例「私は人間です」），感情（快感情は 13.3%，例「私は生活に興奮しています」；不快感情は 10.5%，例「私の欲求は矛盾だらけ……」；矛盾した感情は 2.1%，例「私はいくつか問題を抱えていますが処理できます」）と続き，名前，職業，性別，地理関係が圧倒的多数を占めた。そのほかのカテゴリーは出現率が低い。中でも感情表明はわずか 10 数％と少なかった。この結果から，Who are you ？という質問だけでは受検査者の感情（思い）にはなかなかふれることができないことがわかる。

　クーンら（Kuhn, M. H. et al., 1954）は宗派が異なる 288 人の学生に，「私は誰ですか？」という WAI テスト（Who am I ？）を実施した。用紙には「私は……」とだけ印刷されている。被検査者は「私は」の次に，20 通りの自己概念に関係する文章を自由に作っていく。その結果，自己概念とグループ成員の社会的重要性との間には関係があるという仮説が支持されたという。この方法はのちに 20 答法テストとして定着していく。星野（1986）は 20 答法に関する研究概説を行い，文中，クーンの紹介もしている。星野によれば，クーンは回答内容の分析方法として，自由回答内容を一つ一つ見て，それが客観的事実に基づくものならば「合意反応（consensual response）；例「私は日本人です」」，主観や感情を含む内容ならば「非合意反応（non-consensual response）；例「私は弱虫です」」ととらえ，回答内容をいずれかに分類した。このほか氏名やニックネームなどは特異反応

（idiosyncratic response）として取り扱った。書かれた 20 の応答内容を順番に見て分類していく。その結果，「合意→合意→合意→非合意→非合意……」というように記される。一般的には第 10 応答あたりまでに 2 つかそれ以上の合意反応が続き，やがて途絶え非合意反応ばかりになる。クーンはその境目にある回答番号をもって，その回答者のローカス・スコア（locus score）とした。ローカス・スコアとはその回答者の社会的繋留度を意味し，数値が多いほど回答者は自分をより客観的に見ていることになる。星野らの研究結果では，日本人児童のローカス・スコアの平均は 3.11 ～ 5.18 の範囲にあり，アメリカ人の場合は平均 10.0 程度になるという。つまり日本人はアメリカ人よりもより主観的・感情的だということがわかる。

　今日，心理臨床でよく用いられるアセスメントとして精研式文章完成法（SCT）がある。「子どもの頃，私は……」「私はよく人から……」といった 60 問からなる質問に，作文し答えていく。回答の主たる評価は知的側面，情意的側面，指向的側面，力動的側面を身体的要因，家庭的要因，社会的要因からとらえる。SCT はブーゲンタールやクーンの着想を受け継いでいることがわかる。

　これらの方法は「言語応答」を媒介とした比較的わかりやすい自己探索の手法であるが，同様に言葉を用いるが，内面の把握が難解な「ウォッチワード」（Daniels, M., 1992〔老松訳, 2000〕）がある。これはユング派的な方法として知られる。著者の Daniels はユング派分析家ではなく Maslow, A. が創始した人間性心理学に近い人であるが（Daniels, M., 1988），分析心理学に関する造詣が深い。これは 4 つのステップに分かれる。まずステップ 1 では，横長のテスト用紙の最上段に並んでいる 8 つの空欄に，左から右方向に異なる言葉を記入する。ステップ 2 では最下段に並ぶ 8 つの空欄に，左から右方向に異なる言葉を埋めていく。ステップ 3 では，上の段（または下の段）にある隣り合う 2 つの欄の言葉を見て，これを関連する別の言葉で置き換え，上（または下）の段にある空欄に書き込む。関連づけられた 3 つの空欄は，三角形の形となる。最後のステップ 4 では用紙の真ん中にある大きな四角形の中にある 11 個の空欄に，同様の手順で異なる言葉を記入していく。ウォッチワード・テクニックの仮説は次のとおりである。「人はおそらく脳と神経の仕組みに基づいて，空間における方向とその意味を潜在的に知っており，最初に浮かぶ 16 の言葉は何がしかその影響を受けているだろう。最初に浮かんだ 8 つの言葉は用紙の上段に記され

ているので，その人の前進的で優れた部分あるいは動的な部分を表すと考えられ，用紙の下段に記された 8 つの言葉はその人の後退的で劣った部分あるいは静的な傾向を示していると思ってよい」と Daniels は述べている。空間象徴理論によれば，上下段の 8 つの言葉のうち，左半分に位置する言葉は「内的，無意識的，主観的プロセス」を表し，右半分の言葉は「外的，意識的，客観的なプロセス」を表す。真ん中の四角形の枠内にある 11 の空欄にはそれぞれユング派的解釈がなされている。

　以上の言語連想テストの結果から，「外向または内向」という 2 種類の意識に関する基本的態度と，「思考・感情・感覚・直観」という 4 種類の意識機能をクロスした結果示される 16 種の心のタイプ（例「外向的思考タイプ」「内向的思考タイプ」）のいずれに近いか，見定めをしていく。しかし見定めるために必要とされる言語連想結果の解釈自体がとても難しい。

　一方，自分自身の内面を把握する方法として「描画法」がある。描画法では言葉は強制されない。コッホが創案したバウムテスト（1957）では，木の生長を人間の成長と見立てる。根は大地に支えを与え，木の成長のために栄養を吸い上げる。幹の状況は人間が発達する上で味わうだろうさまざまな経験のありようを示している。樹皮の表面の傷は場所によって傷を受けた時期を推定できる資料となるだろうし，感じやすさ，傷つきやすさの指標ともなる。平坦化した樹冠からは圧力下にあること，活動性の低下等が窺われ，人間関係に課題があることが示唆される。バウムテストは木を人に見立てることから投映法の一つとされる。またカイザーら（Kaiser, D. H. et al., 2009）はボウルビィ（Bowlby, J., 1969）が提出した愛着理論に基づいて，鳥の巣描画法（The Bird's Nest Drawing；BND 法）を創案した。BND 法では，被検査者に鳥の絵を描かせる。初期の研究では愛情豊かな母親群（High-Attachment to Mother）は，親鳥，赤ちゃん鳥，そして卵を描いたが，そうでない群（Low-Attachment to Mother）は鳥のいない巣を描く傾向にあった。巣の位置，鳥の巣を支える木や枝の状態，色使いなどから，対象者の愛着関係をアセスメントする。BND 法では「鳥の巣」の絵から，対象者の心の理解に迫る。このように何を描かせるかで種々の描画法が設定できる。

Ⅲ　セルフポートレートの意味

　筆者は「自分描画法」創案にあたって，英訳を Self-Portrait Method（略称 SPM）としたが，その背景を述べれば，みずから自分描画法そのものの意味を汲み取ることができるだろう。

　セルフポートレートとは「自画像」を意味する。美術雑誌『月刊一枚の繪』2003 年 10 月号（pp.18-49）では，「自画像とは何か」を特集している。

　写真を利用した最初のセルフポートレートは，1840 年に直接陽画法を用いて撮影された。撮影者はフランス大蔵省に勤める役人であった。彼は上半身裸になって溺れた男を演じた。この写真は「数日間死体置き場にさらされる身体，つまり遺体」を意味していた。写真術の発明者としてパリの科学アカデミーに認められてもよかったはずが，直接陽画法の不出来により栄光の座をつかみ損ね，ライバルに追い抜かれた。誰も相手にしてくれない哀れな自分をアピールする目的で，この情けない姿態の写真を科学アカデミーに送ったという。この場合のセルフポートレートの撮影目的は「意図的に自分の心情を他者に伝える」ことにあったと考えられる。飯沢耕太郎氏は「写真家とセルフポートレート」と題する小論文において，自分をほかの何者かに変身させようとするセルフポートレートが多い状況について，次のように述べている。

　　　「……どうやら，写真と言う表現手段そのものの中に，写真家たちの内部に潜んでいた欲望をとめどなく増幅させる力が潜んでいるようにも思える。自分にカメラを向ける時，普段はきまじめな写真家でも，あたかも舞台の上の俳優や女優になってしまったように感じるのだろうか。少なくとも，唯一の絶対的な "自己" を求めて，内面の世界へと深く降りていこうとする画家たちの試みと，演劇的，分裂症的な "セルフ" の戯れに実をまかせる写真家たちの表現には，決定的な違いがあるのではないだろうか」

という。写真は「見えないものを見えるようにする魔法の鏡」であり，「死後の自分の姿さえも映し出すことができる」が，「それは本物ではなく，ヴ

ァーチャルな虚構の死者である」とし，写真は「架空の死者たちのイメージに強力なリアリティを付与することができる」と結んでいる。

　写真ではなく，絵の場合はどうだろうか？　東京芸術大学デザイン学科の大藪雅孝教授は「絵は自分の心を投影するので，すべてが自画像みたいなものだ。……自分の顔を描くというのは，観察しやすいし描きやすい」と述べている。また「自画像が絵の方向性を変えた」と題するエッセーで，芸術家の小山大輔氏は「自画像の絵は，右肩上がりのグラフのように伸びるわけではなく，ある時，急に何かがわかって，伸びる時があるんだと思う。自画像を描くことで，その何かをわからせてもらったような気がする」と述べている。

　美術の世界では，明治初期の頃は西洋画に追いつくために人間を描くための練習として自画像を描かせたこと，作家が自己の内面を表現するために自画像を描くという考え方は明治末から大正にかけて生まれたという（東京芸術大学美術館学芸員，野口玲一氏談）。この時期は，大正デモクラシー運動が盛んになった時期と重なり合う。同じ社会の成員として対等な立場で発言ができ，互いに人間として認め合う社会の創造は，表現の自由を求める個人を勇気づけるものであったに違いない。セルフポートレートがもつ意味は，単なる「記録（ドキュメント）としての自画像」から，写真に映っている自分の姿態から何かを察してもらおうとする「心理的表現の手段としての自画像」へ，つまり何かを訴える手段としての自画像へと変化した。さらにインターネット全盛の現代社会において，不特定多数の人を対象としてインターネット上に投稿された“自分像”の描き方から推察すれば，「見られることを意識した自画像」と「思考や感情の吐き出し」とが入り乱れる混沌とした自分像が窺える。自画像は，そのときどきの社会の政治的・文化的背景と連動しているように思われる。今の社会の中で，“自分”はどのように見えるか，もっと言えば「自分に対する見方・感じ方」と「自分以外のあらゆる存在物が自分をどのように見ているか・感じているか」がテーマになる。

Ⅳ　自分描画法の特徴

　人が心を動かそうとするとき，心に気持ちを注がないと心は動かない。自分描画法は“思い”という心の様相を浮かび上がらせる一つの手法として

創案された。多くの描画法はあらかじめ定められた題材により描画を求める。自分描画法は，"思い"の生成と形成には一定の順序があり，"思い"には「自分・気になるもの・背景・隠れているもの」という 4 つの心理的構成要素があるという仮説をもつ。人はこの 4 つのいずれかに強く反応する傾向がある。その反応のありようが，その人となり（個性）に影響を与えている。一定の順序に従って描かれた絵には同じものが一つとしてないが，絵に投映された"思い"の内容はよく似ているというケースがしばしばある。これらの事実は，自分描画法は単なる描画法ではないことを教えてくれる。自分描画法では自画像をみずからスケッチすることで，"自分自身"にふれようとする。その際自分自身をスケッチしながらの他者との対話を重視する。絵から描画者のメッセージを察することはそれほど難しいことではないが，それよりも描画過程における双方の対話を重視する点に自分描画法の特徴がある。

2 章　自分描画法の枠組み

　本章では『自分描画法』の概要を記した。自分描画法の特徴，何をアセスメントするツールか，対象者および適用年齢，所要時間など自分描画法の背景について述べ，さらに実施道具および実施手順，事例検討の際の分析視点，そして整理方法について簡略にまとめた。本章を読むだけで，いちおう自分描画法は実施できる。個々の要点について知りたいときは，該当する章に戻り，読んでいただきたい。

I　自分描画法の創案経過

　自分描画法の創案経過については「はじめに」でも述べたが，直接の契機は筆者の 4 人の子どもが書き残した多数の描画および落書きであり，病院臨床における患者の絵やスクールカウンセラーとして接した子どもの落書きノートや学生相談中に大学生が描いた描画等に筆者が接したことによる。

　筆者の感じでは，同一人が一度に描く落書きには，多く「自分の姿や状態」が最初に描かれ，「その自分が今気づいたこと」が次に描かれ，そして「背景」が描かれ，締め括りとして，多くの場合その絵で「言いたいこと」が何かの形でそっと描かれる。" 私 " は " ある人 " を思い浮かべ，その人と過ごした快晴の日々を回想する。背景は大草原。そこにそっと添えたい，「ありがとう」という言葉を……。あってほしい話かもしれない。反対に " 私 "（主体）は " 私をいじめたある人 "（気になる人）をなぜか思い浮かべ，ギョッとする（感情）。心理的背景は，思い浮かべると同時に灰色と化し，それにびっくりしていると偶然にも気持ちの悪い虫（隠れた存在）をふみつぶしそうになる（意識のより深い領域に潜む欲求）。そしてまたギョッとする……。悩みが深くなればなるほど，心はこのような連動を

見せたりする。この場合，セラピストは「あの人のことは思い出したくないという思い」をクライエントから感じ取る。そして「あの人のことは思い出したくないという思いがあるのですね」と明確化する。

　筆者は，落書きは「自己像」「気づきの内容」「それに見合う（ぴったりした）背景」「できた絵を全体としてみたときに，今言いたい何か」から構成されるのではないかと考えている。自分描画法は落書きに4つの構成要素を想定し，人が何かを思い浮かべるのに抵抗が少ないように順序を考え考案できたものである。おそらくこの描画順序は自然な心の展開なのかと思う。

　今日，頻発する心に関する事件に接し，自己を対象化することの難しさと，心理的環境に関するイメージの揺らぎを感じている人は多い。自分描画法は，心を外界に投映する一つの心理査定法であり，また対話をしながら描画するため，対象者にとって興味深く比較的なじみやすい心理療法および心理査定技法となっている。

　自分描画法の実施手順については，おおかた次のような展開で進めていく。

【自分描画法の要点（実施手順）】

①面接中，援助者が自分描画法の実施が今相談者にとって効果的だと判断したとき，頃合を見て援助者は相談者に次のような話をする。「ちょっとお絵かきをしてみませんか？　むずかしくはありません。私の方で，描く内容をお伝えしますので…」と話す。その後，相談者が了承した後に，道具を用意し，以下に進む。

②「まず自分を描いてみてください。どのように描いてもかまいません」と教示する。

③「次に今気になっている人や物，または出来事などを思いつくまま自由に描いてみてください。どの場所にでも，どのように描いていただいてもかまいません」と教示。

④「次にこの絵にぴったりする背景を描いてみましょう」と教示。
　　＊注：風景画の場合，"空"が描いていなければ「空も描いてみましょうか……」と描画を促す。

⑤「あれ，この絵のどこかに何かが隠れていますね。何が隠れているのでしょう。よ～く考えてから描いてみてください」と教示。

⑥「絵ができましたね。ではこの絵をよ～く見て，思いつくまま何か物

語をつくってみてください。そしてお話しください。私はそのお話を
メモしますので，ゆっくりとお話し下さって結構です」と教示。
⑦描画後，援助者は相談者に「描画を体験してみてどのような感じがし
ましたか（例：楽しかった）」と尋ね，描画中，わき起こった描画者の
心の中での体験（例：最初は抵抗があったけど，描き出すと面白くな
ってきた）などを自由に聴く。さらに描画体験を一つのきっかけとし
て，その後自由に対話を展開していく。
自分描画法の手順とセッティングは次のとおり。

手順：①『自己像（自分を描く）』→②『自分と関連ある人や物，あるい
は出来事の存在（自分のそばに気になる人や物，あるいは出来事を描
く）』→③『自分が置かれている心理的環境（背景）を描く。風景画
の場合，背景に空が示されていないときは空を描くように促す。"空"
のイメージを表現してみる』→そして最後におもむろに④『この絵の
どこかに隠れているものの存在（深層）にふれる。実際は"この絵の
どこかに何かが隠れていますね。何が隠れているのでしょう…隠れて
いるものを描いてみて下さい"と描画を促す』といった順序で描画を
行いながら対話を深めていく。

　自分描画法実施にあたっては，事前に12色のクレヨン，同じく12色の
色鉛筆とA4版白画用紙を用意する。描画者は用紙に面接者の指示に従い，
定めた描画順序で自由に描画をしていく。用紙を縦にするか，横にするか
は描画者の自由である。描画者が誰かによって，教示の伝え方は変えても
よい。

Ⅱ　自分描画法の概要

自分描画法（Self-Portrait Method：SPMと略す）	
特徴	①心理療法の中で，見えにくい心の部分である"思い"を浮き上がらせる心理学的道具として用いる。 ②対象者自身が"思い"を深めるための心理療法的ツールとして用いることを想定している。描画法として用いることを意図しているわけではない。

アセスメント	③描画内容（"思い"の部分）と物語構成（"思い"の全体）から，"思い"に焦点をあてた対話を行なう手がかりを得る。 ④思いに関わる描画を対話素材として用いることで，"今の自分の思い"にふれることができる。 ⑤思いの変容過程，つまり「ある思いに苦しむ対象者が，みずから"ある思い"にふれ，それをつかみ取り，最後に収める過程」は，対話力の向上プロセスと連動する。 ⑥発達水準および病的水準の把握がある程度可能。疑問がある場合は，他の心理アセスメントを適宜追加実施し，発達水準および病的水準に関する信頼性を高めていく。SPM は発達水準および病的水準に関する情報の一端を与えてくれる。 ⑦アセスメントの視点からは，SPM は「バウムテスト」とテストバッテリーを組むとより効果を発揮する。その際，導入のしやすさおよび心理的抵抗を考慮し，「バウムテスト」を最初に実施し，その後「SPM」を実施するのが望ましい。
対象者 セラピスト	⑧対象者は，自分自身および他者との対話力を高めることができる。 ⑨セラピストは，対象者の思いにふれて感じ取った心理的内容を対象者に伝え返し，対象者から次の応答をもらう。これを繰り返しながら，対象者の"今の思い"をつかんでいく。 ⑩セラピストは対象者の思いを育み，その場に応じた心理的援助を適切に行う。
対象年齢	幼児〜高齢者（原則として，落書きができる人なら誰でも実施可能）
所要時間	通常 15 分から約 1 時間程度（実施者と対象者間の関係性や，対象者自身がもつ諸特性にもよる）
キー・ワード	思いの心理療法〔思いの理論，対話療法，自分描画法〕

Ⅲ　実　施　法

1　用意する道具

①クレヨン，色鉛筆，鉛筆，ボールペンなどの筆記用具。クレヨンと色鉛筆については 12 色程度が妥当。

② A4 版白画用紙 1 枚。

2　方　　法

①セラピストの教示に従い，イメージを膨らませながら自由に描画をしてもらう。

②用紙の置き方は描画者の自由であるが，縦に置く方が意識領域に拡がりが認められ，より深層が表現されやすい。

③面接中，セラピストが自分描画法の実施が対象者にとって効果的だと判断したときに自分描画法を実施する。実施する際は，必要3原則「必要なときに，必要なことを，必要なだけ」（小山，2008）に沿う。必要3原則は心理的枠組み作りに貢献し，心理的負担の軽減および思いの焦点づけに役立つ。

実施の流れについては，ステップ（step）Ⅰ～Ⅵの4段階で以下に示す。

自分描画法施行の流れ		
実施直前	教示	ちょっとお絵かきをしてみませんか？
＊通常，以下のステップⅠからⅥへと展開する。描画に抵抗を示したときは無理強いをせず，次のステップに進む。		
ステップⅠ【自分像】	教示	それでは最初に "自分" を描いてみてください。その用紙にどのように描いてもかまいませんし，用紙のどこに描いてもかまいません。
	ねらい	『自分像』の描画である。「イメージとしての自分」を描く。
	留意点	「顔だけ描くのですか？」とか「髪も描くのですか？」といった質問があれば「もしよかったら，それも描いてください」と応じる。ためらいの時間が長いようであれば，「これが自分だとわかればどのように描いてもかまいません」という。自分像は絵や文字等の代用でもかまわない。
ステップⅡ【気になるもの】	教示	では次に，今気になっている何かを思い浮かべてください。人でも，物でも，出来事でも，何でもかまいません。思いついたら，その用紙のどこかに描いてください
	ねらい	今，気になる「自分と関連ある人物や物品，あるいは出来事」の描画を行う。
	留意点	「描くのは一つだけですか？」と質問されたら「描きたいものを描きたいだけ描いていいですよ」という。描く物の個数にはこだわらない。

ステップⅢ 【背景】	教示	では今度はこの絵にぴったりする背景を描いてみましょう。
	ねらい	「自分が置かれている心理的環境」の描画を行う。
	留意点	"背景"の意味がわからない場合は、「たとえば家の中とか、外とか、イメージの世界とか、何でもかまいません。今、描いていただいた絵全体にぴったりする感じの背景であれば、何でもかまいません」と付け足す。
ステップⅣ 【隠れているもの】	教示	あれ！　この絵のどこかに何かが隠れていますね。何が隠れているのでしょうか…よーく考えて、何か思いついたらその絵のどこかに描いてみてください。
	ねらい	「やや深いところにある自分の心」と関連する内容の描画を行う。「この絵のどこかに隠れているものの存在」を描画する行為は、自分の深層にふれることを意味する。
	留意点	対象者が「よくわからない」という顔をしたときは、再度「描くものは絵でも文字でも図形でも何でもかまいませんよ」と話す。対象者はこのとき自分自身の深層にふれる。セラピストは心理療法的関わりを保ちつつ、対象者が深層の内容を表現できるように、適切な心理的援助を行う。
ステップⅤ 【物語と題名】	物語の教示	絵ができましたね。ではこの絵をよーく見てください。思いつくまま何かお話をつくってみましょう。ゆっくり話してください。
	題名の教示	ではこのお話に題名をつけてみましょうか…
	ねらい	描いた絵を見ながら「物語」を作ってもらう。その後、絵に題名をつけてもらう。
	留意点	対象者が話し始めるまで、セラピストはリラックスした雰囲気で焦らず待つ。「物語は創作でもいいですか？」と尋ねられたときは、「いいですよ」という。応答がない場合は無理強いをしない。その後「ではこのお話に題名をつけてみましょうか…」と言い、応答を待つ。
ステップⅣ 【振り返り】	教示	どうでしたか？
	ねらい	自分描画法体験を聴く。
	留意点	セラピストの「どうでしたか？」という質問は、「絵を描いてみて、今、どんな感じがしていますか（例：楽しかった、むずかしかった、気分が悪い等々）」という意味であり、SPM体験を聴くことを意図している。描画中、心の中でわき起こったこと（例：最初は抵抗があったけど、描き出すと面白くなってきた）

		を聴くことになる。

補記：ステップⅠ～Ⅵにおけるセラピストの話し言葉（教示）は，対象者により適宜変えてよい。

それから……自分描画法体験をその後の面接につなげていく。面接が再開される。

Ⅳ　自分描画法による事例検討の主な視点

1　"事実"の検討

　可能な限り逐語録を取り，対話内容から"どのような事実"（「実在的・身体的事実」，「心理的事実」，「独語的事実」，「応答的事実」，「社会的事実」）が潜んでいるかを検討し，その事実に絡む思いをつかんでいく（小山，2002a）。

2　"私"の分析

　"私"の分析では，たとえば「誰にも話せない私」「自分の振る舞いに自信がない私」等々，「～という状態にある私（実存 being）」について検討し，「自分の思い」をつかんでいく（小山，2002b）。

3　"思い"の分析

"思いが深まる4段階仮説"および段階における個人的特徴の検討

ステージ （stage）	思いが深まる段階	検討点
Ⅰ	思いに苦しむ段階	「何に苦しんでいるか」
Ⅱ	思いにふれる段階	「何にふれたか」
Ⅲ	思いをつかむ段階	「どのような思いをつかんだか」
Ⅳ	思いを収める段階	「その思いをどのように収めたか」

以上について検討を行った後に事例に関する総合的考察を行う。

V　整理方法

　自分描画法整理用紙（付録）を用いて，対象者の心理的状況に関して見立てていく。整理用紙の記入欄に沿って順に記入していく。すると自分描画法を手がかりとした対象者の今の思いが浮かび上がってくる。

1　整理用紙1ページ目

①最初に「対象者の名前，性別，年齢，所属，実施日，実施時間，家族構成，実施者等」を記す。

②次に自分描画法実施後，4要素は何か，絵に関する物語と題名，振り返り，描画過程，描画時の行動等を記す。

整理用紙1ページ目には生育史と自分描画法の結果を記す。

2　整理用紙2ページ目以降

①2ページ目以降には同時に実施したバウムテスト結果および所見を記入する。バウムテスト結果については，四角い枠に木の描画をセラピストがスケッチする。

②心理的状況に関する見立てを「事実の分析」「私（の思い）の分析」「発達・病理的視点」から記し，潜在的可能性についても言及する。

③最終的に総合的な見立てを行う。

　以上，自分描画法の概要を記したが，自分描画法の整理については，付録の「自分描画法の専門記録用紙と記入例」を参照のこと。

3 章　落書きの心理臨床

I　落書きの心理臨床

1　落書き研究の歴史

　"落書き（graffiti）"は身近にあって，少し気にはなるが見過ごされやすいものの一つである。ライズナー（Reisner, 1977）はその理由として「それは筆者が特定されにくいために，歴史家，哲学者，社会学者，心理学者，精神科医，行動科学者等がまともな考慮をはらわない活動だから」と述べている。落書きをタイトルにした書物は現在でもほとんど見あたらないが，ライズナーが著した『落書き―壁画の 2000 年』（1977）は落書きの心理学的意味を探るのには好著である。ライズナーによれば，トイレの落書きを意味論で分析した最初の書物は，アラン・リード（Allen Reed）博士が著した『落書きに見る英語語彙上の証拠』である。本書は 1927 年に着手され，1933 年にパリで自費出版された。着想が評価され，リードは後にコロンビア大学教授となった。一方ライズナー自身は，大学で教科目として「落書き学」を教えた最初の人物となったという。

　李家（1952）によれば，当時日本の高校や大学の便所には受験悲劇の苦悶や他愛もない詩歌，性器描画の落書きが氾濫していた。旧制姫路高校では，卒業記念に自校の便所の落書きを採取して出版したともいう。ある新聞が第一高等学校での落書きを取り上げ紹介したことに端を発し，相当に世の反響を呼んだ。落書きはけっして無視できない人間の心のメッセージと考えてよい。

　古代イタリアの洞窟壁画に記された描画を描いた人は，描画を見る人に何を伝えようとしたのかといった分析やトイレの落書きの意味論等，落書

きの心理学的および社会学的特性を研究テーマとして取り上げた研究は散見されるが，描者の心理臨床的視点から迫る研究は残念ながら今日に至ってもほとんど見あたらない。Academic OneFile で "graffiti, psychology" と入力し検索すると，ベイリ（Bailey, J., 2008）の心理学に対する社会からの誤解に関する落書き，つまり雑文が 1 件示されるに過ぎない。臨床心理学の視点からの落書き研究の歴史は未開拓といってもよい。

　ところで "落書き" という言葉の定義も，歴史的背景の違い等により異なる。松枝（1991）によれば，"落書き" を意味する用語としては日本語では「落書（らくしょ）」があり，英語では graffiti, scribbling, doodling があるという。日本における落書きの歴史を問題にする際によく引用される建武の新政を風刺した『建武年間記』にある「二条河原落書」は建武元（1334）年 8 月，鴨川の二条河原（中京区二条大橋附近）に掲示されたといわれ，長歌の形式をとるので落首ともいえる。前年に成立した建武政権の混乱ぶりや不安定な世相を，たとえば「落ち度があれば必ず損してしまうので，上司にゴマをする」など風刺をたっぷりと込めて書いているところに特徴がある（京都市資料，2006；笠松ら，1994）。江戸時代に入ると落書作成者は武士だけでなく，町民や農民にまで及び増加した。吉原（1999）は「時事または人物について風刺・嘲弄の意を表した匿名の文書」と落書を定義し，水野忠邦の天保の改革に対する批判が込められた「海角（改革）と云悪獣の図」を転載している。絵入りの落書には「馬鹿物」という馬が，手に金貨と武士・百姓・町人をつかみ，腰には御用金の袋をつけ舌を出している様子が描かれている。政治が生活を悪化させている状況を庶民は認識していたと考えられている。

　一方, 英語の graffiti という用語は映画『アメリカングラフィティ』というタイトルに使用されている。車とセックスとロックンロールに青春のエネルギーを発散させる，1962 年のアメリカ地方都市に生きる若者たちの生態を描く青春映画であり，青春時代の甘苦いエピソードが落書き（グラフィティ）のように綴られる。『アメリカン・ヘリテイジ英英辞典』によれば，graffiti は公道上や，建造物・公衆トイレの壁などへの描画または文字を意味し，古代のイタリア洞窟壁画を表す考古学用語として 19 世紀に現れた。doodling は夢中で目的もなく落書きすることまたは暇つぶしを意味するが, 今日カメラで撮影した写真に落書きするいたずら書き（Doodling）というソフトもある。プリクラのようにカメラで撮影した写真にフレーム

を合成し，いろいろな落書きができる。落書きには通常ペン，アニマルペン，レインボーペン，スタンプ，飾り文字が使え，半透明にすることもできる。また動画サイト YouTube では，退屈な授業中の暇つぶしに使えそうな数学的落書き紹介動画 "Doodling in Math Class" を見ることもできる。

　一方，scribbling は心理療法では「なぐり描き」という意味で使われ，心理臨床には馴染みが深い用語である。小山（2008）によれば，なぐり描きはもともと子どもの遊びの一種であり，幼い子は皆これを楽しむ。2 歳までの子どもは言葉よりも「感覚」と「運動」で外界を認識することが知られている。ピアジェはこの時期を感覚運動期と呼んだ。発達心理学者ガードナー（Gardner, H., 1980）によれば，この時期に見られるなぐり描きは「手先や手首や前腕の筋肉活動を記録した印」であり，子どもにとっては「ひとつの達成の現れ」といえる。子どもはなぐり描きをすることで感覚運動を楽しんでいるともいえるが，2 歳頃のなぐり描きは「ただの本能行動あるいはでたらめな活動以上のもの」だとの印象をガードナーも強くもっている。なぐり描きに対する心理療法的まなざしは，ナウムブルク（Naumburg, M., 1966）のスクリブル法（scribble）に由来する。なぐり描きを用いた心理療法は「遊戯療法」に近い。さらに 1971 年，小児科医であるウィニコット（Winnicott, D. W.）は交互スクウィグル法（Squiggle）を心理治療場面に導入し，なぐり描き研究の礎を築いた。交互スクウィグル法では相手が描いたでたらめな描線に治療者が何かを見立て，二人で何かを創り上げていき，そのプロセスで生じる "何か" を大切にする。本法は双方がお互いに無理なく相手にほどよく関わる相互関与性のよい機会を与えてくれる。しかし一方では治療場面におけるクライエントに対するセラピストが適切な応答をすることが求められる。治療者の臨床眼および言語能力，伝達能力が必要とされる描画法でもある。

　時を経て平成の現代になると，落書きを契機とした事件が多発する。一例を挙げよう。佐賀県の公立中学校の女子トイレの壁に，6 つの相合傘にイニシャルのような文字や「LOVE」の文字等が彫るように刻まれていた。学校側は「誰が落書きをやったのかを把握しないと指導ができない」と考え，あらゆる手を尽くして一人の女子を特定した。その直後，女子は校舎 2 階の窓を乗り越え，転落して怪我をしたという（朝日新聞，2009 年 9 月 27 日付）。落書きは異性に対する思いが伝わる内容で何ら他者を中傷するものではないが，公共物に落書きをするという行為が問題となった。また

図 3-1　さまざまな落書き

電車への落書き事件に関与した国際集団を器物損壊等の容疑で追送検したとの記事もある（朝日新聞，2008 年 11 月 29 日付）。"落書き"には，当該落書きに対する価値観，つまり道徳的行為の観点からの良い悪いで示されるその落書きに対する外部評価と，落書きをする本人の心性とが微妙に絡まり，落書きの意味を読み解くのは容易なことではない。筆者が見た落書きを次に紹介する。

　図 3-1 は筆者が見たさまざまな落書きである。左側から 4 歳男児の玄関前の道路への落書き，中央が渋谷の街で見かけたスプレーによる落書き，そして右側は中学校生徒の相談室の落書きコーナーへの書き込みで，生徒はお互い手紙のような使い方をしている。どうやら落書きの効果は，3 つはありそうだ。一つは「落書きした内容に意味があると考える」立場（左側の絵）。2 つ目は「落書きをすること自体に意味があると考える立場 [例：快感]（中央の絵）」，そして 3 つ目は「落書きした内容を他者に伝えることに意味がある落書き（右側の絵）」である。それぞれの落書きが，良い面と，他者にとって困る一面をもっている。このように捉えると，スクールカウンセリングにおける相談室への落書きは 1 と 2 番目の強調，重要文化財への落書きは 2 と 3 番目の強調であることがわかる。

　また落書きの水準は，思いの理論と照らし合わせると，次の 4 段階で捉えることができる。

　最も原初的な落書きは，「描者が意味づけることが困難な落書き（例：これはいったい何の絵なのか，描いた本人でもよくわからない）＝苦しむ段階）」，第 2 段階は「描者が意味づけようとしている落書き（例：これは花

の絵なのかもしれません）＝ふれる段階」，第3段階は「描者がある程度
意味づけることが可能な落書き（例：これは花の絵のようです）＝つかむ
段階」，そして最後は「描者がはっきりと意味づけることが可能な落書き
（例：これは花の絵です）＝収める段階」である。そうとらえると，図3-1
の左側の絵は第2段階の絵，中央の絵は第1段階か第3段階の絵，右側の
絵は第4段階の絵であることがわかる。

　落書きの絵を捉える方法として，たとえば登山者の落書き（健康），刑務
所内での落書き（犯罪），学校相談室における落書き（教育）などを比較す
る方法として，「絵が4段階のいずれの段階にある絵かを判断する」，「分
類ごとに，個数（枚数）と比率を算出し，どの段階の絵が多かったかを見
る」などが考えられるだろう。ここでは絵を「落書きの一つ」として扱う。
ここで重要な視点が，落書きを「クライエントからの視点から」，セラピス
トからの視点からとらえることである。セラピスト‐クライエント間で起
こっていることの内容を客観的に捉えるは，心理臨床では重要である。

　心理学的視点では，スクリブル法以外の落書きについての臨床心理学的
研究はほとんど見あたらない。臨床心理学視点では，落書きは「匿名性を
保持」したまま，「描く（または書く）動機，場所，内容，方法，道具はさ
まざま」だということを踏まえたうえで，本人を落書きに至らせる心性に
関する何かしらの共通性を探る努力が重要となる。本研究はこの努力の一
環として位置づく。

　以上の経過から，本研究では落書きを臨床心理学的視点から「描者の匿
名性を保持しながら，ある思いをめぐらせ，気になることにふれ，感情的
な背景を感じながら，隠された自分の心性に迫る行為」と定義する。本研
究では，現代の教育場面における大学生の落書きについて，どんなときに
落書きをするのか，どこに落書きをするか，落書きをするときはどんな気
分になるかなど，さまざまな角度から落書き時の行動について分析し，可
能な限りの範囲内で，落書きの本質つまり落書きに隠された心性について
考察する。

2　方　　法
〔1〕対　　象
　F大学保育学科在籍中の女子大学生84名が対象となった。対象者は日頃
から乳幼児や障害児に対する関心が深く，子どもの描画と馴染みのある学

生生活を送っている。落書きの調査対象としては，好適と考えられた。

〔2〕　質問表と質問の意味

以下は対象者に求めた「落書きについての質問」の一覧である。質問は
7 つある。質問内容と質問内容の意図について付記する。右側は対面で実
施するときの文言であり，対象者から尋ねられたときの言葉遣いである。

①どんなときに「落書き」しますか？　→『いつ落書きをしますか？』

②あなたの落書きは，どんな落書きが多いですか？　→『どのような』
　落書きをしますか？

③落書きをしているときは，どんな気分ですか？　→落書きをしている
　ときは『どんな気分？』

④落書きをしたあとは，どんな気分になりますか？　→落書きを終えた
　とき『どんな気分になりましたか？』

⑤落書きとは，あなたにとってどのような意味を持ちますか？　→落書
　きの『意味』を教えて下さい。

⑥振り返ると，あなたが落書きをよくしたのは，いつごろでしたか？　→
　落書きをした『時期』を教えて下さい。

⑦子どもが描く落書きと，大人が描く落書きには違いがあると思います
　か？　あるとすれば，どのような違いがあると思いますか？　→同じ。

以上，7 つの視点から落書きを分析する。

3　結　　果

問 1 から 6 まで，順次分析結果を以下に記す。

〔1〕　問 1 の分析結果

問 1 の「落書きをするときはいつ？」の結果に対するテキスト分析にあ
たっては，たとえば「ひまなとき」や「授業中」といったキーワードを含
む用語の抽出を軸に行った。なお「ひまなとき」の表現方法は，「暇な時」
「ひまな時」「ヒマな時」などいろいろあったが，すべて「ひまなとき」で
表現した。

　テキスト分析には PASW Text Analytics for Surveys 3.04（以下，PASW
と略す）を用いた。PASW を用いた分析結果，以下の 7 つのカテゴリが抽
出された。「ひまなとき」「授業中」「気が向いたとき」「電話中」「考えごと

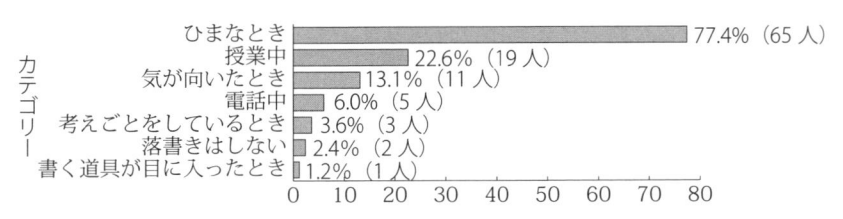

図 3-2　「落書きをするときはどんなとき？」に対する応答のカテゴリ化

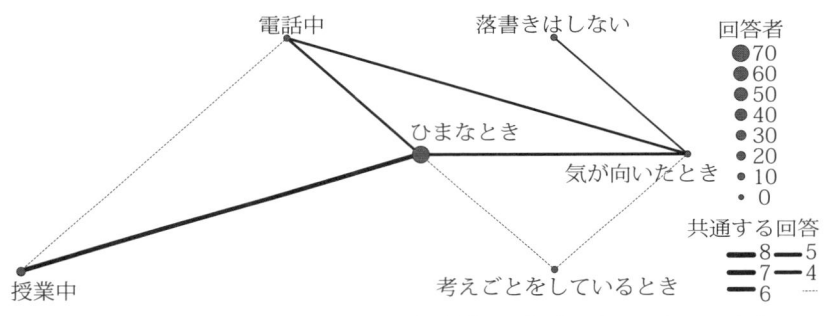

図 3-3　「落書きをするとき」のカテゴリ化結果に基づくグリッドレイアウト

をしているとき」「書く道具が目に入ったとき」「落書きはしない」であり，出現率は図 3-2 に示すとおりである。カテゴリ化結果に対して，グリッドレイアウトを施したものを図 3-3 に示した。各ノード（点）はカテゴリを表し，ノードの大きさは，選択されたカテゴリのレコード数に基づいた相対的な大きさを表している。2 つのカテゴリ間の線の太さは，これらが共有するレコードの数を表している。その結果，「ひまなとき（77.4％）」を基軸として，次に「授業中（22.6％の重複率；以下同様）」，そして「気が向いたとき（13.1％）」，次に「電話中（6％）」と「考え事をしているとき（3.6％）」が，そして 1 名であるが，「書く道具が目に入ったとき」に落書きをするときと答えた。

　以上の結果，「ひま」の意味を探る必要性があることと，「授業中」や「電話中」のどんなときに落書きをするのかについての検討の必要性，「気が向いたとき」の「気」とは何か，どのような「考え事をしているとき」にどのような落書きをするのか，「書く道具が目に入ったとき」にどうして落書きをしたくなるのかなどについての検討が求められる。

〔2〕　問 2 の分析結果

　問 2 では，どのような落書きをするのか，つまり落書きの種類を尋ねた。

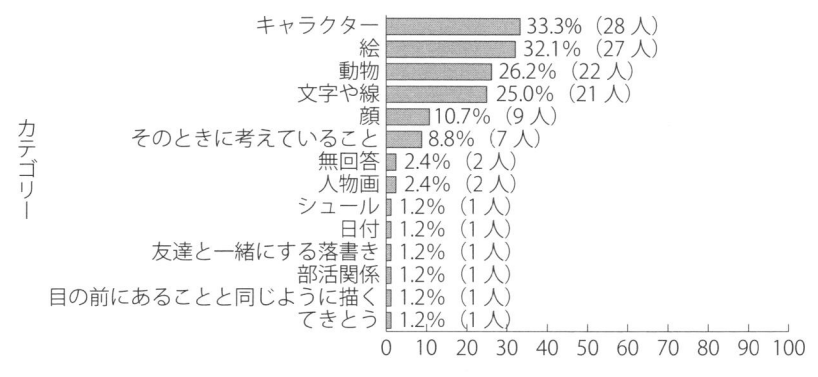

図 3-4　「落書きの内容」のカテゴリ化

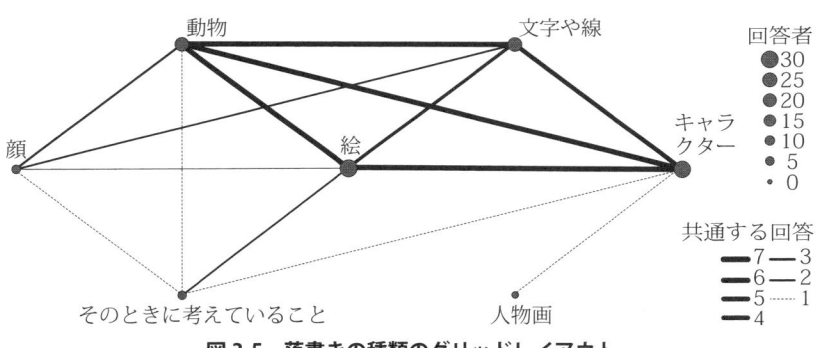

図 3-5　落書きの種類のグリッドレイアウト

　その結果，「キャラクター」「絵」「動物」「文字や線」「顔」「そのときに考えていること」「人物画」「シュール」「日付」「目の前にあることを同じように描く」「てきとう」「部活関係」「友達と一緒にする落書き」の 13 個のカテゴリが得られた。無回答は 2 名だった。詳細は図 3-4 に示した。その結果，「キャラクター」「絵」「動物」「文字や線」の 4 種で 25 〜 34％を占め，「顔」が 11％，その次は「そのときに考えていること」が 8％程度，人物画が 2％程度，「シュール」「日付」「友達と一緒にする落書き」「部活関係」「目の前にあることを同じように描く」「てきとう」との答えは各 1 名であった。人間との関連で見れば，「顔」や「人物画」は 2 〜 11％程度であり，落書きとしては稀といってもよい。図 3-5 は落書きの種類の結果をグリッドレイアウトで示したものである。

　その結果，「キャラクター」「絵」「動物」「文字や線」の 4 種が四隅の点と

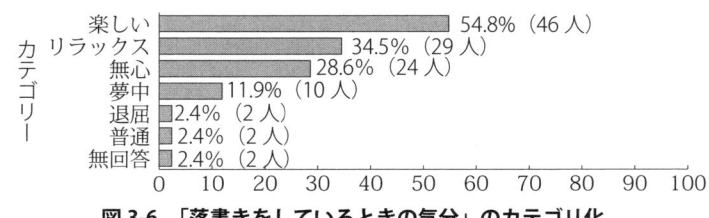

図3-6　「落書きをしているときの気分」のカテゴリ化

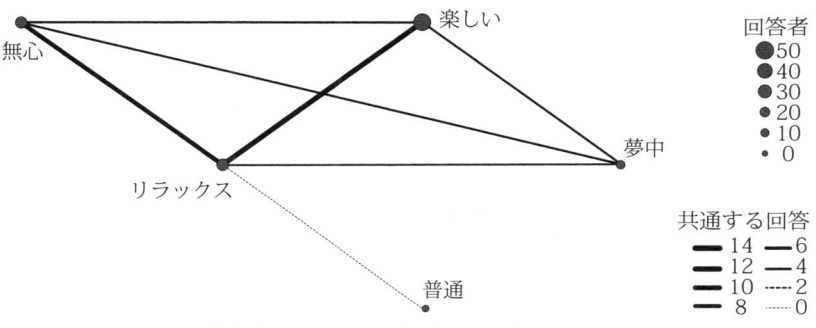

図3-7　落書きをしているときの気分のグリッドレイアウト

なり，直方体を構成しているのがわかる。この4種のうち，とりわけ「キャラクター」と「動物」，「絵」と「文字や線」の関係が深いことが読み取れる。

〔3〕　問3の分析結果

　問3は落書きしているときの気分を尋ねる設問である。落書きをしているときどんな気分なのかは，そのときどきにする落書きが，描き手にとって楽しいものなのか，あるいはそうでないものかを知るきっかけとなる。その結果，「楽しい」「リラックス」「無心」「夢中」「退屈」「普通」の6個のカテゴリが得られた。無回答は2名だった。詳細は図3-6に示した。「楽しい」「リラックス」「無心」「夢中」で，落書きをしているときの気分のほとんどを占めているのがわかる。この結果からは，落書きが心地よいものであることがわかる。

　その結果，「楽しい」と「リラックス」「無心」間の結びつきが強いことがわかる。この4種のうち，とりわけ「楽しい」と「リラックス」の関係が深いことが読み取れる。図3-7に落書きをしているときの気分のグリッドレイアウトを示した。

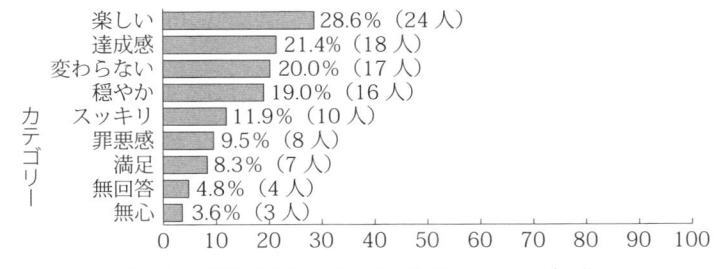

図 3-8　「落書きを終えたときの気分」のカテゴリ化

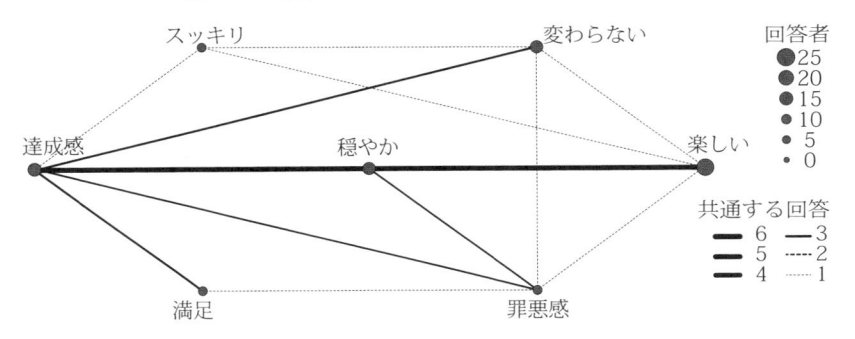

図 3-9　落書きを終えたあとの気分に関するグリッドレイアウト

〔4〕　問 4 の分析結果

　問 4 は落書きを終えたとき『どんな気分になる』かについて尋ねた。分析結果，「楽しい」「達成感」「変わらない」「穏やか」「スッキリ」「罪悪感」「満足」「無心」の 8 つのカテゴリが得られた。「無回答」は 4 名であった。図 3-8 はその詳細を示している。この図から，「楽しい」「達成感」「変わらない」「穏やか」「スッキリ」「満足」といった肯定的な反応が大多数を占めることがわかった。一方で，描いた落書きに罪悪感を抱く人が 8 名いた。図 3-9 に落書きを終えた後の気分に関するグリッドレイアウトを示した。図 3-9 の結果から，「楽しい」と同時に，「穏やか」「達成感」を味わった人が多かったことがわかる。

〔5〕　問 5 の分析結果

　問 5 では落書きの「意味」について問うた。落書きは描き手にとってどのような心理学的意味をもっているのだろうか？　分析結果，「暇つぶし」「特に意味なし」「気分転換」「気晴らし」「備忘録」「気持ちの整理」「眠気覚まし」「遊び」「単なるお絵かき」「趣味」の 10 種のカテゴリが得られた。

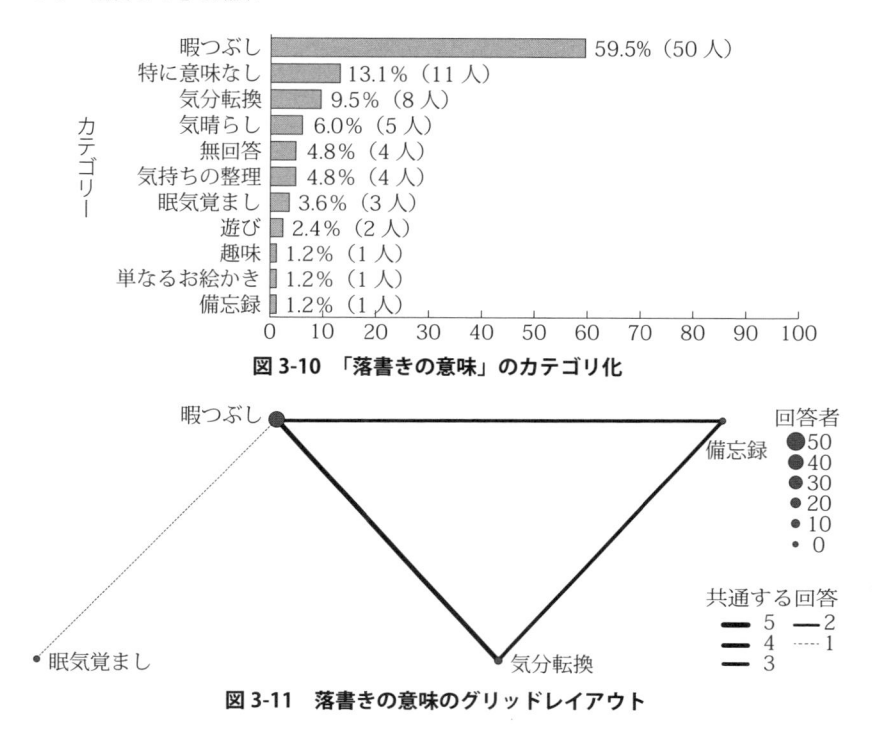

図 3-10　「落書きの意味」のカテゴリ化

図 3-11　落書きの意味のグリッドレイアウト

「無回答」は 4 名だった。その結果，「暇つぶし」がおよそ 60％，「気分転換」「気晴らし」「気持ちの整理」という心理療法的効果を意識している人が 17 名（全体の 20％）いた。「特に意味なし」が 13％ほどいたが，この応答も重要である。筆者は，心理臨床的に「『意味がない』という意味を感じ取っている」と理解する。図 3-10 にカテゴリの詳細を示した。図 3-11 に落書きの意味に関するカテゴリのグリッドレイアウトを示した。

〔6〕　問 6 の分析結果

　問 6 は落書きをよくした時期を尋ねる質問である。落書きをよくしたのはいつごろだったか？　分析結果，「高校生」「中学生」「小学生」「大学生」「幼稚園児」の順番で落書き体験が多いことがわかった（図 3-12）。よく考えてみるまでもなく「高校生」「中学生」は思春期真っ只中である。じつは落書き行為は，心身のバランスを崩しがちな思春期を支える一つの心のツール（道具）となっているのかもしれない。

　次に多いのが「小学生」と「大学生」である。両者は年齢が離れ，心理

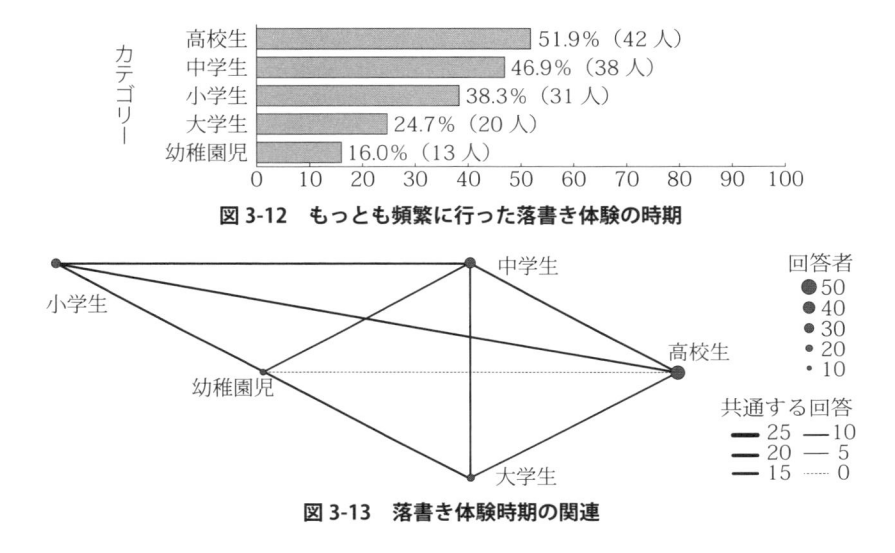

図3-12　もっとも頻繁に行った落書き体験の時期

図3-13　落書き体験時期の関連

的には子どもと大人という違いがある。これについては問9で検討を深める。図3-12において，「幼稚園」時代の落書き体験が最も少なかったのは驚きではない。応答者は大学生であり，幼稚園時代のお絵かきはたくさんしたがあまり自発的なものではなかったと認識したのかもしれない。あるいは時が過ぎて，落書きしたことを忘却したのかもしれない。

　図3-13に落書き体験時期の関連を示した。図3-13から，高校生時代と中学生時代が中軸となり，この2つのカテゴリが大学生時代，幼稚園児時代と結びついていること，「小学生時代」との重複は少なかったことが読み取れる。

4　考　　察

　最初に，本章で取り上げた落書きについて整理したものを表3-1に示した。「1　落書き研究の歴史」の項で紹介した代表的な落書きの中で，洞窟壁画についてはライズナー（Reisner, 1977）の記述，二条川原の掲示版は京都市歴史資料館（2006）または笠松ら（1994）の文献に基づき整理したもの，そして本論文における落書き分析結果の3つの資料において，それぞれの落書きはどのような思いで描かれたかに関する項目を追加した。

　表3-1から現代の落書きは「暇なとき」に，キャラクター等の絵を描い

表 3-1　9 つの視点からの 3 つの代表的な落書きに関する推測

	洞窟壁画	二条河原の落書き	大学生の落書き
いつ	手当たり次第	政治への不満がたまった	暇なとき，気が向いたとき
どこに	人目につかない奥まった秘密で閉ざされた場所	人目につく場所	ノートの余白や手じかにある用紙
道具は	指頭画,動物の骨,石等	掲示版	シャープペンシル,鉛筆
どのような落書き	野牛との戦い	新政権の混乱振りと不安定な世相	キャラクターや動物,人の顔などの絵
どんな気分？	自分を不滅なものにしたい，自己の痕跡を残したい	世の中の不合理に対する怒りと諦め	楽しくてリラックスできる，無心になれる
どんな気分になった？	狩猟成功の高揚感	幕府政治の再興へ望み	達成感を味わえたり,楽しくなり穏やかな気持ちになれる
落書きの意味	狩猟のための魔術	世の不条理を人に伝える	暇つぶし，気分転換
自己体験	絵や文字で自己を主張	新政権に翻弄される下層公家か京童（きょうわらべ；無頼の若者）の不満の表明か	落書きを欲する時期は，高校生→中学生→小学生→大学生→幼児の順
年齢による意味の相違	不明	不明	思春期以降はノート利用が増え，動機も気晴らしや無意味という応答が増加
落書きには何に対する思いが隠されているか？	生き抜くために士気を鼓舞する（例：戦闘場面や豊作に関する描画）	社会や文化に対して気になることを思い連ねる（例：不満,憤懣，怒り）	自分自身に関する思いの表現（例：自分はどうか，自分とどう向き合うか）

て暇つぶしをし，同時に気分も晴れるという展開が読み取れる。ところで，
「暇つぶし」「気晴らし」「ストレス発散」には違いがあるように思われる。
その相違点について表 3-2 に示した。

表 3-2　暇つぶし，気晴らし，ストレス発散の意味の違い

	そこにあるもの	落書きの効果
暇つぶし	暇な時間空間	暇な時間空間がなくなる。するとやることが設定できる。その結果，意欲がわく。
気晴らし	気の詰まり	気が晴れる。するとスッキリ感が味わえる。
ストレス発散	溜まったストレス	ストレスが発散される。すると緊張が緩和される。

　次に，落書きを『いつ』『どのような落書き』『どんな気分？』『どんな気分になった？』『落書きの意味』『時期』『年齢による意味の相違』という 7 つの視点を総括し，落書きの隠された心性にふれる。

　最初に，子どもが落書きをするときの心境つまり心理的特徴を述べると，次のようになる。

　「子どもは素直に『描きたいとき』に落書きをする。ストレスがなくとも描く。そのとき，子どもの感情は，『無邪気で純粋にわくわくかつ楽しみながら，ひとつの遊びとして想像力を広げながら，一生懸命に』落書きをする。子どもは絵の中で遊ぶ。子どもにとっては，落書きをすること自体が落書きの目的と考えられる。つまり，落書きがしたくて描くのだ。子どもにとっては，落書きはお絵かきのひとつ。それゆえ『子どもは落書きをしない』といっても過言ではない。描く場所は自由で，そこに好きなものを描いたり，思いのままに描いたりする。つまり，子どもは『自分の中にあるイメージを思いのままに』描く。小さい子どもは『描くものを決めずに描きなぐる』，つまり『無意識に描く』し，『描いていると自然に絵になる』。求められれば『意味をもつ絵を描く』こともできるし，『空想のものを描く』こともできる。落書きの内容には『悪意がない』し，落書きをしようと思うまでの心理過程は『衝動的』で，落書き中はあまり『周囲の評価を気にしない』。子どもの落書きは心身の成長・発達につながる」と。

　一方，大人が落書きをするときの心理的特徴は次のとおりである。

　「大人の 60％は『暇つぶし』を目的として落書きをする傾向にある。『暇つぶし』は『時間つぶし≒時間を持て余す≒何となくつまらない』と関係する。描くときは『手持ちぶさたなときや集中力が欠けたとき，またはふと思い出して描く』。そして『何となく楽しくなる感じ』をもったりする。また『イメージして描くこともあるが多分に意識的』で，『これを描こうと思って，形のあるものや実在するものを，よく考えて』描く。また『構成

などを考えて，上手に描こう』とする。『何かわからないものはあまり描かない』。また『絵が好きで描くわけでもない』。大人の落書きには『何ほどか考え事が反映』される。

『考えを整理する』ために落書きをすることがある。また眠ってはいけないときなど『気を紛らわす』ために描く場合もある。明確に『ストレス解消』目的で落書きをするときもある。落書きの動機はさまざまである。描く内容は『思っていること』や『自分の感情』が絡み，『気持ちがあらわれる』こともある。一方，大人は意図的に『いたずら心や，ときに悪意をもって落書きをする』こともある。この場合は『人に見せるために落書きをする』。大人の落書きは，子どものように『心身の発達につながる』わけではない。

子どもと大人の間での落書きにおける描き方には違いがある。子どもは，「『描画技術が未成熟で絵が下手』なのは発達的に見て自然で，その結果，『絵のクオリティまたは完成度が低くなる』のも不思議はない。大人との明確な違いは次の点にある。基本的には，『大人と比べると子どもは心理的に自由』であることから，『描く場所をわきまえない』し，『どこにでも自由に描く』。描き始めると，『徐々に落書きのスケールは大きくなっていく』こともあり，ノートに描くときは『大胆に描く』。おそらく描き手には大胆に描いているということや，スケールを大きく描いているというような意識はあまりないのではないかと思われる。『上手に描こうとは思わず描いている』というのがその背景にあるのではないかと思われる。よって子どもの落書きには『現実に近いものを描くのに抵抗がない』だけに，『絵にリアルさがある』。

一方，大人の落書きの仕方は子どもと逆である。「大人は描こうと思えばどうにでも描くことができる。つまり『描画技術がある』だけに，『基本的には絵のクオリティまたは完成度は高い』。また『子どもと比べると大人は心理的に不自由だ』という性質が描画に反映され，『描く場所をわきまえて描く』『ときにはノートの隅に描く』『落書きでもわりときれいに描く』『落書きを続けても，スケールはあまり変わらない』ということになる。

落書きに何を描くか？ 子どもは「『実物を描くことができる』が，幸せや悩みといった抽象的な概念を絵にすることはむずかしい。上手下手を問わなければ，子どもは『身の回りにあるものなら何でも絵にすることはできる』。一方，大人は実物のみならず，「記憶にあるものを絵にすることが

できる」し，「文章を綴ることができる」ことから，自己表現の手段が増える。

　「子どもは落書きを使って，他者に何を伝えようとするか」という問いの前提には，「落書きをするには，何か目的があるはずだ」という考えが背景にある。しかし「子どもの落書きには多くは目的がない」。一方，大人は「何らかの目的があって落書きをする」。これは子どもと大人の間における落書きの目的に関する決定的な違いかもしれない。子どもは意識的にも無意識的にも「内なるものを外界に伝えようとする」し，大人は記憶内容を頼りとして，「見えない心を見える形（例：絵）にして，再確認する」ことができる。

　表5には落書きをするとき何を描くかについて，子どもと大人の相違点が示されているが，その結果，子どもは「紙だけでなく，手，柱，机など，身近にあるものに落書きをする」が，大人は描くものをよくわきまえ，多くは「紙に落書きする」ということがわかった。

　表6には落書き行為に関する子どもと大人の相違点について示されているが，その結果，落書きは落書きする場所や描画内容から道徳的問題として取り上げられることがある。道路上への落書き，人家の壁へのいたずらや中傷めいた落書き，学校内では嫌いな子どもが座っている机の隅にいたずら描きをするといった問題扱いされる落書き……これらの落書きは年齢を選ばない。

　匿名であるが，書写の授業をもつ筆者は「落書きの効用—文字感覚の育成をめざして」と題するインターネットのホームページに「落書きの指導方法とその効用」として，「50分または45分授業の内，最後の10分を『落書きタイム』とする」「落書きのテーマは指示するときと，随意のときとがある。その場合，下品であったり，人の悪口であったり，縁起の悪いものでない限りにおいて随意とする」等の工夫が綴られている。落書きを授業に活かす一つの方策である（2011年1月20日閲覧。http://www7a.biglobe.ne.jp/~kahi/text.html）。当該ホームページの著者は落書きを「率意の書」とみている。書を書きたいと感じたときに何気なく筆を執って書く。手本に頼らず，自分の思うままに自由に書いていく。人間は有史以来，生きていくためにも思いつくまま何かを仕上げていく能力を身につけていたのではないかと思われる。自由闊達な心性は人間というものの生来の姿ではなかったかとさえ筆者には思われる。落書きは，ときに「楽書き」にな

ったり「落書」「落書き」になったりする。

　佐藤方哉（1991）は心理学の立場から落書きの考察に取り組んだ。彼は
ビジョー（Bijou, S. W., 1976）が示した発達理論の中で、「遊びは」を「落
書きは」と置き換えてもよいのではないかと思い、なぜ人は落書きをする
のか、その答えとして「剰余エネルギー説」「本能－練習説」「文化的反復
説」「浄化説」「快楽説」を取り上げた。さらに機能による分類では「状況
誘導型」「放出型」「マーキング型」「要求型」「記述型」「芸術型」の6種
を紹介したが、いずれもスケッチの域を出ない。当該論文は「原稿の締切
が過ぎたというのに、未だ構想がまとまらない。困った、困った、どうし
よう……」で締め括られている。各種落書き行為の命名および分類作業の
みならず、落書き行為に絡む心性について知見を深めることは、落書き研
究の幅を広げ、かつ層を厚くすることにつながる。

　ライズナー（Reisner, R., 1977）は落書きについて、次のように記してい
る。「視点や見る角度の変化から生じる対象の変化」「落書きはちょっとし
た見識であり、自分ばかりでなく自分に似た人たちの代弁者の心をのぞく
小さな穴」「露骨な性をあらわす言葉と猥褻な絵は、いわば心で行う自慰行
為」「敵意を込めたウイットは、外に向かう攻撃と相関関係をもつ（Freud,
S. の知見より引用）」「ただ一つの言葉や絵であっても、その発見場所に照
らして検討し、熟考と分析を加えれば、意味の層は一つにはとどまらない」
と。これらの知見は、本論文が取り組んでいる心理臨床的アプローチとか
なりふれ合う。落書きの心理学的分析においては、テキストそのものの分
析のほかに、「何が私に落書きをさせるのか」という視点が重要である。今
後、落書きを押し上げる心性と落書きの構成要素等について研究を深めた
い。

Ⅱ　落書きの構成要素

　前節では落書きする時間、場所や道具といった外形的な要因の分析を試
みた。本節では落書きをするときの心理的要素について検討する。以下、研
究手続きに沿って述べる。

1　目　　的
　"落書き（graffiti）"にはどのような心理的要素が含まれているのかを探

る。

2　方　　法
〔1〕　対　　象

F 大学保育学科在籍中の女子 118 名。対象者は日頃から子どもの描画と馴染みのある学生生活を送っている。

〔2〕　実施手順

課題はプリントと口頭説明で指示した。内容は次のとおり。「配布された 1 枚の画用紙に，落書きしてください。何を描いてもかまいません。今，描きたいなと思ったものを自由にお描きください。使用するものは，色鉛筆とクレヨンです。どちらを使ってもかまいません」。

次に，下記の指示どおりに，進めて下さい。

(1) 落書きした順序を思い出して，「どのような順序で描いたか」番号を振ってから，「何を（何について）」描いたかを順番に，かつ詳細に言葉で記す。
(2) 今振った数字ごとに分類すると，これは以下のどれに属すかを書き添える。①は『自分』，②は『気になるもの』，③は絵の『背景』となるもの，④は『隠れているもの』，⑤は①〜④に当てはまらない分類内容で，その際，自分で考えて分類内容を記してください（例：題名，感情など）。
(3) 最後に，この落書きから簡単な『物語』を作り，最後に題名をつけてください。物語の内容が真実か空想化は問いません。

3　結果と考察
〔1〕　描き順 ── 5 要素それぞれの出現割合

順序に関係なく，「自分」を何番目かに描いた人は 40 人いた（22%）。同様に，気になるものを描いた人は 52 人（27%），背景は 53 人（27%），隠れているものは 24 人（12%），その他の絵を描いた人は 24 人（12%）いた。

最初に「自分」を描いた人は，「自分」の絵を描いた人 40 名中 19 人いた。これは 48% にあたる。つまり，約半数の人は，最初のお絵かきとして「自分」を描いた。最初に「気になるもの」を描いた人は，順序に関係な

く「気になるもの」の絵を描いた人 52 名中 27 人いた。これは 52％にあたる。つまり，半数の人は，最初のお絵かきとして，自発的に「気になるもの」を描いたことになる。最初に「背景」を描いた人は，順序に関係なく「背景」の絵を描いた人 53 名中 8 人いた。これは 15％にあたる。つまり最初に，しかも自発的に「背景」を描く人はほとんどいないということになる。2 番目に「背景」の絵を描いた人は 26 人いて，その割合は 49％であった。これは「背景」を描く前にほかの何かを描いてから「背景」を描く人が約半数いたことを意味する。最初に「隠れているもの」を描いた人は，「隠れているもの」の絵を描いた人 24 名中 1 人いた。これは 4％にあたる。2 番目に「隠れているもの」の絵を描いた人は 4 人いて，その割合は 17％であった。そして 3 番目に「隠れているもの」の絵を描いた人は 9 名いて，その割合は 38％，4 番目に「隠れているもの」の絵を描いた人は 8 人いて，その割合は 33％，そして最後に「隠れているもの」の絵を描き加えた人は 2 人いて，その割合は 8％であった。自発的に「隠れているもの」を描いた人は 24 人（12％）で，その中の 1 人が最初に「隠れているもの」を描いたことになる。ごく稀なケースといってもよい。このことから，Th が Cl に対して何も指示をしなければ，隠れているものは描かれない可能性が高いことがわかる。心理臨床の場では，どのように言葉かけをし，「隠れているもの」をどのように引き出すかが課題となる。最初のお絵かきとして，自発的に「隠れているもの」を描く人はほとんどいないという事実は重い。図 3-14 は「何番目に 4 つの要素，つまり『自分』『気になるもの』『背景』『隠れているもの』の絵が描かれたか（X 軸）」と「描いた人数（Y 軸）」を示している。自分像や気になるものは最初から描かれ背景は 2 番目に多く描かれ，隠れているものは 3 ～ 4 番目に描かれやすいことが視覚的に読み取れる。

〔2〕　**描き順に関する一致率**

　全対象者 118 名について，個々に「描画順序を自ら記してもらい，個々の絵について，5 要素で自己判定してもらった。ここでは描画順序を「絵の描きやすさ（難しさ）の程度の違い（つまり量）」ととらえた。118 人の 4 要素に関する順位のつけ方の一致率を見るために，「ケンドールの一致係数 W」を用いた。解析結果，ケンドールの一致率 W と有意差は，W ＝ 0.248，有意確率 0.291 ＜ 0.05 であり，対象者の順位づけには一致性は認められなかった。4 要素に関して対象者の描画順序がランダムだったこと

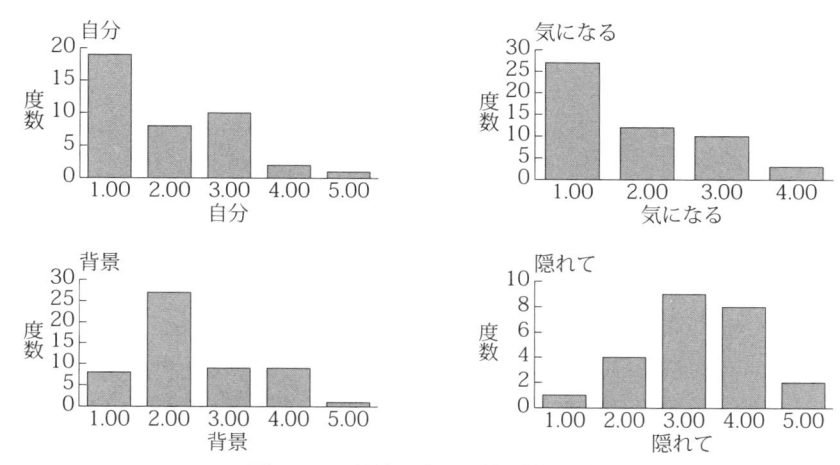

図 3-14　4 要素の出現順位と描画人数

は，この絵が「落書き」だったことの一つの証といえる。

〔3〕　5 要素の出現率

　全対象者 118 名は，自分で描いた絵のそれぞれの部分について，その絵が「自分」「気になるもの」「背景」「隠れているもの」「その他」のいずれにあたるかを自己判断した。得られた絵は 1,022 個であり，「自分」を描いた絵は 102 個（すべての部分となる絵の 10％にあたる）であり，「気になるもの」の絵は 348 個（34％），「背景」は 306 個（30％），「隠れているもの」の絵は 119 個（12％），それ以外の絵は 147 個（14％）となった。

　その結果得られたデータを単純に「全 26 回分，5 要素それぞれの該当数を合計した結果」が図 3-15 である。その結果，「自分」描画は最初に半数の者が描くが，徐々に減っていくこと，気になるものは最初から最も多く描かれるが，2 回目以降急速に描く人が減っていくこと，背景は 5 番目ほどをピークとして，10 番目ほどまで描かれ，その後ゆっくりと減少していくこと，隠れているものの描画は 5 番目あたりが描画のピークで，その後ゆっくりと減少する。総じて「隠れているもの」の描画は少ないことがわかる。このグラフの結果から，描画に抵抗のない要素は，「気になるもの」→「背景」→「自分」→「隠れているもの」の順と考えられた。

〔4〕　題名の分析

　118 の題名の分析結果，「季節」「天気」「対人」「感情」「青春」「心情」「芸術」「時間」「夢」「メルヘン」「祝い」「好きなもの」「楽しみ」の 14 の

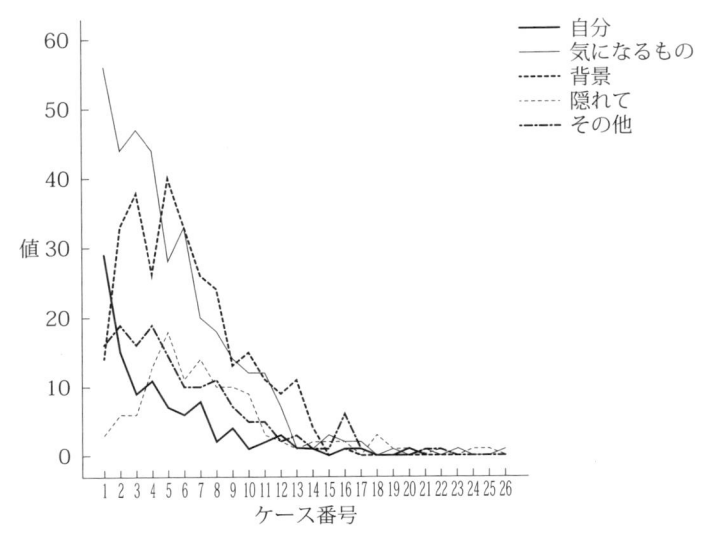

図3-15　5要素の出現率

分類タイトルが得られた。その結果，題名は「心理的な内容」が大半を占めていることがわかる（表3-3）。

〔5〕　KH Coder による「物語」の分析

118個の「物語」の分析をするにあたって，日本語形態素解析 KH Coder2.x を用いた計量テキスト分析を行った（樋口，2012）。全物語の総抽出語数は 10,993 語，異なり使用語数は 1,747 語，段落総数は 236 であった。抽出された上位 50 位の用語は次のとおりである。題名の分析結果，「季節」「天気」「対人」「感情」「青春」「心情」「芸術」「時間」「夢」「メルヘン」「祝い」「好きなもの」「楽しみ」の 14 の分類タイトルが得られたが，物語で使用された用語の分析結果からも，「題名」で用いられた 14 の分類タイトルに関連する用語が得られた。

物語に用いられた用語の出現回数をグラフにすると，次のようなカーブが得られた。図 3-16 から，おおよそ 5 回くらいまで，同じ用語が用いられていることがわかる。

全 118 個の物語にどのような言葉がよく使われたか，上位 150 語を抽出した（表 3-4）。その結果，物語に使われた用語の多くは思いに絡み，心理的な内容が大半を占めた。

表 3-3　題名分析の結果

分類	種類	内容
メルヘン	40	「チャルのおでかけ」「きれいな桜の下の家」「おかしの家」「ある日のこと」「雲の国で ぞうすべり」「買い物 リラックマ」「アンパンマンと海, 時々森」「ブタさんのおさんぽ」「あおむしさん 帰りましょ」「きょうりゅうの散歩」「ドラえもん」「スヌーピーのお散歩」「アンパンマンとゆかいな仲間たち」「うきうき るんるん 楽しいね?♪☆」「キラキラした世界」「お花畑のブーフ」「おでんくん泣くの巻」「雨ニモマケズ風にもマケズ」「ジャム工場に侵入」「ゴリラとの楽しいひととき」「ぽかぽか休み」「月のくに」「野原へ散歩」「お城での生活」「恐竜さん」「ももたろうとゆかいな仲間たち」「うさぎーぬとカメ子」「たまごちゃんとたまごくん」「ウサギとペンギン」「幸せにしてくれるものたち」「幸せなひと時」「アンパンマンと仲たち!」「流れる星の見える丘に」「くまさんからのプレゼント」「おさんぽ」「サクラちゃんとクレヨン君」「ひよこの休息」「子うさぎと子ねこの友情」「りんごものがたり」「サルの仲間たち」
心情	11	「夏の思い出」「ひとつひとつ」「なかよしこよし」「汚れた手」「さあ 勝負だ!」「らくがき」「あたしの好きな場所」「思うことを描いた絵と手」「かお」「愛しさと暖かさと粘り強さと……」「今の自分の中」
季節	11	「春」「春から夏へ?」「春がきた」「Spring has come」「spring」「待ち遠しい春」「春到来」「春がやってきた」「春の散歩」「Spring」「春と夏」
夢	8	「叶った夢」「悪夢」「夢のなか」「ゆめ」「将来の夢」「光」「幻想と夢想」「ねむい」
感情	7	「mommy, I love you.」「幸せ」「たくさん笑って元気になろー!」「大好き」「LOVE！LOVE！LOVE！」「LOVE！！（ハートマーク）」「しあわせ」
時間	7	「音楽の時間」「今日」「あるおやすみのひ」「おやつの時間」「お庭で昼寝」「のんびり日和」「ある日の午後」
自然	6	「大自然」「夕暮れの花畑」「わたしたちの街」「夜の海」「夜の海を見に行こう」「冬の丘」
対人	5	「おやすみなさい, こんにちは」「男の子と女の子」「友達になる」「愉快な 12 人」「人」
天気	5	「あったかーいね」「ある晴れた日」「あったかポカポカいい気持ち」「晴れている空」「晴れろ」

表 3-3 つづき

楽しみ	4	「ANA に乗って」「ディズニーランド」「新しい公園」「お買い物」
祝い	4	「お花見」「今日の夜はお祝いだー！」「おはなみ」「クリスマス」
好きなもの	3	「その服いいね」「私の好きなもの」「おやつ大好き？」
青春	3	「旅立ち」「夏の出逢い」「安春川と私の春」
芸術	1	「ダヴィデ」

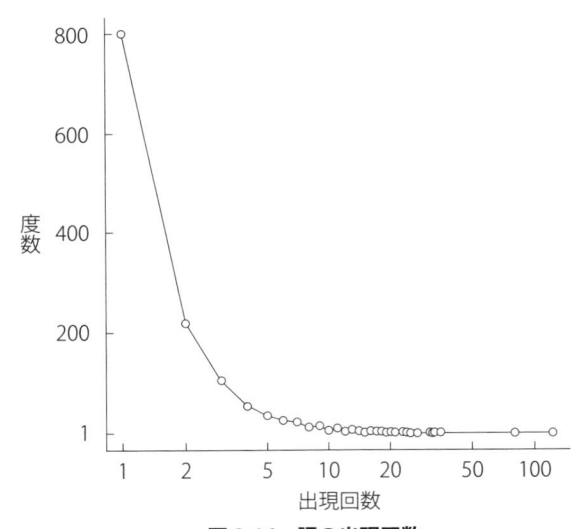

図 3-16　語の出現回数

表 3-4　118 個の物語に出現した 150 個の用語

抽出語	出現回数	抽出語	出現回数	抽出語	出現回数
見る	33	人	13	スヌーピー	8
食べる	31	ドラえもん	12	家	8
行く	25	海	12	街	8
楽しい	24	帰る	11	顔	8
空	23	月	11	心	8
思う	23	キラキラ	11	木	8
大好き	23	雨	11	輪郭	8
今日	20	感じる	11	ケーキ	7
春	20	嬉しい	11	過ごす	7
来る	19	気持ち	11	楽しむ	7
幸せ	18	言う	11	待つ	7
女の子	18	前	11	終わる	7
天気	18	歩く	11	笑顔	7
きれい	17	お花	10	人間	7
たくさん	17	世界	10	晴れる	7
一緒	17	星	10	暖かい	7
散歩	17	夜	10	男の子	7
出る	16	アンパン	9	冬	7
夢	16	サル	9	悲しい	7
良い	16	ハート	9	暮らす	7
子ども	15	花	9	いつ	6
自分	15	丘	9	カメ	6
子	14	好き	9	カラス	6
太陽	14	時間	9	バナナ	6
友達	14	待つ	9	パン	6
遊ぶ	14	毎日	9	囲む	6
外	13	目	9	温かい	6
咲く	13	お母さん	8	会う	6
桜	13	ウサギ	8	甘い	6

表 3-4 つづき

気分	6	思い出す	5	ゾロ	4
恐竜	6	主人	5	プレゼント	4
今年	6	住む	5	ヘルメット	4
仕事	6	赤い	5	ロケット	4
周り	6	地球	5	ワン	4
上	6	仲間	5	飲む	4
仲良く	6	仲良し	5	可愛い	4
途中	6	長い	5	花びら	4
風	6	虹	5	久しぶり	4
緑	6	毎日	5	見える	4
お家	5	戻る	5	元気	4
お腹	5	友だち	5	光	4
チューリップ	5	様子	5	考える	4
ニューヨーク	5	話しかける	5	困る	4
夏	5	話す	5	姿	4
果物	5	いろいろ	4	謝る	4
起きる	5	お父さん	4	寂しい	4
輝く	5	それぞれ	4	手	4
見守る	5	アイスクリーム	4	出かける	4
公園	5	イチゴ	4	小さい	4
今	5	コック	4	照らす	4

4章　自分描画法の臨床発達

自分描画法とはどのようなものなのか。生涯発達の観点から，幼児から高齢者に至るまで，自分描画がどのように変化するのかを以下に示す。

I　自分描画法——生涯発達の視点から（自分描画法事例）

自分描画とはどのような絵なのか。最初に幼児から高齢者に至るまで，それぞれの発達の時期における男女2事例を見る。

1　幼児の自分描画法（**本章Ⅲにおける資料から。保護者が記した原文のママ**）

〔1〕　4歳2カ月，男児

①気になるもの：「家族の顔，キャラクターの絵，果物の絵など」

②背景：「よく特徴をとらえて描いていると思う」

③隠れているもの：「欲しいおもちゃ，最近描けるようになった絵」

④物語：「欲しいおもちゃ，うーちゃん，わんわん，りんご，ぶどう，めろん，カレーパンマン」

⑤題名：「あこがれ」

⑥感想：「楽しい，関心がある」

〔2〕　5歳10カ月，男児

①気になるもの：「空想のおばけ，図形を集めて描いた『まるちゃん』」

『さんかくちゃん』など（丸だけで顔，体，目，鼻，口を描いて人の形にしている）。クワガタ，カブトムシなど，人や生き物が多いです」

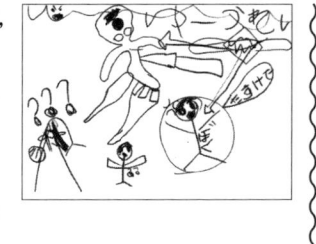

②背景：「雲（黒い雲が怒っている）」

③隠れているもの：「自分の家におばけが来るのでは？と心配している」

④物語：「おばけが来たので，やっつけようとしても死なないので，助けを求めている。知らない人が倒れている。雲が怒って自分におそいかかるかと思ったら，おばけにかみついた。（○印の絵は，雲の口に羽が生えているもの）自分に代わって，おばけをやっつけてくれている」

⑤題名：「おばけ」

⑥感想：「空想の生物を描くときは，その時の自分の気持ちを表現しているような気がします。昆虫を描くときは，兄との共通の趣味や遊びを表現していて，人と関わりを表現しているのか，望んでいるのではないかと思います」

〔3〕　4歳2カ月，女児

①気になるもの：「ハートがたくさんの人（小山注：自分が多いという意味）。あとは自分の欲しい物とそれを使っている自分もしくは食べたい物」

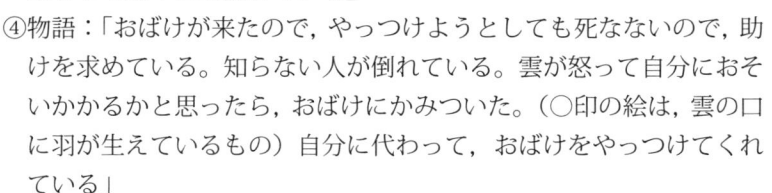

②背景：「その日の気分。いろいろなお友達と遊べた日はカラフルでハートが多く，イヤなことのあった日は書きたがらないし，普段は一色で済ませることも多いようです」

③隠れているもの：「かさ（まわりの子がさしてくるので自分も欲しい），バナナ，ぶどう」

④物語：「雨降りのお散歩は楽しそう。かさに雨が当たって音がしたら楽しそう」

⑤題名：「雨降りのお散歩」

⑥感想：「楽しい」

〔4〕　5 歳 8 カ月，女児

①気になるもの：「女の子が着ているドレス」

②背景：「おしろ，水族館」

③隠れているもの：「かわいらしくドレスやリボンを自分も着てみたい。可愛らしくてきれいなものが大好きという思い」

④物語：「お母さんがドレスを着ている絵。水族館のドクターフィッシュが手をきれいにしてくれている」

⑤題名：「あこがれ」

⑥感想：「楽しい，関心がある」

2　小学生の自分描画法

〔1〕　11 歳，男子

①気になるもの：「いいなーと思うこと」

②背景：「家のじゅうたんの上」

③隠れているもの：「お金」

④物語：「ククールくんは学校から家に帰ってさっそく昨日買っといたポテトチップスを食べながら笑いの金メダル のビデオを見ていました。すると足もとに何かがあたりました。それはお金です。ククールくんはラッキーと思ってそれを拾いました」

⑤題名：「ラッキー！」

⑥感想：「けっこう楽しかったです。ぼくはいろいろな質問を答えるのが好きなので楽しかったです」

〔2〕　11 歳，男子

①気になるもの：「壱万円札の束」

②背景：「草原の風景」

③隠れているもの：「犬のフンとモグラがほったおとし穴」

④物語：「ある日Ｎさんが歩いていると壱万円札の束を拾いました。でも人生はそんなにあまくありませんでした。帰ると中に犬のフンをふんだり，モグラがほったおとし穴にはまったり大変な目にあってしまいました」

⑤題名：「人生は甘くない」

⑥感想：「犬のフンをふむのがおもしろい」

〔3〕　11歳，女子

①気になるもの：「6年生になってからの委員会」

②背景：「教室の中の様子」

③隠れているもの：「だれかのぞうきん」

④物語：「ある学校にもうすぐ6年生になる○○○という女の子がいます。6年生ではほとんどが委員会の委員長になります。彼女もばってきされました。ですが，彼女は少し不安です。町のドッヂボールチームのキャプテンも任され，その上委員長なんてと思っていました。そんなときクラスのみんなが『いっしょにがんばろうよ！』と言ってくれました。その時，○○○はとてもゆうきづけられました。そのおかげで今はもう不安がありません」

⑤題名：「不安な彼女」

⑥感想：「今回物語をかいた時，本当に私は不安でしょうがなかったです。でも物語で「いっしょにかんばろうよ」の言葉で書いた自分も元気になれました。こんなに元気のつく言葉を書く機会ができてよかった」

〔4〕　10歳，女子

①気になるもの：「大つなみ」

②背景：「みどり色のしまっぽいやつ」

③隠れているもの：「くつ」

④物語：「私は今，海の上にいる。船にのっているわけではない。立っている。私の足が海水につかった。あとでせんたくをしよう。どんどん水いがあがっていく。私のよこで。右のほうに大地がある。人々はそこで生活している。そろそ

ろなみがくる。すべてをのみこむなみが、人々はそのことをしらずに、生活をしている。……そろそろかれらにもなみがみえるころだろう。けれど，もうおそい……」

⑤題名：「かれらの世界がおわる日」

⑥感想：「絵をかいてみたら，話があんがいかけた。えがあるとべんり」

3　中学生の自分描画法

〔1〕　14 歳，男子

①気になるもの：「友達」

②背景：「バスケの試合会場」

③隠れているもの：「かげ（自分の）」

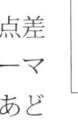

④物語：「残り時間もわずか，今は，1 点差です。これが最後のチャンス!!　ノーマークで 2 人，これが入れば逆点，さあどうなるか……」

⑤題名：「バスケットボールの試合にて……」

⑥感想：「ユニフォームの色がなかったのでまぜた。指が上手にできなかったのが残念。久しぶりに絵を描いたのでよかった」

〔2〕　14 歳，男子

①気になるもの：「駆除されそうなブラックバス」

②背景：「外来魚生物駆除に反対している人」

③隠れているもの：「悪い自分」

④物語：「みんなは外来魚生物駆除について反対しています。でも自分の心のもう 1 人の自分はあまり気にしていません。表面だけで僕は「反対」と言っていました。そして僕は心を入れかえ僕のおかげでブラックバスは駆除をされませんでした。やったー」

⑤題名：「心を改める自分」

⑥感想：「最初は何をするのかと思ったけどけっこうおもしろい内容でよかった」

〔3〕　**14歳，女子**

①気になるもの：「『GLADEE』ってゆうかわいい
　小物のブランド」」

②背景：「モザイク柄（？）」

③隠れているもの：「いろんななやみ。考えてるこ
　と」

④物語：「私の毎日はフツ→に過ぎてく……毎日
　毎日考えることが多すぎて大変なんだよね→こ
　ういうお年頃ですから（ハート２個）なやみも毎
　日増えてくよ，学校の友達のこととか，勉強のこととか……でも，好
　きなことを考えてるときが一番好き‼　最近は古着とか，『GLADEE』
　ってゆうブランドがすごく小物かわいくてお気に入りだよ。あ→，も
　っと自由になりたい。勉強なんてやりたくないよ」

⑤題名：「こういうお年頃ですから（ハート）」

⑥感想：「絵のいみは，私って外から見るとノーテンキそうに見られち
　ゃうけど，たくさんのなやみがあんだってことをいいたい‼んです。
　自分をかくって難しいと思った」

〔4〕　**13歳，女子**

①気になるもの：「ハート（やさしい心）」

②背景：「スイス　アルプス」

③隠れているもの：「泣き虫の自分」

④物語：「ある所に，一人の女の子がいまし
　た。その子は，毎日平凡に暮らしていて，
　うれしいことも，嫌なこともたくさんあ
　って，ごくふつうの女の子でした。でも，その子は，ふだんは明る
　くしているけど，とっても泣き虫でした。どうにか自分で強くなろ
　うとがんばっています。女の子には夢がありました。いつか，ヨー
　ロッパへ行って，かわいい花と，大きなおひさまの下で気持ちよく
　過ごすことです。のーんびりお昼寝をして，おいしい空気をいっぱ
　い吸うことです。それと，他にもいろんな人に出会って，強くなろ
　うとしています。まだまだ足りない所はあるけど」

⑤題名：「自分」

⑥感想：「絵を書くのは久しぶりで難しかった。でもおもしろかった」

4　高校生の自分描画法

〔1〕　17歳，男子

①気になるもの：「本」

②背景：「公園」

③隠れているもの：「ミミズ（小心者）」

④物語：「あるよく晴れた日のでき事＝1人の少年が公園で本を読んでいた。そして＝いつの間にかその少年は寝てしまった。少年はふと気づくとさっき自分のいた公園に立っていた。その時＝足元を見ると1匹のミミズがいた。いきなりそのミミズは＝「お前は誰だ？」と聞かれ＝少年は名前を言おうとしたが思い出せず自分探しに出る」

⑤題：「本当の自分」

⑥感想：「意外とおもしろかったです」

〔2〕　17歳，男子

①気になるもの：「ダルビッシュが喫煙したこと」

②背景：「公園」

③隠れているもの：「ボールとバット」

④物語：「ある日，パチンコ屋に行こうとすると，プロ野球選手のダルビッシュ選手に会いました。ダルビッシュ選手は，タバコを吸っていました。私は，『まだ18才だろ!!』と言ったら，『うるせーんだよ!!』と言ってきたのでムカついて，『野球勝負しろ』と言いました。ちょうど，バットとボールを持っていたので，近くの公園で勝負をしました。ダルビッシュの投げた153kmの球を私はホームランを打ちました。そして1年後，私はプロ野球選手になりました」

⑤題：「ダルビッシュに勝った」

⑥感想：「公園をかこうと思ったけど，うまくいかなかったのでぐちゃぐちゃにした。来年またやりたい」

〔3〕　17歳，女子

①気になるもの：「手の型をした影」

②背景：「薄暗い所」

③隠れているもの：「影」

④物語＝「産まれてきた時は白。“白”という色だけど，年や経験を積み重ねるごとに，たくさんの色がついていく。どんどん色がついて鮮やかになっていくけれど最後には全部まざって“黒”になる。今は“白”から“黒”へと行く途中」

⑤題＝「白から黒へと変化する時」

⑥感想：「“私”の下に隠れているもの…は描きにくかったです。でも，久しぶりにクレヨンや色えんぴつを使って絵が描けて楽しかったです」

〔4〕　17歳，女

①気になるもの：「恋です」

②背景：「冬」

③隠れているもの：「2人」

④感想：「“私”の下に隠れているもの…は描きにくかったです。でも，久しぶりにクレヨンや色えんぴつを使って絵が描けて楽しかったです」

⑤物語：「恋して，付き合って，冬とか雪で遊んだりする。んで，ずっと一緒みたいなぁー♡」

⑥題：「今の気持ち」

5　大学生の自分描画法

〔1〕　20歳，男性

①気になるもの：「何か良い予感のするもの」

②背景：「“気になるもの”へ続く一本道」

③隠れているもの：「邪魔者」

④物語：「私は道の先に輝く何かを見た。きっと良いものに違いない。あれは私を幸福な気分にしてくれるに違いない。私は進む。足どりは自然と速くなる。少し進むと目の前に人が現れた。『困っています。助けて下さい』。私はとりあえ

ず事情を尋ねる。ところが自分では力になれそうもないことだ。申し訳がないものの先へ進む決意をする。"輝く何か"までもう少しだ。

　漸く道の半分まで差しかかったと思うとまた人が道をはばむ。『忙しいのですまない』私はいらいらを覚えつつもそういって先を急いだ。もう少し，もう少しなんだ，誰も邪魔しないでくれ!!　私は走る。私はふとあることに気づく。"輝く何か"の輝きが小さくなっている。気のせいではない。さっきはあんなに眩しく見えたのに，いったい何故？疑問に思いながらも，声を掛けてくる人には深く関わらず，私は"輝く何か"の方へ進む。息を切らしながら道の途絶えた所に着いた。そこには輝く何かはない。絶望を覚えつつも，先程は人々に悪いことをしたと反省の意味も込め，帰路で出会う人に対してはその全てに親切な対応をした。気づけば私の心は輝く何かで満たされていた」

⑤題名：「道」

⑥感想：「"気になるもの"は輝く何かを表現しようとしたが，うまい表現が見つからず，結果太陽のようなものになってしまった。慣れないこと（絵を描くこと）をすると少々疲れるが，懐かしさも手伝ってか，心中は比較的穏やかであった」

〔2〕　**20 歳，女性**

①気になるもの：「人の心」

②背景：「何もない大草原に青空の中一人でたたずんでいる風景」

③隠れているもの：「表は晴れやかな空だけど中身は暗い心」

④物語：「何か楽しくないことがあった女の子は，一人になれるところを探していました。すると，見渡す限りの地平線で，とても眺めの良いところを見つけました。天気の良い日はそよ風が気持ちよく，嫌なことも忘れ，夜は満ちた星に囲まれながら，自分の悩みの小ささを感じることができる，とても安らげる場所でした。女の子は気になる人の心が知りたいと思う反面，自分自身の自信のなさに，日々葛藤していました。しかし，そんな悩みも一気に吹き飛ぶくらい，女の子にとって，見つけた場所は自分に安らぎと勇気を与えてくれるので

した。こうして，女の子はモヤモヤを浄化し，また1歩を踏み出す
のでした」

⑤題名：「空虚と楽」

⑥感想：「浮かんでいる赤い箱というのは，中に入っている人形が，自
　分の中で今この人の心の中を知りたいと思っている人で，その人の
　胸あたりにある赤い丸は，その人の心を表している。箱に入ってい
　る理由は，その人が心の中を見せない，その人の心の中がまだ読め
　ていないので，箱の中に閉じ込めてあるようにした。自分は暗いの
　かと思った。自分の絵に笑顔がなかったのは，特に意味は無く，完
　成した絵の全体を見ると，周囲が晴れやかなのに対し，自分の表情
　の無さに，あまり楽しくないのかなと感じた」

〔3〕　20歳，男性

①気になるもの：「祖父の入院していた病
　院」

②背景：「夕方の空」

③隠れているもの：「黒猫」

④物語：「ある日，私は病院へ行きました。
　なぜかと言うとおじいちゃんのおみまい

のためです。家から病院に行く最中左側には高いカベがありました。
すると一匹のネコがついてきます。黒くて，ケガをしています。歩
く速度を速くすると，ネコも速く，遅く歩くとネコも遅くなります。
病院が見えてきました。病院の前に車があり，誰かが乗り込むと，走
り去ってしまいました。ネコはまだついてくる。そして，私と同じ
く，走り去る車を見つめていました。もう夕方でした」

⑤題名：「黒猫と空」

⑥感想：「本当は屋根付きの道を描きたかったが，絵が上手に描けなか
　ったので，木の植えられた壁にした。自然に歩いている自分を描い
　ているのが意外だった。とても自然だった」

6　成人の自分描画法

〔1〕　39歳，男性

①気になるもの：「息子の健全な成長」

②背景：「近くの公園」

③隠れているもの：「若い頃引いていたギター」

④物語：「息子が夏休みの朝，近くの公園にカブトムシ捕りに出掛けた。空は青く澄み渡り遠くの方では飛行機雲がくっきりと見えるすがすがしい朝だった。息子はクワガタと最近凝っているきれいな石集めに夢中。思いがけずたくさんの収穫に息子はとても満足していた。僕はそんな息子をながめながら，久しぶりに押入れから引っ張り出してきたギターを弾き，お気に入りの歌を歌った。とても充実した夏休みの1コマだった」

⑤題：「夏休みの1コマ」

⑥感想：「思いつくままに描いてみましたが，こんな休みがあればいいなと思い，描きながらだんだんすがすがしい気分になりました。心の中の変化については，自分が今こうしたいと思っていることが，よりはっきりしてくる気がした。指示に対して質問しながら描けるので描きやすかった」

〔2〕　**41歳，女性**

①気になるもの：「担任クラスのうつ病で休んでいる女の子」

②背景：「つなみ」

③隠れているもの：「琵琶」

④物語：「昔，平家の公達，姫君たちの魂をなぐさめた琵琶が海の底に眠っていました。横笛や箏を奏でる人々と，またいつの日かお互いの存在を感じ合い，音を重ね合えることを夢みて激しい渦を巻く海の，しかし静かな底に身をよこたえていたのです。そんな時，1人の女の子が小舟にのって海にこぎだしてきたのです。女の子は海面に手をさしいれました。渦の中にその身までが引き込まれたその瞬間，琵琶がめざめました。ことりことりと身を踊らせて，その女の子の指先から出た砂金のような光に導かれるようにくるりくるりと浮かんできました。その時，女の子が小さい頃，お母さんに抱かれて聞いた子守唄が海の中に響いてきたのです。琵琶を

女の子が手にしたとき，海は穏やかなエメラルドグリーンに色を変
え，女の子の顔がばら色に輝きました」

⑤題：「海の底で音楽を奏でる琵琶」

⑥感想：「琵琶をもっと上手に描きたかった。暗い色をつかっているう
ちに明るいエメラルドグリーンを使いたくなり，最後に重ね塗りし
ました。色で弧を描いていると，少し気持ちがまるくなってきた気
がします。きれいな海にもう一度もぐりたい気持ちです」

〔3〕　51歳，女性

①気になるもの：「手に持っている本…知
的欲求の象徴」

②背景：「お気に入りの場所」

③隠れているもの：「池…潤いや静けさの
象徴，生命の源である大切なもの」

④物語：「ある日の午後，暑くもなく寒く
もなく，爽やかな風が吹いています。私は日頃読みたいと思ってい
た本を一冊もって，お気に入りの場所に出かけていきました。その
場所はお気に入りの木があって，木陰があります。木の枝から木漏
れ日がさしています。その木に寄りかかり，目の前の池を見ながら
本のページを開いているところです。本を読むのに飽きたら，ここ
でお昼寝をします。時々池の水で手を洗ったり，足を浸したりしま
す」

⑤題：「お気に入りの午後」

⑥感想：「心地よい空間と時間の中で，好きな読書をして充足感に浸っ
ている私を描いた。現実は忙しい毎日なので，描いた世界は今のと
ころ夢だが，時間ができたらこのような時を過ごそうと考えるだけ
でもワクワクする。足元に何が隠れている？と聞かれると，全く思
いもかけずに池が思い浮かんだ。小さな池で，澄んだ水に木々が映
っている。池が浮かんだら嬉しくなって，次々に草や花を付け加え
たくなった。足元がアッという間ににぎやかになった。絵を描き始
めたときには，池は全く考えもしなかったので，自分でも意外だっ
た。空は描きにくかった。あまり浮か浮かんでこなかったので，無
理に雲を書いてみた。空（上）に気持ちを向けたくない気分だった」

7　高齢者の自分描画例

〔1〕　76 歳，男性

①気になるもの：「絆」

②背景：「生誕地」

③隠れているもの：「心」

④物語：「私が一番気になっているものは，長女
　の娘が適齢期を過ぎても縁がないのか独身で一
　番気の合う娘で話を良くするが本心が判らない。
　今年になって兄弟中で一番仲の良かった末の妹
　が他界し死ぬまで孫の心配をしていた事もあり現在一番気になって
　いる事からでもある」

⑤題名：「我」

⑥感想：「服の色は青で描いた。絵は幼小から不得手でうまく描くこと
　ができなかった 6 人兄弟で一番不器用」

〔2〕　84 歳，男性

①気になるもの：「胃の調子」

②背景：「昭和 10 年代私が過ごした外地の職場」

③隠れているもの：「青春は私の宝」

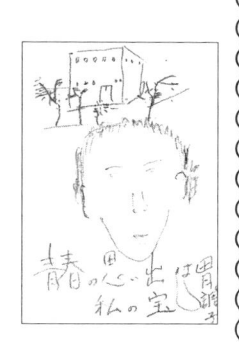

④物語：「戦中 16 歳から戦後に渡る引き揚げの
　10 年間田舎ものだった私が好い友達を得て充
　実した青春を送ることができたことを神様に感
　謝します」

⑤題名：「セピア色の思い出」

⑥感想：「今までにない楽しい時間でした」

〔3〕　79 歳，女性

①気になるもの：「たまに娘むこに一寸ああでも
　ない事をいわれるのがいやです」

②背景：「夕暮れ，雨もよう」

③隠れているもの：「雪」

④物語：「夕食の用意をするのに立上った」

⑤題名：「気持ち」

⑥感想：「むつかしかったです」

〔4〕　86歳，女性

①気になるもの：「ゆき」

②背景：「そと」

③隠れているもの：「うさぎ」

④物語：「私しがそとおあるくと，ゆきがつもって
　きました，どうしてこんなにゆきがふってくる
　のでしょと思いましたらうさぎが，ぴょんぴょ
　ん，はねてきました。私しは，うさぎさんﾏﾏわう
　らやましくなりました」

⑤題名：「ゆきくに」

⑥感想：「うさぎのえがかけなかった。えがへた」

Ⅱ　幼児の自分描画法

1　幼児の思いの特徴と自分描画法実施形態の影響

〔1〕　目　的

　幼児が抱く"思い"とは，どのような状況で生成され，その心理的内容は
幼児によってどのように表現され，対する人にどのよう把握されるのだろ
うか？　幼児の"思い"の内容と実施形態（グループ自分描画法〈以下グ
SPMと略す〉対　個人自分描画法〈以下個SPMと略す〉が自分描画法に
与える影響，および幼児の思いが湧き上がる場面の対話分析について，事
例を積み上げながらの質的検討を行った。

〔2〕　対　象

　2つの幼稚園で実施した。F幼稚園では4～6歳の幼児30名（男児15
名，女児15名），計11グループを対象としてグSPMを実施し，個SPM
はM幼稚園の4～6歳の幼児9名（男児2名，女児7名）を対象として
実施した。SPM実施手順を一定に保つために，実施のすべてを筆者が行っ
た。

〔3〕　手　続　き

　グSPMは11回実施。各回担任が「お絵かきしたい人～」と声かけを
行い，集まった子どもがその都度対象となった。その結果，グループ成員

の幅は 2 ～ 5 名となった。SPM 実施の時間（9:30 ～
10:30）は幼稚園では自由遊びの時間となっていたが，
グ SPM 実施にあたっては，個室を用意していただい
た。個 SPM 実施については，各回副園長がその日体
調がよい幼児に声をかけて実施協力を求めた。実施時
間は 15:45 ～ 16:45 であった。全ケースについて「園
長・担任への挨拶・依頼→対象児抽出→ SPM 実施→
担任との情報交換→園長へのお礼→次回実施の確認」
の手順を踏んだ。

**図 4-1　4 歳女児
の自分描画法**

〔**4**〕　**結果と考察**

（1）　個別実施およびグループ実施時の対話展開

　グ SPM においては，対話が楽しくなると急に親密度が深まり，行動化し
やすくなる傾向が見られた。誰と描画するかが鍵。下記の事例はこのとき
得られた自分描画の一例である。

　事例：4 歳 1 カ月女児：印象は幼くて可愛い感じ。自分で「可愛いでし
ょ」と言い苦笑。自分の絵を描く（図 4-1）。両手にソフトクリームを持っ
ている。真ん中は両ポケット。下は鳥の羽。空を飛ぶところ。頭の上にも
風船 2 個。あとでさらに頭の上に，うさぎの風船を 2 個対称に描く。その
後用紙を裏返し，空を高く飛ぶ自分を描く（2 枚目描画）。そして画用紙を
空に飛ばし，自分もぴょんと飛ぶ。これを繰り返し遊ぶ。笑い声。楽しそ
う。描画の途中，筆者の左耳に小声で「楽しい！」と話す。個 SPM では
1 名を除いて 8 名ははじめて知り合った実施者に対する緊張感が見られた。
面接場所はオープンな教室。描画は SPM の手順どおりに進められた。

　対話分析の手順は，次のとおり。SPM 実施場面直後に対話録を再現・作
成し，さらに「自分」→「気になるもの」→「背景」→「隠れているもの」
と順に描画を促す効果的な教示の検討と幼児の応答内容を検討した。その
結果得られた知見の一部を以下に示す。

　①幼児が理解できるように手順を伝えるには工夫が必要。自分を描く際
　　は「この絵誰のかがわかるように，最初に○○ちゃんの絵を描いてみ
　　て」と言うと，おおむね意が伝わる。

　②幼児は「何を描くのか」と尋ねがち。「自分の顔描くの？」「身体も描
　　くの？」等。描画には，お題があるのか自由画かなのかの区別がある。
　　ちなみに幼児の自由画は「落書き」ととらえられる。

③絵の説明は「晴れてる」「走ってる」等と，現状説明が多い。

④絵にみずから「題名をつける」ことは難しい。題名づけから面接に繋がる対話を心がけることが重要。

自分描画法を介在させた6歳1カ月女児との対話例である。

　　援助者：「今日描いた絵に題名をつけるとしたら，何てつける？」

　　子：「外で遊んでるところ」

　　援助者：「お外で遊んでいるところね。おうちでもお外で遊ぶの？」

　　子「ううん」

　　援助者：「おうちでは外で遊ばないの？……どうしてかな？」

　　子「遊ぶ時間がない……」

帰宅後は「習い事」に忙しいとのこと。自分描画法を実施したことで，子どもの自宅での生活の様子の一部が垣間見える。何気ない対話のように思われるかもしれないが，よく読むと思いに焦点をあてた会話であることがわかる。

（2）　T子（5歳11カ月）の事例

家族は母親，T子，祖父（母方）の3人暮らし。印象は社交的で明るくのびやか，応答も明瞭。対話しながらの描画中に，話が徐々に誇大化（自宅がスカイツリーくらいの高さがある，庭の木が空まで高く伸びた等）するが，これに気づかない様子。その設定に沿って話を作るが，意図的ではない様子。左手で描画する。バウムテスト（図4-2）と自分描画法（図4-3）の結果を対話本文中に示した。

（自分）「ゴーバスターズのお出かけの服を着た自分（筆者：おしゃれの楽しみと見栄え）」，（気になるもの）「アフリカカメレオン（筆者：変身願望があるのだろうか……）」，（背景）「星とハート（筆者：素直な心）」，（隠れているもの）「土（筆者：どろくささ）」を描いた。

担任の先生の話によれば，「変な人にさらわれかけた。ひげをつかんでそのすきに逃げた」という。総じて愛情に飢えていること，母親と祖母間には冷たい感じがあるとお聞きした。

バウムテストでは，自宅の庭に植えてあるさくらんぼの木を描いた。「実を90個つけた。今は3個しか残っていない。食べすぎもだめだ」という。

描画と対話内容が面接を深めていくうえでの手掛かり
となった。

　以下は，初対面の T 子との自分描画法を用いた筆者
と 1 対 1 の場面での対話である。

**図 4-2　T 子の
バウムテスト**

　　「はい，はじめまして，よろしくね」「よろしくお願
　いします」「今日はね，ちょっといろんな絵を描いても
　らおうと思って，来ました。それで，このクレヨンと，
　色鉛筆を使います。はい。それではですね，T 子ちゃ
　んよろしくね！　では最初に実のなる木を描いてみようか」
　　「どんな木でもいいの？」
　　「もちろん。描きたい木を描いてみて」
　　「はい」
　　……描き終えた様子を確かめた後に「じゃあ，T 子ちゃん，次の絵にしま
　しょうか」と声をかけると，「あと 1 個（さくらんぼの絵を）描いたら」と
　言った。「じゃあ，あと 1 個描いたら次の絵にしましょう」と応答。

　描いたバウムテスト結果を図 4-2 に示した。自宅の庭に植えてあるさく
らんぼの木を描いた。
　以下は，実のなる木を描いたあとの対話である。

　　「今度まずね，T 子ちゃん好きなところに描いてね」
　　「髪短くしていい？」
　　「いいよ，好きなように描いてね」
　　「肌色どこ？」
　　「肌色，はい」
　　「じゃあ描いてみてください」
　　「何色にしよっかなー」
　　「T 子ちゃんの色だからねー」
　　「黒だ！」
　　「あとね，こうやってもできるよ，汗かいてるからだよ」
　　「けむくじゃら」
　　「けむくじゃらだねー」

「じぃじはけむくじゃら。じぃじってね，ママのお父さん」

「そうなんだ」

「もうね，119歳だもん。今でも健康だもん」

「はい，じゃあ」

「髪しばってるとこ」

「髪しばってるとこを描いてみよう」

「えーっと，黒のクレヨンか」

「うん，描いてみて」

「これドレス着てるとこ。プリキュアのドレス着てるとこ。スマイルプリキュアにしよー。あ，やっぱりイエローバスターにしよう」

「そのプリキュアは」

「プリキュアじゃなくてゴーバスターズ」

「ゴーバスターズか。そのゴーバスターズは漫画？」

「ではなく，危険を漫画にのせて教えてくれるヒーローだよ」

「危ない時はひげとか引っ張って逃げるようにしてくれるんだよ。……あ，これスマートフォンみたい。ここ」

「描けたー？」

「○○にAちゃん載ってるよ，七五三の写真撮って，載ったんだって」

「へえ，ほんとに。じゃあ，描いたね。そしたらねT子ちゃん，何でもいいから1つね，気になってること描いてみて。どこでもいいから」

「気になってることはないな」

「ない？　好きなたべものとか，ああしたいこうしたいとか……」

「カメレオンがどういう色をするのかは知りたい」

「じゃあカメレオン描いてみて」

「うん。でもカメレオン難しい」

「うんうん，違う，ここに描くの。ここのどこかに描いて」

「じゃあ形描いてみて」

「カメレオンの形？」

「だってうち，形わかんないもん。色ならわかる」

「色ならわかる？　こうかなあ。こんな感じかなあ」

「描いてみるかな」

「こんな感じでどう？（笑）」

「何それ！」

「こうして……これカメレオンの耳」

「こうして，こうして，カメレオンのしっぽ」

「あ，カメレオンってこうやって，こうやって，こうやって」

「カメレオンって色変わるもんね」

「でもね，身体の色だけ変わるアフリカガエルっていうね，いるんだよ，こんな形だもん」

図4-3　T子の自分描画法

「え，カエルにつのがあるの？」

「カエルじゃなくてカメレオン」

「わかった。はいはい」

「アフリカカメレオンに会ったんだよ，ちょっとむかーしだけど，今ではない」

「じゃあ貴重だね」

「でも水色のカメレオンは見てない。急いでかいちゃお」

「出すの面倒だから，全部出しちゃおうか，クレヨン」

「いいよ」

「この方が使いやすいよね」

「アフリカカメレオンかぁ……」

「アフリカニジイロカメレオン」

「そっかぁ。それ図鑑で見た？　テレビで見た？」

「あのね，むかーしね，うちが2歳のころ行って勉強して，形はちゃんとなってるんだけど，色がね，わかんなくてね，教えてもらってこれができたんだよ」

「そうなんだ」

「うちね，日本のカメレオンって耳がもっと大きいんだって。韓国カメレオンは耳がびょーんってなったりするんだよ。お部屋よりデカイんだよ」

「それはデカすぎる。へえ……」

「身体が，なんとね，115センチもあるんだって。身長は634メートル。スカイツリーとおんなじ」

「そんな生き物があるの？」

「だからね，人には危険だって閉じ込められてるんだって」

「へえ。顔は？　カメレオン。描けましたか？」

「それでここが必要だった。おお！　目を忘れてた」

「T子ちゃん。今度ここの空いてる白いところに何か描いてみて」

「星とかハートとか」

「ハートとかでもいいよ。好きなように描いて」

「あのね，半分には星。で，半分ハート描いて」

「えー描き順も上手だね」

「ありがと」

「あのね，この辺に牧場があるんだって。ここお部屋だからいいの，でね，壁に星とかハートとかいっぱい飾ってある。で，カメレオン飼ってる，アフリカで捕まえたから，虫籠に入れてるの」

「そうなんだ」

「ゼリー好きだからカブトムシと一緒に暮らしてるの。韓国カメレオンは634メートルだからね，壁に穴開けて暮らしてるよ」

「どこで飼ってるの？」

「ホテルみたいなおっきな家。634階まであるから大丈夫」

「T子ちゃんのおうち？」

「うん」

「ちょっとすごいね」

「エレベーターでも階段でもいけるから」

「すごいねえ。じゃあT子ちゃんのおうちってかなり大きいの？」

「345メートル」

「広すぎて住めないしょ」

「広くないと部屋作れない。玄関が500メートルあるの。お友達がたくさん住んでるの」

「T子ちゃんちの玄関に？」

「広くて泊まりたい泊まりたいって言うからね」

「まず玄関で靴脱ぐところは304メートル」

「すごいね。T子ちゃん？　ハートは描かなくていいのかな？」

「真ん中ハート。ハートの冠かぶっちゃお」

「Nさんちね，高さ50メートル」

「T子ちゃんちより小さいね」

「うちんちはおっきーよー。うん。泊まってみてー」

「T子ちゃん，この絵の中に何か隠れているぞ〜　なんだろう？　なにか考えてみて」

「しっぽ描くの忘れてた」

「しっぽがまず足りない」

「ここに何かが隠れている。見えないけど隠れている。なんだろう」

「ここにハートに隠れているというわけで，いいでしょうか？（笑）じゃあ，ここに何かが隠れているとして描いてみて」

「名前がいい」

「じゃあ名前書いて」

「できた！」

「じゃあこの絵に題名をつけるとしたらなあに？」

「題名ってなあに？」

「例えば，動物園とか」

「じゃあ動物園に行ってるところ」

「Ｔ子ちゃんは動物園で何しているところですか？」

「カメレオン赤ちゃんを触ろうとしているところ。カメレオンはうちのところに寄ってきて，なめた。大好きだったみたい」

「ペロペロなめられて，Ｔ子ちゃんはなんて言った？」

「うれしいなあって言った」

「そうしたらますます，カメレオンはＴ子ちゃんのこともっとなめるじゃない？」

「そうだよ，体中なめてべっちゃになった。大好きになったから虫籠に入れて持って帰った」

「虫籠描かないと。むーしーかーご。土がないとだめだなー。ゼリー大好き好物だから描かないと。しっぽでたべるんだよ。輪っかになってた」

「しっぽでゼリーをくるっとまいて食べるの？」

「舌でくるっとするの」

「うん。ぺろっとするんだよ」

「ばあちゃんが入院していないときのさ，お休みのときにさ，Ｂ動物園とかＣ動物園でカメレオン見てね，Ｂ動物園で，ペンギンと一緒に泳がせてもらったんだー」

「そうなんだ。」

「今はお風呂で泳いでるんだー」

「じゃあ今日はここで終わりにしようかな」

「ありがとうございました」

「こちらこそありがとうございました」

自分描画法ではゴーバスターズのお出かけの服を着た自分を描き，気になるものは「アフリカカメレオンの絵であった。変身願望があるのだろうか……。背景は星とハート。隠れているものという意味は十分に理解でき

ていない様子だった。これまでの筆者の経験からは，幼児が描く「隠れているもの」は，あえて幼児が意識しなくても自然と描かれることがわかっている。Ｔ子の「隠れているもの」は「土」かもしれない。担任の先生のお話では，母親と祖父との関係はうまくいっていないようで，変な人にさらわれかけ，そのときひげをつかんでそのすきに逃げたという話もあるという。愛情を求めているのかもしれない。

　以上，１対１で自分描画法を実施すると，思いが深まるプロセスも丁寧に行えるし，比較的正確な情報を得ることができる。

（3）　3人での自分描画法体験事例

　次は，筆者が２人の子どもと一緒に自分描画法を実施した事例である。子どもの気分変化（この事例では気分の高揚が認められる）とコミュニケーションの広がり（描画中，友達とも話し，おしゃべりになる）が，自分描画法に影響を与える状況がわかる。

　Ｋ：筆者
　Ｓ男：４歳０カ月。幼稚園では同じ年齢の男児と４～５人で遊ぶことが
　　　多い。周りのことが気になり，自分のことがおろそかになりがち。冗
　　　談好きでよく笑う。正義感が強いが，勘違いで怒ることも多い。母親
　　　は比較的過干渉だが，Ｓの機嫌を取りつつ接している。Ｓは落ち着き
　　　がなく，幼稚園の先生の話にもなかなか集中できない。
　Ｍ子：４歳０カ月。一人遊びが中心。お絵描き，粘土，草花いじりが好
　　　き。自分中心の生活リズムで，保育室の外にもフラフラと出て行くこ
　　　ともある。繊細で優しい子ども。しかし自分の思いどおりにならない
　　　と泣き，拒否することもある。自分のペースで生活することが日常と
　　　なっている。

　Ｋ：お絵描き，一緒にやりましょう？
　Ｓ男：お絵描きって，なにさ？
　Ｋ：は～い，楽しいよ～
　Ｓ男：ほんとうに？
　Ｋ：やる？　一緒に。
　Ｍ子：ぺらぺらの紙なんだって……。
　Ｋ：ぺらぺらの紙なんだよ。はい，どうぞお座りください。えっと……Ｍち

ゃんだね。Mちゃんと，Sくんね（名札を見ながら）。
はい，これを使って（クレヨンと色鉛筆を机の上に
置く），お絵かきしま～す。じゃ，まずね，自分を描
いてみようかなぁ……。

M子：キティちゃんの，キティちゃんの，キティちゃ
んの，キティちゃんの鉛筆なの。【私はキティちゃん
の鉛筆を持ってるの，と言っている】

図 4-4　S 男の自分描画法〔1 枚目〕

K：持ってるのが？　はいどうぞ～　じゃ，好きな絵，
描いてみて。

M子：これいい？（クレヨンを使う許可を求める）

K：なんでもいいよ。

M子：うん。おかしはね。あま～いの好きなの。

K：うん，じゃ，これに描いてみよう。はい，いいよ。
なんでもいいよ。

S男：うん，黒とかね。

K：お～Sくんは，両手で描くんだね。

図 4-5　M 子の自分描画法〔1 枚目〕

S男：いへぇへぇへぇへぇ（笑）。

K：すごいよね。右左，右左で描くんだね。

S男：（笑）

M子：Sくん，これでも描いてる。（両手を使って描け
る）

K：お～これでも描けるの。描いてみて。

S男：私ねぇ，ちょっとわかんないの描くの。ちょっとわかんないの。

M子：Sくん，すっごいわからないの。

K：わからないの？

S男：わからなすぎ。

K：Mちゃんの絵は何かな？

M子：（鼻歌）わかんない。

K：Sくんは，何を描いているんだろうねぇ～線，マル……。

S男：わかんないから。

K：あとで聞いてみようね。Mちゃんは何を描いてるのかな？

M子：私，まだまだ。

K：いっぱい描く？

M子：うん。いっぱい描くよ。

S 男：今お父さんお仕事。

K：お仕事でいないの？

S 男：うん。

K：う～ん，そっか～

S 男：よ～し。これおひげはえて，おひげはえて……。

K：おひげ，ばかりだね。これは人の顔？

S 男：違う。

K：な～んだ。

S 男：違う。

K：こんどは 4 本一緒？（色鉛筆を 4 本一緒に持ち，描く）。

S 男：ひゃ～

K：こんどはお花のような……（M ちゃんの絵を見て）。

M 子：お花，大好きなの。お花。もうすぐでできる，M ちゃん。

K：M ちゃん，だいぶ早いね。おお～可愛いね。

M 子：ハートかな？

K：ピンクのハートみたいだね。

M 子：これ，これ。

K：S くんは謎だね。おひげね……（線描きで，何を意味しているのか不明）
　　他に何描いてあるの？

S 男：（歌いながら）だんだんだだんだん～（笑）

K：S くんは，色鉛筆が好きなんだね。だんだんだんって……。

S 男：だ～ん（笑）

K：そのだ～んは何さ？　そのまるは？　これなんだろう？

S 男：（笑）

M 子：もうできた。

K：もうできたの。M ちゃん，この絵のどこかに，なんか隠れているんだけ
　　ど，何が隠れていると思う？

M 子：ここに何かが隠れている（笑）ろくが隠れている。ろくが～。

K：ろく？　ろくっていう数字？

M 子：うん。

K：ろく，好きなの？

M 子：ろく，大好きなの。

S 男：ねぇ，M ちゃん。S くん，これ，うんち（笑）。

K：えぇ！　さっきさぁ，S くん，これおひげって言ったじゃない。

S男：これ，おひげだよ。うんち〜。

K：おひげのうんちなの？

S男：うん！

K：これ全部おひげ。

S男：うん。これ（丸い部分）はうんち。これ（線部分）はおひげ。

K：うんちとおひげがあるのね。

M子：それでうんちも落ちて，ひげも落ちて，ぶへぇ〜（笑）

K：ちょっとちょっとこれ大変だな（笑）。うんちも落ちて，ひげも落ちたの？

S男：大変だ〜

K：Sくんは，おひげ好きなの？

S男：うん？　うん。

K：お父さん，おひげ，はえてるの？

S男：うん。

K：はえてる。

S男：うん。はえてる。

K：それで，うんちぽとっというのは，誰かがうんちぽとっとしたの？

S男：うん（笑）えっとねぇ，お風呂でうんち，ぽとっと落ちたの。

K：えっ！　誰が？　Sくんが？

S男：違う。パパが。

K：パパがお風呂でうんちした？

S男：うふふ，（笑）

K：これは，パパの話なの？　パパ〜なるほどね。この右上にあるの，パパの顔？

S男：大人の。これさ，とことこ行ってさ，あっ！　うんちだ。わ〜

K：それでぽとっと落ちたって話？

S男：うん。

K：それは楽しい話？　苦しそうな話？　可愛そうな話？

S男：違う。すっごい面白い話（笑）

K：（笑）パパって，面白いの？

S男：うん。

K：パパ，好きなんだね。

S男：うん。ガンダムって知ってる？

K：知ってるよ。強い。

Ｍ子：うちね，少しね，おそらにあがったとき……。

Ｋ：これ何？

Ｍ子：お空，描いてんの。

Ｋ：お空かぁ，あ〜，水色ね。おっおっおっ……顔がお空に。

Ｍ子：顔がお空に?!

Ｋ：はみ出してしまった。すごいねぇ〜，ええっと〜，これがお花で，隠れているのはろく？

Ｓ男：もっともっと描かないと〜。

Ｋ：数字のろく？　ろくって，Ｍちゃん，好きなの？

Ｍ子：うん（笑）

Ｋ：ねぇ，この可愛い人だ〜れ？

Ｍ子：（笑）私。

Ｋ：この人，Ｍちゃんなんだね。ねぇ，Ｍちゃん，この絵で，お話何かつくって？（話を聞かず）

Ｓ男＋Ｍ子：ロケット！（描いた絵を空高く持ち上げ，ホールを笑いながら走り回る）

Ｓ男：可愛いロケット！（笑）

Ｋ：ロケットガンダム？（笑）ロケット，飛んだの？

（しばらく，走り回る。また着席）

Ｍ子：もっともっと描くよ。

Ｋ：もっと描いてみて（笑）

Ｓ男：これはうんちじゃない。

Ｋ：これは何？　うんちじゃないのね，今度は。

Ｓ男：うん。うんちじゃない。うんちってじゃないよ！

Ｋ：今度は何かな？

Ｓ男：ひかりのわ……。

Ｍ子：うちのお母さん，お料理つくるの。

Ｋ：お料理つくるの？

Ｍ子：Ｓくんのママね，すっごく強いよ。

Ｋ：へぇ，そうなんだ。

Ｍ子：え〜パンチ！（用紙を持ち上げて）

Ｓ男＋Ｍ子：（笑）（また走り回る：少し興奮気味）

Ｓ男：うちのゴミ箱，ちっちゃいのとおっきいの，両方あるよ。

Ｋ：ゴミ箱が〜　ここゴミ箱描いてあるの？

S男：ゴミ箱ごみ〜（2人でゴミ箱と言って，笑う）

M子：Sくんね，ゴミ箱ね，10個持っている。

S男：おちんちん，しゃ〜って出た（笑）

K：Sくん，おちんちん出たの？　大丈夫？

S男：違う（笑）

K：違うの？　あ〜びっくりした（笑）

S男：ゴミね，おちんちんが，ち〜って落ちた。

K：そ〜りゃ，大変だ〜　ところで，Mちゃんは，何歳
になったの？

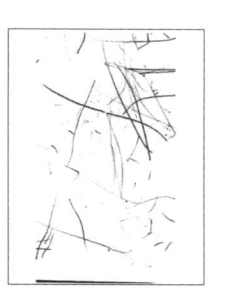

**図 4-6　S 男の自分
描画法〔2 枚目〕**

M子：4歳。

K：そっか〜　じゃ，Sくんは？

S男：4歳。

K：じゃ，おんなじ年だね。

（2人で声をあげながら遊ぶ）

S男：まだまだ描くの。

K：あ，まだまだ描くの？　終わったら教えてね。遊び
ながら描いてるもんねぇ〜

**図 4-7　M 子の自
分描画法〔2 枚目〕**

S男：あのー，かるる……かるるねぇ，かるるってねぇ，
不思議なお話なんだけどね……。

M子：ねぇ，ちょっと，Sくんね，水道からおちんちん出てくるよ。

K：水道から出るのは水だと思うけど（笑）

S男＋M子：水道ちんちん，水道ちんちん，び〜ん（うれしそうに声をあげ
ながら走り回る）

K：あの〜，Mちゃん，お絵かき終わったんでしょうか？　あ〜もうだめだ
……（制御不能）。

S男：（再び絵を描き始める）

K：Sくん，また描くの？（Mちゃんは走り回り，部屋の隅に隠れる）

M子：Mちゃんどこ？（Mちゃんが見当たらなくなったのに気づく）

K：あれ，Mちゃんどこか行っちゃったね。どこ行ったんだろうね。お家にか
えっちゃったのかなぁ……（筆者は知っていてわざと言う）Mちゃん，M
ちゃん〜（隠れていたMちゃんが声をあげる。KがMちゃんを見つける）
あ〜Mちゃんがいた〜。ここにいたの？

M子：机の中に隠れてた！

K：あ〜わかんなかった……。（Sくんが机の中に隠れる）あれっ？　Sくん

　　がいないねぇ。どこにいるのかなぁ，Ｓくん。

Ｍ子：Ｓくん，み〜つけた！

Ｋ：どこにいるのかな，Ｓくん。

Ｍ子：いた！　いた！　いた！

Ｋ：おかしいな，どこにいるんだろう……。

Ｍ子：Ｓく〜ん，机の中に隠れてた！

Ｓ男＋Ｍ子：（席を立ち，走り回る）

Ｋ：Ｓくん，お絵かきはもう終わったんでしょうか？

Ｓ男：まだです。

Ｋ：Ｍちゃんは終わりましたか？

Ｍ子：まだ！

Ｋ：まだですか。

Ｓ男＋Ｍ子：ぴらぴら（2枚目の紙は薄くてぺらぺらの意味）。

Ｓ男：Ｓくんも，ぴらぴら（の用紙が欲しい）。

Ｋ：はい，どうぞ。（2枚目を渡す）

Ｋ：Ｓくんの色鉛筆が壊れそう……（苦笑）。

Ｍ子：うちの鉛筆，優しく使ってるの。

Ｋ：Ｍちゃん，優しいね。これは何ですか？　Ｓくん。

Ｓ男：まだまだ。まだできてないの。

Ｋ：できたら教えてね。

Ｍ子：これうさぎちゃん。

Ｋ：うさぎちゃん。あ〜。

Ｍ子：耳があるから。

Ｋ：可愛い。

Ｍ子：うん。

Ｋ：耳がね〜　Ｍちゃん，うさぎちゃん好きなの？

Ｍ子：うん。クッキーを焼くのが大好きなの。

Ｋ：焼いておいしく食べるのね。

Ｍ子：うん。おばあちゃんに持っていくの。

Ｋ：優しいね。おばあちゃん，喜ぶでしょ。

Ｍ子：Ｏ市だから，車で行くんだよ。

Ｋ：Ｍちゃんちは，Ｏ市に住んでいるの？

Ｍ子：違うよ。Ｓ市だよ。

Ｋ：Ｓ市だよね。

M子：Sくんの，どこ？

K：Sくん，できた？

S男：（完成した絵を渡す）

K：これがSくんの絵です。

S男：いえぇ〜い！

K：ふんふん，なかなかいいね。

S男：えっへっへっへっへ（笑）。

M子：Sくん，こんなの描いた。

K：Sくん，これは何か教えてくれる？

S男：え〜と，ばんばんで，ここばんばんで，まだ，こっからおちんちん出
　　てくる。

K：この赤い上の線から，おちんちん出てくるの？

S男：うん。

K：またおちんちん出てくるの？

S男：ここからばんばん，ここからおちんちん。べちゃべちゃって，全部出
　　てくる（笑）。

M子：私O市のね，プールね，行ったよ。

S男：Sくんも行ったよ！

K：O市のプール？

M子：べちゃべちゃ遊ぶの。

K：楽しいでしょう？

S男＋M子：（2人で声を上げて，用紙を使って遊ぶ）

K：やった〜，じゃ，おしまいにしようか？　今日はね。

M子：まだ……。

K：まだ終わってないの？　まだ描くの？

M子：うん。

K：はい，いいよ〜，はい，描いてください。

M子：まだ終わってない……。

　　（他の子どもが部屋に入ってきて，お絵かきに興味を示す。色鉛筆を見て，
　　「持ってるのと同じ」という。そのうち，Sくんが，部屋からいなくなり，
　　Mちゃん一人となる）

K：よし，今日はこれでおしまいにして……また遊びにくるから，そのとき
　　一緒に，またお絵かきしようよ……。

M子：うん。

　　K：じゃ，今日はこれで終わり。ありがとう。
　　M子：うん。
　　K：（Sくん，再入室）Sくん，今日はこれで帰るからね。また遊ぼうね。
　　S男：うん。（Sくん，退室）
　　（筆者はしばらくの間，担任の先生と別室でお話をした。）

　先生からの情報では，最近Sくんは，幼稚園でも普段から「おちんちん」にこだわるようになったという。Mちゃんについては「元気な子」と話された。
　上記の事例でもわかるように，グループでの実施の場合はコミュニケーションの可能性が広がり，隣の人の描画を見て話しかけたり，描いているもに触発され，遊びに発展したりすることがある。また実施の際は，どのような描画場面であっても，援助者は描画者に圧迫感を与えていないかどうかを常に省みることが重要だ。
　以上，幼児の自分描画法を実施した結果わかったことは次のとおり。
　幼児の自分描画法の場合，"自分"の表し方が皆違う。絵にもそれがあらわれる。つまり，幼児の自分描画法では，次のような展開になる。
　①"自分"を描く幼児の場合は，「その自分に語らせる」という絵になる。
　②"自分"を描かない幼児の場合は「描画が自分」で，自分の投映内容
　　が，絵に映し出される。

Ⅲ　親子で取り組む自分描画法

1　自分描画法における幼児の"思い"の特徴
〔1〕目　　的
　本研究では4，5，6歳になる幼稚園年中および年長幼児に自分描画法を実施した。発達状況が自分描画法にどのような影響を与えるか，幼児の自分描画法における特徴について検討を行う。
〔2〕方　　法
（1）対象と手続き
　札幌A幼稚園の協力を得て実施した。対象となった幼児（年中児172名，年長児168名の計340名）に対して，A3判両面刷りで構成されるアンケ

ート用紙（後掲）を幼児に配布。保護者が読みながら家庭で自分描画法ができるように紙面を工夫した。その結果，129 名の幼児の保護者から自分描画が得られた（回収率 38％）。記入者の大半は母親（126 名 97.6％）であり，父親（2 名 1.6％），姉妹〔1 名 0.8％〕もあった。記入者の年齢は，10 歳代が 1 名〔0.8％〕，20 歳代が 5 名〔4％〕，30 歳代が 90 名（71.4％），40 歳代が 30 名〔23.8％〕だった。家族構成は，親子のみが 116 名〔89.9％〕，2 世代家族が 13 名〔10.1％〕だった。最終的には 126 名（男児 55 名，女児 71 名；4 歳児 37 名〔M15，F22〕，5 歳児 61 名〔M28，F33〕，6 歳児 28 名〔M12，F16〕が対象となった。分析にあたっては参照変数として 3 つの年齢（4 歳，5 歳，6 歳）を設定。分析には IBM SPSS Statistics ver20（option 付）。

〔3〕 結果と考察

以下 10 点について，分析検討を加えた。

A. 描画と思い

（1）対象幼児の描画技術発達の状況

描画発達については，以下時期と内容を定義した。

①なぐり描き期（1 歳～ 2 歳半頃）── 空白にしるしをつける。

②線画象徴期（2 歳～ 3 歳）── しるしがつながり線となる。

③頭足人期（3 歳～ 5 歳）── 線のほかに円が描けるようになる。

④図式的象徴期（5 歳～ 8 歳）── 絵記号を組み合わせて絵を描く。

⑤写実期（7 歳以降）── 空間配置も考え，写実的に絵を描く。

その結果を図 4-8 に示した。

以上の結果，5 歳でなぐり描きの段階の幼児が男女各 1 名（1.6％）いること，94％の幼児は図式的絵の描画が可能で，64％の幼児は写実的絵が可能となっていることがわかった。これらの結果から，ほとんどの幼児は自分描画法が可能と考えられた。

（2）普段描く絵の内容

普段描く絵の内容への回答は次のとおり。家族の絵（笑顔），友達やキャラクター（アンパンマン，ドラえもん，仮面ライダー）の絵，ゲーム関係や怪獣，洋服など身近にあって可愛いものがよく描かれることがわかった。代表的なものを表 4-1 に示した。

普段描く絵の内容について，年齢および性別で Kh_coder を用いて頻出用語を抽出した。その結果，男児の描画傾向については，4 歳児はアニメ，

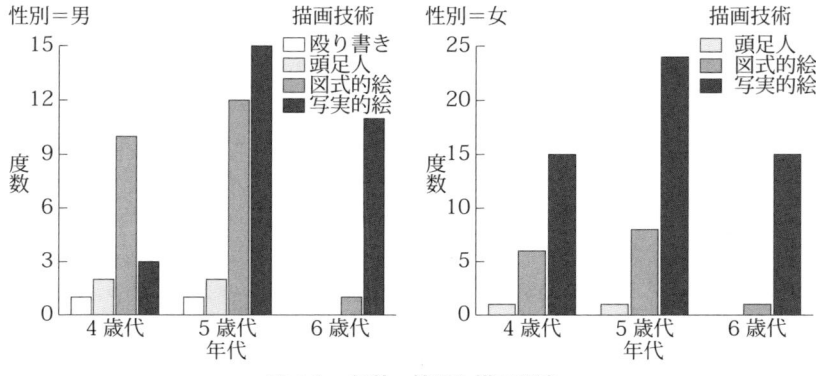

図 4-8　年齢・性別と描画発達

魚などキャラクターを好んで描く。5歳になるとゲームや仮面ライダーなど，実写に近いものに関心が向く。そして6歳になると雨，動物，両親など，自然の営みや家族への思いが増していくことがわかった。また女児の描画傾向については，4歳児は女の子の顔，ママ，テレビなど，関心が多方面にわたる。5歳になると家族，友達，ハートといった女の子らしい絵を強調。そして6歳になるとお姫様，服，キャラクターなど，自分の夢が絵にあらわれるようになる。男女で描画内容が異なることがわかった。

　（4）「普段描く描画＝思いのあらわれ」についての保護者の判断（そう
　　　思う，思わない）

　いずれの年齢でも「普段描く絵には，何かしらの思いが表現されていると思う」と答えた保護者が多かった。4歳→5歳→6歳では，84％→84％→79％の保護者が「描画に思いはあらわれる」と答えている（表4-2）。多数の保護者が，描画に子どもの思いがあらわれると考えている。年齢間および性別では思いの出現に関して目立った特徴は認めなかった。

　自分の子どもが描いた絵には思いがあらわれていると親が判断した絵を収集。その絵の物語に使用された用語を分析した結果，男児の場合は4歳児から6歳児にかけて，テレビの影響によるものから，家族の笑顔といった身近なものへと思いが移っているのがわかる。女児の場合はその逆で，身近な家族や家に対する思いから，動物，生活といった社会的なものに対する思いへと変化している。幼児は性によって思いの育ち方が違うのかもしれない。

　（5）普段描く絵で，思いがあらわれた絵とは，どのような絵だったか

表 4-1　幼児が普段描く絵の内容

家族の顔，仮面ライダー・ドラえもんなどキャラクターの絵，動物や果物の絵など
車，電車，バス，パパママの絵
ひらがなや数字を書いた延長上で，あちこちからのびてる絵になる。人の絵を描くのはまれで，3 カ月前までは顔から手足が出ていることにびっくりした。その後，絵を描く練習をしたが，胴体部分に（胸・へそ）が顔になっている
車が大好きなので様々な車の絵を描く。消防車やゴミ収集車，時には DVD で見た外国の働く車を描くが，乗用車は興味が薄いので描かない
ウルトラマンや怪獣，自分が考えた敵（モンスター），魚，虹
棒人間，家族の顔など
迷路が大好きでよく描く。（3 年生の兄がよく迷路を描くので迷路が好きになった）
地下鉄や高速道路の路線
家族の笑顔（4 人描くことが多い）。写実的な絵はまだ見たことがない
太陽とお友達と遊んでいる絵を書く
ロボット，キャラクター（マリオ），おもしろい顔
友達の顔を描いているようだが，あまり形になっていない
自分の好きなものかっこいいものをよく描く
顔，花，太陽，車
顔のみ，ハートマーク，花
人物，特に家族全員を描く。太陽，海も多い。色も多く使う
線がいっぱいの迷路だった。たくさんのハートの形を描いたりしています
アンパンマンや自分の顔やママやパパや妹の顔をよく描く
テレビで見る戦隊ものなどの絵や，よく私（母親）の顔を描いてくれる
ぐるぐるしたもの
好きなキャラクターの絵をぬりえや人形などをみて描く
キャラクター（キョウリュウジャー），恐竜をよく描く。家族の顔も描く
家族の顔や見た物を真似して描いたりします。（園では，動物や迷路ゲームが好きなので迷路を描いたりしている）
空想のおばけ，図形を集めて描いた「まるちゃん」「さんかくちゃん」など。（円だけで顔，体，目，鼻，口を描いて人の形にしている）クワガタ，カブトムシなど，人や生き物が多い
人が何かをしている絵や，好きなキャラクターの絵をよく描く

表4-1 つづき

ヒーローが戦ってる様子，母親や家族の顔，自分で考えた動物など
好きなキャラクターや漫画の絵をよく描く。想像して描くより，見本となるようなものを見て，それに似せて描くことが多い
スーパーマリオのゲームの画面
好きな遊びのおもちゃや食べ物
動物や虫，アンパンマンや家族の絵を描く
外の様子（雨や雪が降ってる，晴れなど），おもちゃの車，家族の絵など
車や幼稚園のバス，パパの顔，ママの顔，お友達の顔，すべり台，コンクリート
車や遊びに行った場所を描くことが多い
ニコニコ笑顔のパパ，ママの顔。動物の絵（こちらも笑顔），服の色はカラフルで虹色にするって色を使ったストライプ柄で描いたりする
家族の絵。父・母・弟・自分がほほえんでいる表情の物をよく描く。また，お友達と自分など。時々，ぐにゃぐにゃに曲がった線を紙いっぱいに書き，「迷路！」と言ってペンや鉛筆をなぞらせて遊ぶ「こともある
ハートがたくさんの人（基本ママ，自分が多いです），後は自分の欲しい物とそれを使っている自分もしくは食べたい物
お友達と遊んでいる絵やアイドルや好きなキャラクターになっておしゃれをしている絵をよく描く
家族や自分など人物をよく描く
雲や太陽・草花を入れ，お友達と一緒にいる自分の絵，想像の人物の絵，好きなキャラクターの絵
自分やお友達，親の顔をよく描く（ほとんど同じ顔ですが），好きなマンガの絵をテレビや本を見ながら描く（これも本物とは全く違うものになるが…）
顔だけ。特に髪の長い女の子
テレビのキャラクターの女の子
家族の絵。出かけ先やテレビで見たもの（動物園に行ったら動物，テレビを見たらキャラクターの絵などを描いている）
ママの顔の絵をよく書きます。アニメのキャラクターの絵もよく描く
顔だけ自分の顔と，母親の顔を1枚の紙に書くことが多い。あまり体は書かない
プリキュアなどに似たカラフルな服を着た女の子の絵が一番多い。あとはシールを使って絵本を自分なりに作っている

表 4-1 つづき

家族の似顔絵，幼稚園の友達の顔，ウインクしていたりドレスを着ていたりする絵もよく描く
ハートや星など抽象的なものを描く
キャラクターをまねた絵。絵日記の様に，体験した出来事の一場面を風景画のように描く（おまつりに行った時の絵など。やたい，かき氷，太陽，花，行った人数分の人の姿，旗など），女の子の絵（友達と仲良く並んでいるかのような絵）
母親を中心とした自分の身内の似顔絵で，服装やアクセサリーなど，日頃よくみているようでその特徴を必ず描いており，色どりよく描かれている。またハートや音符，星など自分の気持ちを表現できるような図形を必ず描き加えている。ウィンクをさせたり表情にもこだわっている
○に目，鼻，口のみを書いた人の顔を描くことが多い
ママの顔やパパの顔，最近はお洋服を着ている，うさぎや熊も描く。絵にはたいてい「ママだいすき」「パパだいすき」など描き添える
自分がドレスを着たり，人魚になった様子を，背景も含めた物語的な絵を描く。家族や友人を描いたり，お気に入りの動物を描く
動物，アニメのキャラクター，家族，女の子，おしゃれなお洋服，妖精，ハート
プリキュアの絵を描く
自分が入っている絵が多いです。自分と家族が何かをしているところ等
お父さんとお母さんと自分の 3 人の絵や，好きなアニメの登場人物などの絵を割と思い浮かんだ時にササッと描く
家族の顔や大好きなキャラクターの顔（アイカツ）。女の子なので特にかわいらしいものが好きで，ハートや星などキラキラしたものを描くことが多いです。テレビなどで見た物を気になればすぐに描いたりします。
TV アニメの「アイカツ」に憧れていて，可愛い服を着たい，ステージに立ってみたいと思っている（これから発表会なので「ステージに立てる！」と喜んでいる）。AKBの制服（衣装）も大好き
いろいろな洋服を着た女の子，ウインクした表情，髪をしばった顔が多い
ママ，パパ，自分の絵を良く描く。好きな食べ物（フルーツが多い）や動物（顔のみ）の絵をよく描く。虹をよく描く。たまにしまじろうやアンパンマンなど，キャラクターを描くこともある
自分と家族や友達，ペットなどと遊んでいる絵を描くことが多い
ドレスを着ておしゃれをしたお姫様，家族の絵，好きなキャラクターの絵
ママ，パパ，妹，本人の絵。背景に太陽やハート等をよく描く

表 4-1 つづき

女の子の全身の絵で，アクセサリーやおしゃれな服，ブーツなども描く
自分の絵や家族の絵，太陽やお空の雲，ハートや星
自分や家族の人物絵をよく描く。マンガ風に可愛く描くことが多い（理想形で）
身近な人物がニコニコしているところをよく描く。主に顔のみが多い。楽しかった思い出等をしばしば描く

表 4-2　子どもの絵に思いがあらわれるか，保護者の判断

思い表現			性別		
			男	女	合計
思う	年代	4 歳代	11	20	31
		5 歳代	25	26	51
		6 歳代	9	13	22
		合計	45	59	104
思わない	年代	4 歳代	4	2	6
		5 歳代	3	7	10
		6 歳代	3	3	6
		合計	10	12	22

　その具体例を表 4-3 に列挙した。子どもが描く絵には，子どもらしい願いや大人に対する説得のメッセージが含まれていることがわかる。

B. 自分描画法：幼児の落書にあらわれる「構成要素」と「思いに関する絵」

（6）「自分」の絵が描かれたか？

　描画あり（49.2％）と描画なし（50.8％）が拮抗している。年齢差による顕著な違いは認めないが，どの年齢でも，自分を描いた人は「男児＜女児」であった。男児は自分を描くのに抵抗があるのかもしれない。

（7）「気になっているもの」の絵が描かれたか？

　描画ありが 61.9％，描画なしが 38.1％で，多くの幼児が気になっていることを描いた。気になることの描画は抵抗が比較的少ないと考えられた。男児の場合，4 歳で車や木，昆虫，駅など身近なものに関心が集まるが，5 歳になると仮面ライダー，ロボット，ゲームといったキャラクターに興味がわく。そして 6 歳になるとスーパーやペットといった社会とのふれ合いに関心が向く。女児の場合，4 歳では絵，動物，漫画，バナナといった身近にある食物や道具に興味がわき，5 歳になり遠足，お花，化粧といった

表4-3　思いがあらわれた絵の例

これはパパ，ママ，お姉ちゃんとそれぞれの絵を描いてくれる。ママの絵は，ハートがたくさんまわりについていたり，コメントで好きなども描いてくれたから
自分の好きなもの，興味のあるものをよく描く
父母の顔を描く時，たいてい笑っている顔になっている。実際に笑っていてほしいのでは…と思う
僕は強くなるという絵，自由に飛び回りたいという絵，物語を作り話してくれる
戦隊もののキャラクターの絵が多く，そういった強い男（の子）になりたいという願望を込めている
毎日のように道路地図を見て楽しんでいる。「行ってみたい」という願望を感じる
家族4人の笑顔を描き，「お手紙」として祖母・父・母に渡し喜ぶ。怒り（けんか等）を嫌っている
楽しいと感じた時の絵は人物画の表情が笑っている
機嫌が悪いときなどはぐちゃぐちゃな絵になる
アンパンマンが好きだった頃は，一生懸命その顔を何度も描いて真似をしていた
いつもではないが，ストーリーを考えて，ロボットが飛行機に変わって，飛行機がまた何かに変わってみたいな絵を描いたりする
自分が今，1番欲しいものの絵を描いたりしている
パパの好きな物，ママの好きな物を描いたと言ってくれる
大好きな人の顔と気持ちを込めてハートや花を描く
楽しかったこと，思い出深いことを思い出しているのかなと。海の絵は多く，また行きたいのかもしれない
お父さんの絵を描いたときに，周りにハートがたくさんあったり，パパ，イチゴが好きだからイチゴも描いたのと言っていた。ちゃんと考えがあるのだなぁと思った
「これはお母さんのお顔ね」と言いながら，その周りに「大好きだから」とハートマークを沢山描きます。ハートマークに大好きという思いが込められていると思う
みんなでどこかへ行った時の様子などがよくわかるような絵を描いたりします。海へ行った時のことなど，本当に楽しかったと思えるように色などもきれいな色ばかり使う
とにかくお友達と遊ぶのが大好きなので，おじいちゃんやおばあちゃん，親戚など集まるのも大好きで，人のたくさんいる場所も好きなので常に人の顔を描いている
好きなキャラクターに会いたいなぁと言いながら絵を描くことから，実際に会ってみたいのだと思う

表4-3 つづき

以前，家族の絵で私の顔を大きく可愛く描いてくれ，横に大きな黒い丸があり，「これなあに？」と聞くと「ママの顔を描いたら間違ってしまったから」と言っていたが，私の普段の態度に何か原因があるのではと，とても不安になった。また5人家族が6人に増えていたのもそうなったらいいな，という気持ちのあらわれなのだなと思い嬉しく思った
公園で友達と滑り台で楽しく遊んだ日，お風呂の鏡にお友達，滑り台を描いた。そして楽しそうに話をしてくれた。私の子どもはお風呂の時に，その日あったことや好きなものを，好きなことを，湯気でくもった鏡に指で描くことが多い
空想の生物を描くときは，その時の自分の気持ちを表現しているような気がする。昆虫を描くときは，兄との共通の趣味や遊びを表現していると思う
私が怒りすぎたと思う時に描いた絵が，暗い色ばかりで雑だったから
ヒーローが戦っている様子を描いている時，絵はぐちゃぐちゃですが，本人の中にある空想やエネルギーのようなものをそのまま出ている気がする
髪を切った次の日に，短くなった髪型の自分の顔を描いた。かっこよくなったと家族に言われて嬉しい表情をした
例えば，家族の絵を描くとき，お父さんを描いたらお父さんの好きな食べ物や飲み物，仕事に関する物を一緒に描いている
いつも笑顔の絵ばかりなので，幸福な思いが表現されてると思う
母の日には私の似顔絵の横にパパの顔が必ず描いてある。また父の日には，すみっこの方にママの顔も描いてくれる
母の日や父の日などの絵で，ママの好きなものをまわりに描いたり，顔の感じもよくとらえている。幼稚園で頑張っている分，家ではパパ，ママに甘えたいんだなと感じる
よく描く家族の絵では，父と母がひときわ大きく，たいてい笑っている。1才の弟はとても小さいが，特徴がよくあらわれていてかわいらしい顔である。それぞれの大きさを忠実に表現し，家族のことが大好きだという思いが見える。特に弟は小さくて弱い者と感じているように思える
その日の気分。いろいろなお友達と遊べた日はカラフルでハートが多く，嫌なことがあった日は描きたがらないし，普段は一色で済ませることも多い
注意することが多くなると，逆に笑った顔の絵を描くことがある
今，マンションに住んでいるので，広い大きな一軒家の絵を描いている時がある
自分のやりたいことや楽しかったこと，大好きなピンクの服を着てるとこなどをよく描く
自分が体験したことを描いてることがよくある（ボートに乗った絵など）

表 4-3 つづき

大好きなマンガの女の子の顔や洋服を描き，自分もこんな風に可愛くなりたいとか，こんな洋服を着られるお姉さんになりたいという願望を，話しながら描いたりしている
髪を長く伸ばしたいので，髪の長い女の子の絵をよく描く
子どもが描くお友達は，みんなニッコリ笑顔なので，仲良くしたいとの思いがあるのでは…と感じる
兄がいるので，兄に母をとられたくない，ひとりじめしたい気持ちがあらわれていると思う。
楽しいことがあった日には，楽しそうな絵を描く
幼稚園等で嫌な事があった時は，少し雑で戦っているような絵が多くなる。楽しいときは，可愛らしい絵が多くなる気がする
子どもの前で夫と喧嘩をしたことが1度だけあって，その時子どもは笑顔の家族の絵を急いで描いて見せた。子どもに悲しい思いをさせてしまったと思った
悲しい気持ちの時は暗い表情，楽しい気持ちの時は笑顔。私達親が喧嘩をして仲なおりをした時は手をつないでいる私達の絵を描いた
きらびやかな服を身につけてみたいと思っている
プリキュアになりたいって言いながら描いているので
楽しいことがあった後などは，カラフルに描いたりするが，気持ちが沈んでいる時は1色で描いたりしていたことがある
入浴後に髪を乾かす時に"美容室ごっこ"をしたりするが，その時の私とのやり取りを絵に表現したりしている
遊びに行った時の絵には，楽しかった思いが表現されていると思う。ハートや色あざやかに描いている
絵を描くことで，今自分が何に興味を持っているのか……ということを伝えようとしているのだと思う。園であった出来事を描いてみたり，結んでほしい髪型の絵を描いたりする
自分が住みたいと思っている3階建ての家の絵を描いたことがある
海に行った楽しい思い出から，また行きたいとの思いで，海の絵を描いたりする。欲しい服があるときに，女の子に服を着せた絵を描く
妹と喧嘩した後に，仲良く2人で並んでいる絵を描く
最近よく「空を飛びたい！」と言っています。今回雲に乗っている絵を描いた
子どもが幼稚園で描いてくるパパやママの絵が面白い！普段の生活や印象に残っているものを加えてある
自分もこういう可愛らしい服が着てみたいという願望

表4-3 つづき

嫌なことがあったようなときは，トゲトゲしたものを描くことがあった。「トゲトゲ虫」みたいなもの
この間，敬老の日のためにおばあちゃんの絵を描いたが，おばあちゃんの顔を大きく描いた後，端に自分の笑顔の絵も小さく描いていて，「大好きだから私も一緒に描いたんだよ」という気持ちが伝わってきた
先生に絵をプレゼントする機会があった。子どもは先生が別の先生を叱っている絵を描いた。私は笑ってしまったが……（よく見てるなぁと思って）「なんでこの絵にしたの？」と聞いたとき，「だって怒ってたから……」と答えた。よほど印象が強かったのか，いつもニコニコしている先生の違う一面を見てビックリしたのか……そんなことがあった

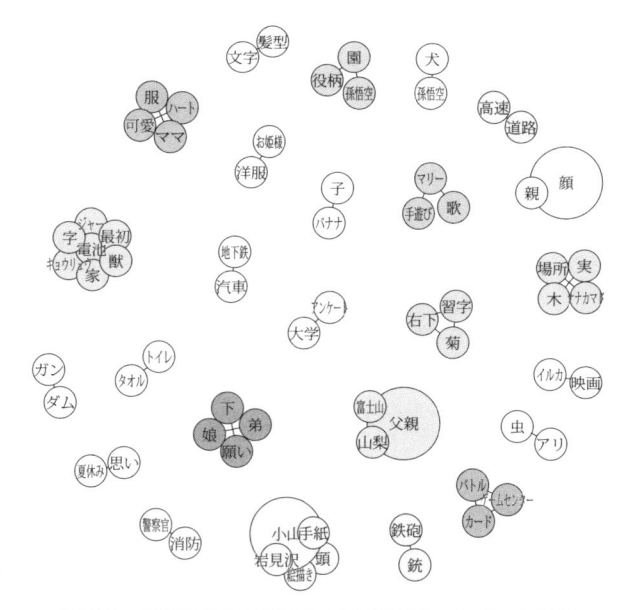

図4-9　気になるものについての共起ネットワーク結果

社会的関心が高まる。さらに6歳になるとキャラクター，洋服，雪と，興味・関心の広がりが認められる。

　気になっているものを描いた場合，「それはどんな絵だったか？」について，Kh_coderを用いた分析を行い，年齢別上位語と共起ネットワーク（図4-9）を求めた。

　結果を述べると，男児の場合，4歳で車や木，昆虫，駅など身近なもの

表 4-4　背景出現回数 2 以上

抽出語	出現回数	抽出語	出現回数	抽出語	出現回数	抽出語	出現回数	抽出語	出現回数
空	11	野原	5	家	3	プール	2	動物	2
太陽	10	お花畑	4	公園	3	花火	2	幼稚園	2
海	7	ハート	4	青空	3	森	2		
草	6	虹	4	畑	3	水族館	2		
雨	5	木	4	お花	2	星	2		
雲	5	夜	4	バス	2	草原	2		

に関心が集まるが，5 歳になると仮面ライダー，ロボット，ゲームといったキャラクターに興味がわく。そして 6 歳になるとスーパーやペットといった社会とのふれ合いに関心が広がる傾向にある。

　女児の場合，4 歳では絵，動物，漫画，バナナといった身近にある食物や道具に興味がわき，5 歳になり遠足，お花，化粧といった社会的関心が高まる。さらに 6 歳になるとキャラクター，洋服，雪と興味・関心の広がりが認められた。

　（8）「背景」が描かれたか？　背景を描いた場合，「それはどんな背景の絵だったか？」

　男児はどの年齢でも背景をあまり描かない。女児はこの逆で，どの年齢でも背景を描く女児が多かった。全体として，背景を描くのはおおむね 5 歳上で，背景には「自然，場所，行事」などが描かれやすいことがわかった（表 4-4）。

　（9）「思いが表現されていると感じた絵が描かれましたか？」に対する保護者の判断

　男児の場合は，年齢に関わらず，思いが出現する絵が描かれるのは 60％以上。女児の場合は，4 歳時は 64％程度と男児と変わらない思いの出現率だが，5 歳になるといきなり 82％以上となる。5 歳で思いが急速に育っていくのがわかる（図 4-10）。

　さらに「描かれた場合，それはどんな絵だったか？」と尋ねた。たくさんの絵が示されたが，次に一例をあげる。

　4 歳 2 カ月女児の自分描画法の例である（図 4-11）。自分描画法を実施

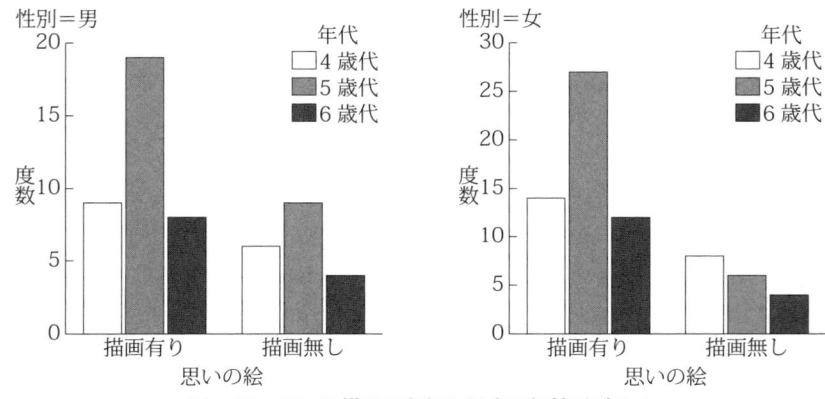

図4-10　思いの描画の有無に関する年齢別グラフ

した母親が子どもに聴いて記入した。

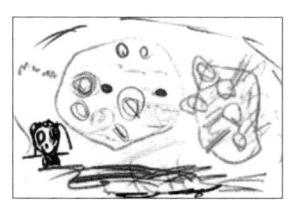

図4-11　4歳女児
の自分描画法

・自分：左下に自分の姿。
・気になるもの：「お友達や家族，祖父母などの似顔絵を中心に大きく描いた後に，周りにその時思いついたものを描いています。リボンやお魚，別な人の似顔絵，字でメッセージもあります」
・背景：「幼稚園バスを待つ場所にあるナナカマドの木。それから落ちている実を毎日拾っては観察したり，持って帰ったきたりして遊んでいるところ」
・絵の説明：「幼稚園バスがお友達をたくさん乗せようと道路を走っている。雨が降っていて雷が鳴っている中，知らない女の子が泣きながら幼稚園バスを待っている」
・絵に現れた感情→「不安」
・母親の気づき→「うちの子はあまり自分の思いを絵にかくことはないと思っていました。振り返っても目の前にあるモノや人など，直感で描くことが多かった。今回，自分の思いを絵にしたことに驚きました」
　思いがあらわれる絵とは，男児の場合は「戦隊，家族，表情，海」等のテーマが多く見られる。たとえば，戦隊もののキャラクターの絵が多く，そういった強い男（の子）になりたいという願望が伝わる。
　一方，女児の場合は「家族，友達，手紙，表情，髪型，服」等のテーマ

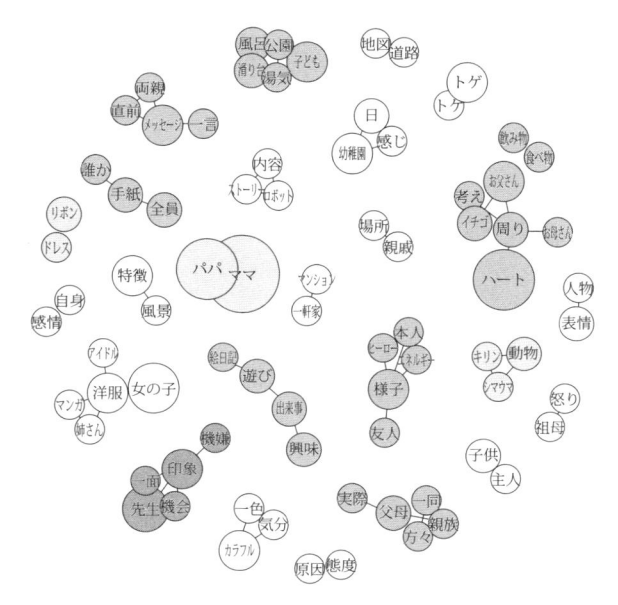

図 4-12　幼児が用いた用語の共起ネットワーク

が多く見られる。たとえば，「これはお母さんのお顔ね」と言いながら，その周りに「大好きだから」とハートマークをたくさん描く。ハートマークには大好きという思いが込められている。図 4-12 は，円がくっついている数だけ子どもの思いの広がりが認められることを示唆している。

実際の事例：
例 1.「パパとママとお姉ちゃんの顔。大好きなマリオの M とルイージの L。大好きなアニメ，キョウリュウジャーのおもちゃ，獣電池。「100」という字。花丸に旗（日本の国旗が）ママが昔上手だねってほめたブドウの絵」
→好きなものを描いた。
例 2.「欲しいおもちゃ，うーちゃん，わんわん，りんご，ぶどう，めろん，カレーパンマン。いないいないばぁのうーたんとゆうなちゃんだそうです。妹（1 歳）がだいすきないないいないばぁのキャラクターで息子はとても妹思いなので描いたと思います」
→欲しいものを描いた。

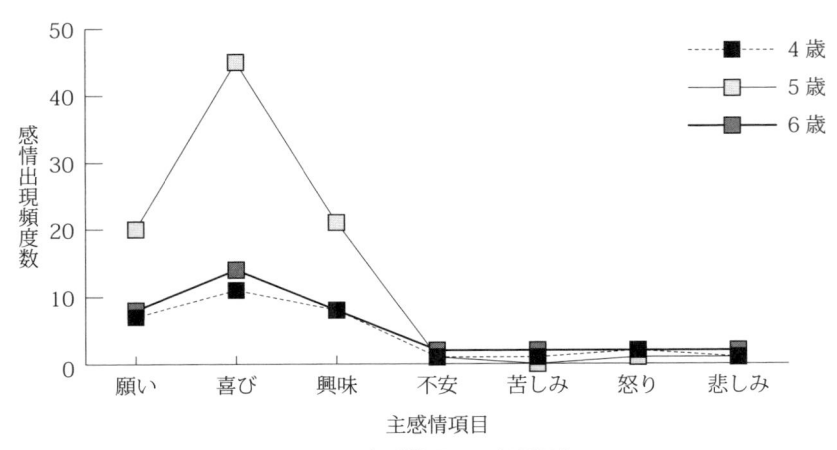

図 4-13　主感情項目の出現頻度

　例 3.「雨が降っていて雷が鳴っている中知らない女の子が泣きながら幼稚園バスを待っている。幼稚園バスはたくさんのお友達を乗せようと走っている。一方で雷は，木の実を吸い込もうとしている」

　→不安な心理的状況を描いた。

　例 4.「片面はトラクターが畑の草を取っている様子。もう片方はタンクローリーがバルーンにぶつかった様子」

　→トラクターがもつ両面の機能（良い面，悪い面）を描いた。

　例 5.「自分は大人になったら正義の味方になると信じている。自分が変身してかいじゅうをやっつけている。地球を平和にするのが彼の願い」

　→正義の味方になるという，自分の願いを描いた。

　(10)　その絵にもっとも近い「感情は何か」

　感情分析の結果を図 4-13 に示した。それによれば，どの年齢でも「喜び→興味・願い」の 3 つが圧倒的に多く出現している。「不安・苦しみ・怒り・悲しみ」といったネガティブな感情もわずかに見られた。

　また派生的感情との絡みをみると，"喜び"ではどの年齢でも「うれしい・楽しい」が圧倒的に多く，"興味"ではどの年齢でも「関心」「好奇心」が多い。"願い"では「憧れ」「希望」が続くことがわかる（図 4-14）。

　(11)　幼児が描いた自分描画は，「どんな絵だったか？」

　幼児が話した物語をテキスト化し，KH Coder（樋口耕一；http://khc.sourceforge.net）を用いて分析し，年齢特徴を見た。以下はその結果であ

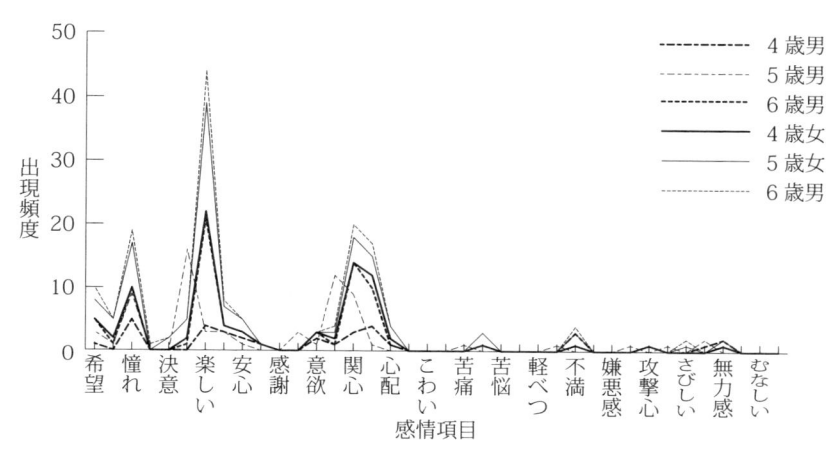

図 4-14　派生感情の出現頻度

る。手順は「年齢別テキスト作成→年齢別抽出後リスト作成→頻出後ベスト 150 語→出現回数の度数分布表→出現数のプロット→関連語探索→共起ネットワーク→ KWIO コンコーダンス→コロケーション統計」という流れで分析を行った。

　幼児が描いた自分描画について，日本語形態素解析 Kh_coder でキーワード上位 150 語の抽出を行った。その結果を表 4-5 に示した。「自分」「家族」「ママ」「先生」「幼稚園」「バス」「友達」が上位 7 位に出現した。「ママ」と「お母さん」は同義であることから加えると 21 回の出現数となり，2 位となる。この結果は幼児の生活環境からうなずける結果であった。そのほかを見ると，多方面の言葉の出現があり，幼児は興味・関心が多面的であることがわかった。以下はその一例である。

　①自然への関心→「お花」「雨降り」「花畑」

　②食べ物への関心→「リンゴ」「ケーキ」「バナナ」「フルーツ」「ブドウ」

　③キャラクターへの関心→「アイドル」「恐竜」「漫画」

　④人への関心→「自分」「家族」「先生」

　⑤思いの言葉→「ハート」「笑顔」「仲良し」「願い」「気持ち」「口答え」

　⑥意外な言葉→「防犯」「オーディション」など。

　次に，表 4-6 は年齢別使用後上位 10 語，および幼児と対話したとき筆者が話した言葉の上位 10 語の比較表である。物語に現れた用語を，男女別に比較検討した。その結果，男児の場合は 4 歳では「悪者」「怪獣」「ロ

表 4-5　自分描画法でのキーワード：上位 150 語（Kh_coder の分析）

抽出語	出現回数	抽出語	出現回数	抽出語	出現回数	抽出語	出現回数	抽出語	出現回数
自分	33	お父さん	2	母親	2	ドーナツ	1	国旗	1
家族	17	アンケート	2	防犯	2	パーティ	1	最後	1
ママ	14	カメラ	2	緑色	2	パイナップル	1	三つ葉	1
先生	10	ガン	2	TV	2	フグ	1	子ども	1
幼稚園	9	キョウリュウ	2	お菓子	1	プール	1	次号	1
バス	8	ジャー	2	イモ	1	プリズム	1	写真	1
友達	8	ジュース	2	イルカ	1	ベル	1	主人公	1
お母さん	7	ダム	2	ウサギ	1	ペット	1	周り	1
キャラクター	7	テレビ	2	オーディション	1	ボール	1	職業	1
動物	7	ドレス	2	オオカミ	1	マスカット	1	寝癖	1
ゲーム	6	パン	2	オレンジ	1	モンスター	1	新幹線	1
遠足	6	ブドウ	2	カード	1	ヨット	1	親子	1
公園	6	ブランコ	2	カニル	1	一つ	1	水玉	1
お花	5	マンガ	2	カモメ	1	雨降り	1	数字	1
アニメ	5	メロン	2	カレー	1	園長	1	寸前	1
リンゴ	5	右側	2	キャンプ	1	温泉	1	正義	1
本人	5	夏休み	2	クラス	1	果物	1	静電気	1
ケーキ	4	花火	2	クローバー	1	花畑	1	赤ちゃん	1
ハート	4	画面	2	コミック	1	絵具	1	戦い	1
女の子	4	絵本	2	コントローラ	1	階段	1	戦士	1
遊び	4	左側	2	スーパー	1	学園	1	祖父	1
アイドル	3	思い	2	ステージ	1	感触	1	祖父母	1
バナナ	3	自宅	2	ストーン	1	願	1	祖母	1
パパ	3	狩り	2	スプーン	1	気持ち	1	草原	1
フルーツ	3	小学生	2	ゾウ	1	恐竜	1	息子	1
兄ちゃん	3	笑顔	2	タンクローリ	1	興味	1	打ち上げ花火	1
全員	3	真ん中	2	テント	1	近所	1	楕円	1
大学	3	水族館	2	トラクター	1	軍手	1	大会	1
釣り	3	地図	2			兄妹	1	大人	1
2つ	2	仲良し	2			口答え	1		
PA	2	文字	2						
お家	2								

表 4-6　幼児の年齢別使用後上位 10 位および筆者が用いた用語上位 10 語の比較表

4 歳女児		4 歳男児		5 歳女児		5 歳男児	
ママ	.007	タンバリン	.007	お父さん	.010	タンバリン	.020
ハート	.007	悪者	.005	タンバリン	.008	名前	.009
自分	.007	バナナ	.005	お母さん	.006	白菜	.008
セーラームーン	.006	地球	.005	ひかり	.006	冗談	.006
タンバリン	.006	おしり	.004	英語	.004	道路	.005
名前	.005	全部	.004	アメリカ	.004	雪だるま	.005
天王星	.004	ゴミ箱	.004	札幌	.004	お母さん	.005
鉛筆	.004	画用紙	.004	リボン	.004	鼻くそ	.004
赤ちゃん	.004	怪獣	.004	女の子	.004	チョコレート	.004
食べ物	.004	ロケット	.004	リス	.004	ボール	.003

6 歳女児		6 歳男児	
タンバリン	.012	人間	.011
クレヨン	.009	タンバリン	.011
リス	.006	クレヨン	.011
女の子	.006	チョコ	.006
自分	.006	リス	.006
色鉛筆	.006	女の子	.006
ポチ	.003	自分	.006
ドレス	.003	色鉛筆	.005
お姫様	.003	無人島	.003
ご飯	.003	チューリップ	.003

ケット」など，テレビやゲーム関係の用語が多用されるが，5 歳になると「笑い声」「雪だるま」「お母さん」といった心理的社会的な用語が使われ，6 歳になると「人間」「自分」「女の子」など，さらに社会的なものへの関心が増していくのがわかる。一方，女児の場合は，4 歳では「ママ」「ハート」「自分」など自分にとって身近なものが意識され，5 歳になると「お父さん」「アメリカ」「リボン」など，おしゃれ感覚が少し加わりかつ関心の広がりが認められる。さらに 6 歳になると「タンバリン」「ドレス」「お姫

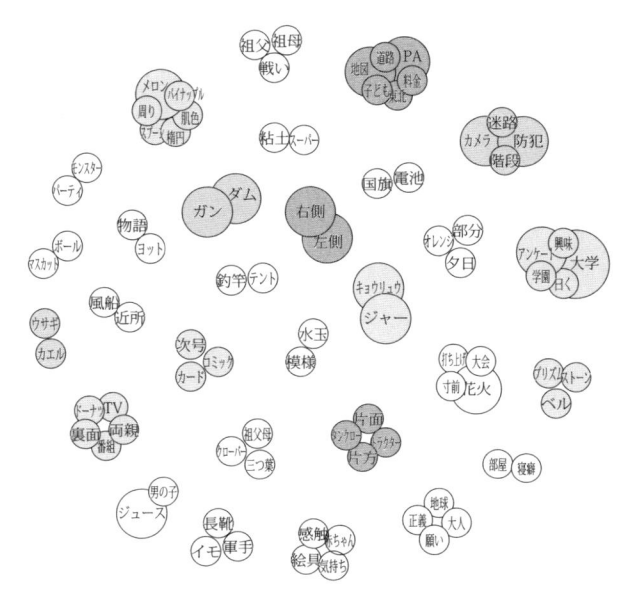

図 4-15　自分描画法描画：共起ネットワーク（Kh_coder 分析による）

様」など，おしゃれ感覚と関心の広がりがいっそう増していく。

　共起ネットワーク結果を図 4-15，4-16 に示した。

（12）　その他気づいたこと（改善点）

以下に項目別に整理して示す。記載者は自分描画法を我が子に実施した保護者である。

①教示の理解

　「絵を描くんだよ〜と言っても，最初字を書いていました。『あ，う，え』とか」（4 歳男児の母親）

②描画時の感情の動き

　「描いたものはあまり明るい要素を持っていませんが，本人は楽しそうに描いていました。集団生活に入ってまだ半年なので本人なりに気を張っていることも多く，そういう気持ちがもしかしたらあらわれているのかとも思いました」（4 歳 8 カ月男児の母親）

　「楽しそうな絵を描いてくれて嬉しかったです」（5 歳 8 カ月男児の母親）

　「子どもの，絵を描く行為は，子どもの思い，感情などがあらわれ易いと思いました。子どもの絵は，好きなもの・好きなことを描き，非現実的なとこ

4 歳男児　　　　　　　　　　　　　　4 歳女児

5 歳男児　　　　　　　　　　　　　　5 歳女児

6 歳男児　　　　　　　　　　　　　　6 歳女児

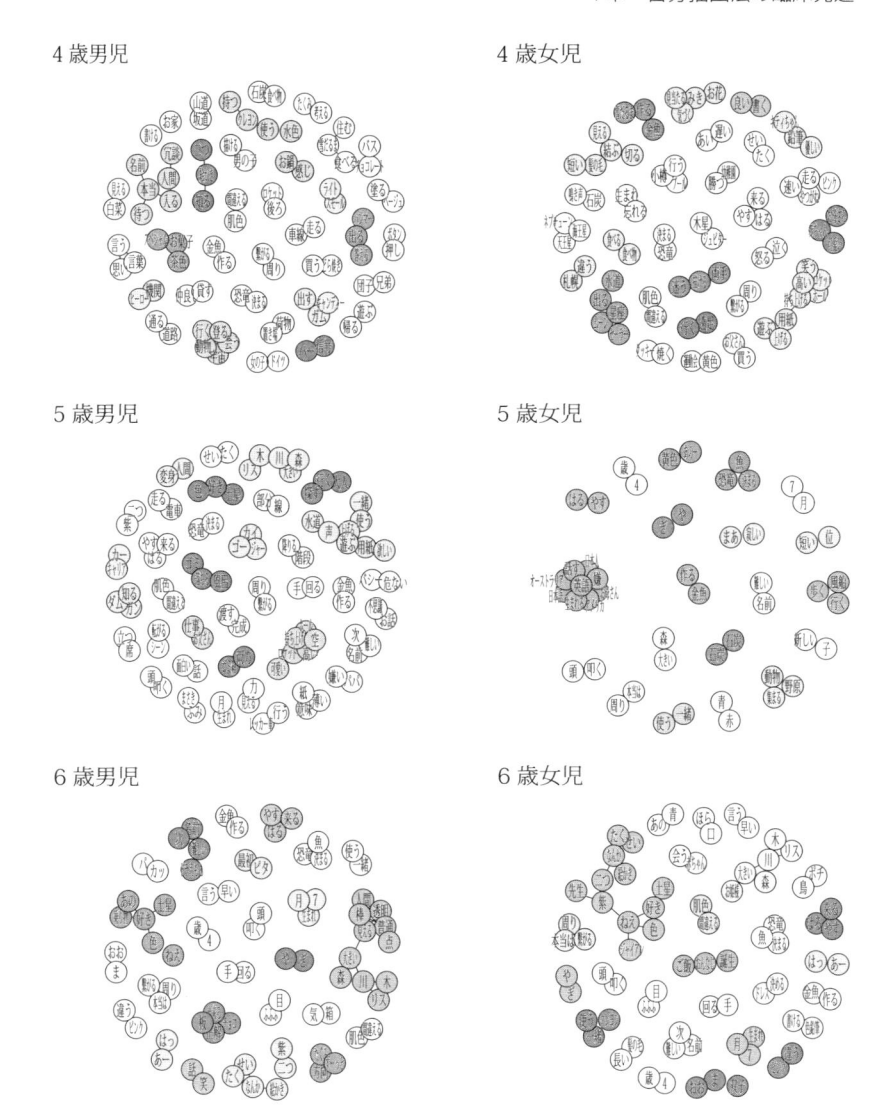

図 4-16　4 歳から 6 歳までの幼児の共起ネットワーク結果

ろもありますが，自由で楽しくて，描くことは想像力を高め，感情表現がで
きる大切な行為であり，親も見守り感じながら，コミュニケーションをした
いと思います」（5 歳 10 カ月男児の母親）

　「自分の好きな食べ物を楽しそうに描いていました」（6 歳 5 カ月男児の母

親）

「あまり，絵に現在の感情を出すタイプの子ではないと感じた」（5歳3カ月女児の母親）

③保護者のわが子の描画技術に関する気づき

「うちの子は，あまり自分の思いを絵にかくことはないのかなと思いました。振り返っても，目の前にあるモノや人だったり，直感で描くことが多いことに気づきました。『○○が○○をしている』という絵は非常に少ないです」（4歳8カ月男児の母親）

「お話ししながら絵を描き進め，集中して絵を描いていました。親が思っている以上にいろいろな絵が描ける様になっていて驚きました」（5歳男児の母親）

「絵が苦手だけど，ハート，四角，丸，三角と，人以外のものも，段々と描くようになってきている」（5歳男児の母親）

「絵の描き方もスルスルと描いたり，色もちゃんときれいな色を迷わず手にとっていたので良かったと思いました」（5歳6カ月男児の母親）

「短い草を描いた上に，長い草を描いていたので，感心しました。少し前まではできなかったと思います」（5歳9カ月男児の母親）

「今まで顔から直接手足が出ていたのに，今回は身体が描かれていました。ママと自分の二人だけが多かったですが，パパの帰宅が夏頃から少し早くなり，一緒にいる時間が増えたためか，ちゃんとパパも描くようになったみたいです」（5歳10カ月女児の母親）

「外国の子が描くようなタッチだなと思いました。笑顔がとてもよい」（5歳11カ月女児の母親）

④保護者が子どもの描画を通じて知るわが子の心の成長に関して＝アセスメント的視点

「描く対象が非常に偏っている為，興味のないことに対しては描くことがなく（思いつきもしない），発達面に不安を感じました」（4歳9カ月男児の母親）

「男の子より女の子のほうがなんでも上手にできるのが早いのか，お姉ちゃんよりすごく絵や字がかけなくて心配」（5歳8カ月男児の母親）

「『木』を根本から描き始めたところが，ちょっと変わっているなと感じました。木の根本って普通，草や土の中にあり，ぼやけるところなのに」（5歳8カ月女児の母親）

⑤描画を通じて知るわが子の「思い」

「『困っている人を助けないといけない』と言っています。人の役に立つために しっかり頑張るようにという気持ちなのでしょうか……正義や平和をいつも口にし，優しい子にもなりました。絵にも描かれているのでびっくり。自分は小さいけれど，いつか大きくなって変身して人を助ける姿を描いています」（4 歳 9 カ月男児の母親）

「もっとお友達より強くなりたいんだなー，かっこ良くなりたいんだなぁとの願いが込められている感じを強く受けました」（4 歳 10 カ月男児の母親）

「周りの人間を，よく見ているなということ」（5 歳男児の母親）

「満月の夜，月は見えなかったが普段 夜に散歩することなどないので，楽しかったのかと思います」（5 歳 3 カ月男児の母親）

「一番最初にママを描く〜と言って描いてくれました。ママの好きな色（ピンク）で『だいすき』と書いてくれました」（5 歳 5 カ月男児の母親）

「かわいい絵を描くなぁと思いました」（6 歳 2 カ月男児の母親）

「鬼に負けない正義の味方と言われて嬉しく思います」（6 歳 2 カ月男児の母親）

「赤ちゃんの頃のように守られたい思いと，もう少しお姉さんになったらいろいろなことができる気がしているようで，むずかしいです」（4 歳 2 カ月女児の母親）

「夏が終わり，忘れているかと思ってたんですが，『何でもいいよ！』と言ってすぐ『花火見に行ったよね！』と描き出したので，印象が強く残っていたんだと驚きました」（4 歳 7 カ月女児の母親）

「絵を見て，もっとうまく娘との時間も増やしていきたいと思いました。このような機会をいただけて良かったです。ありがとうございました」（4 歳 8 カ月女児の母親）

「いつも顔をかく，その顔はいつも笑っている。自分が笑うことで母親も笑顔になると感じていると思う」（4 歳 10 カ月女児の母親）

「見たものより頭の中で考えていることを描くことが多いです。色は黄色やオレンジを好んで使います。人の顔は必ず笑っています」（5 歳 1 カ月女児の母親）

「いつも私のことを考えてくれている」（5 歳 2 カ月女児の母親）

「先生のことが大好きなんだということ，その好きな人に喜んでもらいたいと思いやる心を表現できていて喜ばしかった」（5 歳 3 カ月女児の母親）

「子どもの絵には何らかの思いが描かれているのかと。今回ので改めて実感した。家族の絵を描いたが，自分はパパとママに挟まれ手を繋ぐ，独り占め

したい気持ち，そんな思いもあるのかなと感じた」（5歳7カ月女児の母親）

「果物は上手に描き，双子の弟と手をつなぎ，仲が良いのが伝わります」（5歳8カ月女児の母親）

「最近の出来事（例えば，水族館に行ったなど）を絵に入れることが多い」（5歳11カ月女児の母親）

「普段は女の子の絵を描くことがほとんどなので，女の子を描くと思っていたが，いざ真っ白な紙に描いてというと，普段と違うと本人も思ったのか，想像と違った絵を描いて驚きました」（5歳11カ月女児の母親）

「いつも笑っている人の絵を描いています」（5歳11カ月女児の母親）

「自分や家族，友達を描くときはいつも笑った顔を描いていること」（6歳女児の母親）

「早く自転車に乗れるようになりたいんだな……と強く感じました」（6歳1カ月女児の母親）

「いままで幼稚園でもたくさんの行事があったのに芋ほりが出てきたことに驚いた」（6歳3カ月女児の母親）

「雨の中，3人で遊んだこともないし，カエルを見たこともないけれど，願望が絵になったのかなぁと思いました」（6歳4カ月女児の母親）

「丁度，この絵を描こうとした日の朝，子ども番組の工作や絵を描いたりする番組を見て，草の描き方をやっていたそうです。今度こうやって自分も描いてみようと思ったからこういう背景になったのかなと感じました」（6歳5カ月女児の母親）

⑥描画を通じて知るわが子の「能力（知育発達）」

「子どもの記憶力には驚かされました。また，親も旅行が好きで地図を見るのが好きですので，似ているところもあるのかなと思いました」（4歳11カ月男児の母親）

「傘おばけの絵を描くね！といって，初めて左の絵を描きました。先日，辞書を広げて，『かさ』の漢字教えて！と言うので教えたら，まねをして描いていたので，そこから自分オリジナルの絵を描いたのかな？　おばけの絵本は幼稚園や自宅で読んでいます」（4歳11カ月男児の父親）

「自分が今，何を描いているのか私に教えてくれながら描いていました」（5歳4カ月女児の母親）

「自分と，自分を取り巻く環境との相対関係を理解してきたと思います」（5歳10カ月女児の母親）

⑦日常生活に溶け込む描画（遊びとしての描画，描画の好き嫌い）

「最近は毎日，今回と同じような絵を小学生の兄と描いて遊んでます」（4歳11カ月男児の母親）

「お父さんも大好きなガンダムを二人で楽しみたいようです」（5歳1カ月男児の母親）

「説明しながら描いてくれました。絵を描くことは好きなんだなぁと思いました」（5歳4カ月男児の母親）

「好きなのを描いていいよと言って，描かせたのですが，まずひと言目が『お兄ちゃんの絵でもいいの？』と言いました。いつも一緒に絵を描いているのがお兄ちゃんなので，お絵かき＝（イコール）お兄ちゃんなんだなぁと感じました」（5歳3カ月女児の母親）

「いつもこのような感じで描いているので特にありません」（5歳4カ月女児の母親）

「特にありません。いつも通り。服の色の組み合わせが増えている」（6歳2カ月女児の母親）

「特になし。いつもの風景だと思う」（6歳2カ月女児の母親）

⑧描画行為からわかるわが子の行動傾向

「座って描いたりするのが苦手な子だとしみじみ思いました」（5歳3カ月男児の母親）

「私の気持ちが不安定になっている日々でしたが，家族がついているよ！という心配もしつつ，やっぱり家族一緒が一番うれしいのかな？と思いました」（6歳4カ月男児の母親）

⑨描画時の戸惑い

「絵の依頼をしたら，イヤではないが多少義務的に描いた感がある。何を使ってもいいと言っても『鉛筆だけでいい』と早々に済ませたい様子だった。しかし，その割には顔をしっかり描いていたと思う」（6歳5カ月男児の母親）

「日頃自分の好きな時に描いているので，こちらから『描いてみて！』と頼んでみると，急に『描けない』と意外な返答が……。それでも時間をおいて考える時間を与えたら，いつものように描いてくれました」（5歳6カ月女児の母親）

⑩自分描画法の実施に関して

「多分この絵を描く時は，子どもが疲れてないリラックス時に描いた方が良いと思いました。幼稚園から帰宅後すぐに描いた絵です」（4歳9カ月女児の母親）

　　「何を使ってもいいんだって聞き，ママのペンを（使わせてもらえる！って感じで）選べたことがうれしかったみたいです。発色も楽しんでいました。お友達へのお手紙によく描いている形です。カラフルなそろったペンを見ると，心がはずんで明るいものを描きたがるのでは」（5歳11カ月女児の母親）

　以上の振り返りからも，自分描画法を一般的に普及させる際には，さまざまな改善点があることがわかる。
　保護者宛に郵送したアンケート用紙を次に示した。保護者はこのアンケートのみを読み，自分描画法を実施した。結果をみると，「このような方法でも実施できた」といってもよいだろう。

幼児期の子どもの "思い" と "お絵かき" についてのアンケート
－幼稚園児（年中～年長）の保護者対象－

F大学　小山充道

＊ 各設問に対して<u>該当する数字番号に（①，②などに直接）</u>○印をつけてください。
＊「その他」を選択した場合は，<u>「その他」の後にある空欄枠内に</u>，その内容をご記入
　ください。

1. お子さんと保護者（記入された方）の情報です。

1-1　お子さんについて，おたずねします（2人以上の場合は，誰か1人に定めてくだ
　さい）

　　☆年齢：（　　歳）（　　カ月）←　この質問だけ，適切な数字をご記入ください。
　　☆性別：（①男　・　②女 ）

1-2　保護者ご自身について，おたずねします。

　　☆記 入 者：① 父　　② 母　　③ その他（　　　　　　　　　）
　　☆家族構成：① 親子 のみの家族　　② 2世代家族　　③ 3世代以上の家族
　　☆年　　　齢：① 20歳代　② 30歳代　③ 40歳代　④ 50歳以上

2. お子さんの "思い" と "お絵かき" の状況について，おたずねします。

2-1　鉛筆やクレヨンを手にして，気のおもむくまま紙の上に走らせるなぐり描きが…
　　（①できる　　②できない）

2-2　線で何かの形をした絵をかくことが…
　　（①できる　　②できない）

2-3　絵というほどのまとまりはないが，そのものらしく描くことが…
　　（①できる　　②できない）

2-4　だいたい決まった形で，図式的な家，木，太陽などの絵をかくことが…
　　（①できる　　②できない）

2-5　目でみたとおりの写実的な絵を描くことが…
　　（①できる　　②できない）

2-6　落書き，または自由画などでお子さんが普段描く絵は，どのような絵ですか？
　　下記の欄に自由にご記入ください。(例：着たい服を身に着けたおしゃれな自分の絵
　　をよく描く)

　　┌─────────────────────────────────┐
　　│   │
　　└─────────────────────────────────┘

2-7　お子さんが描く絵には，何かしらの思いが表現されていることがあると思いま
　　すか？
　　　（①思う　　②思わない）

2-8　「お子さんが描く絵には，何かしらの思いが表現されていることがあると思う」
　　と答えた方におたずねします。何か，具体的な話をひとつお教えください。

　　┌─────────────────────────────────┐
　　│   │
　　└─────────────────────────────────┘

お絵かきコーナーです！

《 保護者の皆様へのお願いです》

1. 絵を描くのは『子どもさん』です。
2. お絵かきには,『同封の画用紙』を使って下さい。
3. 次のようにお話してから,お絵かきを始めて下さい。

・保護者:『ここ（画用紙）にお絵かきをするんだって』
↓
・保護者:『絵を描くのに,何を使ってもいいんだって』
↓
・保護者:『何を描いてもいいんだって！』＋『思いついたことでいいよ！』

4. 設問3以降を一読されてから,お絵かきを始めて下さい。

＊同封の「風船」は,お遊びとしてお使い下さい。

お絵かき場面での寄り添い,どうぞよろしくお願いいたします。

3.　今,お子さんが同封の画用紙に描いた絵について,おたずねします。

3-1　絵のどこかに,「自分」の絵が描かれていますか？
　　（①描かれている　　②描かれていない）

3-2　「①自分の絵が描かれている」と答えた方にお願いします。「自分の絵（絵を描いた子ども自身の絵）」だと思われる絵の部分に,鉛筆で○印をつけてください。

3-3　「（子どもさんは）今気になっていること（もの）」を描きましたか？
　　（①描いた　　② 描かなかった）

3-4　お子さんが「気になっていること（もの）」とは,何ですか？　下の空欄に記入ください。

3-5　背景となるような絵を描きましたか？（例：野原,家の中）
　　（①描いた　　②描かなかった）

3-6　「①背景となるような絵を描いた」と答えた方にうかがいます。それはどんな「背景」ですか？　下の空欄に記入ください。

3-7　お子さんの思いがあらわれていると思われる絵が,用紙のどこかに描かれていますか？

〔例：「うさぎの絵」。うさぎさんは優しいので大好き！〕

（①描かれている　　②描かれていない）

3-8　「子どもの思いがあらわれている」と思われる絵の部分に，鉛筆で◇印をつけてください。

3-9　子どもさんが描いた絵はなんの絵か，お教えください。下の空欄に記入ください。

〔例：日曜日に家族で公園に行って，山羊と遊んだ。子どもは嬉しそうだった。〕

3-10　絵の内容にもっとも近い感情を①〜⑤の中から 1 つ選び，いずれかの数字に○印をつけてください。そして後のカッコ内に示した具体的な感情の中から，最も近い感情をひとつ選んで，○印をつけて下さい。

①願い　：（希望，期待，あこがれ，勇気，決意，その他【　　　　　　　】）

②喜び　：（うれしい，楽しい，幸せ，安心，自信，感謝，感動，意欲，満足
　　　　　その他【　　　　　　　】）

③興味　：（関心，好奇心，その他【　　　　　　　】）

②不安　：（心配，あせり，こわい，その他【　　　　　　　】）

③苦しい：（つらい，苦痛，しんどい，苦悩，その他【　　　　　　　】）

④怒り　：（しっと，軽べつ，くやしい，不満，敵意，嫌悪感，不信，攻撃心，憎しみ，
　　　　　その他【　　　　　　　】）

⑤悲しい：（さびしい，孤独感，無力感，絶望，むなしい，失望，その他【　　　　　　　】）

⑥その他：【　　　　　　　】

3-11　今回のことでお気づきになったことがありましたら，なんでも自由にお書きください。

2　6 歳男児の事例

最後に 6 歳男児の事例を紹介する。心理的状況および対話内容の分析のほか，援助者の受け取り方も合わせて，以下に示す。行動内容は，竹村昌江さん（藤女子大学）の記録に基づく。

［事例：N 児（6 歳 10 カ月，幼稚園年長）］

〔1〕　1 回目（X 年 2 月実施）（表 4-7）

自分描画法のタイトルは「一億歳まで生きる」。箱庭制作後，自分描画法を実施した。絵（図 4-17）からは，自己顕示欲，喜び，自己の成長への期待と希望が感じ取れる。作業は慎重で時間がかかったが，態度は堂々としていた。以下 K は筆者である。

表 4-7　6 歳 N 児の自分描画法実施時の対話内容と心理的状況（1 回目）

時間	自分描画法の 4 要素	対話内容	心理的状況
15：34 開始	自分	〈真ん中に，堂々と描く。長めの首から上の顔と頭のみ描写。表情は目と口を大きく開け笑っている。画面を大きく使って描く〉	・生き生きとした自分をイメージしている。
	気になるもの 長生き	〈悩む　時間がかかる〉 N「難しい」 〈K を見ない，頭抱える〉 〈なかなか描き始められない〉 (K,『お誕生日の話』をする) K「もうすぐ小学生だね，7 歳になりたい？」	・じっくり考える。適当に答えられない。慎重。
		N「大きくなっても，5，6 歳がいいけど，もっと生きていたい」 K「何歳まで生きていたい？」 N「ううん，1 億歳！」〈にこにこしている〉	・今の自分が好き。これからの自分を期待をしている。
		K「じゃあ，1 億歳まで生きるって描いてみようか」 〈色を決められない〉 〈しばらくして机を指して〉 N「この色！」 K「グレー？」	・とても悩むが，他者に決められると他を選ぶ。踏ん切りのきっかけ。ようやく自己決定。時間をかけ自信を培っていく。
	背景 虹・窓	N「…いや，じゃあ，これ」〈群青色のクレヨンを選ぶ〉 〈1 おくさい，と書く〉 N「虹描く！」〈すぐ決まる〉 〈弧を描く。色を変えて何本も描き幅を広げていく。全色順番で使う〉 〈窓を，3 つ色を変えて描く〉	・最近虹をカメラで撮影した。嬉しかった出来事を思い出す。 ・試しながら，確実に，全色使う。様々な色になる。全色使うと皆一緒，平等になる。仲間外れは嫌！
	隠れているもの 太陽 物語	N「窓から見てる」 K「何か隠れているよー，描いてみて」 N「太陽」「変な色で描いちゃった」 (肌と同じ色ペールオレンジ) 「(太陽に) 当たって僕は嬉しいんだ」「(中央の顔を指し) これは今の僕，いち億歳はおひげ。伸びて伸び	・窓から虹を見ている？それとも自分を見ている？窓 3 つは父・母・兄のことか？ ・成長＝大人＝おひげ＝男性。太陽が注ぎ，どんどん途切れなく成長し伸

表4-7 つづき

		てずっと伸びて，学校中ぐるっーとして2階行って，3階行ってぐるーっとして全部行って，戻ってくる」〈腕を振りながらひげの線をずっと一筆書きでぐるぐる描き続ける真似〉K「かっこいい？」N「でもそれかっこ悪い。パパはおひげある。」	び続けるイメージ。　最後は今の自分に戻ってくる，帰ってくる。行ったきりではない。・大きくなること，決してかっこいいことばかりとは考えていない。しかしかっこ悪さも肯定的に受け入れている。
15：54 終了			

図4-17　N児の1回目自分描画（左側）と同期時に実施した箱庭療法作品

〔2〕　2回目（X年7月実施）

　自分描画法のタイトルは前回と同じ「一億歳まで生きる」。これに筆者は驚いた。同じパターンの絵であった。自分描画法実施後，箱庭制作を行った。絵には生きる力が溢れ，躍動感がある。自分の成長を実感している様子がある。作業はスムーズに進んだ（表4-8）。

　1回目と2回目作品は，自分描画法も箱庭療法もずいぶんと違う。1回目は幼稚園を卒業する直前の2月に取り組み，2回目は小学校入学後3カ月目に取り組んだ。小学校入学前後の緊張感が，作品にあらわれている。5カ月開いての取り組みだったが，自分描画法ではほぼ同じテーマが取り上げられ，箱庭でも動物の数が整理され少なくなったこと以外，作品作りのパターンはよく似ていた。2回目の箱庭作りのときは丁寧に砂山を作り，個々の動物の背中に砂を上からさらさらと当て，動物を横に寝かせたのが

表4-8　6歳N児の自分描画法実施時のN児の動きと心理的状況（2回目）

時間	自分描画法の4要素	N児の動き	心理的状況
15:05 開始	自分	〈画面中央に大きく全身を描く。上下空間あり。両腕を上げ指先開いている。顔は黒目・鼻の穴・開いた口で笑顔。Tシャツ・ズボン・靴は現在身に付けているものを観察しながら，特に詳しく時間をかけて描く。靴下はズボンをめくって見て確認しながら，靴は高く足を上げてじっくり見ながら，Tシャツは単色塗りつぶしではなく2色重ね塗り，色混ぜをしている。4色を確認しながらまめに変えて描く〉 〈自分を描くことに，とても時間をかけている〉	・バンザイな自分をイメージ。 ・全身像をイメージできるようになってきた。自己像のバランスが取れてきた？　下の空白は？ ・同じ状況を経験していると，自信を持って行動できる。（前回の自分描画法経験で，見通しが持てて作業スムーズ）不安がない。 ・スケッチに対して意識が高まっている様子。 ・実物をよく見て詳しく描くことに拘っている。 ・実在するものをしっかり見たい，描きたい，現実を捉えたい。 ・2月実施時よりも色がよりはっきりしている。力強い太さで描く。
	気になるもの 長生き 背景 虹 隠れているもの 物語	〈いちおくさいまでいきる，とボールペンで書く〉 〈虹を太く，鮮明に，画面を跳び越して自分の上空部を覆うようにして描く〉 	・前回は「1おくさい」だったが，今回は「いちおくさいまでいきる」 ・前回同様虹を描く。前回は虹を見たことが嬉しかったが，今回は前回の描画が楽しかった思い出となり，記憶をなぞっているのかもしれない。 ・着実に，全色使う。太く，自信を持って描く。はみ出す元気がある。
15:30 終了		〈前回より早く終了〉	

図 4-18　N 児の 2 回目自分描画（左側）と同期時に実施した箱庭療法作品

印象的であった。「ゆっくりね……そしておやすみなさい……」がテーマな
のかもしれない。自分描画で左下に描かれたのは部屋にあった「椅子」で
ある。「靴下」や「靴」を凝視しながら描いていた。N は部屋の特徴をよく
捉えていた。母親からは，「同じように描こうと，対象の物をしっかり見て
再現したがる子です」との情報をいただいた（図 4-18）。

Ⅳ　小学生の自分描画法

1　" 思い " の発達

　人間はある心理的課題について，" ある思いを「わきたたせる（例：苦し
む）」→「ふれる」→「つかむ」→「収める」と深めていく "（仮説）。思
いの深まりは心理的課題の内容から，大小さまざまな形をもつ。人間の心
の発達では，大きい思いがより現実化して，より具体的で一見小さくなっ
たように見える思いに変化していくさまが認められる。たとえば出産時
の母親の大きな喜びは関係する誰にもそれが喜びだとわかり共感できるが，
赤ちゃんの成長発達に伴う母親が抱く一見小さな悩みは，関係する人に気
づかれなかったりする（例：母親自身の不眠，手のしびれ，体型の変化）。
子どもが思春期に入り我が子が学校に行けなくなった。母親の思いは複雑
だ。我が子を大事に思ってくれる関係者を悲しませてはならないという思
い（関係者に向けられた思い），子どもが学校へ行けなくなったのは，自分
のいたらなさもあるという思いを抑えてしまいたくなるような衝動（自分
に向けられた思い），子どもの側にたって，学校に行けないことの苦しみ
を共感する母親の態度（我が子に向けられた思い）など，さまざまな思い

が同時にわき立つこともある。母親の喜びの対象であった我が子が，成長して逆に母親を悩ます対象へと変化したりもする。同一対象に対して抱く矛盾した感情（愛憎，悲喜，好き・嫌い，関心・無関心，過干渉・無視など）は，成長発達に伴う自然な心のありようなのかもしれない。相反する感情を統合させていこうとする心の奮闘は，つらく困難な課題だが，大人になる一つの心理的課題ともいえる。"思い"はどんなときにでも，どんなところでもうごめいている。

2　自由画の構成要素

　ある小学校の相談室で，遊びに来ていた小学 2 年生の H さん M さんの 2 人が，偶然にも自分描画法のような遊びをしたという話である。
　H さんは生徒役，M さんは先生という設定である。他に生徒役の R さんと 3 人で遊んでいる。学級で嫌われ者の Y さんはこの相談室にはいない。なぜ嫌われるのか？　3 人は「Y さんは威張る。すぐに怒るから」と述べた。3 人が共通して『嫌い！』と思う人のことを遊びのテーマとしている。その Y さんが転校した。
　以下は遊びの場面での対話状況である。

　　M さん：（来るなり，紙とペンを持参。事前に遊びを決めている）
　　M さん：では H さんと R さんは嫌いな人のことを絵に描いてみましょう。（H
　　　さんと R さんは，嫌いな Y さんの絵を描いた。Y さんの絵は大きく描かれ
　　　ている。頭の上に，怒りを"プンプン"という絵を付け加えた。このとき先
　　　生役の M さんも同じように，嫌いな Y さんの絵を描いた。しかし M さん
　　　は描いた絵を他の 2 人には見せなかった。なぜなら M さんは先生だから）
　　H さん：（左に自分の絵を描いた。目から涙を流している。これは涙だとわか
　　　るように，頭上に涙の絵を描いた）
　　M さん：それじゃ，なんで嫌いなのか言ってください。先生が紙に書きます。
　　H さん：Y さんは，［H さんは］先に行ってないのに急に怒ってきて，H さん
　　　は泣きました。（補足：H さんは Y さんと一緒に下校した。2 人は並んで
　　　歩いたにもかかわらず，Y さんは「H さんがスピードを速めて先を行った」
　　　と難癖をつけ H さんを叱ったと，いわれなき Y さんの怒りに H さんは戸
　　　惑い，泣いている。2 人で並んで歩くとき，どちらが早く歩くかというこ
　　　とは，子どもにとっては一大事なのだ。M さんは，そのときの苦しみを H

図 4-19　1 回目のお絵描き

図 4-20　2 回目のお絵描き

さんは絵にした，と言っている）

　M さん：はいよく描けました。

　先生役の M さんは，生徒役の H さんの絵に「合かく。OK」と書き込んだ。

絵を描いたのは Y さんに泣かされた H さんである。

〔1〕1 枚目の絵（図 4-19）

自分：涙を流している私

気になること：嫌いな Y さんの絵

背景：なし

隠れているもの：「プンプン（怒り）」

物語：「Y ちゃんに，先に行ってないのにきゅうに怒ってきて，H さんは
　　　泣きました」

　それで遊びが終わると，3 人は嫌なことを共有しただけで終わることに
なり，心理的には好ましくない状態だと判断し，スクールカウンセラーは
「H さん，じゃ，楽しいことも描いてみよう」と言った。すると今度は楽し
い絵を描いた。

〔2〕2 枚目の絵（図 4-20）

自分：明るい表情の私

気になること：ケーキ

背景：相談室でおやつ当番をしている様子。

隠れているもの：喜び（H の表情から推し量る）

物語：「相談室でケーキを食べた」

　テーマは「相談室でケーキを食べたこと」だった。H さんの表情は一転
し，明るい笑顔となっている。H さんが描いた 2 枚目の絵（図 4-20）に，
M さんは再び「OK。合かく」と書き加えた。

　まったく偶然ではあるが，この体験内容から「自分」「気になること」「背

景」「隠れているもの」の 4 つの要素があれば，ある程度の思いは表現可能なことがわかる。

3　小学生の心

「小学校高学年頃から子どもはぐっと大人になり，変わっていく」……そんな体験を語る教師は数多い。筆者は今の思春期は小学校高学年頃から始まり，中学生くらいまでがよく似た心性をもっているように感じている。小学校高学年では，中学生で問題になりがちな，恋愛，失恋，友人の裏切り，いじめ，不登校，家出，盗みなどの片鱗が見て取れる。しかし内的成熟は個人によってばらつきが大きいのも確かである。思春期心性がうっすら見えるのが小学校高学年，濃く感じるのが中学生あたりか……筆者はそんな印象をもっている。

小学校教員歴 20 年の A 先生は「長年教員として勤めていれば，集団（＝クラス）を相手にどう対応すればよいのかは慣れもあってある程度わかるが，クラスの中の個人にどのように関わっていけばよいのかについては，慣れだけでは対応できない」と言う。A 先生の言葉は思春期心性をつかむ上で重要な意味をもっている。集団を相手に身につけた「慣れ」を基盤とした対応力は，じつは “危機” に弱い。慣れは同じ行動パターンにしか通用しない。B 先生は「昨今の小学生はませたことを言ったりしたり，幼い言葉を使ったり，大人なのか子どもなのか見当がつかない」，「大胆なことをやるわりには引きこもりやすい」と行動の矛盾をつく。大人の意表を突いた行動はあるが，子どもの心の底に這う「思い」は時代の影響を受けにくいこと，そして大人に必要な対応力は「子どもの変化に沿える力」ではないかと筆者は感じている。子どもの「思い」をつかんだ上での話し言葉は子どもの心に伝わりやすい。しかし子どもの思いにふれる力を養うというのはベテラン教員でも難しい（小山，2005）。

以下は，小学生の自分描画法の事例である。どのような思いなのかを筆者が補足した。

［事例〈欲しかったものが手に入ったけれど，いいのかな……〉］
小学校 6 年生女子（11 歳）。気になるものは「右上の文房具（鉛筆など）」。背景は「学校の教室（黒板）」で，隠れているものは「左下のケシゴム（新品）」（図 4-21）。

図 4-21　小学 6 年生女子の自分描画法とバウムテスト

　物語は次のとおり。「私が学校の教室にいるとき，急に新しい文房具が欲しくなりましタ。そしてしばらく教室をうろちょろしていると，何かをけってしまいまタ。下を見てみると，そこには欲しかった文房具が！（よくけせる消しゴム）私はその消しゴムを拾って，近くの人に聞いてみましたが，だれも持ち主がイマセンデシタ。なので私がもらっちゃいましタ。だーれも持ち主がいなかったから，別にイイよネ……？　今ではその消しゴムを大切につかっています」

　題名は「神様からのおくりもの」だった。感想を求めると，「楽しかったです。お絵描き大好き！またやりたい！」と話してくれた。一応所有者を尋ねた上での使用だが，でも自分が使ってもよいか……との苦しい自分の中での取り引きの様子が伝わる。表情は「ラッキー！」と「いいのかなぁ……」といった戸惑う複雑な顔となっている。同時に実施したバウムテスト結果は堂々とした木となり，大きな樹冠の中にたくさんの実がなっている。おおらかさと好奇心が伝わる。

4　手　続　き

　本研究は自分描画法研究の展開にあたって，小学生から高齢者まで一般人からの基礎資料を得ることを目的としている。本報告は長野県内市立小学校 5 校の協力を得て得られた男子 130 名，女子 115 名，総計 245 名のデータ分析結果である。資料収集にあたっては集団実施とし，当法に慣れた者 1 名と担任がつき，指示は口頭説明と板書で伝えた。収集した資料は，対象者の抵抗が少なくなるように実施手順を考慮した。スクリーニング的な意味合いも含めて全対象者にまずバウムテストを実施し，自分描画→物語を書く→質問紙により絵の内容説明を求める→付加部分→感想を記

入，という順に資料収集を進めた。実施にあたっては上質用紙，クレヨン，色鉛筆，ファイル，を用意し，必要資料をセットにして個人に手渡した。

5　「気になるもの」「隠れているもの」「背景」の男女比較

以下，冒頭の数字は順位を示している。

〔1〕　**小学男子：「気になるもの」の整理**

1→　趣味 26（新型ゲーム機 6，ソフト 5，遊戯王カード 4，漫画 6，テレビ 3，CD1，DVD1

2→　スポーツ 11（サッカー 3，ロベルト・カルロス・ロナウジーニョ選手 2，バスケ 1，野球 3，ラケット 1，バレーボール 1）

3→　学校 8（校長先生の作品 1，学校のストーブの前の線 1，宿題 1，机 3，先生 1，勉強 1）

4→　心理的 7（これからの自分，つかれている自分，こそこそ話をしてる子，なぜ宿題があるのかです，時計，人間はなぜいるか，すべてのものを切れる刀）

5→　お金 6（お金 3，百円が落ちていた 2，壱万円札の束 1）

6→　地球 5（地球 2，環境問題 2，自然環境 1）

7→　パソコン 4

8→　友達 3

〔2〕　**小学女子：「気になるもの」の整理**

1→　ペット 17（猫 6，うさぎ 4，カメ 1，ハムスター 1，インコ 2，小犬 3）

2→　人物 16（実施者 4，姉妹 1，女子 1，友達 8，好きな人 1，芸能人 1）

3→　趣味 14（ゲーム 4，漫画 6，ピアノ 1，テレビ 1，DVD 1，パズル 1）

4→　自然 9（星 1，花 5，木 1，雪 1，大津波 1）

5→　学校 7（選挙 1，児童会長 1，ノート 1，本 1，文具 2，学校行事 1）

6→　心理的 8（平和の町 1，仲の良さ 1，自分が嫌われているように思える 1，祖母が死なないように 1，マイクの中のもの 1，時間 1，時計 1，道を歩いていること 1），

7→　お金 1（小遣い 1）

他→　スポーツ 2（バトミントン 2），身体的 1（身長 1）

結果＝男子はゲーム（11）が多いが女子は少ない（4）。男子になく女子
　　にあらわれるのはペット（17）である。中でも猫とうさぎは身近な動
　　物のようである。男子はスポーツに関心が向く（11）が，女子はほと
　　んど気になるものとしての関心がわかない（2）。学校生活や心理的な
　　ものに対する関心は男女ともあるが，男子は思索的で，女子は感情的
　　傾向がある。これは男子が「地球問題」に，女子が「自然」に関心が
　　わくのと関連がありそうだ。

〔3〕　小学男子：「隠れているもの」の整理

1→　お金 18（札束，お金，百万円，財布，1 万円札，埋蔵金，お金の
　　入った箱）

2→　地面 15（地面 4，アリ 4，モグラ 4，蛇 1，ミミズ 1，ねずみ 1）

3→　ペット 12（犬 7，ネコ 3，小鳥 1，うさぎ 1）

4→　心理的 9（影 4，幽霊 4，もうひとりの自分 1）

5→　スポーツ 8（すべてサッカー）

6→　ゲーム 5（骨 1，血 1，神 1，悪魔 1，爆弾 1）

〔4〕　小学女子：「隠れているもの」の整理

1→　生き物 32（虫 3，猫 6，うさぎ 7，熊 1，犬 4，アリ 5，リス 2，
　　ヒヨコ 1，すずめ 1，蝶々 1，モグラ 1）

2→　自然 15（花 9，四葉のクローバー 1，木の芽 1，土 1，砂 1，地
　　面 1，石 1）

3→　心理的 9（影 4，平和 1，お化け 1，弱み 1，幽霊 1，幸せ 1）

4→　お金 4（金 2，通帳 1，宝くじ 1）

結果＝男子は目立って「お金（18）」を見つけようとするが，女子はあ
　　まり関心がない（4）。隠れているものという言葉から男子は直裁的に
　　「地面を這うもの」を連想するようだ。一方，女子は「生き物」や「自
　　然」を自分の下の方に見出す。心理的なものに男女差は認められない。

〔5〕　小学男子：「背景」の整理

1→　家 20（リビング 1，自分の部屋 5，家の中 7，家の周り 1，家の
　　絨毯の上 1，庭 1，家の古い勉強机の風景，家の外の風景 1，家から出
　　かけるときの外で見た家 1，家の庭で本を読んでいるところ 1）

2→　空の風景 14（空 13，星空 1）

3→　野原 12（草原 6，野原 3，芝生 2，森 1）

4→　学校11（教室3，体育館1，グランド2，黒板1，黒板に字を書いている1，下駄箱1，壁1，ロッカーやロッカーの上にある似顔絵1）

5→　スポーツ9（野球場4，テニスコート1，決闘場1，サッカースタジアム2，スキー場1）

6→　自然8（土と空気1，山4，大雨2，太陽の光1）

7→　イメージ7（水色2，紫1，黄色2，黒1，好きな色を塗っただけ1）

8→　花5（花4，桜が舞い散る風景1）

9→　宇宙3

9→　海3（海2，海辺1）

9→　自分3（自分の風景2，自分の頭1）

〔6〕　**小学女子：「背景」の整理**

1→　学校21（学校1，教室11，体育館5，保健室2，校庭2）

2→　空の風景19（空13，雲2，夕焼け2，天気2）

3→　野原15

4→　家9（玄関1，壁1，中3，部屋1，庭3）

5→　花5（花4，桜が舞い散る風景1）

6→　公園4

6→　冬4（雪の降る冬の風景2，かまくら1，スキー場1）

8→　海3（海2，海岸の風景1）

結果＝女子が背景として描いた「家」の数（9）に比べ，多くの男子が「家（20）」を描いたのは驚きだった。男子は女子よりも“家”を意識しているのかもしれない。また女子（21）は男子（11）に比べてより強く「学校」を意識しているようだ。女子に不登校が多いのと関連があるかもしれない。

〔7〕　**感想の整理**

肯定的（楽しかった，おもしろかった，よかったが記入されている）は感想を寄せた男子は91名，女子91名と同数だった。否定的（やりたくなかった）な感想は男子2名，女子1名でごく少数だった。そのほか，具体的な出来具合を述べた男子は30名，女子22名だった。

男女について，具体例を次に示す（原文のママ）。

（1）男　　子

「自由な発そうで，物語をかけてよかったです」「ひさしぶりにしんけん
に絵をかいたので少しつかれた」「今回のこのじゅぎょうは，なんのために
やったかわからなかった」「絵をかいているときなにを研究するのかきん張
した」「自分の夢か自分のほんしょうがみえてきてよかった。こうゆう絵を
かくこともたのしい」「こうやってじっさい絵をかいたり，物語を書くと，
実っさいにおこりそうなかんじが，してきました」

（2）女　　子

「授業にやる図工は，上手い，下手の区別がついちゃうけど，今回は自分
が思った事を，上手でも下手でもいいので，楽しくかけるというのが良か
ったです」「とてもたのしかったです。またやりたいです」

「今回物語をかいた時，本当に私は不安でしょうがなかったです。でも物
語で「いっしょにかんばろうよ」の言葉で書いた自分も元気になれました。
こんなに元気のつく言葉を書く機会ができてよかった」「絵をかいてみた
ら，話があんがいかけた。えがあるとべんり」「いいかもしれないけどいや
なことが思い出から出てきていやになる。泣きたいよ……」

以上の結果，誰が施行するかが重要であること，自分描画法は心への侵
襲度が高いツールかもしれないことがわかった。その場合，描画者への関
わり方が重要な鍵となるだろう。

6　自分描画法研究からわかってきたこと

〔1〕　心理療法における自分描画法実施過程の意味づけ

（1）描　画　前

作業内容＝描画対象者は面接中であり，かつ対象者は何かの思いをわき
　　立たせている（例：思いわずらっている，思い込んでいる，思いに苦
　　しんでいるなど）状態にある。

作業の意義＝描画者自身が自分の思いをわきたたせることに意味がある。

（2）描　画　中

作業内容＝思いの断片を集め，ゆっくりと思いを浮かび上がらせていく。
　　主観に触発され，客観的見方が少し加わる。内から外へ，外から内へ
　　と思いへのふれ方を柔らかく変えていく。思いにふれる段階。

作業の意義＝思いにふれることで，思いを集めていく作業。

（3）物語を話す

作業内容＝客観を働かせ，主観的な思いを意識の中に位置づける段階。
作業の意義＝思いをつかむ作業。

（4）描　画　後

作業内容＝面接終結までに，自分描画法体験を面接の中に収めていく。
作業の意義＝思いを収める作業。

〔2〕　自分描画法で使用する道具がもつ意味

（1）用紙の大きさ

A4用紙は普及していて，最も身近な大きさである。サイズが大きすぎると，描画者はたくさん塗らないといけないという気分になり，描画に取り組む意欲を削がれる可能性もある。また用紙が大きすぎると塗ったクレヨンが手につき手が汚れたりする。また描画中，他者からのぞかれやすいなどの問題が生じる。最終的にA4サイズが最適と判断した。

（2）道　　具

クレヨンを主とし，それを補完するものとして色鉛筆，黒のボールペンを用意した。クレヨンは描画者に柔らかい，優しい気分を与えがち。多くの人は普段使わないので懐かしがる。懐かしさは思いを浮かび上がらせるのに適切な心理的要素である。また一気にたくさん塗ることができるという利点もある。色鉛筆や黒ボールペンは細かい作業をするときに対応。鉛筆は消しゴムで消すことができるので自分描画法では使わない。自分描画法は「落書きの心理」を背景にしている。

〔3〕　個々の描画項目の意味

TAT（絵画統覚検査）ではあらかじめ描かれた描画カードを見て過去・現在・未来の物語を話してもらうが，自分描画法では「今浮かび上がった思い」を扱う。その関連で過去（後悔，懐古等），未来（夢，希望等）を適宜取り扱う。以下の対象項目について，年齢および性差を考慮しながら分析を進め，描画者の人格理解を深めていく。

①「気になる何か」は何？→面接の対象は何かについて浮かび上がらせていく。

②「隠れているもの」は何？（意識のより深い領域にあるもの：例，独白，つぶやき，希望）→自分が問題にしている心理的課題についての気づきを促す。

③「背景」は何？→描者の気分が映し出される（例：憂うつ，明るい，晴れ晴れ……）。

④物語分析→思いにふれる。

　物語はおおむね次の６つの要素で成り立つ。最後に思いをつかむために言葉でテーマ設定をしてもらう。物語の内容の分析については，大きいもの（親になって子育てのむずかしさに気づいた→子育てに悩んでから自分がやることすべてに自身がなくなった→本を読んで，子どもについて悩むのが親なんだと知り少し安心感をおぼえた→親を悩ませるのが思春期だと思うことにした）から，小さいもの（ある日のこと→友達と野球をした→ボールが取れるようになった→ボールを取りこぼしても野球は楽しい）まで，いずれも可能。

a.　自分：第１段階・自分描画に対応。「思いをわきたたせる（苦しむ段階）」行為。自分の今の状態および情況の説明。（自分の状態を話す。例：自分が歩いていると……）

b.　事柄：第２段階「気になるもの」→「背景」に呼応。「思いにふれる」行為。存在的，身体的，心理的，社会的出来事の状態・情況にふれる。（何かが起こる。例：お金が落ちていました）

　　＊a. 自分と b. 事柄については，物語の内容に沿って次の５つに分類する。描画者の意識的な関心が，どこ（存在についてか，心理か，身体か，行動か，社会的な関係に関わるものか）に振り向けられているかをうかがう一つの指標となる。

　　1）存在状況：（例：[自分は] 教室にいる）

　　2）心理状態：（例：[ある人が] なんだか落ち着かない，[ある人が] 恋をしている気分）

　　3）身体状態：（例：[ある人が] 風邪をひいた，[ある人が] 胃が痛いと言う）

　　4）行動状態：（例：[ある人が] 散歩をしている，[ある人が] 寝ていた）

　　5）社会関係：（例：医師から休養するようにと言われた，母親におねだりした）

c.　展開：第３段階「隠れているもの」に呼応。「思いにもっと深くふれる」行為。出来事に対する関わり方（起こったことにどのように対応したか。例：落ちていたお金を交番に届けた）

d.　収束：第４段階「物語をつくる」に呼応。「思いをつかむ」行為。対応後，次にどうなったか，その後の出来事の流れ。（関わった後の話。

例：その後，新型ゲーム機を買いました）

　e.　題名：第 5 段階「題名をつける」に呼応。「思いを収める」行為。描者が物語に題名をつける。思いを言葉でつかむ行為。

　f.　思い：物語から分析者にわきたつ思い。例：思いっきり遊べて満足したって感じでしょうか……）

　　　例 1：
　　　①自分：ある日散歩をしていた（行動状態）
　　　②事柄：「パソコン欲しいなー」（心理状態）
　　　③展開：とつぶやいた
　　　④収束：すると財布が落ちていた。大金が入っていたらパソコン買えるかな……と思った。でも 50 円しか入っていなかった
　　　⑤題名：「ハァ〜ショック！」
　　　⑥思い：残念！

⑤物語の内容と描画内容に思いのズレはないか？→ズレがある場合（例：悲しげな描画なのに嫌に明るい物語，またはその逆），心理的抵抗の強さ，苦悩の深さ，妄想や解離症状等の精神病理的兆候の有無に留意する

⑥セラピストが描画に何か違和感をもつ場合（例：年齢相応の絵ではない，抽象的すぎる）

　　　→面接で何が問題となっているのかを見ていく。

⑦描画者が語る描画項目の意味（象徴的意味を含む）について，面接の中で深めていく。セラピストは感じていても，深い解釈はしない。

V　中学生の自分描画法

1　自分描画法における中学生の特徴

〔1〕　背　　景

　筆者は 2004 年開催の日本心理臨床学会で，これまでの臨床実践に基づき創案した自分描画法の報告を行った。6 歳から 40 歳代まで 78 名を対象とした予備研究の結果，いずれの年齢でも本法は実施可能だとわかった。近年とみに頻発する心に関する事件に接し，自己を対象化することの難しさと心理的環境に関するイメージの揺らぎを感じている人は多いだろう。自

分描画法は描画という手続きを得て心を外界に投映する一つの心理査定法であるが，治療的対話をしながら描画するため，本描画法そのものが心理療法という側面をもつ。何らかの要因で脳の障害を受けた場合やいわゆる認知症の場合でも，線画やなぞり絵のごとく絵にはならない絵であったとしても描画に沿い対話すれば，その絵の象徴的な意味にふれることができる。自分描画法では，描画を絵として見るのではなくて，そこに対象者の思いが描かれているのだととらえ，その描画に接する点に特徴がある。描画をともにする中で精神病理的な兆候が感じられたり，また身体の病であれば病気により障害を受けた心理的内容が浮き出されるだけでなく，セラピストとの対話をとおしてふれうるクライエント自身の深層に息づく個人の人間性が引き出されることもある。それはふれたくもない醜い自分であったり，うっすら気づいていても気づかないふりをし続けてきた過大な心理的エネルギーそのものであったり，またあるときはこれまで気づかなかった深層に潜む豊かな精神性であったりもする。

〔2〕　対　　象

中学生資料に関しては長野県内中学校2校の協力を得て，学校に慣れたであろう2年生男子122名，女子96名，総計218名のデータを得た。研究実施時期は中学2年生の12月～翌年2月にかけてであった。なお資料収集にあたっては集団実施とした。実施場所には当法に慣れた者1名（筆者か，筆者のもとで臨床を学んでいる大学院生）と各学級担任が同席。教示は事前に準備したマニュアルに沿って，各教室とも口頭説明と板書で伝えた。その際，対象者の抵抗が少なくなるように実施手順を考慮した。その結果，全対象者にバウムテストをまず実施し（目的は次の2点。自分描画法との関連を見るためと，バウムテスト結果，著しい逸脱資料を除外するため），その後に自分の姿→今気になるもの→背景→この用紙のどこかに隠れているもの→物語→題名→つけくわえること→感想という順に資料収集を進めた。実施にあたっては描画白用紙，クレヨン，色鉛筆，ボールペン，ファイルを各自用意した。

〔3〕　研究結果

筆者には基礎資料収集の一環として，一般群を代表する中学生の自分描画を得て，臨床発達的な側面から質的分析を行い，その結果を心理療法に結びつけることができればその成果を生かしていきたいという思いがある。

収集された資料のうち，多くは健康を感じさせる描画が多かったが，中

には不登校なりの関連性を示唆する描画も見受けられた。自分描画法は子どもの内面にふれることから，対話をとおして予防的な働きかけができるかもしれない。心理的に対照的と見える2つの事例を以下に提示する。

（1）「虹が見えたよ」（図 4-22）

図 4-22

気になるものは「女の子」，背景は「にじ」，隠れているものは「一輪の花」，「女の子みんなで広〜い広場に来て，お花をつんだりしていました。すると雨がふってきました。少しするとはれました。するとキレイなにじがありました。そこでみんなでしゃしんをとって帰りました（原文のママ）」と話し，題名は「虹が見えたよ」だった。自分に自信をもとうとしているようだ。

（2）「強がっても意味がない」（図 4-23）

図 4-23

気になるものは「みんなコソコソ話しをしていて，自分がきらわれているように思う」，背景は「家の中」，隠れているものは「弱み」，物語は「家の中で休んでいるこはつよがりなだけいつも家からでてこない。だからみんなからきらわれる。男子っぽいから，コソコソ話しがきらいでいつもコソコソ話しをしている人にききみみをたてている。そのこの本心は，みんなと仲良く遊びたい。キレイになりたい！　いつもこれだけ。

けど，あまり言えないみたい。そのこは，つよがっているから。だから，つよがってもなんにもならないといってあげたい（原文のママ）」。題名は「強がっても意味がない」だった。登校しぶりの生徒である。描画を媒介とした対話を通してその人の内面にふれることはセラピストにとってもクライエントにとっても治療的にも意味がある。自分の問題にふれ，うごめく心をつかむためには，"自分に向かう"という心の動きが重要だ。中学生男子および女子の自分描画法資料内容は膨大であり，すべてを本項に示すのは不可能なので，ここでは資料の一部「気になるもの」を提示し，資料対象者がどのようなことに今関心をもっているのか，その分析にとどめたい。

表4-9は全中学生の「気になるもの」一覧である。なお合計の数字が資料数を超えているのは，該当項目に重複があるため。

表 4-9　全中学生の「気になるもの」一覧

	該当項目	男子	女子		該当項目	男子	女子
学校生活	テスト	9	7	物品	パソコンメール	2	1
	入試	1	0		携帯電話	0	1
	進路	1	1		テレビ	4	1
	教師	4	0		CD / MD	4	2
	本	6	5		ギター	3	1
	部活（文化系）	1	7	乗物	バイク	1	0
	部活（体育系）	42	7		車	2	0
	友達（ふれあい）	7	4	植物	花	1	2
	異性（好きな人）	3	9				
	スクールバッグ	0	1	動物	恐竜	1	0
興味・関心	ゲーム	6	0		ハツカネズミ	1	0
	キャラクター	7	5		コアラ	1	0
	漫画	1	4		魚	3	0
	歌手・芸能人	6	6		鳥（インコ）	0	1
	映画	0	2		飼い犬	2	3
	政治	2	1		飼い猫	0	2
	犯罪	1	1	食物	日常の食べ物	1	0
	列車	1	0		菓子・果物	0	4
	日本・地球の未来	2	1	自然	太陽・月	0	2
	絵	0	1		雪	1	0
	洋服・小物	0	4		環境破壊	1	0
	ピアノ	0	1	行事	クリスマス	0	12
心理的なもの	時間	1	0	他	全てが気になる	1	0
	お金	6	5	計		137	110
	人生	1	0				
	自分（存在・考え）	0	3				
	メール	0	1				
	動物虐待	0	1				
	アパート	0	1				

　本資料によれば，中学生男子は圧倒的に体育系部活に関心があり，とりわけサッカーは「気がかり」なものの代表となっている。ゲームやキャラクター，お金に対する現実的な関心も深く，ファンタジー性に疎い。

　一方，女子は近づくクリスマスに強い関心をもっている。好きな異性に対する関心もあり，全体的に「気がかりなもの」で，あこがれとするもの

を思い描く傾向にあることがわかる。このような傾向は何も現代の子どもの特徴とも言えない。ただ関心の対象が変わっただけで，心性はそれほど変わっていないのではないかと思ったりもする。時代が生み出した物に対象が向けられているというだけに過ぎないのかもしれない。

男子の描画「題名」には「イジゲンセカイ，パソコンを買った男，学校帰り，忘れていたやるべき事，ゲームのうの少年，海，黒い影現わる」等があり，女子は「プッツン！，気になる事件，空，笑顔になれたらイイネ!!，幸せのしゅんかん，夜道，愛のメッセージ」等が見られた。

次に中学生6事例を取り上げる。いずれの自分描画にも描画者の思いがあらわれている。

2　中学生6事例
〔1〕　男子3例
（1）13歳，男子
①気になるもの→進路
②背景→空，木
③隠れているもの→新千円札
④物語→ある日，あるところに1人の少年が居ました。その少年は旅に出たいと思っていました。ついに決心して旅に出ると，わかれ道にぶつかりました。片方は暗く，片方は明るい道でした。そんなとき千円札が空からふってきました……。
⑤題名→どっちに行く？

図 4-24

（2）14歳，男子
①気になるもの→地球の環境破壊，戦争
②背景→炎
③隠れているもの→"悪"
④物語→戦争が地球上のあちこちで起きている
⑤題名→戦争反対
⑥感想→絵が大変だった（文も）
（3）14歳，男子
①気になるもの→特急列車
②背景→妙高高原

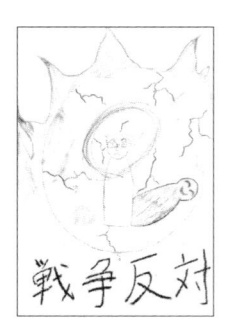

図 4-25

③隠れているもの→線路

④物語→X月Y日。ありさんが須坂から古
　い列車に乗って長野へ行ってしまいました。
　そこから特急列車の屋根の上に乗って，い
　い列車だと思って行ったら不思議の国へ行
　ってしまった。そこは花も咲いてる澄んだ
　空気!!

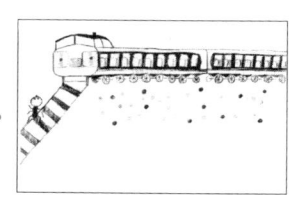

図4-26

⑤題名→特急列車に乗りたいありさん。

⑥感想→上手く描けた。でも車輌がちょっと下手!!

〔2〕　**女子3例**

（1）14歳，女子

①気になるもの→最近，よく考えることなど

②背景→空

③隠れているもの→鬼

④物語→A子ちゃんがいました。A子ちゃんが住む
　町はスマイルがたくさんあります。A子ちゃんは
　最近，たくさん気になることがあったのです。そ
　れは……来週のテストのことやテレビのことです。
　A子ちゃんはこう思ったのです。テレビから流れ
　る情報はいっつも殺人事件があること。それに今

図4-27

　の社会の現状などなど……そして，もう一個はバレンタインのことで
　した（笑）。いろいろ考えていました。気がつくとA子ちゃんのうし
　ろに鬼がいます。Smileが好きなA子ちゃんがイライラすると，その
　鬼がでてきます。A子ちゃんはその鬼が大っ嫌いでした。

⑤題名→人生の一場面

⑥感想→授業で自由に絵をかくとは思ってもいなか
　った。

（2）14歳，女子

①気になるもの→最近ある，殺人事件・動物虐待

②背景→人の恨み（うらみ）などで汚れた空気，学
　校

③隠れているもの→去年亡くなった愛犬

④物語→夢の中。私は学校へ向かって歩いていたの

図4-28

だろう。遠くに学校が見え，私は制服を着ていた。歩くにつれて，変な光景が見えた。それは，最近のニュースでやっていたことだった。

⑤題名→気になる事件

⑥感想→猫が足に傷をつけられている所の猫の表情を人がうらんでいる顔にしたかったけど，できなかった。意外に描きにくい課題もあって，難しかった。

（3）14歳，女子

①気になるもの→本

②背景→空を描こうと思ったんですけど……ただの青

③隠れているもの→影

④物語→私は幸せのクローバーやきれいな花，本や青空が大好きです。だから春が大好きです。うきうきしちゃう季節だからです。ある日よく晴れた日に私は外へ出ました。「こんないい天気なんてなぁ」私は幸せでした。雲一つなくて暖かくて，と

図 4-29

にかく幸せでした。もしかして，私は自分のありのままをぶちまけられるのは，学校ではなくて家なのかなぁと思います。まぁあたり前かもしれないけれど。学校にいる私は，偽者の私かもしれません。学校は，私にとってなんなんでしょうか。もしかしたら全く意味のないもので，来てもまったく楽しくない。

⑤題名→私

⑥感想→青色をもうちょっときれいに描けば良かった。自由に描くということで，多少困りましたけど，最後の方になったら，あっこれでもいいかな，なんて思いました。自分を描いたつもりです。（顔ってゆーより，私自身，イメージする物）けっこーこれで O.K. かも。

3　中学生資料の分析

結果は次のとおり。

①少し自分を振り返ると（気になるものを同定する作業），男子は具体的なものへ関心が向き（例：スポーツ，趣味），女子は抽象的なものへ関心が向きがち（例：学校で起こることや，心理的な思いへののめり込み）。小学生と比較すると，お金に対する執着が薄くなる。男女とも人

間に対する関心にはあまり違いがない。

②もっと深く振り返ろうとすると（隠れているものを同定する作業），男女とも生き物が思い湧き出てくる。ただし男子はペットとは思われにくい「虫，ネズミ，蛇」で48%を占め，ペットとしての「犬」が19%でこれに続く。一方，女子の多くはペットを思い描く。「犬，猫，ウサギ，小鳥」で36個の応答，生き物全体の応答49の73%を占める。男女とも，次に多いのは心理的な何かだ。男子の場合は「影，見えない力，落とし穴，欲望，悪」などがあり，女子は「影，ハート，悪い心，自分，霊，お化け」などがあった。男女とも見えないところでうごめく力に対する恐れや関心がわいていることがわかる。

③心理的な背景では，男子は政治的な動きや内省意識が働き，女子は「ハート」への関心が高い。

④本法実施後の感想では，男子の96%，女子の98%が肯定的に受け止めた。男女合わせて6%ほどの生徒には抵抗があったようだ。

4　自分描画法研究からわかってきたこと

描画作品が魅力的なのは，作品が人の意思とは直接的な関係をもたないからという意見をもつ人がいるかもしれない。これに関連して，筆者は「人の思いがその人を支配しているのであって，人が自分の思いを支配しているのではない」との感触をもっている。筆者は「思いが私を突き上げる」という視点を大切にしたいと思っている。自分描画法は，絵を意識的に構成していくには難しい手順となっている。描画者は描画の途中，どこかで「わからなさ」と出会うだろう。「私はなぜこんな絵を描いたのだろう」と。事後に取り組む物語の創案は，この「わからなさ」をつかむ作業といえる。

Ⅵ　高校生の自分描画法

1　自分描画法における高校生の特徴

図4-30, 4-31は，17歳高校1年生女子が描いたバウムテストと自分描画法の結果である。このときの対話逐語録は次のとおりで，Aが筆者で，Bが描画者である。

図 4-30　バウムテスト結果

図 4-31　自分描画法結果

〔1〕　バウムテスト結果の振り返り

A：「最初に木の絵を描いてもらったんですけれど，これは？」

B：「たぶんりんご」

A：「たぶんりんご……大きいですね，1つありますね」

B：「うーん，なんか季節はずれみたいな」

A：「あー，季節はずれ」

B：「なんか，早く出ちゃったか遅く出ちゃったかはわからないけど，なんか　1つ，みんなとはズレて……いるみたいな」

A：「みんなとはズレている……木は大きくて土と接するあたり広がっていますが，どんな感じがしますか？」

B：「え？　うーん，なんか，なんか木って，こういう感じのイメージがあり，広がっているイメージがあるから，なんか描いてみたらこんなんになっちゃった……」

A：「描いたって実感は？」

B：「いや，いいと思います」

〔2〕　自分描画法結果の振り返り

A：「ではこちらの絵（自分描画法）なんですけれど，題名をつけるとしたらどんな題名になるでしょうか？」

B：「題名？……」

A：「……思いつかなかったらいいですよ」

B：「でもいい感じ……」

A：「いい感じなんですね……はい，ありがとう。では次にこの絵をみてなにか物語作ってみましょうか？　思いつきでいいですよ……」

B：「うーん，なんか，女の子か男の子かわかんないけど人がいて……」

A：「人がいて……？」

B：「愛ってなんだろうって考えたときに色んなことが浮かんできて，その愛に関して，疑いとか疑問を持った，みたいな……根本的な愛ってなんだろう，愛っていうもの自体がなんなのかっていう疑問もあれば……」

A：「根本的なところに“愛”があるんですね？」

B：「なんか自分が，その愛だけじゃなくて，愛するとかそういう動きに変わったときに，自分にとってどれが愛するに入るんだろうかとか，相手が自分を愛してくれてるっていうのはどこからなのかなっていう……」

A：「愛そのものが動き始めた時に，いったいどれが本当の愛なのか，まだ自分の中では見定められないでいる……ちょっと不安があるって，そんな感じ？　でもこの人の周りには確かに愛みたいなものはあるんですよね？」

B：「きっとあるんだと思う……」

A：「自分の中で，これが愛なんだっていう確かめをしたいっていう思いがあるように思えるんですが……そんな感じ？」

B：「それもある」

A：「それもある……愛だけが赤い字で書いてあるのは印象的ですね。で，気になったんですが，絵を描いたのは，この用紙の右隅のところですね？　こんなに空間があるのに……」

B：「えー，なんでだろう……なんか描きやすかった」

A：「描きやすかった……あー，今改めて見ても，これでいい感じ？」

B：「いや，寄っちゃったかなって思うけど……」

A：「けど？」

B：「なんか，大きく描くっていうのが苦手だから，これでいいかなっていう……」

A：「わかりました。では全体的にみて，どのような感想をお持ちですか？」

B：「感想……？」

A：「あの……まとめなくていいですから，思いつくままお話しください」

B：「え，なんだろう……なんか，え，なんて言えばいいんだろう……なんか，ポンってお題出された時に，ポンって頭に浮かばないから，どうすればいいんだろうって，どんなふうに描けばいいかなって，考えがまとまんなかった……」

A：「ちょっとまとまらなかった……。でもそのときパッと“愛”っていう字が浮かんだんですね？」

B：「ふふふ」

A：「愛って文字を書いて，黄色くこう塗って，なんとなく疑いっていうの
　　が出てきたんですね？　難しいと思うようなところはどこかにありました
　　か？」

B：「自分！」

A：「自分を描くときはどうでしたか？」

B：「なんか，自分ってなんだろうみたいな。なんでもいいっていってたけど，
　　なんか自画像として描くのか，物にたとえて描くのかを迷ったときに，自
　　分を物にたとえたら色んな物が出てきちゃうから，まぁ軽い感じの人でい
　　いかなっていう……」

A：「自分を物やら何かにたとえて描くというよりも，一般的に描く方が，気
　　が楽になるんですね？　今回やだな〜って感じは？」

B：「いや抵抗はなかったですね」

A：「今回受けてみて，このようなお絵かきっていうのは，どんなときに，ど
　　のように役立つと思いますか？　ご自分の体験でいいですよ」

B：「うーん……どんなときって限らずに，描きたいときに描けばいいし，描
　　いたときの絵にその人のあらわれが出るときもあるから，どのときって決
　　めるわけではなくて，自分の好きなときに描けばいいと思う」

A：「なるほどね。好きなときにおもむろに描いているっていうのが自然じゃ
　　ないかっていうお話ですね。じゃあ，この辺で今日は終わりたいと思いま
　　す。今日はどうもありがとうございました」

B：「ありがとうございました」

　自分描画法結果は，"愛"がテーマになっていることがわかる。Bさん
は「パッと愛という文字が浮かんだ……」と述べている。描者にとっての
"愛"の意味とは，その後の面接から「自分を暖めてくれるもの」であるこ
とがわかり，"愛"をとらえるには「欲しいが，得るのが怖い？」という気
持ちの揺れがありそうだ。なぜ"愛"なのか……。Bさんが体験した，「親
の虐待から施設暮らし」という生活歴と絡んでいるのかもしれない。
　バウムテスト結果から，木は用紙いっぱいに描かれ左右が均衡であるこ
とから「生と向き合っている」ことが感じられる。木の接合部がすべて開
いていることから，無防備な自分であること，まだ自分をつかめていない
ことなどがうかがえる。幹にはたくさんの傷跡が断片的にある。心の傷
は物心ついてからずっと続いているようだ。左側に大きなリンゴが一つあ
る。これは「時期はずれの実！」であり，予期はできない小さな希望を暗

示しているように思われる。

　Bさんは「自分を物にたとえたら，色んな物ができてちゃうから（用心して描いた）」と言っている。また（自分描画法の）意味はわからないけれど，その人（自身）が現れ出ることがあると思うと述べている。「描きたいときに描くのがいい」と，描くのにぴったりした時期を明確に述べている。本人が必要と感じたときに描くのがよい。Bさんはそう言っている。

　以下は高校生の自分描画法に関する特徴を見るために実施された研究である。内容は次のとおり。

　　［手続き］

　予備研究と本研究に分かれる。前者はA校生徒男女各2名に対して個別に実施し，質問項目内容の検討や手順の検討，対話による本法実施に関する感想等の聴取を行った。その結果，手順に特に問題はないことがわかった。本研究実施にあたっては準備品として上質紙1枚（バウムテスト用），思いに関する実施前記入の質問表，描画用画用紙1枚，実施後記入の質問表，クレヨン等の文具を事前に用意し，実施前に個別に配布した。実施にあたっては4グループに分かれ，実施にあたる者については事前に手順の打ち合わせを入念に行った。

　　［対象］

　高校生を対象とした自分描画法研究にあたっては，北海道K職業高校と北海道N普通高校の協力を得た。K高校は卒業生に就職者が多い職業高校であり，1年生総計82名（男子41名，女子41名）が自分描画法を体験した。一方N高校は約85％の卒業生が大学に進学（国公立30％）する学校であり，1年生総計137名（男子65名，女子72名）が体験した。総計219名（男子106名，女子113名）が参加した。データの不備で14名が分析対象から除外された。これは集団実施で行われた。自分描画法を実施後，調査用紙に各自記入してもらった。このほかにK高校では1年生4名（男女各2名）が個別実施にも応じた。この4名は1カ月くらい間を空けて，自分描画法を再度体験した。

　その後両校で教員20名ほどの参加を得て，自分描画法の結果報告を行ったが，N高校からは次年度は全生徒に実施したいこと，そしてあわせて教員向けの自分描画法に関する研修依頼を受けた。このほか，N高校養護教諭が筆者の勤務先の大学に来られ，ある女子生徒の相談依頼を受けた。筆者はこの生徒の面接に自分描画法を取り入れた。本事例については，養護教

論と生徒指導担当教諭と連携をもち進めた（図 4-32）。

　気になるもの：椎名リンゴ

　背景：何もなし

　隠れているもの：情緒

　題名：私のすべて

　物語：人の心はすべて黒い部分があり，それが灰色，
　　白色になったとき，人は皆仏となる。赤く熟され
　　た今を生きるリンゴ様は，今日も私を赤く染める。

**図 4-32　女子高校
生の自分描画法**

（筆者の見立て：赤いリンゴが自分の黒い心の部
分をどのように染め上げていくのかに関心がある私
……）

　また近隣高校に勤務する養護教諭 13 名に対しては「思春期への心理臨
床アプローチ－自分描画法からわかること」と題して，研修会を実施した。
以下に，本研究結果と考察を記す。

［結果と考察］

　統計解析にあたっては SPSS16.0 および JUSE: StatMaster 2.0 を用いた。
本研究結果から得た情報の概要を以下に記す。

（1）自分描画法の緊張緩和効果について

　新版状態・特性不安検査（STAI）の「状況不安項目」を用いて，描画前
後の不安度を比較した。具体的には，自分描画法実施前後に「STAI の状態
不安項目 20 項目」について 4 件法で応答。評定平均値の比較を対応のあ
るサンプルの T 検定を用いて検討した。その結果，「自分描画法を実施する
前後で，状態不安に差はみられない」という帰無仮説は，有意確率 0.001
＜有意水準 0.05（t 値＝ 3.243）という結果から棄却された。したがって，
自分描画法を実施することによって状態不安は軽減されることがわかった。
これは大学生の場合も同様の結果であった。しかし自分描画法は緊張緩和
に効果があるという結果は，2 回近い時期に同じ質問項目に応答したため
生じた "慣れ" によるものかもしれない。本法実施の効果なのか等に関し
ては今後慎重に検討を深めたい。

（2）「心理的悩み」の大小と「身体的病」の大小の関係

　「過去に悩むほどの身体の病気をした」人と，過去に深く悩んだことがあ
る体験をもっている人の分布を 4 段階評価で調べた。「小」と答えた人は
「1（体験がない）か 2（あまり体験がない）と評価した人」，「大」と答えた

人は「3（まあまあ体験がある）か 4
（体験がある）」と評価した人である。
したがって 1 群は「心理的な悩みの
体験小＋身体的な病の体験小」, 2 群
は「心理的な悩みの体験小＋身体的
な病の体験大」, 3 群は「心理的な悩
みの体験大＋身体的な病の体験小」,
4 群は「心理的な悩みの体験大＋身
体的な病の体験大」となる。結果を
ヒストグラフで示した（図 4-33）。

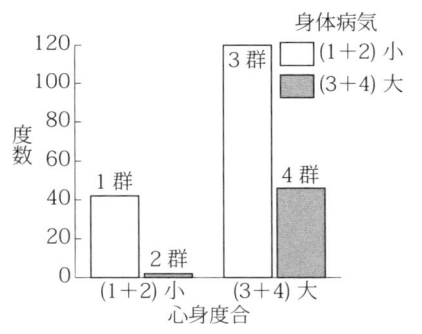

図 4-33　心理的悩みと身体的悩みの関係

　その結果は次のとおり。大病を患った体験があるが，心理的に深く悩ん
だ体験がない人は 2 名で全体の 1％にも満たない。大病を患った体験があ
り心理的に深く悩んだ体験がある人，または大病の体験はなく心理的に悩
んだ体験もない人はそれぞれ全体の 20％程度いることがわかった。そして
身体的病の体験はないが心理的悩みの体験はある人が 121 名いて，全体の
57％を占めた。心理的悩みの体験をもつ人だけを見ると 167 名いて，全
体の 79％となった。まとめると，およそ 8 割の人は悩みの体験をもち，4
人に 1 人くらいは身体の病気を体験していることがわかる。これは思春期
にある人の心身の特徴をよくあらわしている。

　（3）「絵に思いが出現」と「描画実感」との関係

　「思いが絵にどの程度現れたと思うか」と「描画実感」間には，やや弱い
相関が認められた（r = 0.485）。本結果は，思いが深くても絵に現れにく
いこともあるし，逆に思いが浅くても絵になるという可能性を示唆してい
る。

　（4）「思い」の形容詞によるたとえ

　以下のような SD プロフィールが得られた（図 4-34 〜図 4-37）。

　以上の結果，有意差が認められたのは次の項目である。

　女＜男（下記活動性に関する 2 項目については，男子の方が高い）

　　　・「つらい－らくな」（活動性）：0.02 ＜ 0.05

　　　・「ぼんやりした－はっきりした」（活動性）：0.03 ＜ 0.05

　男＜女（下記評価 4 項目については，女子の方が高い）

　　　・「かなしい－うれしい」（評価）　　：0.01 ＜ 0.05

　　　・「にくい－いとしい」（評価）　　　：0.03 ＜ 0.05

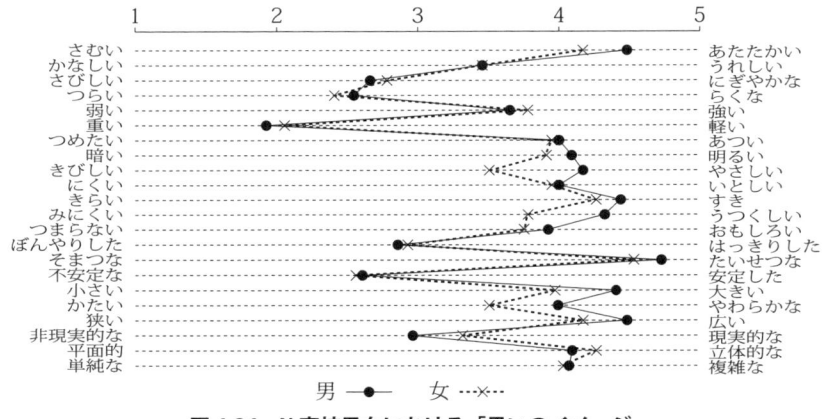

図 4-34　N 高校男女における「思いのイメージ」

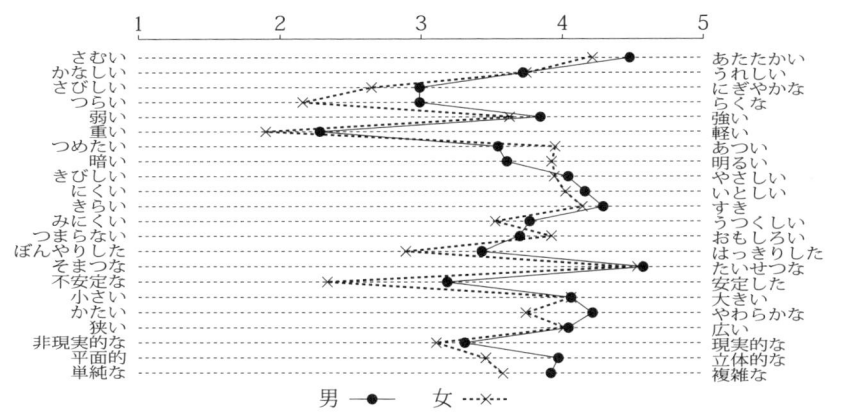

図 4-35　K 高校男女における「思いのイメージ」

　　・「きらい－すき」（評価）　　　　　：0.04 ＜ 0.05
　　・「そまつな－たいせつな」（評価）　：0.04 ＜ 0.05

　その結果，相違点を指摘すれば，男子は「思い」という言葉から「活動性」を彷彿させるのに対して，女子は「評価性」を彷彿させる傾向にあることがわかる。男女により，「思い」という言葉から想起するものが少し異なるということである。一方，男女とも「思い」から，「あたたかい」「すき」「大切な」「重い」を彷彿させる傾向にあることがわかった。これは共通点といえよう。

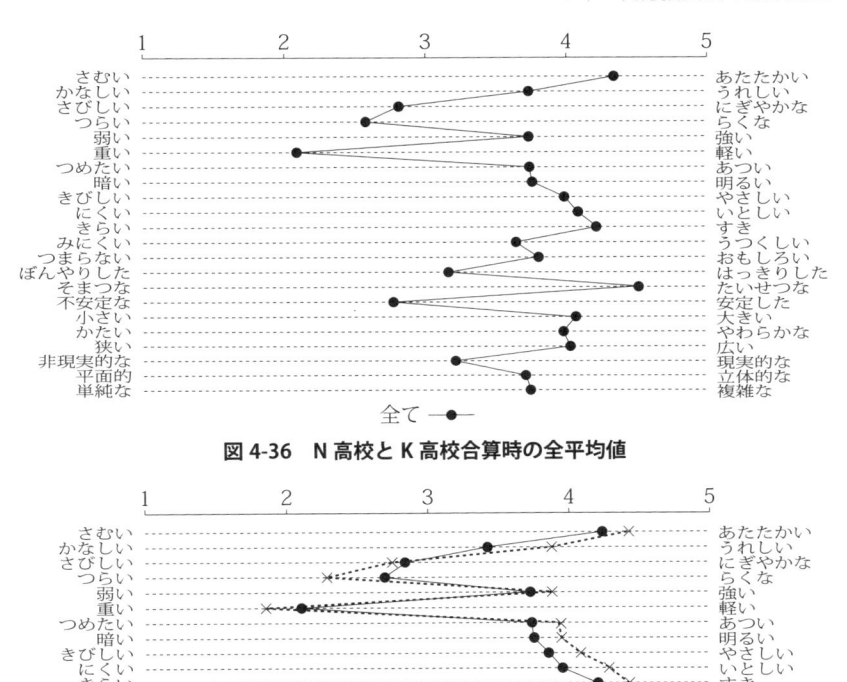

図 4-36　N 高校と K 高校合算時の全平均値

図 4-37　N 高校と K 高校合算時の性別結果

　(5)「思い」という言葉から思い浮かぶ「色」と「好きな色」との関係
「思い」という言葉から想起する色彩は，男（透明→赤→白→橙→黄→青→緑→紫→黒）と女（白→赤→透明→橙→黄→青→緑→黒→紫）で類似し，男女による違いは，女子に「橙色」がやや多く認められる程度であった（図 4-36）。一方，「好きな色」を 1 位から 8 位まで記すと次のとおり。

　1 位；黒（16％）→赤（16％）→青（14％）→黄（13％）→白（13％）→緑（11％）→橙（9％）→ 8 位；透明と紫（各 5％）である（図 4-38）。

　以上の結果から，「好きな色」と「思い」は別物という印象をもつ。「思い」は好意的なものばかりではないということだ。

（6）「気になるもの」の分析

　全男子106名の分析結果である（表4-10）。それによると，「スポーツ」「学校関係」「趣味」「自分」を思い浮かべた人が多いことがわかる。一方，女子は「趣味（音楽ほか）」「真理（真実，自分にとって大事なこと，自分の見え方など）」「学校関係（テストほか）」「自分（進路，八重歯）」などとなっている（表4-11）。男子の場合

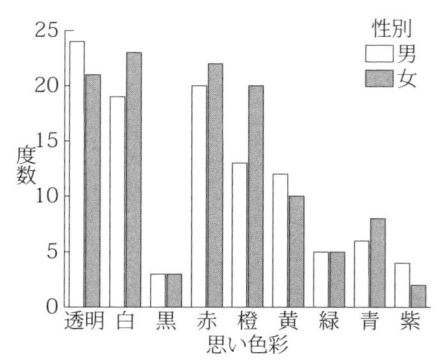

図4-38　「思い」という言葉から思い浮かべた「色」

は情緒が絡んだ心理的なものを思い浮かべることが少ないようだが，女子の場合は情緒が絡んだ，自分の気持ちがキーワードとなっていることがわかる。

（7）「隠れているもの」の分析

　全男子106名および全女子113名の分析結果である（表4-12，表4-13）。それによると，1位は「心理（24％）」「人（16％）」「自然環境（15％）」「スポーツ（13％）」となり，1位から4位までの総計で68％となった。一方，女子は1位「心理（26％）」「動物（12％）」「人（10％）」「自然環境（10％）」で，1位から4位までの総計は58％であった。男女とも1位は「心理的なもの」であり，2位か3位には「人」を思い浮かべた。隠れているものは深層にあるものを探す心の作業となるが，語義どおり，心理的なものが映し出されている。

（8）N高校とK高校の相違

　両校の相違点については，自分描画のテーマに違いが現われる程度だった。つまりK校では『楽しみ』がテーマとなりやすく，N校の場合はこの反対に『苦しみ』がテーマとなりやすかった。進路が高校生の心のありように影響を及ぼしている可能性が感じられた。その他の点に関しては特別指摘するような違いは認められなかった。

【甲子園への思い】

1．気になるもの→野球のバット，ボール，ハート

図4-39　大学生女子の自分描画法

表4-10　全男子（106名）の「気になるもの」一覧

スポーツ	24	野球10，サッカー3，ハンドボール3，バスケットボール3，バトミントン2，卓球2，スキー
学校関係	16	テスト（結果）8，今日見た夢でテストで点とったこと，東○二先生の髪，本2，光光軍（中三のころの学級目標），北海道大学，ソロコンクールの先抜オーディションの結果，弦BASS
趣味	15	テレビ（アニメ）2，TUTAYAレンタル100円♪，釣り，ルービックキューブ，パソコン・ゲーム，ジャンプでやっているワンピースの続きが気になるので主人公の「ルフィ」，音楽，ギター2，GAME，魔方陣，モンスターボール（赤いボール），PSP（プレイステーションポータブル），戦闘機
自分	13	自分5，バンドをやっている姿，将来，ある人・部活・大学のこと・やりたいこと，全道大会・学力・進路，受験勉強・大学に合格できて将来安定した職につけるか，制服を着ている自分，何年後かの自分がどうなっているのか，進学先・試験・学力・勉強
自然	7	雨，雪，雪だるま2，宇宙の外，太陽と月，太陽
人	5	人2，人（キムジョンイル），転校した友達，他人の人生，
動物	5	フクロウ，犬，愛犬，馬，生物
恋愛	4	好きな人3，部活・恋・人の気持ち
装飾品	3	手さげバッグ，きゃたつ，くつ・ブランドのマーク
社会	2	今日のニュース（スポーツニュースについて），沖縄
物品	2	お金2
今	2	いましていること，実のなる木
飲食	2	コカコーラ，コカコーラzerozero
心理	2	心，人の心
その他	2	わかんね，気になるものはありません
健康	1	鳥インフルエンザ
環境	1	地球環境→自分の将来→家族
計	106	

2．背景→青い空，太陽

3．隠れているもの→甲子園

4．題名→夏の夢物語

5．物語→夏の熱い日に甲子園を夢見て練習していて心も体も強くなり，

表4-11　全女子（113名）の「気になるもの」一覧

趣味	20	音楽2，楽器2，マイク2，北海道旅行，EXILE？，クリスマスツリー，XmAs，パソコン，福山雅治，コブクロ，浜崎あゆみ，DS（ゲーム），パソコン！Music 聞きたくてたまりません・とりあえず今したいコトが浮かびました，椎名リンゴ，ののくんのライブ，バイト，錦戸亮？
心理	19	大事なこと（自分にとって）＋不安の要素とか色々かな，自分の気持ちと出来事，人と人の思い，真実＋人の心の中，噂・人の心・自分の見え方，人・心，時間（焦り），大きな不安と愛しさと楽しさと少しの寂しさ，人と心，りらっくま，ラブ＆ピースのマーク，何か，すごく心配，自分の家（安らぐ場所），お金と目（欲望），自殺マンション，人間関係，ボールといろいろあたりまくった！！（楽しい気分），プレゼント
学校関係	18	テスト結果8，テスト＆勉強の事，テストの点数，テストの順位合計，物理のテスト，机，テスト勉強のこと，本3，学校
自分	13	自分，志望校…？，勉強進路，受験勉強大学に合格できて将来安定した職につけるか，これからの自分の進路，これから先の事がすごく気になってます，自分と今の自分の気持ち，部活進路のこと，自分の将来，未来のこと，八重歯，部活・進路・勉強，バイト先のマーク
人	9	人2，先輩2，部活の顧問，人という漢字，一番の友達，気になる人，人（芸能人）
恋愛	9	好きな人2，いとおしい人，異性（元彼）が私をどう想っているのかということ，恋です，ハート，友人関係と恋，愛について，（指輪の）ペアリング
自然	8	青空，このごろくもり空ばかりで気になること思いつかなくて外を見た時に青空を見たいと思ったから，天気，雪だるま，三日月・空・帰る時の道路の様子，ツルツルかどうか気になった，花・黄・空・草・太陽，雪と星
動物	5	猫，熊とネズミ，昨日読んだワンピースに出てきた"ハチ"，水色の物体（草原でマングースに出会った），映画に出た魚の絵（Big Fish）
飲食	5	ケーキ，りんごとさくらんぼ，トマト（朝食に食べた出来事），イチョウ・はたしてぎんなんになるか！！，お弁当
スポーツ	2	バスケットボール2
装飾品	2	ネイル，服
物品	1	かさ
健康	1	胃の中に果たしてピロリ菌がいるのかどうか
その他	1	うんこ（トイレをしたくなったらいきなりうんこが現れた）
計	113	

表4-12　全男子（106名）の「隠れているもの」一覧

心理	25	「目に見えないもの」「光と闇」「光, 欲, 純…etc」「今まで勉強がんばってきた代償」「悲しんでいる人の心と人」「思い出」「内面」「心」「将来」「人生」「完成時間目標」「芽」「複雑な心（？）」「青春」「夢, 友情」「流れ」「淡く儚い青春のページ」「危険」「人が全身黒色」「影」「暗くて見えない丸い物」「？マーク」「アイデア」「紋章」「1ヵ月後」
人	17	「人4」「友達3」「小さい子ども」「親」「キライな人」「神様」「『人』の漢字」「ライバル」「仲間」「顔」「チームメイトと自分の支えになっている人」「誰かの免許証」
自然環境	16	「地球」「雪だるま」「雪だま」「海草」「風3」「草」「太陽3」「雲3」「星」「空」
スポーツ	14	「ボール2」「サッカーボール」「野球3」「グローブ」「球場（グラウンド）」「送球という文字」「バット」「甲子園」「マイケル・ジョーダン」「ゴール・キーパー」「フィールド」
物品	10	「ケータイ」「えんぴつ」「靴」「多くの車」「お金3」「ドア」「十字か」「セブンイレブン」
動物	9	「牛」「その人が飼っている子犬」「コラッタ（ねずみ）」「猫」「どろぼう猫」「ヒヨコ, ペンギン」「トトロ」「鳥」「小さい王蟲（風の谷のナウシカ）」
自分	4	「自分自身」「自分の顔」「顔…のつもりです。いや, 顔です」「ノミのように情けない自分を拡大したもの」
学校関係	3	「学校2」「公式」
恋愛	1	「ロマン」
趣味	1	「弦BASS」
その他	6	「特になし2」「いません2」「特に何もいなかった気がする」「わからなかった」
計	106	

　甲子園で優勝する。

6.　振り返り（面談）→高校生のうちにできること。今の夢。今目指していること。

　（筆者のコメント；甲子園を目指す球児の絵。優勝したい私がいて, 優勝は目標となっている。赤のハートと太陽が今の情熱をあらわしている）

表 4-13　全女子（113 名）の「隠れているもの」一覧

心理的なもの	29	「プラクトン的なもの」「情緒」「リラックマ」「不安」「見えないもの」「心の心配，気持ち」「人生」「よくわからないということが隠れていた」「熱意！」「人のいろいろな感情？」「気持ち」「悲しみ」「心」「不安，絶望など…」「心（想い？）」「幽霊」「ましゃへの思い」「てかり」「光」「ハート（気持ち，心）」「心・学校・家」「自分がいつも心の中で思っていること，表に出さないこと」「光と闇」「楽しい気持ち」「焦り，恥」「自分の欲望」「悔い→テストのこととか……」「白いクレヨンの存在」「ホコリ」
動物	14	「うさぎ 3」「犬 2」「猫 2」「ペットの猫」「黒猫」「ニャーニャー（黒猫）」「マングース」「鳥さん」「うさぎとカエル」「動物，虫，鳥」
人	11	「友達 3」「サンタサン」「数字で，できた顔」「目」「殿」「人の手」「アンパンマン」「アンパンマンとショクパンマン」「太陽の中にナルト」
自然環境	11	「星 2」「雪だるま」「空」「空という漢字」「太陽」「太陽と星」「月」「月と星」「かさについている雨の粒」「虹」
自分	7	「17 才」「笑顔」「自分，星，思い出」「自分の気持ち」「自分の気持ち，感情」「家」「進路という言葉」
物品	7	「ケータイ」「クリスマスプレゼントが入るくつ下」「扉」「ベンチ」「信号機，自転車，切りかぶ」「プレゼントがほしくなるのでプレゼント」「トイレ（TOTO の）」
学校関係	7	「学校 2」「赤点じゃないテスト」「本棚」「三角形」「勉強道具」「チョーク」
恋愛	6	「ハート？自分たちの絆？だったり？」「2 人」「白いハート」「ハート」「愛」「愛？」
虫	4	「テント虫，イモ虫」「てんとうむし」「はち」「虫（カマキリ）」
植物	4	「花 2」「木」「寄り添って咲く花」
趣味	3	「海外旅行にいきたーいっ（1 人旅）」「音符」「クラリネット」
飲食	2	「お弁当のお茶」「クリームドーナツ」
スポーツ	2	「ラケットと羽根（笑）」「バスケットシューズ」
その他	6	「なし 5」「わからない」
計	113	

【恋する思い】

1. 気になるもの→恋です（右にハート 2 つ）
2. 背景→冬（雪だるまとゆきという文字）
3. 隠れているもの→ 2 人（左下方）
4. 題名→今の気持ち
5. 物語→恋して，付き合って，冬とか雪で遊んだりする。んで，ずっと一緒みたいなぁー？
6. 振り返り→今の自分の気持ちです。恋して付き合って，ずっと一緒にいたいなぁーって感じです。

図 4-40　大学生女子の自分描画法

（筆者のコメント；恋に夢中な私。一緒にいたいという思いが全面から伝わる）

（9）自分描画法のテーマ

　高校生と大学生および高齢者の自分描画法比較表を，表 4-14 に示した。なお大学生および高齢者の自分描画法については IX 高齢期の自分描画法で取り上げているので，要参照。ここに挙げたのは少数例であるが，年代が変わると自分描画法のテーマも変わることがわかる。

　高校生の自分描画法の特徴として，「絵は自分が主題の “私は〜” という描画内容となる傾向が見られること，セラピストは描画者の「自分描画」に対する抵抗感から，“今の自分” との心理的距離感を推し量ることができること，描画を拒絶する人の中には「自分とのふれあうのが苦しい……」と言っている人がいるかもしれないこと（第 2 段階のふれる），抵抗感をもちつつ描画できる人は「自分と折り合える状況にある」のかもしれない（第 3 段階のつかむ）こと等がわかった。

2　高校における自分描画法の活用

〔1〕目　　的

　臨床心理士のスクールカウンセラーの役割として高校生の心理的健康状態を把握し，相談に即応することが求められる。筆者は当該学校からの申し出に沿い，自分自身と向き合うきっかけをつくることができればとの思いから，全校生徒に自分描画法を実施した。高校入学生に対するスクリーニング的な用具としての可能性について探った。臨床場面での自分描画法の活用を意図した研究内容である。

表 4-14　自分描画法テーマに関する高校生×大学生×高齢者の 3 者比較

	性	年齢	自分描画法のテーマ
高校生	男	17歳	テストが返ってきて, 赤ペンを使って間違いの訂正をしている（勤勉）
		17歳	通学途中に道路の真ん中で写真を撮られた。それは果てがない道路（影）
	女	17歳	「妄想の世界に溺れる私。現実逃避だ！」ベッドでわれに返る（緊張）
		17歳	「先が見えず怖い。でも先がわかったら面白くない（不安と理性の闘い）
大学生	男	20歳	単位は欲しいが, やりたいことがわからずだらだらとしている（葛藤）
		20歳	将来しっかりとした所に就職できるだろうか（将来不安）
	女	19歳	これから近くの公園へ行き, 思い切り気分転換をしに行こう（気分転換）
		21歳	言いたいことを上手く言えない（自分）
高齢者	男	67歳	町内会の人との付き合いがむずかしい…（人間関係）
		72歳	高齢者や弱い者に対して行政は冷たい（支援）
		75歳	今年になって兄弟中で一番仲の良かった末の妹が他界した（喪失体験）
		84歳	私が過ごした外地の職場。青春は私の宝。今はセピア色の思い出（過去）
	女	72歳	毎日のボランティア活動は, 時間を忘れさせてくれる（社会活動）
		79歳	たまに娘婿にああでもない事をいわれるのが嫌（家族関係）
		81歳	飼い猫は, 私の気持ちがわかる（動物との交流）
		83歳	良いはずの左足に水がたまり, 右の頭が病む（健康）

〔2〕　対象と方法

（1）対　　象

筆者（K）がスクールカウンセラーを勤める北海道内 N 高校の全校生徒 210 名が対象。今回は新 1 年生 104 名に対して X 年 4 月に, 2 年生 106 名に X 年 5 月に実施した結果を報告する。

（2）経　　過

X 年 3 月に学校側から心の委員会の方針として, 新 1 年生と 2 年生に自分描画法を実施したい旨の申し出があった。3 年生については昨年 11 月に実施済み。研究の一環としても結果を利用したい旨を伝え受け入れられた。個人情報保護の観点から, 事前に全保護者に対して実施に関する情報を伝え, 締め切り日までに意見を求めたが, 特に反対意見はなく実施が決まった。実施手順について伝えた後, クラス担任が集団実施した。無記名

で実施したが，見回り時に目に入った特徴的な絵は教員の記憶に残り，その描者の特定は可能であった。X 年 5 月実施の 2 年生の資料を含めて元資料を筆者が分析した。なお生徒は概ね良好な態度で描画。心配していたことは何も起こらなかった（例：描画拒否とか）。その結果をまとめ学年団で以下のことを報告した（X 年 6 月）。

①自由記述による描画に対する感想のまとめ→好嫌混在。
②思いを色でたとえる→白→赤→透明→橙と健全な選択。
③思いという言葉を形容詞でたとえる。多くが肯定的受容。
④偏りのある内向，外向，思考，感情タイプの抽出→全 11 名抽出。
⑤自分描画法における「気になるもの」等の情報提供。

このとき自分描画法をもとに特徴のある生徒に関する情報を与えた。心の委員会で抱えている問題を抱える生徒 4 事例について，今回実施した自分描画法のデータ（アンケート＋描画）をもとに事例検討会を実施した（1 年 1 名，2 年 3 名）。筆者は資料をもとに，生徒の日常を担任から聴きながらコメントを加え助言を行った。X ＋ 1 年 1 月，2 回目の全校研究会で，学校側から家庭崩壊の 1 年生女子生徒のケースについて依頼があった。面接時に自分描画法を実施。教師は生徒の理解困難な性的行動に悩んでいる。自分描画法結果は次のとおり。自分は枠（子宮のよう）。枠を黒く塗りつぶし，四隅にわずかなピンク色の空間（明るい現実）をつくる。中を黒く塗り（人に気づかれない空間），ど真ん中に「闇」と綴る。隠れているものは「闇」と右側にアニメの女の子。面接後，自分描画法実施後で不安の軽減を確認した。描画に戸惑いは認められなかった。その後，担任と自分描画法結果を交えて，事例について話し合った。

〔3〕　**結果と考察**

X 年 10 月自分描画法実施による教育効果の評価目的で，1，2 年生の全クラス担任に対してアンケート調査を実施。各項目につき 5 段階評価（①深まらなかった～⑤深まった）で実施した。問 4 は妥当性を問う設問である。平均値 3.5 以上を示した項目は次のとおり（1 名の教員は質問 1，2 がオール 2）。

1-1. 思いと色彩イメージとの関係から（思いを色にたとえる,好きな色[実例：透明]）→（平均値 3.8，SD = 1.03）

1-4. 性格に関連する質問から（例：内向的－外向的，思考－感情タイプ）→（平均値 3.6，SD = 0.92）

　1-6．思いと自己経験に関する質問から（例：関心がある？　大切にされ
　　たという経験等）→（平均値 3.6，SD = 0.92）

　2-3．「隠れているもの」から…→（平均値 3.5，SD = 1.1）

　2-6．自分描画法全体から…→（平均値 3.6，SD = 1.20）

　問 4．分析結果より『とくに留意する必要があると推測された』生徒に
　　ついて，抽出は…→（平均値 3.9，SD = 0.83）

担任のコメント：

「ピックアップしていただいた気になる生徒が実際に学校生活の中にお
いても気になっていたので，自分描画法の効果について感銘を受けた」「意
義やこの活動の目的の伝え方，philosophy が提示，統一していないとやり
づらい。そのための議論に時間を随分費やしました」「この試みが生かせる
とすれば，教員からの申し出のあった特定の生徒について情報の交換をす
れば有意義になる」「心の奥に隠れているものが描くことによって現れてく
る。見えてくることによって普段の生活が理解できた」「全体的な説明では
ピンとこなかった所が，個別の生徒の話ではなるほどと思えるところが多
かった」「教員よりは専門家が実施する方が良いと思う」

　その後，3 年生 A 子さんが相談に見えた。自分描画法実施後に大きな関
わり（集団）から小さな関わり（個人）へと面接展開があった。本研究は
自分描画法の試行的研究であったが，学校現場でアセスメントを活かすた
めの道筋が垣間見えた。どのように生徒理解に役立つかが鍵かと思われる。
事例の経過の概略を下に記した。

［事例］

　N 高校との自分描画法連携事業の一環で，面接希望のある女子高校生と
自分描画法を用いて面接を行った事例の，ある面接時の素描である。

　I 年 1 月 28 日 16:00 〜 17:30 N 大学研究室にて実施。M 養護教諭が同
席。来談者は N 高校 3 年生 M 子。受験を間近に控え，次週より高校 3 年
生全員は自宅研修となる。M 子は就職希望で，ようやく就職先が決まり一
段落ついたところであった。主訴は「不安で仕方がない」

　面接経過：

　控えめな態度あり。「恥ずかしがり」という。苦しい笑いあり。制服姿で
入室。面接には積極的な雰囲気があった。聴けば，中学生のころいじめを
受けたという。それ以来，人が怖くなったという。何とか高校を終えると

ころまでたどり着く。あと少しだ。高校2年生のとき，家庭の経済的事情
で大学進学を断念した。悔しかったが乗り越えたという。今は4月からの
社会人生活に思いを寄せている。自動車免許取得中。車を買うかもしれな
いという。一人っ子。両親は援助的だという。

　自分描画法：

　用紙上半分のみ使用。自分を黒子，棒人間として表す。気になるものは
「病気」，隠れているものは「不安」だという。自分を取り囲むのは，半分
が「暗闇」で，残り半分は「明るい世界」。M子は「左足が少しだけ明る
い世界にかかっている」とホッとしたように言う。まさに今のM子をあら
わした絵となった。

　・顔を見せるのが怖い。
　・姿を見せるのが怖い。
　・病気が進行するのが怖い。
　・いつも不安がつきまとう。

　→明るい光の世界が底に広がりつつあるようで，筆者も少しホッとした。
絵に現れた思いを聴き取り，M子に絵を戻した。絵は「模写」。

　・失敗日記を書く。何が弱いのかがわかってくる。
　・自分描画法用に，クレヨンと用紙4枚を進呈。大変喜ぶ。

　以下は，N高校側からのフィードバックである。自分描画法の実施にあ
たって，現場との整合性を検討するための有益な資料となったことを付記
する。

＊自分描画法結果に関する教育効果について＊

（担当者の感想・改善点）

（1年生）

・実施を担任に任せるのは，無理があった。検査の意味，意義を理解
　してもらうのは困難であった。また，宿泊研修中に行うことについ
　ても落ち着かない中の実施はよくないと感じた。

　　→2年生同様，日頃過ごしている教室で，担任以外の教育相談担
　　　当教諭が実施するとよい。

　　→担任は生徒との距離を近づけようと必死な時期なので，担当者
　　　としては不向き。

・結果として，この検査を行うための労力が負担となり，結果を報告

しても前向きな意見は得づらかったと思われる。(ただし,変化・改革等新しいものを求めている担任からは前向きな意見が得られた。)

・新しいことをするときに話し合いは必要だが,あまり話し合うとそのうちその議論自体に疲れてしまい,実現可能性が逆に低くなることもある。若干強引だったが,今回は初めてだったので実施できたことを第一歩として捉えたい。

(2 年生)

・1 年次にスクールカウンセラーに間接的にお世話になった生徒もおり,担任団が協力的だった。

・結果の捉え方も概ね良好であったと思う。

・ただし,描画法から「健康面について」というのはピンと来なかったようだ。

(全体として　本校としての反省)

・時期は 5 月 GW 明けに実施。学校祭作業(6 月下旬)までに結果が提示できれば高校側としてはベスト。

・スクールカウンセラーには個別の生徒についてお話していただくと良かった。そうでないと時間が足りなすぎる。

　　→アンケートの中にもあったが,全体把握は資料の提示のみでよかった。

　　→まず,担当者でスクールカウンセラーの全体把握について説明を受け,教員にフィードバックし,スクールカウンセラーに来ていただく際は個別の相談に応じていただけばよかった。

・次回は担任等で気になる生徒をあらかじめ挙げ,スクールカウンセラーにも気になる生徒を挙げていただき,そこで情報交換する形をとるともっと有意義になったのではないかと思う。

・反省はあるものの,今年度スタートできたのは有意義だった。今後,生徒の人間関係作りや生徒理解の面で教員側が積極的にアプローチしないと解決できない問題がますます増えてくる。これまでと同じスタンスで,「問題が起きてから対応する」では解決が難しい。こういう機会を持つことで,生徒について複数で考え対応する姿勢を養うとともに,スクールカウンセラーにも相談できる機会を持ち,一人の生徒に多くの見方(味方)ができるようになることが重要なのだと思う。

　以上の試みは，自分描画法をスクリーニングテストのようにして用いるはじめての体験だった。まだ明確にスクリーニングテストとしての効果があると言えるまでには至っていないが，役立つ資料が得られることは確認した。どのように資料を活用するかが今後の課題となる。

Ⅶ　大学生の自分描画法

1　自分描画法における大学生の特徴
〔1〕　目　的
　本研究目的は，①「青年期における性差が，自分描画法にどのような影響を与えるか」についての検討，②自分描画法は青年期において“思い”を浮き上がらせる道具となるかの検討，③「青年期における“思い”の特徴」の探究，以上3点に関する解明にある。
　“思い”は心の一つの単位と見られ，小山（2002）によると思いの深さは4段階で表すことができる。最初の段階は「思いに苦しむ」，第2段階は「思いにふれる」，第3段階は「思いをつかむ」，そして最後は「思いを収める」段階である。2つの予備研究の結果から，思いに関する58個の質問項目が構成された。この質問項目は小山（2008）の研究でも用いられた。自分描画法は「思い」を浮上させる心理的道具として開発され，自分描画法研究の成果は最終的には青年期心性の理解を深め，心理療法に結びつけていくことを想定している。

〔2〕　対象と方法
　対象はN市立大学大学生2年生40名（男20名，女20名：20〜21歳）であった。研究はN市立大学新館カウンセリング演習室で行い，全員が筆者と対面した。研究に先立って，40代の同大学生にひととおり研究を体験してもらい，手順および実施内容に無理がないかどうかを探った。その結果，手続きに特に問題となる点はないことがわかった。実際に実施した研究手順は以下のとおり。
　バウムテストを実施→思いに関する質問表前半記入→自分描画法実施（クレヨン使用）［ビデオ録画］→筆者作成の自分描画法質問表に応答→思いに関する質問表後半部分に応答→生きがいテストPIL（Purpose in Life）

を実施→半構造化面接における描画後質問（Post Drawing Interview）は「自分描画に関する振り返り」「感想」「絵に思いがどの程度現れているかの再確認」「そのほかに気づいたこと」の4点であり，実施後全員が構成的文章完成法検査（K-SCT）を持ち帰り，後日提出した。K-SCT結果に関しては実施前に被検査者と交わした約束に従い，全員にその結果をフィードバックした。その際，結果に関する実感を聴き取った。40名全員がK-SCT結果を受け止めたが，性格に関する結果が実感と違うと述べたのは，「外見と自分に関する思いがかけ離れていると自覚している」女子1名のみであった。

〔3〕　**結果と考察**

統計解析にはSPSS 15.0を用いた。結果を以下に示す。

（1）青年期における性差が，自分描画法に与える影響について

性差の観点から，全項目における母平均の差の検定を実施した。独立サンプルのT検定を用い，等分散性のためのLeveneの検定によるF値と有意確率を見たのち等分散の仮定について判断し，等分散を仮定するかしないか，いずれか妥当な方の統計表を採用した。その結果，有意な差異を認めたのは「物語の内容は，あなたが実際に体験した内容ですか？」の項目のみであり（$0.48 < 0.05$），女子は男子よりも実際にあった出来事を自分描画に投映する傾向があることがわかった。ちなみにノンパラメトリック検定による結果も$0.46 < 0.05$であり，同様の傾向を認めた。全体として見ると，自分描画法は性差の影響をほとんど受けないと言ってもよいだろう。

（2）「青年期における自分描画法の特徴」の抽出

自分描画の一例を挙げる。描者は20歳女性。テーマは『ドライブ』。気になる何かは「車」。背景は「町の中」。隠れている何かは「うきうきしたもの」。物語は「ドライブに出かけたら，偶然迎えを待っている人を見つけた。知らない人。もうすぐ迎えが来るんだろうなと思ってその人の前を車で走り去った」。PDIでは「待っている人は私ではなく違う人を待っている」と言い切る。「楽しいな」という感情がある。「この絵には自分自身の思いがあらわれているようですか？」と尋ねると「100％現れています。一瞬みただけなのに，この人は迎えを待ってるっていう確信が生じました。絶対にこの人は迎えを待っている……」と述べた。自分描画は思いを浮き上がらせる。

（3）「青年期における"思い"の特徴」の探究

①「思い」から連想する言葉

　男女を含め，多く想起された内容を列記すると，「優しい（13）」「あたたかい（11）」「心（7）」「感情（6）」，そして 5 個想起されたのは「気持ち」「楽しい」「うれしい」「悲しい」であった。『思い』は感情と深い関係をもっている。男女別に見ると，男では「優しい（8）」が突出し，それ以外は出現数が 3 個以下となっているのに対して，女は「あたたかい（8）」そして「うれしい」「悲しい」「優しい」が 5 個想起された。全体を見ると，男はイメージの広がりが大きくて，女は男よりも感情に絡む。

②「思い」に関する形容詞イメージ調査結果（SD 結果）

　形容詞対は「さむい－あたたかい」「かなしい－うれしい」等の 22 項目であった。大学生全体のプロフィール評価点で 1 ～ 2 未満にあるのは「重い（平均 1.725，SD；0.88）」のみで，4 ～ 5 未満は「強い（4.08，SD；4.47）」「大切な（4.55，SD；4.79）」「広い（4.10，SD；4.40）「複雑な（4.38，SD；4.67）」であった。性差の影響を見るために，男女比較を実施したところ，「つらい（男 2.20）－らくな（女 2.90）」のみ性差が認められた（0.03 ＜ 0.05；$t = -2.24$）。しかし全体的に見れば男女とも「思い」に対するイメージは「つらい」方向に向かっているのがわかる。高齢者の『思い』に対するイメージを調べた小山（2008）の研究結果では，「うれしい，にぎやかな，らくな，弱い，軽い，明るい，すき，はっきりした，そまつな，安定した，現実的な，単純な」であり，全体として「輪郭がはっきりしていて，つかみやすい」イメージをもっていることがわかる一方，大学生は「かなしい，さびしい，つらい，強い，重い，暗い，きらい，ぼんやりした，大切な，不安定な，非現実的な，複雑な」イメージを持っていて，全体として「輪郭がぼんやりしていて，つかみにくい」イメージをもっている。中でも差が明瞭なのは「重い－軽い」「ぼんやりした－はっきりした」「不安的な－安定した」の 3 項目であり，大学生は比較的鈍重なイメージを，高齢者はまったく逆に敏活なイメージをもっていることがわかった。本研究結果も同様の傾向を示した。

③「思い」から連想する色彩イメージ

　男は白，緑，青等寒色系を多く選択し，女は赤，橙，黄等暖色系の選択が多かった。

2　大学生と高校生の質的比較

〔1〕　背　　景

　思いの理論（小山，2002）によれば，人間はある心理的課題について，思いを「わきたたせる（代表例：苦しむ）」→「ふれる」→「つかむ」→「収める」というプロセスを経て心を深めていく。思いの深まりは心理的課題の内容により，さまざまな様相を示す。人間の心の発達においては，表面にあらわれた思いの背後に，沈む思いもある。子どもの大学合格は喜びだが，高額な学費の負担は思いの中に沈められてしまい，関係する人は，できれば経済負担に気づかないようなふりをして過ごそうとする。年をとり，我が子が自立し家族をもつと，我が子はさまざまな家族特有の課題をもち始めたりする。また自分自身が病気を体験し入院したりすると，これまで獲得したはずのいろいろな個人的名誉（心理的財産），貯蓄額（経済的財産），そして人間関係という社会的財産について "削がれる思い" を感じ始めたりしがちである。不思議なことに，人は心が弱くなると "削がれる思い" の強さは行動となって表に現れたりする。高齢者が感じ取る思い（例：「怖い……」「そばにいて欲しい……」「これからです……」）は，さまざまな動き（例：退行，徘徊，発起）となって関係する人に感じ取れることが多い。人は沈んでいるように見える "ある思い" にふれることで，これまでの自分とこれからの自分とを繋げていこうとする。しかしこの "思い" にふれることがとても難しい。"思い" はどんなときにでも，どんなところでもうごめいている。"思い" は重い。

　本研究では自分描画法の施行にあたって，対象者に受け入れの度合いを探る。自分描画から思いにふれ始まる自分描画法施行の受け入れに戸惑いが生じることは予想されるところである。対象者を "自分" と対面せざるをえない状況におく自分描画法は，ある意味侵襲度の高い道具といってもよい。そのとき生じる受け入れに対する戸惑いは，発達的にどのような意味をもつのかを検討する。最終的には，自分描画法が心理療法および心理査定の道具としてどの程度有効かを見極めていく。本法が有効に機能するならば心理療法における本描画法の利用価値が広がり，幅広い年齢層に施行可能ならば，本描画法の利用度は高まるはずである。

〔2〕　方　　法

　本研究は，高校生と大学生資料の分析結果に基づく。実施にあたっては長野県内 S 大学と N 高校の協力を得た。当該在籍生徒を対象とし，教職員

の理解のもと，授業時間を割いて自分描画法を実施した。

具体的には S 大学学生 220 名（男 106 名，女 114 名），N 高校では男 204 名，女 130 名，総計 334 名の資料を得た。

実施にあたっては，S 大学臨床心理学専修に在籍する大学院生の研究補助員の援助を得た。抵抗を和らげるという意味でのスクリーニング的な意味合いも込めて，最初に全対象者にバウムテストを実施。その後，自分描画法を実施し，その後配布プリントに記載された質問項目に沿って描画者が記入する。

自分描画法に関する実施手順は次のとおりである。最初に「自分」を描き，次に「気になるもの」を描画する。続いて「背景」を描く。最後に「隠れているもの」を思い浮かべ描画する。描画終了後，「物語」を書き，最後にその物語に「題名」をつける。実際には［気になるものは何？→背景は何？→隠れているものは何？→物語をつくる→題名を考える→感想］という質問項目順に資料収集を進めた。実施にあたっては A4 版画用紙 1 枚，12 色入りのクレヨン，12 色入りの色鉛筆，クリアファイル 1 枚を用意し，必要資料をセットにして個人に手渡した。

全資料をとおして，自分描画法の発達的特徴を明らかにし，本描画法を心理査定および心理療法として用いる際の細かな指針を引き出し，総合的考察を行う。視点は次の 2 つ。

①「気になるもの」と「隠れているもの」の分析から，高校生，大学生の描画特徴を明らかにする。

②「感想」に記載あったコメントを分析し，本描画法の効用（受け入れに対する肯定的な度合い）と限界（受け入れに対する戸惑い度合い）について考察する。

仮説は次のとおり。

思いは①「自分を感じる（意識的水準であることが多い）」→②「気になるもの（意識水準が高まる）」→③「背景（気分，感情といった情動的なものと関連する場合が多い）」→④「隠れているものへの気づき（何かがトリガー〔引き金，誘発〕となり，感じられなかったものや見えなかったもの，わからなかったものの存在に気づく）」→⑤「ある物語（イメージが重ねられ生成）が思い浮かぶ」→⑥「思いの形成」というプロセスを辿る。

分析方法は質的分析による。分析手順は次のとおり。

①「気になるもの」「背景」「隠れているもの」の分類を実施。

②「物語」から「思い」を抽出する。

　自分描画法研究では「思いの深まり」を重視する。思いの深まりと言葉との関連については慎重でなければならない。言葉でつらさを語ったから思いが深いとは限らない。演技もあるかもしれない。しかし演技も深められればその人の思いと重なり，ついには演技する人の思いとなる（一体化する）という見方が，過去，ペルソナに関する議論の結果が教えるところである。「思いの発生」については，「思いを誘発するものは何か」と「思いがわきあがるプロセス」の2点を把握する必要がある。

　今回の自分描画は，描者とは対話しない状況のもとで得られた資料である。この状況下では「何が思いを誘発したのか」を知ることは難しい。本研究からわかることは「思いを察する」程度に過ぎないものであることを本研究の枠組み（限界）として捉えておきたい。

　「思い」を誘発するものが何であるかは，「気になるもの」の分析により把握する。その際，「思いがわき上がる（思いの発生）」プロセスを重視する。思いの対象には「深層心理学的事象」と“自分”とは切り離された物理的事象の自然・宇宙」が存在し，日常が両者を橋渡しする。このすべてのプロセスで思いの生成に絡む誘発が生じる可能性がある。本研究では，自分にとって近くにあるはずの何か，つまり「深層心理学的事象」から，自分からは遠くにあるはずの何か，つまり「自分とは切り離された物理的事象」が作用して思いがかき立てられる（つまり，思いの誘発）までのプロセスを5段階で分類し，その内容を次のように定義する。

［思いを誘発する何かが，内面に存在する深層心理学的事象である場合］
第1段階：自分の心の中で生じた深層に関わる心理的事象。“誰か”または“何か”が特定できない水準にある。

　　　例：
　　　　・お前は役立たずだという言葉が聞こえてきて私を傷つける……→内面の声に揺さぶられる体験。
　　　　・私は結構図太い人間だと思う→自分の性格を自分で語る。
　　　　・私は人をいじめる人間は大嫌い→誰がいじめるのは誰かがはっきりしない話）
第2段階：自分自身と絡む事象が思いを誘発。気になる対象が明確な場合。

例：
- 名前＝私の名前は自分でも気に入っている。
- 年齢＝人からはいつも若いって言われるけれど，実際は若くはない。
- 衣類＝この服，とても気に入っている。
  ＊注：「母が買ってくれたこの服がとても気に入っている」のであれば次の3段階に位置づける。
- 装飾品＝この古ぼけた腕時計は母の形見。
- 服装＝今どきのファッションが気になる。
- 身体＝ちょっと太ったみたい。
- 時間＝自分の将来が気になる。

［思いの生起に，自分と自分以外のものが絡み，思いが誘発される段階］

第3段階：自分と誰か（または何か）とが関係する行為。動的な内容をもち，思いと対象が絡む。

例：
- 旅行＝友人と旅をした。
- プレゼント＝友人から誕生プレゼントをもらった。
- 落し物＝道端に1万円札が落ちていたので拾った。
- 束縛＝彼を独り占めにしたい。
- 埋葬＝祖父を埋葬した。
- 死＝癌と宣告された。
- 性交＝彼とセックスした。

［思いの生起に自分以外のものがより強調される段階］

第4段階：自分とは別個の対象物と絡む場合。

例：
- 人間＝彼を尊敬している。
- 動物＝犬が好き。
- 植物＝カランコエを見ると彼女を思い出す。
- 食べ物＝肉は苦手だ。
- 乗り物＝飛行機を操縦してみたい。
- 建物＝夏休み，ログハウスで過ごしたい。

　　　　　　・家具＝机の整理をした。
　　　　　　・生活用品＝携帯電話を新しいものに取り替えた。
　　　　　　・楽器＝弦が切れた。
　　　　　　・雑貨＝孫におもちゃを買ってあげた。
　　第 5 段階：自然・宇宙が思いを誘発する場合。
　　　　例：
　　　　　　・風景＝3,000 メートル級の山に圧倒された。
　　　　　　・月＝月を見ているとなんだか悲しくなる
　　　　　　・宇宙＝宇宙の広さを考え始めるとめまいがする。
　　考察のポイントは次の 2 点。
　　①各発達段階における「気になるもの」「背景」「隠れているもの」の特
　　　徴。
　　②各発達段階における「思い」の特徴。

〔3〕　結果と考察

[自分描画法の受け入れ度合いの分析]

　（1）受け入れ度合いに関する性差

　　男子の場合は，受け入れ度合いが 47％（高校）→ 34％（大学）と，自
分描画法に対する受容度は低下。一方，女子の場合は 54％（高校）→ 40
％（大学）と，自分描画法に対する受容度が低下していく。男女とも男子
のほうが多く警戒心，抵抗などを示す傾向にある。

　（2）受け入れの戸惑い度に関する性差

　　男子の場合は，受け入れ戸惑いの割合は 34％（高校）→ 33％（大学）
と，自分描画法に対する受け入れの戸惑い度合いに変化は見られない。ま
た女子の場合でも，受け入れに対する戸惑いの割合は 28％（高校）→ 29
％（大学）と変化がない。ただ，女子よりも男子の方がより強く受け入れ
に戸惑いを示す傾向にあることは指摘できる。以上の要点を次にまとめる。

　　高校から大学生の時代，男子の場合，肯定的受容度も戸惑い度もともに
3 割程度で，変化が認められない。一方，女子の場合は，受け入れ度は 54
％（高校）→ 40％（大学）と下がるが，受け入れ戸惑い度合いは 28％（高
校）→ 29％（大学）と変わりがない。つまり，男子と同様，受け入れ戸惑
い度合いは 3 割くらいあるが，大学生になって自分描画法の意味を感じ取
れるようになるのだろう。警戒心，疑心などもこの時期に生じるのではな
いかと推測される。

（3）「気になるもの」に関する考察

高校生男子では「スポーツ」「勉強」「社会的出来事」「音楽」「自然」と，興味関心の幅が自分から離れて，社会にまで拡がる。一方，女子では「勉強」「音楽」「恋」「スポーツ」「友達」「ペット」で約 5 割を占め，思いの対象が自分の周辺にあって，まだ社会にまで意識が広がっていない様子がうかがわれる。女子で「恋」は約 9％程度（10 人に一人）を占めるが，男子では上位 10 位に挙がってこない。

大学生男子では「学業」「スポーツ」「恋」「自然」「心理」「人物」で約 6 割を占める。4 人に 1 人は「学業」を意識しているが，この傾向は女子も同様である（24％）。男女とも大学の時期になると「恋」が本格化し，ともに 7 ～ 8％を占めるようになる。また「心理」も男女とも 6％を占め，心理的に自分自身を振り返る機会が増加傾向にあるように思える。男女とも上位 6 位までのうち，4 つは同じものが並んでいる（「学業」「恋」「心理」「人物」）。まさに人との交流なくしては，大学時代は過ごせないのかもしれない。

（4）「隠れているもの」の考察

高校生男女とも「心理」「生き物」「ペット」が上位 3 ～ 4 位を占めた。「心理」「生き物」「植物」「自然」などが，高校生が意識する「隠れたもの」の上位のようだ。

大学生では男女とも「心理」「生き物」「ペット」が上位 3 位を占めた。男子ではこのあと「スポーツ」「音楽」が続くが，女子では「人物」「自分」が続く。思春期・青年期のいずれにおいても「心理」が上位を占めることがわかり，自分描画法は「心＝思い」にふれる可能性があるということが確認できた。

本研究で得られた自分描画法例を以下に示す。

[事例 1：N 高校 2 年生男子の自分描画法]

1. 年齢：17
2. 気になるもの：おもちゃっぽい車と本（マンガ？）
3. 背景：机と壁（ある部屋）
4. 隠れているもの：なんか黒っぽいの。何故かピンクも混じってる。

図 4-41　高校 2 年生男子の自分描画法

5. 物語：ここは僕の部屋だ。昔遊んだ物がおちている。何故だか全ての物がやたらと質量を持っている。顔と体中の影の部分が古くなった人形が言った。「もうくたびれちゃったよ」。周りに落ちている物達は何も答えてくれない。しばらく沈黙が流れた。時計の音だけがやたらに大きく大きく鳴り響いているように感じた。人形からは時計は見えていない。実際は部屋にはない。あるように感じているのだろうか。「チクタクチクタク」「チクタクチクタク」「チクタクチクタク」「眠る前に聞くと時計の音って大きくなっていく気がするだろう。ああいう感じさ」，人形はまた一人つぶやいた。「ねぇ，誰か答えてよ」それでも，周りにある自動車も本も何も言ってはくれない。何故だろう。意識はあるはずなのに。しばらくして人形も何も言わなくなった。人形にピンクと黒のなんだかボヤケタ線が見えはじめる。「チク，タク，チク，タク」……

6. 題名：人形と時計

7. 感想：隠れているものは「私の下にあるもの」なので影に無理矢理つなげたが，本当はつなげたくなかった。良くわかんなかった。

［事例 2：S 大学 3 年生女子の自分描画法］

1. 年齢：21

2. 気になるもの：自動車

3. 背景：山

4. 隠れているもの：憂うつな気持ち

図 4-42　大学生女子の自分描画法

5. 物語：私はなんだか気分がうかない。勉強をもっとやればよかった。後になって不安と後悔がおそってきた。他にも何か気にかかる。心のモヤモヤ，心の重み……。退屈。そんな気分を解くために，どこかに出かけようと考えました。いつもそう。どこかに行きたい。旅行は好きだし，気分も晴れる。どこかきれいな所，知らない所に行ってみよう!!　私はでかけるプランを考えました。心がちょっと軽くなりました。今は自動車の運転も苦手だし，雪も降っている。けど，あたたかくなったら出かけよう！

6. 題名：でかけよう！

7. 感想：自分は細かくて小さいから色えんぴつで描きました。山や車などは大きく，色がすぐつくのでクレヨンでかいた。今の自分はどこかに行きたいんだなと思いました。休みには旅行の計画がすでにありますが，もっといろんなところに行って，たくさんの物，自然を見てみたいという気持ちが，絵や物語を通して，わかった気がします。

Ⅷ　成人の自分描画法

1　自分描画法における成人の特徴

　成人男性 70 名（平均年齢 40 歳，最高年齢 62 歳，最少年齢 22 歳），成人女性 84 名（平均年齢 40 歳，最高年齢 59 歳，最少年齢 22 歳）の合計154 名が自分描画法を体験した。成人男性 1 名については記載事項に空白があり，データから除外した。職業は多くが教員だったが，会社員，主婦なども含まれていた。自分描画法の実施にあたってはすべて筆者が講師を務めたカウンセリング研修会の中で行い，対象者は全員健康な受講生だった。

　以下に，男女別に「気になるもの」「背景」「隠れているもの」「物語」「題名」「感想」の順に分析結果を示す。

〔1〕　対　象　者

　表 4-15 より，男女とも 40 歳代が最も多く，次に 30 歳代が続き，20 歳代と 50 歳代はほぼ同数だった。

〔2〕　「気になるもの」の分析

　成人全体で見た「気になるもの」の分類結果を，図 4-43 に示した。男女込みで頻出順位 6 位までを挙げると，「家族（35％）→仕事（20％）→趣味（9％）→ペット（7％）→自然（7％）→物品（7％）」となり，全体の 85％を占めた。成人はまさに「現実」と向き合っている。気になるものの内容を見れば，154 名中 43 名が「子ども」と答えた。これは全体の 28％を占め，最も多い。次は「犬（7 名）」「車（6 名）」，4 名が「夫」「妻」「家」「同僚」，3 名が「彼女」「レポート」「花」，2 名が「生徒」「授業」「論文作成」「研修先」「海」「山」「読書」「旅行」「ゴルフ」「お金」「将来」と続く。

　細かく見れば，"社会"には「郵便局」「6 カ国協議」「シャトル」が含ま

表 4-15　性別と年代のクロス表

			年代					合計
			20 歳代	30 歳代	40 歳代	50 歳代	60 歳代	
性別	女	度数	14	21	34	15	0	84
		性別の%	16.7%	25.0%	40.5%	17.9%	0.0%	100%
	男	度数	6	21	36	5	2	70
		性別の%	8.6%	30.0%	51.4%	7.1%	2.9%	100%
合計		度数	20	42	70	20	2	154
		性別の%	13.0%	27.3%	45.5%	13.0%	1.3%	100%

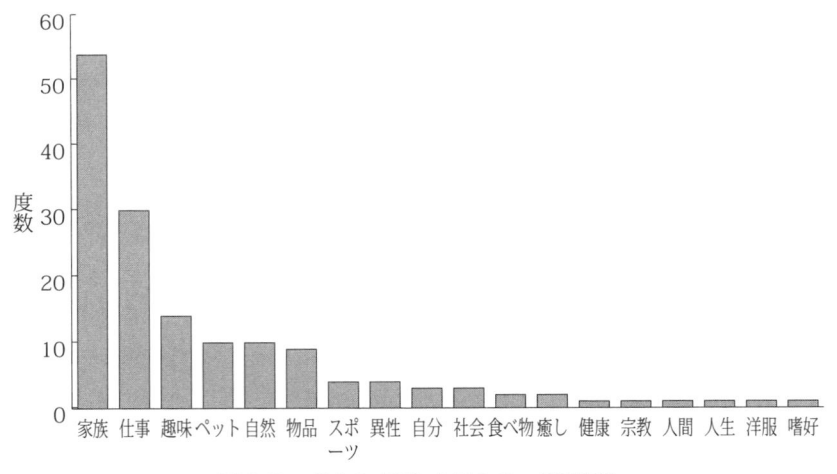

図 4-43　成人の「気になるもの」（頻出順）

れる等，分類項目としては "社会" であるが，その描画内容はすべて異なることから，成人にとって気になるものは多彩だということがわかる。なかでも「温泉」「ビールとカラオケ」など癒しに関係する描画は，成人の特徴かと思われる。

　次に男女別に「気になるもの」を見ると，おおかた傾向が似ているものの，男女で若干「気になるもの」の度合いに違いが認められる（図 4-44）。つまり成人男性は車やお金など，現実的なものに目が向きやすいのに対して，女性はより強く家族を意識する，ペットを可愛がる，趣味や自然といったものに目が向きがちだ。

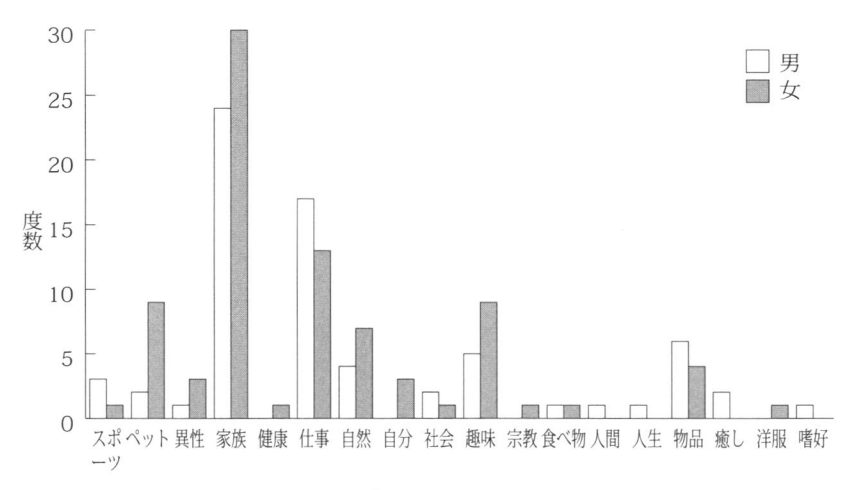

図 4-44　成人の「気になるもの」男女別データ

　次に年代別に「気になるもの」を見ると，世代が異なると，「気になる
もの」が変化することがわかる（表 4-16）。物品に対しては 30 歳代をピ
ークとして気になる度合いが減り，趣味は 30 〜 40 歳代が盛んで，家族へ
の気遣いは子育て中の 40 歳代がピークであること，この時期仕事への気
遣いも高まることがわかる。しかし調査対象となる母数が少ないことから，
これらは傾向として取り扱うのが妥当と考えられる。

〔3〕　背景の分析

　「背景」の描き方に性差があるかどうかを調べ，その結果を表 4-17 に示
した。それによると，女性に自然志向と心理的状況を描く傾向をも認めた
が，おおかたは顕著な相違はなく，男女ともよく似た傾向にあった。背景
は「自然（54％）」と「ある場所（34％）」で全体の 88％を占めた。「自然」
の内容は，川，海，雲，空などが多くを占め，場所は職場，図書館，ゴル
フ場，旅行先など多岐にわたった。心理的色彩で背景を満たす絵は若干認
められる程度であったこと，また背景に人物や物品を描く人はほぼいない
ことなどがわかった。

〔4〕　「隠れているもの」の分析

　「隠れているもの」の男女別データの分析結果を表 4-18 に示した。

　「隠れているもの」を頻出順に示すと，「生き物（27％）」「心理（18％）」
「物（17％）」となり，この 3 つで全体の 62％を占める。ほかに「花（6

表4-16　年代別の「気になるもの」の分析結果

		年代					合計
		20歳代	30歳代	40歳代	50歳代	60歳代	
気になるもの分類	嗜好			1			1
	洋服		1				1
	癒し			2			2
	物品	3	4	2	1		10
	人生			1			1
	人間	1					1
	食べ物		1	1			2
	宗教			1			1
	趣味	1	5	6	2		14
	社会	1		1	1		3
	自分	1		2			3
	自然	4	1	3	3		11
	仕事	2	7	16	5		30
	健康			1			1
	家族	1	17	26	8	2	54
	異性	2	2				4
	ペット	3	2	6			11
	スポーツ	1	2	1			4
合計		20	42	70	20	2	154

%)」「自然（5%）」「飲食物（4%）」「お金（3%）」が上げられたが, その
ほか「架空の存在（天使, 神, アンパンマン等）」「ある場所（台所, プー
ル, 山小屋等）」「身体部位（目）」など多彩だった。男女差は顕著には見受
けられないが, 女性の方が「生き物」に敏感なことは確かなようだ。

〔5〕物語の分析

　ここでは「隠れているもの」と「題名」を資料として加え, 思いの分析
を行った。

　「隠れているもの」の分類内容によって,最頻出の「生き物」に関する物
語から, 降順序で9位までの物語例を取り上げる。物語の概略と, 「」内

表 4-17　背景と性別のクロス表

		性別		合計
		男	女	
背景分類	記載なし	1	7	8
	自然	38	45	83
	場所	27	25	52
	心理	1	4	5
	人物	1	1	2
	図形	2		2
	物品		2	2
合計		70	84	154

には背景にある思い，そして創作者の年齢と性別，思いの分析結果を記す。

1位：「生き物とのふれあい」に関する物語
〔男性〕
・朝のジョギングがてら，一通の手紙を持ち河川敷まで来た。向こう岸に郵便局が見える。私はさて向こうに渡るにはどうしたらいいかなと思い，まわりを見ている。すると地面から蛙たちがぴょんと跳ね，「僕が届けてあげるよ」と言った。私は心の中で，こんなに大事な手紙をこの蛙に託すのは心配だが，蛙の好意を無にするのも悪いような気もするので，「よしそれじゃあ，君が先導してくれるかい？」と返事した。蛙は少し不満そうだったが，一緒に行くことになった。大事な手紙はビニールに包んで，水に濡れないようにトレーニングウェアのポケットにきっちりとしまい，蛙と私は，ジャブジャブと川の中に入っていった。川は思ったよりも浅く，ジャブジャブと歩けるくらいだったので，私たちはあっという間に向こう岸に行ってしまった。このまま蛙たちと別れるのは少し惜しいような気持ちもしたが，2匹の蛙たちと握手をして，私は手紙をポストに入れた。「大事な手紙を届けたい」（41歳男性：向こう岸に渡るには？と思案する私）
・私は広い大地を耕している。あたり一面夏の暑い太陽光線を浴びてむせ返るような緑に溢れている。作物はたわわに実り，収穫の時を待っ

表 4-18　「隠れているもの」の男女別データ

		男	女	合計
		_性別_		合計
隠れているもの	物	10	16	26
	生き物	10	31	41
	人物	7	9	16
	身体	2		2
	心理	14	13	27
	場所	3		3
	自然	4	4	8
	仕事	1		1
	靴	1		1
	楽器		1	1
	絵	1		1
	花	5	4	9
	架空の存在	3	1	4
	家族		1	1
	飲食物	4	2	6
	スポーツ	1		1
	カニ	1		1
	お金	3	2	5
合計		70	84	154

ている。しかし私はその作物たちに会いに行けない。ある暗い一室に閉じこめられている。その間に農場は雑草が生い茂り，害虫や獣たちが縦横無尽にかけ回っている。「自分の育てている畑の作物が心配だ」（45 歳男性：畑の作物の成長が気になる私）

・爽やかな日差しが降り注いでいる森の中を歩いていた。空は真っ青。森の中はひんやりと気持ちがいい。ふと足下を見ると，モグラがひょっこりと顔を出していた。目がくりくりとしていてとても可愛い。目が合うとささっと穴の中へ逃げていった。「癒された」（46 歳男性：小動

物に癒される私）

〔女性〕

・私は地元の町を楽しそうに散歩している。今日は晴れた休日。私は○ちゃんと一緒に遊んでいる。2 人ともとても楽しそう。この絵は私をとっても大事に思ってくれている猫が，私のために描いてくれた絵。描いた後，猫はこの絵を私にくれた。○ちゃんと 2 人でこの絵を飾りました。「私の飼い猫が，去年死んだ私の飼い犬を弔っている」（22 歳女性：飼い犬を亡くした寂しさを，飼い猫とともに感じている私）

・高原を散歩していたら，緑色のきれいな鳥が飛んできて私の肩に止まった。インコだった。とても嬉しかった。ふと足下を見ると，小鳥の巣があった。中をのぞいてみると，きらきら光る青い石があった。（47 歳女性：散歩中に鳥の巣を見つけうれしがる私）

・おしゃれをして，お気に入りの日傘をさして出かけたら，天気雨が降ってきたのよねー。そうしたらカエルが水たまりのところにいたの。だからふんずけたわ。「あっごめん！」（49 歳女性：日頃から苦清ばかり言われる私）

2 位：「心の揺れ動き」に関する物語

〔男性〕

・社会人となって自由がきかなくなった。自由だった頃の自分を懐かしんでいる。「昔はよかったなあ……」（22 歳男性：大学を卒業し教員になったばかりの私）

・○○君はあこがれの A 子さんとついにデートに行くことができた。天気もよくロマンチックな公園で会話もはずみ，2 人の距離は急接近。しかし仕事は今から家に帰って終わらせなければならない。どーする○○君……続く。「仕事もしたいし恋もしたい。葛藤中」（30 歳男性：恋と仕事の板挟みの私）

・仕事が成功し，晴れやかな気持ちで海を見ながらゆったりとした時間を過ごしている。「ほっと一息！」（42 歳男性：仕事の役割を果たして安堵する私）

・何にも負けない心と身体を持った僕は自分の目標を達成した。僕は困った人を助けるべく世界中を旅する。死ぬような目にもあうだろうが，

最後は問題を解決する。「私は最後には必ず勝つ！」（45 歳男性：未来に対して不安，焦り，怒りを感じている私）

- 「じいちゃん，ブランコ」「おう，そうかブランコに乗るか。あっ，アンパンマンも呼ぼう」「一緒に，アンパンマーン‼」「おう，私を呼んでくれてありがとう（じいちゃんが声色を使う）」「孫との遊びは楽しい」（62 歳男性：孫との遊びを生きがいに感じる私）

〔女性〕

- 山の上で待っている彼の所に歩いて行く。時間がかかって途中で諦めようと思ったけれど，頑張ってやっとたどり着いた。足下にいる黒いタマゴは女の子が心配で，ずっとついてきたけれど女の子は気づいていない。でも途中何度も女の子はタマゴに助けてもらった。男の子にはタマゴは見えない。誰も居ない山の中の高原だけど，おひさまだけが 2 人が会えたことを祝福してくれた。「やっと巡りあえた幸せ」（26 歳女性：2 人の幸せは，気づかない誰かに支えられ実現するのだと思う私）

- 私は 2 人いる。いつもは右側のように笑っていたいのに，気づくと左側のような黙り込みの顔をしている私がいる。心配をかけたくないなあと思っている両親や同僚がいて，頑張っている。足下には根っこがある。自分ではしっかり根を張っているつもりだが，その一部がぐらぐらしているのかなあとも思う……。「私はぐらついているのか？」（28 歳女性：自分に二面性があることを感じている私）

- 充実した日々だが，何かいつもプレッシャーになるものが自分の下の方にある。あこがれの人に近づくにもほど遠い。一見明るく充実した生活であっても，決して本人が満足している日々ではない。「私の生活には，表の充実感と裏の抑圧感が同居している……」（32 歳女性：目標とする人を追いかける私）

- 後悔ばかりしていたが，悩みが解決して，はれ〜ばれ〜と明るい気持ちになった。「すっきりした〜」（47 歳女性：気持ちがすっきりした私）

- ある日の午後，爽やかな風が吹いている。私は本を一冊もって，お気に入りの場所に出かけた。その場所はお気に入りの木があって木陰がある。木の枝から木漏れ日がさしている。その木に寄りかかり，目の

前の池を見ながら本のページを開いている。時々池の水で手を洗ったり足を浸したりして，本を読むのに飽きたらここでお昼寝をする。(51歳女性：知的欲求を求める私)

・本日付けで，今まで勤務していたポジションの異動が発表された。かねてより勤務移動の願いを提出していたにも関わらず，今までと同じポジションとなってしまった。願いが開き届けられなかったことが非常にショックであり，仕事に対しての気持ちがとてもナーバスになっている。「ショック！」(51歳女性：異動願いが聞き入れられずショックを感じた私)

・私は何年ぶりかで○湖に来ている。湖の周辺には子どもや家族連れがボートに乗ったり自転車に乗ったりして，夏休みを思い思いに過ごしている。私はそんな人々を時々眺めながら，湖の見える湖畔の林の中で，蝉の声や鳥の声を聞きながら空を眺めたり，時々本を読んだり，何か書こうとしている。空には運良くサギの群れが飛んでいるのが見える。「自然の声に耳を澄ます」(52歳女性：自然の中で自己内対話中の私)

・山道を歩いていると桜の花びらが舞い，美しい山々に囲まれ嫌なことも忘れてしまう。「嫌なことを忘れたい……」(58歳女性：仕事に疲れた私)

3位：「物」に関する物語

〔男性〕

・10数年前くらいに作られた道路。当時は先端なデザインだったが，そろそろ改修が必要となった。狭い道路の傍らには，使い捨てられたタイヤがあった。「新しいものが捨てられるときは寂しいものだなあ……」(26歳男性：新旧交代を意識する私)

・新車を購入。近くの海まで23分！　気分爽快！　ローンが4年。これはひとまずおいておこう。「新車購入。嬉しくて興奮している」(30歳男性：独身貴族の私)

・現実的ですが……この暑い盛りに我が家の冷蔵庫が故障した。慌てて電気屋に行ったが，修繕に1週間はかかるとのこと。とり合えずホームセンターで小さなポータブル冷蔵庫を購入。大きい2ドア冷蔵庫よ，早く直っておいで！「好きなビールがたくさん飲みたい」(42歳男性：

故障した 2 ドア冷蔵庫の戻りを待っている私）

- 絶対，1 回で入るパターがあったらいいのに，欲しいよ〜！「魔法の
  パターが欲しい」（45 歳男性：ゴルフをしたいと思う私）

〔女性〕

- よく晴れた日の夜。空を見るとシャトルが目の前を通り，無事帰還し
  た。喜んでいると，次の日，紛失中の私のカバンが無事戻り，私は 2
  倍の喜びを感じた。「カバンが見つかった！」（27 歳女性：無事に戻っ
  て！との私の思いがかなった）

- 真っ赤な新車でドライブ。あらあら運転は誰？　空はすっきりと晴れ
  て，白い雲ものんびりポコポコ浮かんでいる。空気も爽やか！　大き
  く深呼吸。草の香りがする。黄色い名も知らない花が一面に咲いてい
  る。木の下には赤い実が……木苺かしら？　摘んで帰ってジャムにし
  ようかな。遠くの草むらにはキタキツネがこちらをのぞいているぞ！
  すぐに帰るのはもったいない気持ち。眺めのよいカフェかレストラン
  はないかしら。それとも草原でランチ？「爽快気分！」（48 歳女性：初
  夏に高原をドライブする私）

4〜7 位：人物，花，自然，飲食物を含む「家族のふれあい」に関する物語
〔男性〕

- 僕が立っています。その上に雷様（補記；妻）がやってきて，雷を落
  としたり雨を降らせたりします。「妻が怖い」（28 歳男性：妻の変わり
  ように驚く私）

- 梅雨が明けたある日，家族 3 人はいつもより早く目覚め散歩に出かけ
  た。空には雲ひとつないとても気持ちの良い朝です。土の中にいるミミ
  ズやアリ，そしてモグラもいい気分になり，その日は一日中とても幸
  せな気持ちで過ごせました。「早朝の散歩は実に気分がいいなあ……」
  （31 歳男性：家族といる幸せを感じている私）

- ある晴れた日，草原で父親と 2 人の息子が楽しく遊んでいた。父親が
  草むらの中に野球のバットとボールとグローブが落ちているのを発見。
  息子は気づかない。父親は「いつ気づくかな」「気がついたらそれで遊
  ぶかな，早く一緒に遊べるといいなあ」と父親は思った。「息子たちの
  成長が楽しみ……」（34 歳男性：息子の成長を楽しみに思う私）

- 一日の仕事を終えて帰ると，お母さん（妻）は台所でご飯の支度をしていて，子どもたちは大好きなおもちゃで遊んでいる。「おかえりなさい」と言ってくれる。「ほっとする時間」（37歳男性：普段の家族風景を思い浮かべる私）
- ある少年が山の中腹あたりにある建物を発見！　その建物が何かを確かめに道なき道を行く少年がいる。「怖がらずに！」（41歳男性：長男の成長を見守る私）

〔女性〕
- 4月から入学・入園を迎える2人の子どもがいる。4月の時期に間に合わせたか，満開の桜が咲いている。足下には長男が欲しい欲しいとせがむ犬がいる。「わが子が4月に入園・入学する」（36歳女性：わが子の入学・入園を楽しみに思う私）
- 私は二世帯住宅を建てて，子どもたち夫婦と一緒に暮らしたいと思っている。一緒に住むかは自由だが，子どもには家を用意してあげたいと思っている。空，鳥，木は明るい生活を送りたいと願う気持ち。自分にはないようなものも描き，気分を盛り立てている（47歳女性：将来の生活に楽しみを覚える私）
- 従弟の結婚式があった。とても小さな会場だったが，2人は幸せいっぱい。まるで山や川がある野原にいるような気持ちになった。私の席に白い一輪のバラが飾ってあった。2人の門出を祝うかのように，美しく優雅に咲いている。ずっとこんな気持ちを持ち続けたいと……帰りのタクシーの中で，夫のことを考えながら思った。（50歳女性：夫婦関係について考え直す私）
- 娘と久しぶりに外に散歩に出た。空は雲ひとつなくさわやかで，とても気持ちのよい天気。道の両側には可愛い小さな花が咲いていて心がなごみます。ひっそりと咲く花や道端の草木の生命の息吹を感じる。「娘といるのは嬉しい」（51歳女性：娘との散歩を楽しむ私）

8位：「お金」に関する物語
〔男性〕
- 久しぶりの休日。太陽が燦々と降りそそぐお昼時に娘を連れて散歩に出かけた。自分も娘も大喜び。草原の中を歩いていると，草むらの中

からな・な・何と‼　札束が‼　ビックリです！「休息時にも，つい非現実的なことを考えてしまう自分」（30 歳男性：何かしら変化を求めている私）

- 「私」は金持ちになりたいと思っているが，小金も貯まらない。それでも日々の暮らしはそれなりに楽しく，大きな不満を抱えている訳でもない。しかし心のどこかではいつか一獲千金を狙えるチャンスが訪れるだろうと淡い期待を抱いている。「いつか私は金持ちになるだろうと淡い期待を抱いている」（52 歳男性：穏やかな日常に満足しきれない独身の私）

〔女性〕
- 空は晴れて，太陽の光が部屋に入ってくる。雲が窓の奥にある。大事な観葉植物に水をやって，大好きな音楽を聴きながら掃除をしている。100 円玉が落ちていた。「日常生活におけるささやかな幸せ」（49 歳女性：代わり映えしない毎日にちょっとした変化を求める専業主婦の私）

9 位：「生きること」，存在に関する物語
〔男性〕
- 自由奔放に生きてきた男 A であった。彼は何事も思いのままに生きてきた。そんなある日，道端で苦しんでいる一匹の犬に出会った。犬は苦しみ，そして死んだ。男はその姿にこれからの自分の姿を見た。私は全ての人々に見捨てられいつかこの世を去るが，神は万人に対して慈しみを持って見守っている。これからは私が神の心を体現していく。「これからの自分の人生を改めて思う……」（48 歳男性：ある出来事が私の生き方を変えた）

〔女性〕
- きれいな花が咲くように，私は毎日水をあげている。大きな花が咲きますように……。ひまわりの花が咲いた。ふと足下を見ると，また小さな芽が出ている。今度は何の花が咲くのかな？　私は願いを込めて毎日お水をあげました。「今度は可愛い花が咲くといいなあ……」（26 歳女性：小さな芽を慈しみ育てたいと思う私）

・小さな庭で家庭菜園をやっている夫の姿を見て，ずっとこのままの穏やかな日常が続くのだろうかと思う。貧しいながらも頑張っていけるのだろうか……体中に不安を感じながら，このままの平凡な生活にしがみついている自分がいる。「この穏やかな生活が続いてほしい……」（50 歳女性：将来の生活に不安を覚える妻）

　以上の例から，自分描画法の 4 つの構成要素，つまり「自分」「気になるもの」「背景」「隠れているもの」を描き加えていくと，みずから自分自身の思いに関する絵が描かれることがわかる。物語をつくり題名をつけることで，思いが形成されていく。そうすることが難しいときは，今は思いの生成が難しいという心理状態なのかもしれない。題名付けはとても重要な作業であり，慎重になされなければならない。

IX　高齢期の自分描画法

1　高齢者と成人の質的比較
〔1〕　目　的
　高齢化社会において高齢者が抱える課題は経済的な問題のみならず，生活の質（quality of life；QOL）が問われる時代となった。生活の質の向上，医療の発達等により寿命が延びたことは喜ばしいことかもしれないが，高齢者にとっては思うように動かない身体で，ますます研ぎ澄まされていく心にどのように向き合っていくかが生きていくための課題として加わった。
　しかし自己を対象化することの難しさは，年代を選ばない。心理的環境に関するイメーの揺らぎはいつの時期でも起こる。本研究で取り上げる自分描画法は，心を外界に投影する一つの心理査定法であり，治療的対話をしながら描画するため，本描画法そのものが心理療法という側面をもつ。本研究では高齢期の自分描画法の特徴を見出すために，成人資料との対比で高齢者の特徴を抽出する。両群に自分描画法を施行し，結果を心理療法の視点から質的に分析していく。
　今回は「気になるもの」と「隠れているもの」の質的分析結果から，今どのようなことが気になっているのか，そして隠れているものの検討から，他者から促されて自分の無意識的なものに気づく内容についての分析を深

める。

さらに自分描画法の施行にあたって，対象者の自分描画法に対する受け入れの心理的状況を探り，生じた受け入れに対する戸惑いの意味についても検討する。

〔2〕 方 法

実施にあたっては長野県とS市の社会福祉協議会の協力を得た。対象となった施設はH老人福祉センター，Nふれあい福祉センター，Y老人福祉センター，I町ふれあいサロン，Y町ふれあいサロン，S町老人会であった。6施設あわせて男性40名，女性87名，総計127名の協力を得た。

実施にあたっては基本的には集団実施であるが，教示理解が困難な対象者もあり，手続きに関して時間をかけて個別に理解を深めた。成人資料は長野県および北海道で教員勤務している男71名，女84名，総計155名から得た。自分描画法のおおまかな実施手順は次のとおりである。最初に「自分」を描き，次に「気になるもの」を描画する。続いて「背景」を描く。最後に「隠れているもの」を思い，描画する。描画終了後，「物語」を書き，最後にその物語に「題」をつける。視点は次の2つ。

① 「気になるもの」と「隠れているもの」の分析から成人，高齢者の描画特徴を明らかにする。

② 「感想」に記載あったコメントを分析し，本描画法の効用（受け入れに対する肯定的度合い）と限界（受け入れに対する戸惑い）について察する。

〔3〕 結果と考察

(1) 自分描画法の受け入れ度合いの分析

①受容度に関する性差

男子の場合は，31％（成人）→15％（高齢）と，自分描画法に対する受容度は急激に低下していく。一方，女子の場合は20％（成人）→21％（高齢）と変わりがないが，自分描画法に対する受容度は成人期からもともと低い。

②受け入れに対する戸惑いに関する性差

男子の場合は25％（成人）→42％（高齢）と，自分描画法の受け入れに対する戸惑いは増加していく。高齢男性の4割が何らかの抵抗を示すことは注目に値する。

女子の場合，受け入れに対する戸惑いの割合は17％（成人）→44％（高

齢）と緩やかに上昇していくが，高齢女性の4割以上が何らかの抵抗を示していることは注目に値する。

　以上の要点を次にまとめる。

　高齢者は自分描画法に対して構える傾向にある。自分描画法の高齢者への適用は慎重に行い，かつ個別対応を行なうなど丁寧な対応が必要となる。

　成人の場合，自分描画法に対する構えはあるが，受け入れに対する戸惑いは，高齢者ほど強調されない。おそらく「大人として，やらなければならないのであれば実務的に自分描画法を受け入れはする。しかしそれは快く受け入れたということではない」ことを示唆しているように思われる。

　（2）気になるものに関する考察

　成人の場合，男女ともトップは「家族」であり，男22%，女25%を占めた。4人に1人は家族を最初に意識するということである。続いて男性の場合は「仕事」が占めるが，詳細に見れば「家族」「仕事」「人物」で5割近く占めている。仕事で人と出会い奔走。家族が心理的な揺れを補完するような，成人男性の心理的生活状況の一端がうかがわれる。

　女子の場合は「健康」「家族」「自分」で6割近くを占める。とくに「健康」は26%を占め，4人に1人は強く健康を意識していることがうかがわれる。自分描画法の対象となった成人女性は，対象となった男性と同様，教員として勤務している女性であるが，それにも関わらず男性と比較して「仕事」への意識づけは弱い（4%程度）。

　高齢者の場合，男性は「家族」「健康」「社会的出来事」で5割以上を占める。このほか，「身体」「心理」「夫婦」とあるが，いずれも自分にとって身近な出来事であろう。「恋」も少数ながらあった。また「位牌」「宗教」「老い」など，生死に関わることが問題になっているさまも読み取れた。一方，女性の場合は「健康」「家族」で6割近くを占めている。「自分」は次に続くが，「社会的活動」「自然」「生活」「身体」もあり，男性と比べて心が外界に向いているような印象をもつ。男女とも「家族」「健康」がともに大きく意識づけされている。

　（3）「隠れているもの」の考察

　成人男性では「生き物」「心理」「物品」「植物」「自然」「家族」で55%を占める一方，女性では「心理」「ペット」「生き物」「家族」で55%となっている。挙げられた項目の種類を見ると，男性では21種あり，女性では16種であった。男性の方が多様な意識づけをしているのかもしれない。

　高齢男性では「心理」「身体」「家族」で約7割を占めた。一方，女性の場合は「心理」「自分」「身体」で約6割を占めた。男女とも「心理」的存在として強くあること，そして「身体」が強く意識されることがわかった。

　以上，「隠れているもの」の分析結果から，いずれの年代でも「心理」が上位を占めることがわかり，自分描画法は「心＝思い」にふれる可能性があるということが確認できた。

［高齢者事例］

1．80歳男性（図4-45）

①気になるもの：位牌。「自分は古い家に養子に来た。もうすぐ盆が来る。舅（妻の父）じじいの位牌です」

②背景：石塔。「K寺に墓がある」

③隠れているもの：一輪車。「毎日市内を朝散歩する。一輪車で周るのが夢！　好きでスキーのストックで練習したが，今だに乗れない。悔しい！」

図4-45　80歳男性の自分描画法

④物語：戸籍上は大正〇年7月10日生まれ。私の生まれは正しくは6月10日という。なぜこんなにずれたのか。母親の言うに6月30日頃は蚕の上族（じょうぞく）で大忙しの最中で，届出が遅れたとか。なんでもいいや。達者で生きて来れたんだから。しかしまだまだ遊びたいことは沢山ある。ひとつ，小笠原へ行ってみたい。台風の最中。昔の友がいる。小笠原のナスは大きな木になる。梯子がないととれない。ふたつ，対馬へ行って，鶯（うぐいす）の生態を見たい。みっつ，遠野で昔話を聞いてみたい。今年中に実行したいと思っていることである。

⑤題名：最終点

⑥感想：入院するたびに身体が弱まっている。長いことないかなー。自分は9人兄弟の末っ子。女2人は死んだ。男で5番目。長男は98歳で健在。次男は95歳で元気。あと10年は確実に生きるだろう。それまでに一輪車だって，習えば乗れるじゃないか。だからまだ払い下げをしてはいない。お墓も，今のうちに持ってたほうがいいんじゃないか？　敷地はもうあるから。10坪もある。

墓が意識に上り，石塔が背景に沈みこむ。得意とする一輪車は，生きがい

を感じ取れるもののひとつとしてこの世に存在する。まだまだ……とつぶ
やく。

2. 83 歳女性（図 4-46）

①気になるもの：ピィー子ちゃん，飼っているイン
　　コ

②背景：草原

③隠れているもの：カエル

④物語：

⑤題名：

⑥感想：ダメ！　（絵が）下手だから

**図 4-46　83 歳女
性との自分描画法**

〈描いた絵について振り返り〉

「私とピー子ちゃん。カカシとピー子ちゃん。やさしいの,うちのピー子
ちゃん，覚えてるの。私は農家をやっていたのね。生まれたときから未だ
に土地あるから……家を守ってきたの。でも土地売れないの。ピー子ちゃ
ん, 2, 3 日前からたまご産んでる。死ぬかと心配してた。おすなの上にた
まご産むんだねー。デイサービスが楽しみ！」と話してくれた。

　筆者との対話内容は次のとおり。K が筆者，H が対象者である。

　　K：昔は農家をやっていたんですね？

　　H：はい，そうです。

　　K：そして……カカシも作っていた。

　　H：カカシ……たくさんねえ……

　　K：農家は何年ぐらいされていたんですか？

　　H：うーん……生まれた，生まれた時から，生まれた時からねえ……未だに,
　　　　今でもねえ，ずっと土地，土地あるからねえ……行って，だけどほとんど
　　　　売っちゃってるから……。
　　　　私まだ売れない土地があるから行って，沢つくってるのね。お父さんと娘
　　　　と私とで。

　　K：……そうですか。じゃあ守ってきたわけですね？　家を……

　　H：そうそうそう……そうそうそう。

　　K：大変でしたねぇ……。

　　H：いや，なん……いえ，つ，もう，家やなんかないでこっち出てきたから

ね。だけどさ，土地はね，もう売れないの。

K：土地売れないの。

H：うん。

K：……このカカシとピー子ちゃんは仲良し？

H：ピー子ちゃん，やさしいもん。うちのピー子ちゃん。

K：ああ！

H：うふふふ，ふふ。

K：ふふ。そうですかあ。えー，自分のことを覚えてくれている？

H：私のこと？

K：そうそうそう。

H：覚えてるの。

K：覚えてるの。そっかあ。

H：もうねえ，んー……7つくらいになったんじゃないかな。2，3日前からたまご産むようになったの。2,3日前から。死ぬかと思ったの。もう毛みんな立ち上がってね。隅っこのほうに寄ってるから。そしたら，たまごコロンと。

K：コロンと……たまごを産んだ……。

H：私，まだ用意もしてなかった。心配してた。

K：じゃあ安心？

H：ひと安心したとこ。あの，オスでもたまご産むんだねー。

K：オスなのにたまご産む？

H：はい。

K：ふうーん……。不思議ですねえ。

H：まあねえ。その前に飼ってたときメスでね，たまご産んで，そして死んだの。

K：ふーん。

H：だから今度オス飼ったら，またたまご産んだ。

K：なんだかのんびりした暮らしって感じがしますが……

H：いいですねえ。

K：そうですか……のんびりした暮らし……それから，デイサービスに行っているとかお聞きしましたが……

H：はい。

K：いかがですか？

H：お友達とね。楽しくて，もう何日だね，何日だねって2人で電話で言っ

てね。ほんっとにお友達だからね。

K：そっかあ。「親友」ですね。

H：はい？

K：「親友」

H：そうそうそう。親友だもんね。私が向こうに泣かないで行けたんだから
ね。

K：やっぱり，友達が，親友がいるっていうのは，生きがいになりますか？

H：なりますねえ。何かっていったら電話でねえ。ねえ，電……また電話も
またくれるしねえ。

K：うん。電話もくれる？

H：くれるしねえ。何か心配事あったら……。

K：電話ができるんですか？

H：ええ。

K：そうですか……わかりました。

〈自分描画法開始〉

最初に自分を描いてもらう。描きながら話をする。

K：えー，Ｈさんは健康第一なんですねえ？

H：はい。

K：何か健康予防やってますか？

H：健康予防？

K：えー……おいしいもの食べるとか？

H：あっ！　食べるのかい？

K：描き……描きながらでいいですよ。

H：自分でね，考えてね，おんなじものばっかり食べないでね，野菜でもね，
買ったものでもね，おんなじものばっかり食べないようにしてる。野菜は
なるべく多く食べる。

K：工夫をしているってことですね？

H：そうそうそう。

K：あと友達が２番目に大事っておっしゃっていましたね？

H：はい。

K：それは？

H：友達？

　　K：お友達がいるとどんな……ことが……。

　　H：そう。お友達がいたらさぁ，なんかこう……自分で，なんかしてる時で
　　　　もね……頭がスカッとする。

　　K：頭がスカッとする。

　　H：なんか話したら……お話してるとね。

　　K：そうですか。やっぱり友達と話をするっていうのは，健康になるんです
　　　　ねぇ……

　　H：そうだねえ。

　　K：わかりましたー。はいっ。自分の絵が描けたようですね。じゃあ次にち
　　　　ょっと気になることを描いてください。どんなことでもいいですよ。あっ，
　　　　これがちょっと気になるなぁってことを描いてみてください。

　　H：はい。

　　　　〜気になるものの絵を描く〜

　その後も，同様に「何か話しながら描く」ということを行った。そうす
ると心理的抵抗が薄れるようだ。

　丁寧に対話していくと，自分描画法は可能となる。

2　高齢者と大学生の思いの特徴比較

〔1〕　はじめに

　老いてゆく身体に添えぬ心のありようは目に捉えにくく，ふれると切な
く激しいものがある。燃え続けようとする心はどのようにして生まれ，どこ
に行こうとするのだろうか？　筆者は高齢者援助で最も重要なことは，高
齢者自身が抱いている"思い"の把握にあるのではないかと思っている。60
歳のある男性脳障害者が次のような話をしてくれた。「結婚とは判断の欠
如，離婚とは忍耐の欠如，再婚とは記憶の欠如」だと。本当にそのとおり
だと思う人もあるかもしれない。人生における結び目の時期に相当する結
婚や離婚は，避けようと思えば避けられることだが，死ぬということは誰
も避けることはできない。いつか誰もが体験する出来事だ。だからどのよ
うな死に方がよいか，つまり死をどう迎えるかということを考えて話をす
ると，病気で死を意識している人の心に近くなる。命そのものに大きい小
さいはない。重要なことは，その人にどのくらい深く接したり，関係して
いたり，どれだけ力を注いでいたかということだろう。深い悲しみは残さ
れた人が感じることであって，残された人の深い思いが亡くなった人と悲

しみに暮れている人とをつないでいる。深い悲しみが人の死と直接つながるものではないことは，あまりつき合いのない人の葬儀に出るときに誰もが感じることだろう。号泣している人，つらさを押し殺している人，ほっとしている人，亡くなった人とまったく面識がなく葬儀に関心がない人など，葬儀は亡くなった人と訪問者とのつながりを知る良い機会である。結び目の時期は，しばしば一人間としてのお互いを浮かび上がらせる。

　「高齢者がもったある思いの深まり」に注目するアプローチは，身近にありながら手付かずに残されてきた研究領域でもある。生活の質が問われ，介護を受ける高齢者の多くは，身体的回復はさることながら生活を楽しめるような素地づくりへの援助を受けている。高齢者の心理臨床においては，心理的に安定した生活をどのように援助していくかが重要な課題となっているように思える。

〔2〕　研究の背景

　高齢者を対象とした描画を用いた心理療法では，簡便でかつ心理査定と心理療法の両方の機能をもつ描画法の開発が求められる。筆者は病院および教育現場での心理臨床経験を30年ほどもつが，この間，対象者が白い用紙にクレヨンや色鉛筆で絵をおもむろに描いている姿に何度も出会い，筆者は描画に投映されるのは，人の“思い”ではないかとの感触をもつようになった。

　高齢者の自分描画法については，長野県S市社会福祉協議会の援助を得て，「高齢者の生きがいを探る絵の作成」作業として，老人クラブ，ふれあいサロンの利用者の協力を得て，自分描画を収集した。

　その結果，高齢者の場合，自分描画法を集団で実施するのは難しく，また作業に向かうと不安感が高くなる傾向が認められ，描画時には個人的対話に応じながら個々のデータの正確性に努めた。このほかS市内特別養護老人施設入所の高齢者認知症女性8名の協力を得て自分描画を収集したが，これらは自分描画のみの資料であり，描画がもつ力動的側面の把握にはおのずから限りがあった。これについては「8章Ⅳ高齢認知症者の自分描画法」を参照のこと。研究はより動的で日常生活の一面が拾える内容となることが望ましい。

　本研究は高齢者がもっている“心理的時間”を探るため，時間が無限に広がる若者と対比し，その心理的特徴を浮き出すねらいがある。病気等で寿命がわずかであっても生きがいを得ようと思えば得ることはできる。身

体的には健康で，寿命を考えなくてもよい人の中にも，心理的には儚い生活もある。筆者はこれからの高齢者の生きがい論は，本人の"思い"に即して語らねばならないような気がしている。

〔3〕　**研究目的**

本研究では自分描画法（小山，2005a）を用いて，対象者の描画内容やそれについての物語等を体験資料として，今わき起こった"思い"についてさまざまな視点からふれていく。もてる時間に限りのある高齢者が抱く思いと，持てる時間が無限にあるはずの青年が抱く思いについて，心理臨床的側面から両者の質的差異を明らかにする。その細やかな心理的特徴を明らかにすることで，高齢者の生きがいに関わる実践的ケアに結びつけていくことを目的としている。

本研究では，"自分描画法に関わる思い"を次の4つの点からとらえる。
①連想語でたとえる（空想レベル）
②形容詞でたとえる（修辞レベル）
③色彩でたとえる（色感覚レベル）
④自分描画法体験でとらえる（心理療法レベル）

視点には，その意味が比較的明瞭で意識レベルで把握可能なものから，その意味が曖昧で内的探索が必要なものまである。連想語や形容詞，色彩などを使っての隠喩表現は実際に体験がなくても可能であるが，体験を必要とする"思い"は人の生き様に直結する内容をもっている。自分描画法はむしろ後者に貢献できるのではないかと筆者は考えている。

〔4〕　**研究方法**

本研究では自分描画法を高齢者と大学生に対して実施し，描画に現れた"思い"の質的把握と質問応答より量的分析を行い，さらにSD調査結果で示された思いに関するイメージを見出し，思いの内容の把握につとめる。高齢者の思いをつかむことで，高齢者の心にふれることも可能となるだろう。以下，研究手順に沿って記述する。

（1）質問項目の作成

質問項目の作成にあたっては，一般大学生を対象とした2つの予備研究結果からワーディング（言葉遣い）に留意したほか，筆者の臨床体験からの見立てを加味して質問項目を構成した。評定尺度の段階について検討するために，事前に5名の高齢者に対して間隔尺度としてもデータ処理できる5段階と7段階評定法で仮の質問に対する応答を求めたところ，選択に

要する心理的労力等から 5 段階評定が妥当だと判断した。

　また項目尺度については，高齢者が質問を理解しやすく質問の意味もつかみやすい「極カテゴリー尺度」が有用であることがわかった。

　質問項目は“思いに関わるイメージ”を形容詞で問う SD 法形式の質問をも含んでいる。SD 法は Osgood ら（1957）らによって開発された印象および感性を測定する心理的道具であるが，概念の確定に際しては随所で多義的な用語は避けることを促している。朝野（2000）は数的処理が許される前提として，尺度の 1 次元性，等間隔性が保証されることを指摘しており，これらにも留意した。

　調査項目の確定にあたって，酒井（2003）は調査対象として「対象者の感性や知性についての特性である心理的特性」，調査テーマと直接関わりのある物事についての経験を示す「経験的特性」，居住地や最寄り駅等の「地理的特性」，そしてこれら以外の「特殊な特性」の 5 つを指摘している。これに従い本調査項目を概観すると，次のようになる。

　感じ方（イメージを含む），考え方，とらえ方，関心，ライフスタイル，性格等に関わる心理的特性は『問 4，6，7，8，9，10，11，12，13，14，15，16，17，18，19，20，21，22，23，24，25，26，27，28，29』に関係し，経験的特性は「心および身体の病気の体験」を問う『問 30，31』と関わり，地理的特性としては「育ったところ（都会化の程度）」を問う『問 5』に，そして特殊な特性として『性別（問 2）』『年齢（問 3）』『描画に要した時間（問 32）』『アンケート記入に要した時間（問 33）』の 4 項目を設定し，全部で設問は 33 問となった。自分描画法に関連すると思われる“思い”に関わる内容について，予備研究結果と筆者の臨床経験を加味し，最終的なアンケート質問項目を確定した。問いに対応した質問内容の要旨は次のとおり。なお問 1 の「名前」は分析対象外資料である。

　　問 1「名前」
　　問 2「性別」
　　問 3「大学生 対 高齢者」
　　問 4「自分描画法実施前の緊張感・不安感」
　　問 5「故郷の都会度」
　　問 6「思いはどのくらい大切か」
　　問 7「思いはどのくらい身近か」

問 8「自由連想による思いのイメージ」

問 9「色彩による思いのイメージ」

問 10「SD 法による 22 項目のイメージ分析」

問 11「絵が好きか」

問 12「自分描画の戸惑い」

問 13「気になるもの描画の戸惑い」

問 14「背景描画の戸惑い」

問 15「隠れているもの描画の戸惑い」

問 16「題名をつける際の戸惑い」

問 17「物語を考えるときの戸惑い」

問 18「物語は実際に体験した内容か？」

問 19「自分描画法実施後の緊張感・不安感」

問 20「絵の意味」

問 21「描き足りなさ」

問 22「絵に思いが出現したか」

問 23「自分描画法への関心」

問 24「絵から何がわかるのかが気になる」

問 25「そばにいる人が変われば絵も変わるか」

問 26「そばには専門家がいたほうがよいか」

問 27「クレヨンの使用感（5 段階評価）」

問 28「クレヨンの使用感（自由記述）」

問 29「用紙の大きさの妥当性」

問 30「過去に深く悩んだことがあるか」

問 31「悩むほどの身体の病気を体験したか」

以上 31 問のほかに，「自分描画法所要時間」（問 32），「本研究取り組み総時間，つまり自分描画法における描画所要時間と回答に要した時間」（問 33）の 2 問を分析対象とした。

（2）対象者および研究場所

本研究は北海道 N 市近郊に在住する高齢者 30 名（高齢者群）と大学生 40 名（大学生群）を対象として実施された。大学生群は筆者のカウンセリングの講義を受けている N 大学保健福祉学部生であった。一方高齢者の選択にあたっては，N 市社会福祉協議会の全面的な応援を得て，地域社会で

生き生きとした生活を体験中の高齢者の紹介をいただいた。対象者の全員
が，自発的に研究応募に応じた人だった。結果的には民生委員・児童委員，
町内役員，老人クラブ役員，民生委員，ボランティア団体役員等の公的な
社会活動を主に実践している人が多数を占めた。

　対象者は高齢者 30 名（男 15 名，女 15 名：66 ～ 86 歳）と大学生 40
名（男 20 名，女 20 名：20 ～ 21 歳）の 40 名であった。質問項目に対す
る違和感，質問総数，所要時間等に関して対象者の負担はないか，さらに
質問内容に安全性を脅かせる問いはないか等を確認する意味で，N 大学生
で 40 代の成人女性 1 名の協力を得て，試行的に全行程を実施した。その
結果，問題は認められないことを確認した。

　研究は N 大学新館カウンセリング演習室で行い，全員が筆者と対面した。
高齢者 1 例については本人の希望により筆者が自宅を訪問し，同様の手続
きで実施した。

（3）自分描画法実施手順

　自分描画法実施の流れは次のとおり。

　まず研究実施にあたっての準備品であるが，上質紙 1 枚（バウムテスト
用），先に示した思いに関する質問表，自分描画法用の画用紙 1 枚，自分
描画法実施後に配布する質問表，心理テスト生きがいテスト（The Purpose
in Life Test；PIL）等を事前に用意した。対象者は最初に「研究協力に関す
る承諾書」にサインをした。自分描画法実施時は描画の様子をビデオ撮影
した。プライバシーに配慮し，対象者には事前にどのように映るかチェッ
クしてもらい，撮影部分は描画周辺部分（描画者の 2 本の手が映る程度）
に限定した。すべての作業が終わった後に，最後に事前に用意しておいた
質問項目に対する対象者の応答を音声録音し，後日逐語録を起こした。手
順を整理すると次のとおり。

　最初にバウムテストを実施する（鉛筆使用）→思いに関する質問表前半
記入（ボールペン使用）→自分描画法実施（クレヨン使用）[ビデオ録画]
となる。

　＊自分描画法実施にあたっての教示

①まずその用紙に「自分の姿，全体像」を自由に描いてみてください。
　　どんなふうに描いてもかまいませんし，どこに描いてもかまいません。
　　ではどうぞ……。

②では次に，今気になっている何か（または「気にかけていること」）を

ひとつ思い浮かべてみてください。気になる人，気になる物，気になっている出来事とか，なんでもかまいません。その用紙に描き加えてください。（質問があったときには，「絵でも，文字でもなんでもかまいません。それとわかればどんな描き方であってもかまいません」と補足する。）

③では，今度はその絵全体にあった（または「ぴったりするような」）背景を，自由に描いてみてください。（躊躇するようであれば，「（用紙に）白いところ（空白部分）がありますね。何だかさびしいので，何か描いてみましょう」と促す。）

④（以下，ゆっくりと教示する）その絵をよーく，見て下さい。その絵のどこかに，何かが隠れています。何が隠れているのでしょうか？　思いついたら，その用紙のどこかに，隠れているものを描き加えてください。（描画に時間がかかるようであれば，「隠れているものは何でしょう……絵でも文字でも何でもかまいません。それとわかればいいです。どうぞ……」と描画を促す。）

すべて描き終えたら，「はい，この絵はこれで終わりです」と伝える。その直後，筆者作成の自分描画法質問表にボールペンで記入。その後，思いに関する質問表後半部分をボールペンで記入。その後，PIL を実施する。半構造化面接における質問項目の内容は「自分描画について簡単に話す」「自由な感想」「絵に思いがどの程度現れているかの再確認」「そのほかに気づいたこと」のほか，対象者が高齢者のときはライフレビューを聞き取った。

〔5〕　結果の分析と考察

　統計解析にあたってはSPSS15.0を用いた。最初に本研究で使用した質問項目の信頼性について測るため，信頼性分析を実施した。対象となった変数は 51 項目であり，Cronbach の α 係数は .634 であった。繁桝（1999）によれば，信頼性とは個人のテスト得点に含まれる誤差の分散の相対的な大きさを意味し，「変数間の相関関係や変数の尺度間の差を検討するといった場合にはそれほど高い信頼性は必要としない」と述べている。繁桝らは「心理学的に意味のある個人差の時限の多くはある程度広がりをもった概念であるのが普通」であるが，「少数の項目で高い信頼性を得ても，その測定は目指した特性の一部しかカバーできないし，逆に多くの内容を盛り込もうとして必然的に項目が増えた場合，内的整合性は高まらないことになる」とも述べている。これは一般に α 係数がもつ「帯域幅と忠実度の

ジレンマ」と呼ばれている。これらを考慮すると51項目に基づくα係数
.634は妥当な値だと考えられた。

　次に全項目間の相関を求め，項目間の概要を把握した。その結果，「性別」
はわずか4項目間で相関を認めたのみだったので，これを変数から除外し
た。つまり性別は他の項目にほとんど影響を与えていないということであ
る。それゆえ分析の視点は「大学生群」対「高齢者群」間，つまり群別の
相違に置くことにした。また「年齢」と「群別」についてであるが，大学
生の年齢幅は18〜22歳（平均19.65歳，SD＝0.70）で，ほぼ均等とい
う状態であるが，高齢者間では幅がある（66〜86歳，平均73.8歳，SD
＝5.71）。高齢者においては，齢による違いが"思い"に影響を及ぼす可能
性があることに鑑み，質的分析を加えることにした。

　項目間の平均の比較については独立サンプルの検定を用い，等分散性の
ためのLeveneの検定によるF値と有意確率を見たのち等分散の仮定につ
いて判断し，等分散を仮定するかしないか，いずれか妥当な方の統計表を
採用した。

　分析の前作業として行ったことは以上である。以下，各標題についての
分析結果と考察を行う。

　（1）連想語でたとえる（言語レベル）

　思いという言葉から受けるイメージを，思いつくまま記した（表4-19）。
その結果，大学生が抱く"思い"のイメージは，「他者に対する感情」が大
きなテーマとなって動的な様相を帯びるのに対して，高齢者のイメージは
静的であり，しかも抑制的である。「親心」「遠い昔の思い出」に代表される
ように「あらゆるものとの深いつながり」がテーマになっているのがわか
る。土とのつながりでは「郷愁」が，人とのつながりでは「思いやり」が
キーワードとなり，生活とのつながりでは「日常」がそのときどきの"思
い"を惹起させる。

　（2）形容詞でたとえる（修辞レベル）

　高齢者と大学生間の思いに絡む形容詞に対するイメージの異同を探るた
め，SD法を用いて検討した。質問紙に記載された「さむい―あたたかい」
「かなしい―うれしい」等の22項目が分析対象となった。図4-47のプロ
フィールは，各自が今現在もっている"思い"という言葉のイメージを，"思
い"に関連する5段階の形容詞尺度を用いて得られた結果の平均値である。
具体的には，高齢者と大学生の測定値をもとに独立サンプルの検定を実施。

表4-19　思いの連想語――「思い」から思い浮かぶ言葉

高齢者	大学生
きょうしゅう	うれしい，楽しい，寂しい，暖かい，心，感情
こども	愛，夢，歴史，親子，親友，夫婦，家族，カップ
コミュニケーションを取るうえで，最も重要なもの	ル，祖父，思い出，父母，
なみ	安心，不安，あたたかい，冷たい，緊張
ふるさと，いなか	温かい，大切，家族，友達
ふるさと，親子の深いきずな	温かさ，親子，友人，心，人間
ふれあいを大切にする	楽しい，謙虚，優しい，朗らか，利他的，面白い，
みどりの大地に育てられた事です	悲しい，さびしい
愛情，孫，感謝，仕事にかける心配り，友人	感情，自分が抱いているもの，抱くもの，熱い，
愛又は人情の深さが好きであり，世の中がそうでありたい，相手を思いやる気持ちを持ち続けたい	イマイチ他人には十分に伝わらない
	願い，気持ち，自己
遠い昔の思い出	喜怒哀楽の感情的なもの明確ではないもの心の内に秘めているもの
共にする人々との心の疎通を大切にしたい	希望，情熱，強，適当
健康について自分なりに思って心がけている	行動するための原動力，相手に影響を与えることができるもの
此々へ来た事がうれしいです	思いやり，やさしさ
思いが現実に向かって行く様に思う	思いやり，思い出す，やさしさ，感情，性格，心
思いやり	思い出，モチベーション，心，気持ち
思いやりの心を大切にした人間関係	自分だけでは何の意味を持たないもの。相手がいて初めて意味のあるものになる
心	信用，信頼，愛情，大切，複雑，理解しにくい
心，真実，つたえる，愛，両親，子供，夫，家族	信頼，慈愛
親への思い，子について今までと今後を思う	心，感情，喜び，悲しみ
親心，心配，感謝，尊敬，友情	心，気持ち，大切
人への思いやりばく然とした思いはあるが文字として表現することができない	心，優しさ，感情，憎しみ，喜怒哀楽，強さ，弱さ，希望，儚さ，切なさ，
	心の内に持っているもの，心情
誠	身体，好き，嫌い，人
昔なつかしくあそこで育ったか色々身に付いた事がたくさん有ります	辛い，苦しい，哀しい，劣等感，幸せ，たのしい，うれしい，ありがとう，ごめんなさい
	人のやさしさ，友達，感想
特記するものはないが普通の生活です	人の中に眠る熱いハート買えないモノ壊れやすく，しかし貴重なモノ
日常の暮らし方，人との交際，交流していくなかで自分の考え方を大切にしていくため	人を好きになる，辛さ，弱み，生きる存在証明
	人間の感情，発想，信念
	あたたかい，冷たい，うれしい，楽しい，悲しい，切ない，淋しい，哀しい，よろこび，怒り，優しい，親切，丁寧，好き，嫌い，
母	相思相愛，好意，関わり，心
優しい，みながやさしくするから私もやさしくなる	明るい，広い，本当の自分の姿，みにくい，苦しい，辛い，大きい，強い，
	母親のような感じ，友達，恋人，家族

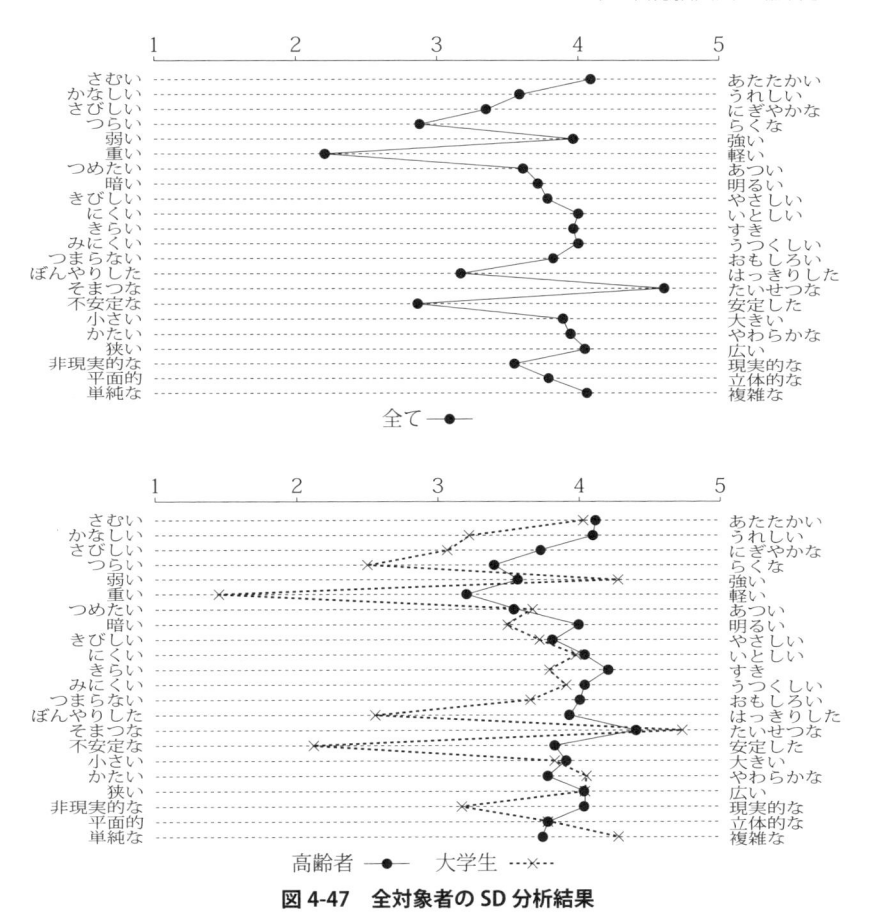

図 4-47　全対象者の SD 分析結果

（注）　上図は 70 名の平均値。下図はカテゴリー 1 が高齢者，2 が大学生群を意味する。

等分散性のための Levene の検定を全項目について行い，その結果に基づき等分散を仮定する場合としない場合に適合する検定統計量を採用した。その後，2 つの母平均の差の検定（t 検定）を行った。その結果，「かなしい［大学生に強調］—うれしい［高齢者に強調］」，「さびしい［大学生］—にぎやかな［高齢者］」，「つらい［大学生］—らくな [高齢者]」，「弱い［高齢者］—強い［大学生］」，「重い［大学生］—軽い［高齢者］」，「暗い［大学生］—明るい［高齢者］」，「きらい［大学生］—すき［高齢者］」，「ぼんやりした［大学生］—はっきりした［高齢者]」，「そまつな［高齢者］—

たいせつな［大学生］」，「不安定な［大学生］―安定した［高齢者］」，「非現実的な［大学生］―現実的な［高齢者］」，「単純な［高齢者］―複雑な［大学生］」の以上 12 項目において，5％水準で有意差を認めた。この結果を羅列すると，高齢者の思いに対するイメージは「うれしい，にぎやかな，らくな，弱い，軽い，明るい，すき，はっきりした，そまつな，安定した，現実的な，単純な」であり，全体として「輪郭がはっきりしていて，つかみやすい」イメージをもっていることがわかる。一方，大学生は「かなしい，さびしい，つらい，強い，重い，暗い，きらい，ぼんやりした，大切な，不安定な，非現実的な，複雑な」イメージをもっていて，全体として「輪郭がぼんやりしていて，つかみにくい」イメージをもっていることがわかる。中でも差が明瞭なのは「重い―軽い」「ぼんやりした―はっきりした」「不安的な―安定した」の 3 項目であり，大学生は思いに対して鈍重なイメージを，高齢者はまったく逆に敏活なイメージをもっていることがわかる。プロフィールを全体として見れば，大学生の思いに対するイメージにはムラがあること，高齢者のそれはいずれも評価尺度 4 点周辺にあり，思いに対するイメージがある程度固まっていることが指摘できる。両群とも思いのイメージは評価，力量，活動性と関わり，広範囲に及ぶこともわかった。

（3）色彩でたとえる（視覚レベル）

大学生群では白，橙，透明，赤の選択で 80％を占めたが，高齢者群では緑が 33％，17％が橙を選択し，この 2 色をあわせると半数になる。また非選択色を見れば，大学生では紫，青，緑が各 1 名，黒が 2 名という結果であり，少数ながらも全色を選択したのに対して，高齢者群では紫と黒の選択はなかった。面接の場でもこの 2 色を好まない高齢者が多数を占めた。高齢者の 13 名（43％）が緑か青を選択した。西川（1954）によれば，青は寒色であるが，緑は寒色と明確な寒暖の感じをもたない中性色の狭間にある色である。西川は高齢者が好きな色は「青→紫→緑→赤→黄→橙」の順だという。

本研究で高齢者に突出してイメージされた “緑” の象徴は，西川によれば「安息，慰安，平静，知性，親愛，着実，公平，理想等」だという。自然に心を奪われる高齢者が多いのもうなずける。ちなみに黒は「静寂，悲哀，絶望，沈黙，暗黒，罪悪等」と，紫は「優美，神秘，不安，永遠，高貴，優雅」等と関わるという。色と象徴に関する議論については後年，カ

ラーシンボルテスト（CST）を開発し，「色彩とパーソナリティ」（1995）を記した松岡も同様の結果を示している。

　一方，暖色の橙，赤，黄とで37％を占めた。ゲーテは1810年に記した色彩論（1982）で「白も黒も色彩とは言えない」と記した。ゲーテは「白は光の代理」であり，黒は「闇の代理」だという。黒をイメージしたのは大学生で2名のみであり，高齢者では誰もが思い浮かべなかった。対象者が少数であることから明確なことは言えないが，大学生に白や透明の選択が多かったことは，高齢者よりも大学生群は“可能性”という意味で，より「光」があたっているからかもしれない。

3　自分描画法体験からとらえる

（1）高齢者の自分描画法

　ここでは自分描画法の代表事例として1例取り上げる。①は「気になるもの」，②は「背景」，③は「隠れているもの」，④は「題名」，⑤は「物語」，そして⑥には「感想」を記した。

事例1：「71歳，男性」。テーマは「自然に対する思い」となっている（図4-48）

①古里の山，自然の姿です。樹木も水も少なく生きものたちが住みづらくなっています。樹木と水の流れにこだわりました。

②古里の山です。秀峰P山系とN川支流の水系です。

③いつも，古里の山，自然を見ている私の下に隠れているものには，生活の場を求めている多くの生き物たちへの思いです。

④いつもN市（古里）の山，自然を見ている自分。

図4-48　事例1の自分描画法

⑤人間の生活は今，昔，変わりなく，自然からの恩恵を受けています。これからもこのことは変わりないのです。恩恵を受けるだけでなく，人間は自然に対して何かをしてあげたいと思っています。その何かは，植林をして緑を復させることも，渓流を汚さないで水量の豊かな流れにさせることも大事です。野鳥が，小動物が，昆虫たちが，卵を，子どもを育て，生活できる自然に戻す人間の努力はできると思います。その思いを一部描いてみました。

⑥はじめてなのでとまどいましたが，この絵が今の私に一番合っている
のかなと思います。

　物語の中で，自分自身の思いを吐露する描画者は，絵の舞台となった健
康の森で歩くスキーを楽しむことを心待ちにしている。
　「今回テーマを決めて描いたわけじゃないですけれど，この絵にはご自身
の思いというものがどの程度あらわれているとお感じになりますか？」と
尋ねると，「そうですね。最高 100 としたら 50 か 40 くらいでしょう。描
ききれなかったですね」と答えた。さらに「絵を描いた！というような実
感は？」と尋ねたら，「この N 市の，古里の森を眺めている自分の姿にぴ
ったりだと……まぁ 80 点……90 点と思って今みております」と答えた。
（2）大学生の自分描画法
　ここでは代表事例として女子 1 例を取り上げる。記載方法は高齢者の自
分描画法と同じである。

事例 2：「19 歳，女性」テーマは「明暗」である（図 4-49）

①人間の生命，人から受ける愛情，自分があげる愛
　情。
②朝日と月（朝と夜）。
③まだまだ成長出来ていない自分。
④明と暗。
⑤私は今，何か不安を抱えているようです。毎日普
　通に朝がきて目覚め，夜になり布団に入り，眠り
　につきます。そんな生活の中で，不安を抱える要
　素は何一つとしてないのだけれど，人生長い目で

**図 4-49　事例 2
の自分描画法**

先を見ていくと様々な不安があります。しかし周りの人から受ける愛
情や優しい言葉で，今現在はそんなことで悩むべきではない，まだ早
い，と自分で納得しているようです。そんな素晴らしい人々に支えら
れ，私は今を過ごしていけているんだと思うと，本当に感謝の気持ち
でいっぱいで大きな愛を感じます。不安などは消し去ることが出来そ
うです。
⑥自分を女だと知らせるために頭にリボンを描いた。朝日の下に海があ
　る。自画像を描くことは鏡を見れば簡単だけれども，自分を絵に表わ

すという行為はなかなか難しいことだと感じました。絵を描くこと自体は非常に好きだけど，少し心を使って描いたような気がして，とても面白かったです。

その後の対話は次のとおり。

（言葉は浮かぶけれども，絵に描くのは難しいということですね）「絵に表せないものは色で伝えたいと思って……とりあえず色を塗りたくて，全部埋めたかったんですけど……でも白はちょっと残したくなかったんです」（白い部分は無いほうがよいと思う……）「けど諦めて，ちょっと残して描きました」……

筆者は「白い部分を残さず描きたかったけれど，残ってしまった」というところに，描者の今の思いが現れているように感じた。

２事例の自分描画法はそれぞれ「自分の今の気持ち」と深く関わり，自分描画法が「思い」の生起に絡んでいることが対話内容からも感じ取れた。

高齢者の自分描画法のテーマと大学生のそれとを比べると，高齢者のテーマは現実に根ざしていて，健康，家族，生活，社会活動，喪の体験等がテーマの大半を占める。一方，大学生のテーマの多くは心理的な内容であり，その内容は夢想的である。高齢者と比べると大学生は現実体験が少ないことは自明の理であるが，それにしても自分自身，無意識，不安，人間関係がテーマのほとんどを占めるのは，自分描画法がもつ特徴と無関係ではないだろう。つまり大学生は自分描画法がもつ感応性に鋭く反応しがちであるが，高齢者は自分の感情と間隔をある程度もちながら自分描画法に向かうことができる，ということと関係するのかもしれない。

２事例以外の高齢者と大学生の自分描画法のテーマについて，重複するものを除いた一覧を表 4-30 に示し，要約を括弧内に記した。

（3）　自分描画法とバウムテストとの関連

バウムテストの解釈に際しては，発達的側面に関連する樹木の形の分析を意味する「形態分析」，筆跡学的知見を考慮した性格に関連する「動態分析」，そして樹木が用紙のどの位置に描かれたのかを問題にする「空間象徴」等に関する分析が求められる（Koch, 1952）。ここでは本研究対象者の生活と関連の深い「家族や親しい人びと，社会的な関係への意識された態度と，環境全体への構えが表現されている樹冠（Bolander, 1977）に注目する。樹冠には「心理的な成熟や興味の範囲，満足の対象なども反映」（Koch,

表 4-30　高齢者と大学生の自分描画法のテーマ例

性別	年齢	自分描画法のテーマ
男性	19	日常風景もありつつ，日常ではない何かの感じもある（日常と非日常）
男性	20	がけっぷちにいる自分。だが落ちそうで落ちない（自分）
男性	20	単位は欲しいが，やりたいことがわからずだらだらとしている（葛藤）
男性	20	将来しっかりとした所に就職できるだろうか（将来不安）
男性	22	夜の動物園に行った私を監視する飼育員。壁から動物と私を覗いていた（原初不安）
女性	19	ディズニーランド'への旅行を楽しみにルンルン気分の私（楽しみ）
女性	19	これから近くの公園へ行き，思い切り気分転換をしに行こう（気分転換）
女性	20	部屋の中にいる黒猫にビックリする。迷うが部屋から追い出してしまうという夢（無意識）
女性	20	居心地の良い家は，今はもうない（居場所）
女性	21	言いたいことを上手く言えない（自分）
男性	67	町内会の人との付き合いがむずかしい……（人間関係）
男性	72	高齢者や弱い者に対して行政は冷たい（支援）
男性	73	北海道の広さと，寒を表す写真展示会を開きたい（趣味）
男性	75	今年になって兄弟中で一番仲の良かった末の妹が他界した（喪失体験）
男性	84	私が過ごした外地の職場。青春は私の宝。今はセピア色の思い出（過去）
女性	72	毎日のボランティア活動は，時間を忘れさせてくれる（社会活動）
女性	79	たまに娘婿にああでもない事をいわれるのが嫌（家族関係）
女性	81	農家で自分の家と土地を守ってきた。今は売りたいが売れない（財産）
女性	81	飼い猫は，私の気持ちがわかる（動物との交流）
女性	83	良いはずの左足に水がたまり，右の頭が病む（健康）

（注）　表 4-14 に一部追加したもの。

1952）されている。樹冠と性格との一義的な対応は誤解を生じる可能性が大きく，臨床的にあまり意味がないかもしれないが，ここでは Bolander が示した樹冠の形と性格とを対応させ，相当する高齢者と大学生の数のみ記すことにした（表 4-31）。

　Bolander の説では，典型型は「普通で特別な意味をもたない」。縦に長い楕円は「野心のサイン」であり，水平か垂直型は「圧力下にあるという

表 4-31　高齢者と大学生のバウムテスト結果

樹冠の形態　（＊型は筆者が付記）	相当する高齢者の人数（%）	相当する大学生の人数（%）
典型的（球形）	3（10%）	38（95%）
亜型（幹から伸びた枝に実）	27（90%）	1（2.5%）
強調型（水平か垂直の楕円）	0	1（2.5%）
個性型（四角い形の樹冠や茸, 傘）	0	0
樹冠が描かれていない	0	0

感情に結びついている」。茸や傘の樹冠は「控えめな性格」を反映し, 四角い形の樹冠は「かたぶつ」を思い起こす。本研究の対象者の中には個性型は見られず, また強調型（へしゃげた水平の楕円）も大学生 1 名にのみに見られたにすぎなかった。高齢者と大学生間の明瞭な違いは, 大学生の 95 %が球形の樹冠を描いたこと, 高齢者の 90 %が球形の樹冠を描かなかったことにある。高齢者の多くは幹→枝→実と描き, それで終える。実は球形の樹冠の中に位置するのではなく, 枝に実る。限られた資源の中で実を実らせる心の動きが感じ取れる。一方, 大学生 2 名は右半分の樹冠が, 1 名は上半分が省略されていた。青年期の成長に関わる衝動が反映されていると考えられた。

（4）　自分描画法実施にあたってのいくつかの問題

1）緊張緩和作用の有無（心理療法的効果）

自分描画法実施による緊張感・不安感の緩和, つまり自分描画法の心理療法的効果についての検討を対象者 70 名に対して行った。具体的には, 自分描画法実施前後に「今, 緊張していて, 不安感がありますか？」と尋ね, 評定平均値の比較を対応のあるサンプルの t 検定を用いて検討した。その結果,「自分描画法を実施する前と後で, 緊張・不安度に差はみられない」という帰無仮説は棄却され, 自分描画法を実施することによって, 緊張・不安感の度合いに差が見られることがわかった（$0.01 < 0.05$；t 値＝ 2.603）。

次に群別に見ると, 大学生群は, 緊張・不安感は自分描画法体験により緩和したが（$0.00 < 0.05$；t 値＝ 3.04）, 高齢者群では, 自分描画法による心理療法的効果は認められなかった（$0.64 > 0.05$；t 値＝ 0.474）。これらの結果から, 自分描画法は大学生群に対して心理療法的効果を発揮することがわかった。

　高齢者への適用については，心理療法効果という視点ではなく，"思いを汲み上げる"という自分描画法がもつ原点に立ち戻り，適宜利用していくことが肝要だとわかった。

　2）そばにいる人（実施者）が自分描画に与える影響について

　独立したサンプルの t 検定を行ったところ，「そばにいる人が自分描画法に及ぼす影響」については，高齢者群（平均値 2.30，SD = 1.34）と大学生群（平均値 4.00，SD = 1.26）間で，明瞭な差を認めた（0.00 < 0.05；t 値＝－ 5.43）。この結果，大学生群では絵を描くときそばに誰かがいるとその描画は影響を受けるが，高齢者群では誰がそばにいようとも描画に及ぼす影響は小さいということがわかった。大学生を自分描画法の対象とするとき，実施者は対象者からやや距離をとって座っていた方がよいということがわかる。

　また「そばにいる人は心理臨床家がよいか」という内容の設問に対しては，独立したサンプルの t 検定実施結果，高齢者群（平均値 3.07，SD = 1.34）と大学生群（平均値 2.85，SD = 1.35）間では差を認めなかった（0.51 > 0.05；t 値＝ 0.67）。この結果は，今回自分描画法を実施するに当たっては両群とも「心の専門家」の役割をさほど意識することなく自分描画法に取り組んだということを示唆している。

　3）自分描画法を実施する際の配慮

　①戸惑いについて

　高齢者と大学生間で，自分描画法実施過程においてどの程度戸惑いがあるかについて検討した。ここでは自分描画法を実施していくとき体験する「自分」「気になるもの」「背景」「隠れているもの」「題名」「物語」の 6 つの描画過程で生じる戸惑いについて，各過程で示された評定平均値をもとに検討した。その結果，両群とも最初の「自分描画」に最も高い戸惑いを感じていることがわかった。おそらく，「突然に描画を求められる」という驚き，そして「自分を描く」という，大方の人が嫌がることを求められるという二重の衝撃があるのではないかと思う。「気になる何か」についての描画は次に衝撃度が大きかった。

　4）自分描画法の道具の妥当性の検討

　独立したサンプルの t 検定を実施したところ，高齢者と大学生間に，クレヨンの使い心地に関する感受性の違いは認められなかった（高齢者の平均値は 3.33，SD = 1.24，大学生の平均値は 3.48，SD = 1.21 で，0.64

＞ 0.05；t 値＝− 477）。両群ともクレヨンを使うことに，普通水準よりも
わずかによい感じをもったようだ。自分描画法を実施するにあたって，用
紙の大きさ（A4）の適切さを尋ねたところ，これも両群に有意差は認めら
れなかった（高齢者の平均値は 4.16，SD = 0.87，大学生の平均値は 4.15，
SD = 1.00 で，0.94 ＞ 0.05；t 値= 0.07）。

　5）物語の現実度

　描画を終えて物語を作るとき，対象者がつくる物語ははたして実際に体
験した内容が話されるのだろうか。独立したサンプルの t 検定を実施した
ところ，高齢者と大学生間に，明瞭な差が認められた（高齢者の平均値は
4.67，SD = 0.48，大学生の平均値は 3.30，SD = 1.71 で，0.00 ＜ 0.05；
t 値= 4.241）。この結果から，高齢者のほとんどは実際に体験したことを
絵にしているが，大学生の場合は，現実の体験と非現実的なファンタジー
を含めた心的体験が入り混じっていることがわかった。

　6）生きがいについて

　本研究で実施した PIL テストは，ロゴセラピーの理論に基づき，
Crumbaugh, J. C. ら（1969）によって開発された「生きがい」を探るため
の心理テストである。その日本版は PIL 研究会編（1998）によるが，Part
A は量的測定が可能である。Part B は文章完成テスト形式，Part C は自由
記述方式を採用している。日本版では Part B, C についても量的測定が可
能となるように定量化がなされているが，それでも採点に主観が入り込
みやすく，この結果を統計分析するには限界がある。ここでは高齢者と大
学生が記した生きがいについて，代表的なものを以下にいくつか紹介した
いと思う。高齢者を「高」，大学生を「大」と略す（表 4-32）。

　提示例はわずか高齢者と大学生 6 例のみであるが，大方はこのような内
容が記されていた。全体を概観すると，高齢者の生きがいは「すでにある
心理的・経済的・物質的財産をどのように使うか」に焦点が置かれ，大学
生の生きがいは「まだ形も中身もおぼろげな心理的・経済的・物質的財産
を，どのようにつくっていくか」にあるように感じた。これらの結果から，
高齢者の生きがいは「心理的枠内の創造（〜する，しない）」，大学生の生
きがいは「心理的枠外の創造（〜したい，したくない）」と言えるだろう。

　7）描画所要時間と回答所要時間の比較

　描画所要時間には有意差は認められなかったが（0.31 ＞ 0.05；t 値=
1.03），研究総時間には両群間に明瞭な有意差が認められた（0.00 ＞ 0.05；

表 4-32　高齢者と大学生の「いきがい」の例

群	性	年	生きがいの内容
高	男	67	一生懸命努力して，一家を支えていきたいと思います。
高	男	70	病気の再発に気をつけて，得意領域に腕を上げたい。妻と一緒に本州をドライブしたい。
高	男	84	一日一日を後悔しない日々を心がけてきた。その思い出が今の私を支えていく。
高	女	66	社会の一人でも多くの人とつながりを持って生きていきたいと思います。
高	女	72	年のことは考へず身の丈に合う生活をしたい。夫や息子達が元気で働いて欲しいと願っています。
高	女	86	残りわずかな年数は人にめいわくをかけない様になるべく自分の事は自分でする。
大	男	19	今，人生における目標を見つけるための意欲が高まりつつあるからこそ死にたくない。
大	男	20	人のために生きていきたいと思う一方で，好きな事をやっていたいと思う両方の心が存在する。
大	男	22	生きていく事に対する目的や目標はありません。しかし希望はあります。着実に生きるのみです。
大	女	19	何かにとらわれないで，自分を追い詰めないように，自由に生きたいです。
大	女	20	今，自分が一生をかけて達成したいと思える目標を探している。しかしまだ見つからない。
大	女	21	素晴らしい人生を見つけたい。望みの仕事につき，一生懸命に働き，温かい家庭を持ちたい。

t 値＝ 9.74）。結果は自分描画法の所要時間については高齢者と大学生間に時間的な差がないことを意味する。一方質問紙記入に関して高齢者は大学生よりも時間がかかったこと，自分描画法実施後の半構造化面接における高齢者の話は長くなる傾向があった。そのことが研究総時間を延ばしたと考えられた。

（5）　思いの背後にある共通特性の抽出

" 思い "の背後にある共通特性を探るために，因子分析手法を用いた。本研究では探索的因子分析手法を用いて共通因子を探った。因子分析を進め

るにあたっては，前処理作業として，全 56 質問項目の中から文字データ
である「思いという言葉からの連想」と，「クレヨンのイメージ」の 2 問
の言語応答を除いたすべての質問項目間の相関を見た。その結果相関を見
たところ，5％水準以下で相関が認められなかった項目のうち，4 項目間以
下しか相関が認められなかった項目は 11 項目あった。これ以外に SD 法形
式の形容詞群の質問項目を分析対象から除外した結果，分析対象は「心の
理解度」「描画が好きかどうか」「描画背景を描くのに戸惑いがあったかど
うか」「題名をつけるのに戸惑いがあったかどうか」「描画に関心がわいた
かどうか」「今描いた絵から何がわかるのか，気になるかどうか」「絵を描
くときにそばに人がいるのが気になるかどうか」「過去に深く悩むほどの悩
みをもったことがあるかどうか」「PIL 結果」の 9 項目となった。

　この 9 項目が最終的に "思い" の背後にある共通特性を抽出する因子分
析の対象となった。最初に記述統計としてカイザー・マイヤー・オルキン
（KMO）と Bartlett の球面性検定（K）を実施し，因子分析を行うことの妥
当性を検討した。そののち最尤法を用い因子抽出を行い，その結果をプロ
マックス回転した。その結果，KMO の妥当性については，当該標本妥当性
測度が 0.70 であったことから，因子分析を実施することに意味があること
がわかった。バートレットの球面性の検定では有意確率は 0.00 であり，こ
れは有意 5％水準以下であることから，「相関行列は単位行列である」とい
う仮説は棄却された。変数間には相関があり，共通因子を考えることに意
味があるとわかった。共通性はいずれの項目も 0 に近い変数はなく，分析
から取り除くべき項目はなかった。因子の固有値を大きさに並べたものを
表 4-33 に示した。因子分析モデルとデータの適合度検定結果より因子分析
モデルとデータの適合度は高く，モデルは適合していると判断された。プ
ロマックス回転前後の因子負荷量を表 4-34，4-35 のパターン行列で示し
た。表 4-34，4-35 の左側にある言葉（例：「心理解度」は「心の理解度」
の略である）はいずれも分析対象となった項目を示している。その結果，3
つの因子が抽出された。

　第 1 因子に高い因子負荷量を示す項目は「絵を描くとき，そばにいる人
がまた別の人だと，絵の描き方や絵の内容も変わるような気がしますか？」
「PIL 結果（つまり生きがいの度合い）」「人間の心の動きについて，どのく
らい理解できていると思うか？」「今描いた絵から何がわかるのか，気にな
りますか？」の 4 項目であった。

表 4-33　初期の固有値と因子抽出後の負荷量平方和

説明された分散の合計

因子	初期の固有値			抽出後の負荷量平方和			回転後の合計
	合計	分散の %	累積 %	合計	分散の %	累積 %	
1	2.605	28.940	28.940	2.003	22.258	22.258	1.498
2	1.558	17.314	46.254	.973	10.806	33.063	1.468
3	1.129	12.541	58.795	.660	7.334	40.397	1.451
4	.788	8.754	67.549				
5	.747	8.303	75.852				
6	.669	7.435	83.287				
7	.547	6.072	89.359				
8	.491	5.460	94.820				
9	.466	5.180	100.000				

（注）　因子抽出法：最尤法。
　　　　a. 因子が相関する場合は，負荷量平方和を加算しても総分散を得ることはできない。

表 4-34　プロマックス回転前の因子負荷量

因子行列 [a]

	因子		
	1	2	3
心理解度	− .435	.563	.070
背景戸惑	− .561	− .053	.521
題名戸惑	− .426	− .073	.279
描画関心	.546	.481	.308
PIL 結果	− .196	.455	− .304
描画好き	.481	.171	.139
絵気にな	.572	− .143	.084
そば人誰	.419	− .373	.303
過去深悩	.497	.143	.026

表 4-35　プロマックス回転後の因子負荷量

	因子		
	1	2	3
そば人誰	− .629	.156	.125
PIL 結果	.626	.021	-.233
心理解度	.615	.201	.260
絵が気に	− .365	.260	− 1.77
描画関心	.087	.819	.047
描画好き	− .081	.464	− .088
過去深悩	− .054	.382	− .210
背景戸惑	− .121	− .012	.800
題名戸惑	− .062	− .105	.488

（注）　因子抽出法：最尤法。
　　　　a. 3 個の因子が抽出された。5 回の反復が必要。

　これらはいずれも他（者），広義には外界を意識した項目であり，「外と
ふれあうことで何かが生じる」という心の動きが背景にあると考えられる。
対象者には外界と関係をもち生きがいを育もうとする人が多かったことか
ら，第1因子名については，「思いのふれ方（外界か内界か）」と命名した。
「思いのふれ方」とは思いを外界か内界につなぐということであり，思い
が動くその方向性を意味する。臨床的には，「どのように思いにふれるか」
ということと関連する。第1因子は「思いにふれる」という心の動きに関
わっているとみてよい。

　第2因子に高い因子負荷量を示す項目は「今体験した描画法について，
関心がわいてきましたか？」「絵を描くのは好きですか？」「過去に，深く
悩んだことがありますか？」の3項目だった。これらは自分自身の中でわ
く思いの強さと深く関わっている。第2因子は思いを外界か内界に描く心
の動きの強さの度合いを意味しているように思われる。これはその思いに
どのくらい苦しんでいるのか，苦しみの度合いと関わっている。対象者の
多くには，自分描画を描くことで内界との関係が深められ，生きがいに関
する思いが生じ饒舌になる，という心の動きが認められた。それゆえ第2
因子を「思いの強さ」と命名した

　第3因子に高い因子負荷量を示す項目は「『背景』の絵を描くのに，戸
惑いがありましたか？」と「『題名』をつけるのに，戸惑いがありました
か？」の2つの項目であった。戸惑いは，どのくらい心に衝撃を受けてい
るかをあらわす一つの姿である。ある思いがわいて，その思いに自分自身
がどの程度衝撃を受けたか，その度合いを指し示しているように思われる。
それゆえ第3因子は「思いの衝撃度合い（ショックの度合い）」と命名し
た。突然ある課題を与えられたとき，どのように対応すればよいのかがわ
からないときに人は焦りを感じてしまう。そんなとき，思いの衝撃度は高
まる。

　まとめると，第1因子は「ある思いにふれたときの思いの方向性」を指
し示し，第2因子は「その思いにどの程度強くふれたか，その度合い」を
　示唆し，第3因子は「その思いにどの程度衝撃を受けているかの度合い」
を意味していると思われる。この3因子はある思いがわいたときに同時に
生じる心の動きと言えよう。

　自分描画法はある意味"瞬間技"であり，思いもそのときどきにその姿を
変える。ゆっくりと絵を描いていた人が，実施者の一言で描画速度を速め

たりする。そこには " 思いの省略 " が起こったりする。描画を急がせては
ならない。" 思い " はある程度熟成させなければ，なかなか人に伝えられな
いものなのかもしれない。信頼関係がある場合は，まとまりのない思いの
断片を撒き散らすことができる。日常の家庭生活はこれで満ちている。だ
から喧嘩も起きる。しかしながら，心の世界では自分が放った言葉や，よ
からぬ態度は心理的事実として心に残り，消すことはできない。しかし忘
れようとすることはできる。

　今回自分描画法を体験した 70 名は，説明を受けないままに自分描画法
を体験した。その結果，対象者の多くは「心のグレイゾーン」にふれ，そ
れを絵にした。心理的抵抗が起こることも不思議なことではない。衝撃が
和らぎ，思いの姿をそのまま感じ取るとき，描画者は「自己に真にあるが
ままの自己である（to be that self which one truly is）」（Rogers, 1961）と
いう自分を，わずかかもしれないが感じ取ったように思う。その一つの証
として，高齢者は自ら描画後にさまざまな人生体験を筆者に話した。自分
描画法では思いに浸るだけでなく，思いを対話の重要な素材とする視点を
重要視する。この視点の重要性は，本研究においても十分に確かめられた。

5 章　自分描画法の臨床基礎

Ⅰ　自分描画法と他の描画法との比較

1　自分描画法の有用性に関する比較研究

〔1〕目　　的

　心理査定が科学性をもつ条件として岡堂（1993）は「客観性，信頼性，妥当性，実用性，効用性」を指摘する。これまで種々の描画法についても，これら 4 条件を満たすべく検討が行われてきている。本研究では自分描画法の「実用性」および「効用性」からなる<u>有用性</u>に関する検討を行う。

〔2〕方　　法

（1）対　　象

　筆者は N 大学児童学科の「臨床心理学演習」の講義で，6 種類（バウムテスト，スクウィグル，風景構成法，自分描画法，コラージュ法，箱庭療法）の「体験型の描画法演習」を 2 年間実施した。対象は 1 年目の受講生 49 名（男 1，女 48）〈以下，1 年目と略す〉と 2 年目受講生 38 名（男 4，女 34）〈以下，2 年目と略す〉であった。どのような描画法なのか，実際に得られた 20 歳女性の事例を図 5-1 に示す。

（2）実施手順

　6 種類の描画法を体験した後，対象者に質問表を配布し，応答を求めた。最初の質問は各描画法に関する「長所および短所は何？」だった。対象者は自由記述で答えた。2 問目は，「心理臨床現場において実用的なツールだと思う順に番号をつける」，つまり簡便さ，テスト内容のわかりやすさなどを含む実用性に関する設問だった。体験的印象を基にして，対象者は 6 種の描画法それぞれについて，心理臨床現場で実用的だと思う程度を 5 段

図 5-1　20 歳女性の事例

（注）　左上より「バウムテスト」「スクウイグル」「風景構成法」「自分描画法」「コラージュ
　　　療法」「箱庭療法」を示す。

階で評価した（1 ＝実用的，2 ＝やや実用的，3 ＝どちらともいえない，4
＝やや非実用的，5 ＝非実用的）。得られたデータは順序尺度であるが，本
研究では等間隔と見なして，間隔尺度のデータとして解析した。3 問目は，
受けやすい描画法かどうか，つまりユーザーフレンドリーに関する完全順
位づけの順位回答の設問であった。6 種の描画法に対して，全員が受けや
すいと感じた順に，「1 ＝受けやすい」から「6 ＝受けにくい」までの完全
順位づけを行った。その際，筆者は求めてはいなかったが，「なぜ受けに
くいと感じたか」について，自由記述を記した受講生もいた。これについ
ては参考資料とした。統計分析に用いたソフトは SPSS 16.0 および PASW
Text Analytics for Surveys 3.04 である。

〔3〕　結果と考察

（1）各描画法の長短に関する自由記述内容の分析

　各描画法の長短に関する体験をもとにした原資料は，1 年目と 2 年目を
含んだ結果となっている。

　描画法 6 種の実用性および効用性に関する長所および短所の詳細につい
ては，次のとおりである。カテゴリー化は筆者が行った。

《バウムテスト》

1. 長　　所

①治療的視点

・心理的負担

「作業段階がなく教示も明瞭で，かつ『あと何を描くのだろうか……』という不安が生じない」

・見立て

「子どもの障害（知的障害など）の発見にもつながる」

「心理的変化の経過が見やすい」

「木の描画は単純なものなので，個人の特徴をつかみやすい」

「細かく分析ができる」

「心を視覚的に捉えることができる。心の把捉法」

・検査がもつ効能

「回答を意識的に操作することが難しい」

「検査をしている，テストだという感覚がない」

「絵をとおして，コミュニケーションすることもできる」

「自分のことだけではなく，人間関係の問題にも気づくことができる」

②実用性および利用しやすさ

・適用

「子どもから大人まで実施が可能」

「言語表出が難しい緘黙児などにも実施可能」

・実施形態

「個人実施のみならず，集団実施も可能」

・セッティング

「紙と鉛筆さえあれば（少ない材料で）いつでもすぐに，またどこでも実施できる」

「時間があまりかからない」

「準備するものが少なくて済む」

「使う道具も身近なもので，使いやすいと思う」

・対応

「自分の描きたい木を描くので，ありのままの姿を示すことができる」

　　「実のなる木という教示だけなので，イメージしやすい」
　2．短　　所
①治療的視点
・見立て
　　「分析の解釈がおおまかに存在するが，それにとらわれてしまうという危険性がある」
　　「メディアで取り上げられやすいので，すでに分析ポイントを知っている人がいる可能性がある」
　　「分析ポイントがあるので，照合結果だけでクライエント（Cl）の性格を決めつけてしまう可能性がある」
　　「診断するときに，診断する人の主観が入りやすい」
　　「多くの人が同じような木を思い浮かべることが多く，個人的特徴に関する違いが見えにくい」
・検査がもつ効能
　　「検査結果の整理が煩雑である」
　　「人間関係の悩みなど細かくわかりすぎて，少し怖く感じる」
　　「自分がイメージした木ではなく，普段見ている木（例：自宅の庭にある木）を描いてしまう」
②実用性および利用しやすさ
・適用
　　「絵が嫌いな人には不向き」
　　「絵を得意とする人が描いた美術的な絵の見立ては難しい」
・実施形態
　　「集団実施すると，他の人に影響されてしまう可能性がある」
・セッティング
　　「人により，終わる時間が異なる」
・対応
　　「教示が簡単なので，手抜きをしてしまいそう」
　　「色を塗らないので，あまり楽しめない。色がない」
　　「実のなる木という教示の捉え方に違いがある」
　　「描くものが『木』と限定されていて，『木』を描きたくなくても描かなくてはいけないので苦しく感じる」
　　「実にとらわれてしまいがち」

《スクゥイグル》

1. 長　　所
①治療的視点
・見立て
　　「想像を共感できる」
・検査がもつ効能
　　「互いが同じことをするので，『クライエントだけが見られている』
　という感じがせずリラックスできる」
　　「予想とは違うものが描かれたりして，驚きや新たな発見がある」
　　「検査をしている，テストだという感覚がない」
　　「ルールややり方にこだわらなくてよく，より自由になれる」
　　「息抜きになる」
　　「他の描画法に比べて，治療的なものとしての意味合いは薄い」
②実用性および利用しやすさ
・適用
　　「小さい子どもにも，緊張感をもたせずに実施できる」
　　「あまりしゃべらない子どもや大人には，とくに役立つ」
・セッティング
　　「紙，ペン，クレヨンとセラピスト（Th）とクライエントが 1 対 1
　になれる環境があれば，比較的容易に実施できる」
・対応
　　「クレヨンで描くため，柔らかい印象をもつ」
　　「実施者とクライエントが一緒に行うので，一体感が生まれる」
　　「遊び感覚，ゲーム感覚で行える」
　　「描いたものについて，気軽にコミュニケーションがとれる」
　　「想像を働かせながら，豊かなコミュニケーションをする中で楽しく
　行うことができる」
　　「話がはずみやすい」
　　「相手と関わりあいながら実施するので楽しい」
　　「順番に実施するので会話がしやすく，よりよいコミュニケーション
　をとる手段となりうる」
　　「相手の絵に手を加えることで，相手とスキンシップを図れる」

2. 短　　　所

①治療的視点

・見立て

「描かれたものからクライエントの気持ちを察するのは難しい」

「診断の道具として使うのは難しい」

「あまり細かい分析ができない」

「意味づけするとき主観が入りがちで，ほんとうの無意識的なものの判断が難しい」

・検査がもつ効能

「これを実施することの意図がわかりづらい」

「枚数を重ねなければならない」

「なぐり描きをするとき，ものの形を意識して描いてしまう」

「クライエントのなぐり描きに対してセラピストのイメージが浮かばないこともあり，セラピストに戸惑いが生じる」

②実用性および利用しやすさ

・実施形態

「集団実施には適していない」

「1対1でしか実施できない」

・セッティング

「クライエント一人では実施できない」

「時間がかかる」

・対応

「想像力を働かせることが苦手な人にとっては苦痛になる」

「セラピストと親しくないと，絵などに自分のほんとうの気持ちが出ないのではないかと思う」

「初対面の人と一緒にやるのは難しい。ある程度，信頼関係が成立していないと楽しめない」

「『何に見えるか？』で，何も見えてこないとき，焦ってしまう」

「子どもに返った気持ちで実施するので，それに抵抗のある人には苦痛」

「発想やひらめきが苦手な人，想像力に乏しい人には難しく，苦痛を与えるかもしれない」

「発想が豊かな子どもだと，線画からいろいろなものが見えてきて，

何を描こうかすごく悩んでしまう」

「線に合わせて絵を描くのが難しい」

《風景構成法》

1．長　　所

①治療的視点

・見立て

「描いた絵から描者の内面をたくさん汲み取ることができる」

「描かれた風景には，何気ないように見えるが細かい心理描写がなされていて，クライエントの思いが伝わる」

「描いた人の心像風景や心の中を捉えることができる」

「さまざまな色の使い方によっても，クライエントの心があらわれやすい」

「1枚の絵からさまざまな視点で分析することができる」

・検査がもつ効能

「無意識のうちにクライエントのさまざまな心が露わになる」

「いろいろな要素があるので，心理状態をつかむことができる」

「どんな作品ができあがるのか自分でも想像がつかないが，できあがった作品を見ると，何かテーマがあり，自分が感じている思いが知らず知らずに現れやすい」

②実用性および利用しやすさ

・適用

「子どもから大人まで実施できる」

・セッティング

「手軽に少ない材料（紙，色鉛筆，クレヨンなど）で実施できる」

「絵の上手下手が問われないので，自由に描ける」

・対応

「自分の心の中の理想や，好きな世界を描くことができるので楽しい気持ちになる」

「描く順番が決められているので，次は何を描くのか楽しみながら検査を受けることができる」

「色を塗る作業が楽しい」

「枠の中に絵を描くから自分の絵という気持ちが強くなる」

「描くものが決まっているので『何も描けない』ということはなく，絵が苦手な人にも描き易い」

「描くものが決まっているので描き易い」

「山や川など自然を描くので，落ちついた気分になれる」

2. 短　　所

①治療的視点

・見立て

「絵が上手な人と下手な人とでは，結果に差が出てしまうのではないか」

「風景構成法を学んだ人でないと，解釈が難しい」

・検査がもつ効能

「小さい子どもには，構成していくのが難しそう」

「描くものが限られている」

②実用性および利用しやすさ

・適用

「絵を描くことにコンプレックスを持っている人にとっては苦痛」

「小さい子どもには少し難しい」

・セッティング

「たくさんのものを描き入れていくので手間と時間がかかる」

「描くものが 10 種類以上にわたり，人によっては時間がかかる」

「サインペンなどで描くので描き直したり，途中で消したりできない」

「全体として一つの風景にするには，絵画力がいる」

・対応

「細かい絵になってくるので，描くのが嫌いな人にとっては苦痛」

「描くものが決められていることから想像が限定され，自分の気持ちすべてが現れにくい」

「順番に描いていくので，最後の方になると構図が悪くなり，思っていた風景が描きづらくなる」

「構図を途中で変更できない」

「クライエントが飽きる可能性がある」

「描き始めに戸惑ってしまう」

「自分と向き合うのが苦手な人は嫌がりそう」

「自分を受け入れることが難しい人には苦痛」

《自分描画法》

1. 長　　所

①治療的視点

・心理的負担

　「簡単にできる。自由に描くことができる」

・見立て

　「クライエントが抱える今の問題点等が見えてきやすい。自分の描画にははっきりと今の思いが映し出されていた」

　「思いを浮かび上がらせ，人間性が引き出される」

　「そのときの気持ちや心の状態が現れやすい。その人の思いを映し出しやすい」

　「自分の思いがよく浮かび上がる」

　「他者の絵を描くのはためらいがあるが，自分が今何をしているのか，何が欲しいのかという問いに対して『絵で応える』ので，素直な自分を表現できる」

　「自分の深い気持ちが現れやすい。背景などを描き足していくので，さらに内面が映し出されやすい」

　「子どもが好きな描画法だと思った」

　「『気になるもの』も素直に描くと思うので，そのときの思いが絵に現れやすいと思う」

　「自分でも気づかなかったものが，象徴的に絵に現れやすい」

　「心理的なものが出やすいので，そのときの心理状況がわかる」

　「今気になるもので，その人の中で重要な位置を占めているものがわかる」

　「描くものが少なく，画用紙一面を使って描くので，空間図式に沿って診断しやすい」

　「使う色によって，クライエントの今の気持ちが感じ取れる」

・検査がもつ効能

　「クライエントの心理状態について，特別な情報がなくても実施できる」

　「自分に目を向けるよい機会になる。自分を見つめなおすことができ

る」

　「自分の足りないものを考えながら描くことができる」

　「スケッチ感覚で描くことができる」

　「絵を介して対話するので，クライエントをよりよく知ることができる」

　「比較的悩みの軽い人が，自分の心のモヤモヤを取り除くのに最適」

　「好きなものを描くことができて，息抜きになる」

　「自分の中に隠れている思いや，自分自身に気づき認識することができる」

　「自分の存在を確認できる」

　「何か気になるもの，そこから何かに気づくかもしれない」

　「心の内に秘められている思いが現れやすい」

　「自分自身や気になることなど身近なものを描くので，クライエントの隠れた面を知ることができる」

　「うまく自分を表現できない子どもでも，自分を描くことで，思いを形にすることができる」

　「自分とその周りを描くことによって，自分をより振り返ることができる」

　「自分自身を，第三者の立場から見つめることができる」

　「自分で思っていることが，自分を含め，そのまま表現される」

　「モチーフの意味に正解はなく，クライエントの解釈が尊重される」

　「自分のことを絵に現すことで，描く人にとっても自分の気持ち，心理状態が明確になる」

　「絵をとおしてコミュニケーションをとりやすい」

　「結果が推測しにくいので，意図的になってしまう可能性が低い」

　「無意識的なものが出やすい」

　「言語でのコミュニケーションが難しい人でも実施できる」

　「心を外界に投映することができる。思いを浮かび上がらせる方法である」

　「絵そのものよりも，思いを汲み取ることが大切なので，対話をとおしてクライエントの人間性が引き出される可能性がある」

②実用性および利用しやすさ

・適用

　　「幅広い年齢層で実施可能である。小さい子どもでも実施可能」
・実施形態
　　「本来は個人で受けるものだと思うが，健康な人の場合は集団でも実
　施可能だと思う」
・セッティング
　　「材料は少なくて（用紙，クレヨン，色鉛筆等），手軽に実施できる」
・対応
　　「絵に表すことで，あらためて自分の心（今の思い）を感じとること
　ができる」
　　「自分の絵を描くことで，自分を見つめなおすことができる。自分を
　客観視できる」
　　「言葉ではなく絵で描くことにより，心の中を素直に表現できる」
　　「ただ自分を描くだけではなく，背景や気になるものを描き加えるこ
　とで楽しさがある」
　　「遊び感覚で描くことができる」
　　「手軽に，誰とでも実施可能」
　　「クレヨンを使うので，柔らかい絵が描けて楽しめる」
　　「自分を意識しながら描くので楽しい」

2. 短　　所
①治療的視点
・見立て
　　「あまり細かいところまでは分析できない」
　　「診断基準が曖昧。分析があまりできない」
　　「結果を解釈するときに，セラピストの主観が入りやすい」
　　「描かれているものが何を示すのかわかりにくく，分析が難しい」
・検査がもつ効能
　　「良く描こうとする傾向が生じやすい」
　　「隠れているものという教示が難しい。少し発想しにくい」
　　「背景や気になるものなどは，小さな子どもには少し難しいかもしれ
　ない」
　　「描くものが人それぞれ違うので，予想がつかない絵になる」
　　「その人の悩みと理想が 1 枚の絵に現れてしまうと，判断が難しく
　なる」

「与えられるテーマが大きいので，描きはじめるまで時間がかかる」

「モチーフの意味に正解がない分，クライエントの思いをきちんと確認することが必要となる。これには信頼関係の強さも関わる」

②実用性および利用しやすさ

・実施形態

「基本的には集団実施には不向き。集団で実施した際，子どもは友達の絵を見て，かりに暗い色を使っていたら『何それー，変なの』とか言ってひやかすというか，面白がる子どもがいそう」

・対応

「絵が苦手な人が『自分』を描くのは苦痛。『自分を描く』ということに抵抗がある。『羞恥心』が生じる」

「自分で自分を描く，という難しさがある」

「自分を描く，今，気になっているものを描くということが苦痛であったり，これによって傷ついてしまうクライエントがいるかもしれない」

「自分を描くのは，想像の世界を描くというよりも描きにくい」

「隠れているものを描くのが難しい」

「自分が描いた絵を,相手がセラピストであっても見せることに少なからず抵抗がある」

「絵が苦手な人にとってはつらい作業である」

「何も考えられないときに，気になるものを描く作業はつらい」

「つい絵の上手下手で自分を判断してしまいがち」

「絵に表せないこともある」

「隠れているものを隠したいと思っている人には,隠れているものを描くのには抵抗があるだろう」

「自分が描きたい絵が描けないとき，落ち込む」

「質問が抽象的なので，求められるものをイメージしにくい」

「これを描いて下さいではなく，自分で気になるものを探し描くので，力がいる」

「頭の固い大人には質問の意味が難しく，何も浮かばなそう」

「うつ等で自分が好きでなかったり，嫌いだったりすると，苦痛となるかもしれない」

「自分という題材は普段あまり描くことがないし,自分を絵で表現す

るというのは少し抵抗がある」

　「見ようとしなかった醜い自分に気づくのは，怖い」

《コラージュ法》
1. 長　　所
①治療的視点
・心理的負担
　「もともとあるものを利用するので，軽い気持ちで取り組むことができる」
・見立て
　「クライエントの『個性』が出やすい」
・検査がもつ効能
　「知らず知らずのうちにストレスが解消している。ストレス発散！」
　「男性性（切る）と女性性（貼る）の両方が使われる」
　「切って貼るだけなので，絵の上手下手を気にせず実施できる。イメージを作りやすい」
　「切って貼るだけなので，絵を描くのが苦手な人にとってはやさしい検査である」
　「切り抜き用の雑誌を自由に選ぶことができ，それを自由に扱い表現することができる」
　「画力が高くなくても，自分の思いを表現できる」
　「切ったものを用意したり自分で切ったりと，臨機応変に実施できる」
　「遊び感覚で取り組める」
　「雑誌などを見ながら行うので，リラックス効果が見込める」
②実用性および利用しやすさ
・適用
　「適用範囲が広い」
・実施形態
　「集団実施に適している。少人数から多人数まで，幅広く実施できる」
・セッティング
　「身近で，簡単な材料で，費用がかからず実施できる」

　「ボックス法では，セラピストが切り抜くことで，あらかじめ危険な
イメージを取り除くことができる」
　「実施場所を選ばない」
・対応
　「純粋に楽しむことができる。楽しい気分になる」
　「好きなものを集められるので，その間夢中になれるし，やり終わっ
たときに爽快感が得られる。作り終えた作品には愛着が湧く。何度体
験しても飽きない」
　「作業が楽しい。抵抗なく，取り組みやすい」
　「好きなものを切って貼っていくので，自分の世界を作ることができ
る」

2.　短　　　所
①治療的視点
・見立て
　「思いついたものを貼っていくので，分析が困難。統一性や関連性が
ないと，どのように分析してよいかがわからない」
　「あまり細かい分析ができない」
・検査がもつ効能
　「クライエントの日常性に引きずられる」
②実用性および利用しやすさ
・セッティング
　「制作に時間がかかる。準備に手間がかかる」
　「雑誌を持参したとしても，絵（材料）が限られている。素材に偏り
がでる。写真やイラストからイメージが固定される危険性がある」
　「マガジン・ピクチャー法では何を切り抜くかわからないので，少し
怖さを感じる。一方，コラージュ・ボックス法では，切り抜いたもの
がセラピストが好むものばかりになりそう，クライエントに合ったも
のを選ばないと正しい結果を出すことができない点に問題がある」
　「構図などを考えすぎて，時間がかかってしまう」
　「道具（雑誌の切り抜き等）がなければ実施できない」
　「自分のイメージするものが，切抜きの中にないこともある」
・対応
　「何を切ればよいのか，何を貼ればよいのか，どのように貼ればよい

のか迷い，ためらうこともある」

　「はさみを使用するため，危険を冒しそうな対象者の場合，集団実施
はできない」

　「貼り間違うと，剥がれづらいので難点がある」

　「どういうものにするか決まらず，考えても思い浮かばないときはま
ったく進まない」

《箱庭療法》

1. 長　　所

①治療的視点

・見立て

　「自分の内面が自然に現れる」

　「箱庭を作ることによって，隠されていた心を知ることができる」

・検査がもつ効能

　「立体的なフィギアを使うことで，絵を描くよりもリアルな世界がで
きる」

　「砂をいじることで，幼児退行できる。砂が気持ちよいので，心地よ
く感じる」

　「修正が可能」

　「遊び感覚でできる。ミニチュアを使い，自由に構成できる。自由に
やりたいようにできる」

　「個別に実施することで，自分のもっているものを表現できる」

　「一人の世界で黙々と実施でき，周りを考えなくてよいため，対人関
係の苦手な人にとって行いやすい」

　「物を置くという簡単な行為なので，気軽に実施できる」

　「自分の手で直接触れて作るので，楽しくできる。自分でものを選ぶ
ので，いろんな表現が可能」

②実用性および利用しやすさ

・適用

　「おもちゃで遊ぶ感覚なので，子どもにぴったり。幅広い年齢層で実
施できる」

　「言葉による表現が苦手な人にでも実施できる」

・セッティング

「枠が決められているから，取り組みやすい」

「砂なので，物を埋めたり，積み上げて山にするなど，さまざまな使い方ができる」

・対応

「箱庭で一つの世界や物語を作っていくという作業に，楽しさや面白さがある」

「自分の世界を作り出すことができ，充実感・達成感・解放感を味わうことが可能」

「たくさんのおもちゃがあるので，わくわくする。選択肢があるので面白い。いつもとは違った雰囲気で箱庭作りに没頭できる」

「楽しく自由にできる」

「満足するまで修正可能（置き換え可能）なので，作ろうという気持ちも起こる」

2. 短　　　所

①治療的視点

・見立て

「実施中はなるべく質問や解釈はしないため，箱庭制作中，クライエントは何を考えているのかがわからない」

「クライエントに細かく説明してもらわないと，分析することが難しい」

・検査がもつ効能

「枠の中での表現なので，表現できるものが限定されてしまう」

②実用性および利用しやすさ

・適用

「小さい枠内での自己表現であるため，強い衝動や深い病的なイメージが溢れ出てしまう可能性があり，統合失調症やボーダーラインの人には適用しない方がよいと思う」

「大きな動きを伴うので，病気の人には実施が難しい」

・実施形態

「集団で実施することができない」

・セッティング

「箱庭がないと実施できない。持ち運びができない」

「箱庭にかかる費用が高い。材料が多い。ミニチュアの数・種類等が

限られる」

　「自分がイメージしている材料がないと,その場で残念に思う。使い
たいものがあってもイメージの違うものしかない場合,違うのを使う
か,使うのをあきらめるかになる」

・対応

　「フィギュアの好き嫌い（例：人形の顔）があって,満足するものを
作れないことがある」

　「他の人が作った箱庭を見た後での箱庭作りは,多少ともその箱庭作
品の影響を受けやすい」

　「気軽にできる感じではない」

　「まったくやる気がない場合,実施が困難」

　「懲りすぎると,時間がかかってしまう」

以上について,筆者がまとめた結果を表 5-1 に示した。

2　自分描画法の実用性に関する分析

　1 年目の実用性に関する順位づけ結果は「バウムテスト（順位の平均値
2.15）＜スクゥイグル（2.63）＜風景構成法（3.71）＜コラージュ法（4.02）
＜自分描画法（4.12）＜箱庭療法（4.37）」の順となった（表 5-2 および図
5-2）。この結果は,描画を体験した人が取り組みやすいと感じた描画法の
順番を意味している。最も取り組みやすいのはバウムテストで,最も取り
組みにくいと感じたのは箱庭療法だった。しかし標準偏差（SD）の値を見
ると,「バウムテスト（1.15）＜風景構成法（1.34）＜自分描画法（1.42）
＜コラージュ療法（1.52）＜スクィグル（1.65）＜箱庭療法（1.88）」の順
となり,箱庭療法とスクィグルについては実用的かどうかについて,感じ方
のばらつきが大きいことがわかる。治療セッティングが最もたやすいはず
のスクィグルと最も難しいとされる箱庭療法については,受ける側に戸惑
いがあることを推測させる。対象者の順位づけに一致性があったかどうか
についてケンドールの一致係数 W を用いて検討したところ,$W = 0.231$,
有意確率 0.00 ＜有意水準 0.05 となり,統計的には順位づけに一致性があ
ることが確かめられた。

　確認の意味で 2 年目の結果を見ると,「バウムテスト（順位の平均値
1.63）→スクゥイグル（3.13）→風景構成法（3.42）→自分描画法（3.45）

表 5-1　描画法 6 種の長所・短所

	長所	短所
バウムテスト	直感的理解：木を見て，視覚的把握が可能。 解釈：絵画象徴と空間象徴理論が背景にある。 道具立て：使うのは鉛筆と紙のみで簡便。 抵抗：子どもにも馴染みやすい。	適用：絵が嫌いな人には不向き。 解釈：バウムのみで性格傾向を見立てるのは難しい。 美術専攻者の場合：美的に描こうとするので不向き。 美意識："美"にこだわる人には適さない。
スクウィグル	一体感：Cl と Th が一緒に動く。 遊び感覚：ゲーム感覚で実施できる。 絵を介してのやりとり：比較的気軽にできる。 道具立て：使うのはクレヨン等のみで簡便。	適用：こだわりの強い人にはあまり適さない。 解釈：心の奥が読み取りにくい。 Th の負担：Th が，Cl が描いた描線や投映にあわせていくのが難しい。
風景構成法	深層：無意識のうちに露わになる。 解釈：使用した色からも解析が可能。 自由度：比較的思いのまま描くことができる。 個性：描者の個性が出やすい。	適用：細かい絵になり，描くのが嫌いな人には苦痛。 所要時間：10 種類以上の描画となり，時間がかかる。 自信：絵に自信がない人は楽しめず自信なさが出る。 居住地の影響：都会に住んでいる人にはイメージ困難。
自分描画法	実感：自分を絵にする稀な機会で新鮮に思う。 思い：Cl 自身が"今の思い"にふれ得る。 内省：自己像より，心を感じることができる。 素直さ：自分が今思っていることが出やすい。	抵抗：自分を描く機会が少なく，つい苦痛を感じる。 感情複合：描画下手から焦りや劣等意識が生じ易い。 描画内容：何を描いても暗い面がどこかに見える。 問いかけ：抽象的で，描画に戸惑いを感じてしまう。
コラージュ法	作業内容：お気に入りの切り貼りゆえ考え込むことが少ないので取り組みやすい。 適応年齢：幼児から高齢者まで実施可能。 治療効果：ストレス解消になる。 性差対応：男性性（切る）と女性性	準備：はさみ，台紙，雑誌，のり等多数準備が必要。 所要時間：Cl によっては制作に時間がかかる。 材料：既成の素材（写真等）を使っているので，本当にその人の心を反映したものと言えるかどうか？

表 5-1 つづき

	（貼る）の混合。	面倒さ：切り貼りがあり，少し面倒な部分がある。
箱庭療法	簡便さ：自分の好きな物を置くだけの簡単作業。 現実世界：立体的なフィギュアを使い，絵を描くよりもリアルな世界をつくることが可能。 楽しいという実感：制作そのものが"楽しい！" 退行：砂を使うことから，幼児期への退行が可能。	費用：箱庭道具を揃えるのに費用がかかり，使用材料が多種にわたる。 砂：砂を掻き分けるのに力が要り，枠から零れ易い。 実施場所：箱庭が置かれた場所でしか実施できない。 片付け：フィギアを元に戻すのに手間がかかる。

表 5-2　記述統計量

	N	平均値	標準偏差	最小値	最大値
バウムテスト順位	49	2.1429	1.15470	1.00	5.00
スクゥイグル順位	49	2.6327	1.65446	1.00	6.00
風景構成法順位	49	3.7143	1.33853	1.00	6.00
自分描画法順位	49	4.1224	1.42350	1.00	6.00
コラージュ療法順位	49	4.0204	1.52055	1.00	6.00
箱庭療法順位	49	4.3673	1.87854	1.00	6.00

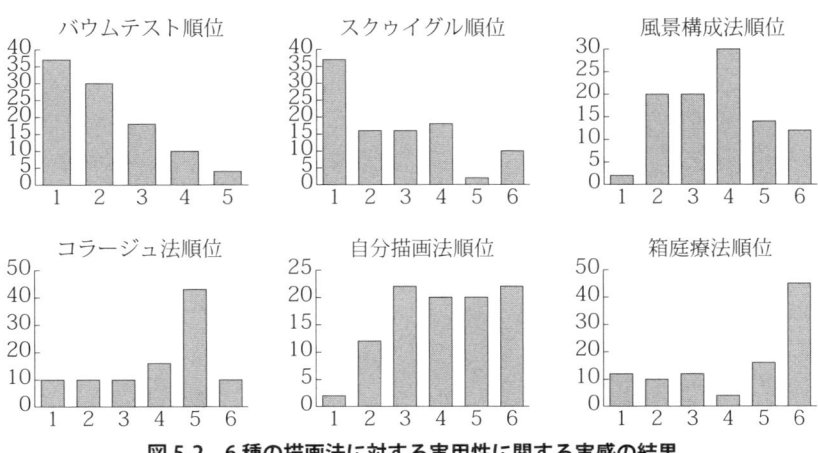

図 5-2　6 種の描画法に対する実用性に関する実感の結果

表 5-3　検定結果

表　検定統計量 ª

N	49
カイ 2 乗	56.708
自由度	5
漸近有意確率	.000

（注）　a：Friedman 検定。

表　検定統計量

N	49
Kendall の Wª	.231
カイ乗	56.708
自由度	5
漸近有意確率	.000

（注）　a：Kendall の一致係数。

→箱庭療法（4.24）コラージュ法（5.13）→」の順となり，コラージュ法のみが移動した。38 名の順位づけが一致しているかどうかを見るためにケンドールの一致係数を求めた結果，一致係数 W と有意確率は，W＝0.391，有意確率 0.00 ＜有意水準 0.05 となり，順位づけに一致性があることが確かめられた。その結果，心理臨床現場で利用しやすい描画法は「バウム」→「スクゥイグル」→「風景構成法」→「自分描画法」→「コラージュ法」→「箱庭療法」の順となった。

　次に順位の平均値に有意な差が認められるかどうかを確かめる意味で，フリードマンおよびケンドール検定を行った。その結果，有意差は 0.000 となり 5％水準よりも小さく，順位に有意な差が認められた（表 5-3）。

　次に 49 名の対象者の分析を行うため，変数を 49 名の対象者，ケースを 6 種の描画法とし，カテゴリカル主成分分析を行った。その結果について，6 種の描画法（1 はバウムテスト，2 はスクィグル，3 は風景構成法，4 は自分描画法，5 はコラージュ法，6 は箱庭療法）については，対象者の布置図を図 5-3 に示した。

　図 5-3 は実用性に関する 49 名の 6 種の描画法に対する実感のばらつきを示している。たとえば p32 の人は第 1〈次元 1〉，第 2 主成分〈次元 2〉ともにマイナスとなっていて，他の人とは順位のつけ方が大きく異なることを意味していて，かなり個性的な実感をもっていることがうかがえる。また p21，p41，p9 の 3 名は，第 1 主成分はプラスであるが，第 2 主成分はマイナスである。この 4 名を除けば，ほとんど全員が第 2 主成分はプラスとなり，第 1 主成分のプラス・マイナスの違いで 2 グループに大別できる。

　次に主成分スコアの散布図を作成すると図 5-4 のようになった。

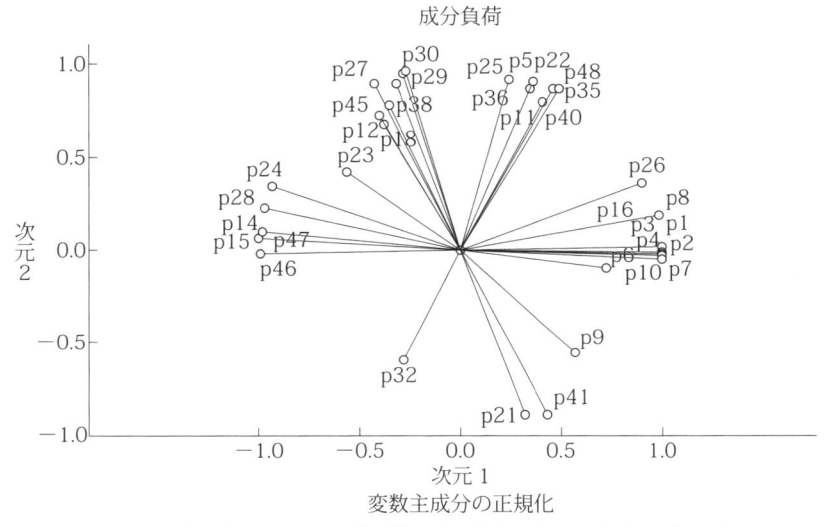

図 5-3　実用性に関する 6 種の描画法に対する個人の実感のばらつき

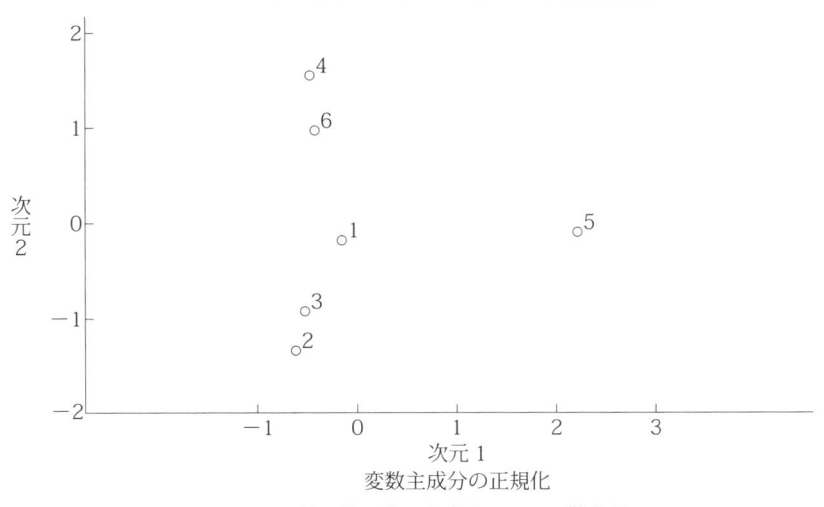

図 5-4　6 種の描画法の主成分スコアの散布図

　図 5-4 の見方であるが，第 1 主成分（次元 1；横軸）では左から右方に
いくにつれて実用的であるとの評価が得られる。第 2 主成分（次元 2；縦
軸）は評価のばらつきを意味し，上方に行くにつれ評価のばらつきが大き

表 5-4　描画法 6 種類の特徴のまとめ

	バウム テスト	スクゥ イグル	風景構 成法	自分描 画法	コラー ジュ法	箱庭療法
心理的負担	小	中	中	大	小	小
見立て（診断）力	中	小	中	大	小	大
適用範囲	広	広	広	広	広	広
実施形態	個人	個人	個人	個人	個人・集団	個人
セッティング	容易	容易	容易	容易	大変	大変
描者の対応	気軽	気軽	普通	重たい	気軽	重たい

い。この結果，コラージュ療法だけが評価のばらつきがなく実用的だとの
評価が得られた。バウムテスト，スクィグル，風景構成法は評価は普通で，
互いに近い位置にあるが，スクィグルについては個人間の差が最も少ない
ことがわかる。最も個人間差異が大きいのは自分描画法で，その次に箱庭
療法が指摘できるが，この 2 つの療法は比較的近い位置にあることがわか
る。

　（3）受けやすさに関する分析

　1 年目結果について単純に評価平均値の低いものから並べると「スクゥ
イグル（平均 3.57，標準偏差 0.76）→コラージュ法（3.84, 0.75）→自分
描画法（4.01, 0.72）→バウムテスト（4.18, 0.70）→風景構成法（4.24,
0.75）→箱庭療法（4.59, 0.70）」となった。また 2 年目結果についても
同様に示すと「スクゥイグル（平均 3.37，標準偏差 0.85）→コラージュ
法（3.58, 0.60）→自分描画法（3.76, 0.79）→風景構成法（4.13, 0.70）
→バウムテスト（4.21, 0.62）→箱庭療法（4.50, 0.65）」となり，スク
ゥイグル→コラージュ法→自分描画法の 3 種は変わらず，また最後に箱庭
療法が位置するのも同じだった。変化があったのはバウムテストと風景構
成法が入れ替わったことくらいである。自分描画法については，実用性の
みならず，受けやすさに関しても中央に位置した。

　以上を整理すると，およそ表 5-4 のようになる。

　（4）補　　足

　①用いる道具立ての容易さ（例：バウムテストやスクィグル，風景構
成法等は鉛筆またはクレヨンと用紙 1 枚で施行可能），困難さ（例：コラ
ージュ法でははさみ，糊，雑誌など用意すべき道具が多い），曖昧さ（例：

箱庭療法では用いるアイテムが特に指定されているわけではなく，また集団実施は不向き）など，治療セッティングの問題が実用性に影響を及ぼしていると考えられた。

　②文具と用紙 1 枚で実施可能な自分描画法の道具立ては簡便さをもつが，描画過程で「自己像を描く」ことが必須とされている。グッドイナフ人物画知能検査（DAM），HTP 診断法，動的家族描画法（K-F-D）はいずれも自己像を対象とする描画法であるが，DAM は 9 歳以下の子どもを対象としており，K-F-D は人物に動きを要求する。人物画以外の条件を求めない HTP でも P（人物）画は最後に描くために心理的抵抗が減じる。最初に「自己像」の描画を求める自分描画法は最初からパーソナリティにふれる場面を設定するために，徐々に心理的抵抗が生じることもある。最初からパーソナリティにふれて心地よさを感じた描画者は，描画プロセスを推し進めていくうちに徐々に心理的に安定していくものと推察される。自分描画法の位置づけが箱庭療法と類似となった点については，自分描画法が 2 次元の箱庭療法的ニュアンスをもつことと関係しているのかもしれない。

II　自分描画法と TAT における心理療法的有用性に関する比較研究

　本節では同じく動きのある生活場面を描いた絵画を刺激図とする TAT とさまざまな比較を行うことにより，自分描画法の特徴と心理療法場面における自分描画法の有用性を明らかにする。

1　TAT と自分描画法の概要

　小山（2012）によれば，TAT という用語が最初に用いられたのは，1935 年 *Archives of Neurology & Psychiatry* 誌に発表された "A method of investigating fantasies: The Thematic Apperception Test" というタイトルの論文であった。本論文はモーガン（Morgan, C. D.）とマレー（Murray, H. A.）の共著として発表された。この論文は当初 "A method for the investigation of unconscious phantasies" というタイトルである学術雑誌に投稿したが受理されなかった。査読者の一人であったアーネスト・ジョーンズ（Ernest Jones）は "unconscious" という用語を使わないで書くとよいと指摘し

た。その意向を踏まえて，本論文は "A method of investigating fantasies: The Thematic Apperception Test" と改題され，*Archives of Neurology & Psychiatry* 誌に受理された。「無意識的なファンタジーの研究法」と「ファンタジーの研究法」という表題の相違は，神経精神医学という雑誌の特質にあるということだけではなく，根拠に基づいた論文を書く，という今日にも通じるエピソードになっている。しかし根拠に基づいた論文はおのずと人間の心の表現法に限界がある，というのは心理臨床家の誰もが気づいていることであろう。およそ 80 年前にもあったこの難題は，今を生きる心理臨床家にも難題である。これは人間の心へのアプローチがいかに難しいかを物語っている。端的に言えば，TAT では外界からの刺激絵図に触発され，心の中である欲求が生じると同時にある圧力が生じる。その様態を，投映に絡むある物語の解釈を介してクライエントの心にふれようとする。TAT では心を「欲求－圧力」のありようを重視する。

　一方，自分描画法は思いの理論（小山，2002）を背景にしている。ユング（Jung, C. G.）のタイプ論（1921）を援用すれば，思いとは「思考，感情，感覚，直観などの意識的，無意識的な心的機能すべてを含んだ心の総体」を意味するが，自分描画法では意識的に獲得される「思考（ある考え事）と絡む感情（気持ちの揺れ動き）のかたまり」を一つの思いととらえ重視する。自分描画法の目的は，「"思い"は何かに押し上げられ出現するものととらえる」ととらえたうえで，「心理療法の中で，見えにくい心の部分である"思い"を浮き上がらせる道具として用いる」「描画内容（"思い"の部分）と物語構成（"思い"の全体）から，"思い"を重視した対話を行なう手がかりを得る」「発達水準および病的水準の把握がある程度可能。疑いある場合は，他の心理アセスメントを適宜追加実施し，発達水準および病的水準に関する信頼性を高めていく。自分描画法は発達水準および病的水準に関する情報の一端を与えてくれる」ことにある（小山，2008）。比喩的に述べれば，みずからの描画行為をとおして，感覚および直観力という気づきのツールを用いてある思いを生じさせ，バウムテストの樹木のごとき根（自分・隠れているもの）から幹（背景），枝（気になること）を描き，最後に樹冠のありよう（生成された人間物語）を心の中で綴っていく。

　具体例として 19 歳の女性 A が描いた自分描画法事例を次に取り上げる（図 5-5）。

　A は気になるものとして「自分の未来（右上の黒く渦巻く円）」（＝枝）

を描き，背景として自分の周りから順に「友人とこれ
から出会うであろう人」（＝幹）を描き，そして隠れて
いるものとして「心や思考（足下の影）」（＝根）を描
いた。題名は「みち（道／未知）」。

**図 5-5　19 歳女性 A
さんの自分描画法**

　物語は「『私』が目指しているもの。そこに辿りつ
くまでに様々な人と出会う。様々な人といろんな出来
事を乗り越える。そして大切な仲間を手に入れる。自
分の心や人の心をのぞきながら，考える『私』は何を
つかむのか…」（＝樹冠）と綴られた。A は感想として
「絵が立体的に作ることができたらもっとおもしろい
と思った」と付記している。

2　目　　的
　自分描画法が心理療法において果たす役割と留意点，そして活用につい
て，TAT と比較することで，その特徴と心理臨床現場における活用につい
て明らかにする。

3　方　　法
〔1〕　対　　象
　臨床心理士資格取得をめざす大学院生の協力を得て，TAT と自分描画法
の実習を実施した。対象となった大学院生は修士課程 1 年生が 6 名，同 2
年生が 8 名の合計 14 名で，全員が女性だった。彼らは生活場面を刺激素
材とした TAT と，自ら自分自身の生活場面および状況（刺激図）を作り出
していく自分描画法の両方を体験した。
〔2〕　実 施 手 順
　被検査者は「心理アセスメントに関する概論→ TAT 実習→ TAT カード
特徴および分析視点に関する学習（アフターケア）→自分描画法体験→自
分描画法に関する学習（アフターケア）」の順にアセスメント学習を行った。
その後，「TAT と自分描画法の共通点および相違点，心理臨床場面におけ
る自分描画法の活用の見通し」および「体験後の感想」を寄せてもらった。
全員が欠席することなく同じ体験学習を受けた。

4　結　　果

　表 5-5 に，被検査者の実体験に基づく TAT および自分描画法に対する特徴に関して，その共通点および個々が固有にもつ特徴を一括整理した。内容の取捨選択および追加・修正等は筆者の責任で行った。

表 5-5　TAT と自分描画法の特徴に関する比較

	TAT の特徴	自分描画法の特徴
共通点	・どちらも「絵画刺激」を扱い，「絵画刺激」を通してアセスメントする。被検査者の感情や思考，イメージなどをそれぞれ絵図版や描画といった非言語的な媒介に投映する。被検査者は自分のイメージ，想像力を活性化させる。 ・自己についての物語を語る。 ・質問紙調査のように，直接意識的な部分のみを対象とするのではなく，意識と無意識の狭間の部分も対象とする。 ・クライエントが直面化しにくい心理的問題にふれることができる。クライエントはときに心理的問題について語ることに抵抗を示し，無意識的に否認することがある。TAT や自分描画法といった投映法，描画法を用いることで，クライエント自身が抱有する心理的問題を間接的に扱うことができる。 ・アセスメントする際には，信頼関係を築くこと，被検査者の反応から読み取る力量が必要とされる。実施にあたって信頼関係があることが大前提。 ・クライエントとして取り組む際に，実施に対する意欲が求められる。 ・セラピストにとっては，「セラピストかつ検査者」という立場で，クライエントの世界観にふれるという体験がある。 ・被検査者に検査の目的が直接的に伝わりにくい。それゆえ被検査者に戸惑いが生じる可能性はあるが，特段構えることなく検査に取り組むことができるし，反応を故意に歪める可能性が低い。 ・日常生活では見られない被検査者の思いや行動特徴をうかがい知ることができる。 ・クライエントが置かれている状況を含めた全体的な性格傾向を把握することができる。 ・解釈が検査者の技量に左右されやすい。 ・TAT と自分描画法いずれの利用であっても，クライエントの心と対話するのはクライエント自身であり，セラピストはクライエントが自分の思いに向き合えるような場を提供することが大切になる。	
構造化	手順と提示図版があらかじめ決まっていて，反応は言語応答のみ。描画行為はない。自分描画法よりもより構造化されている。	手順のみ構造化されている。それ以外の描画テーマ，表現方法，内容等は描画者の自由選択であり，枠に縛られない非構造化の度合いが高い手法といえる。

表 5-5 つづき

目的	・人格力動を査定し，深層を理解する。 ・被検査者の無意識領域を暴露するような空想を起こし，根底にある自己抑制的な傾向を露にする。 ・絵図版に現れる人物に自己を投映するため，意識的または無意識的な本人の欲求や感情が現れる。結末をどうしてもハッピーエンドに終わらせたいと思うと幸福な未来が思い描かれる。 ・主にセラピストがクライエント理解を深める道具として用いられる。	・被検査者の"今の思い"を把握する。 ・面接において対話を促進させ，かつ被検査者の"思いを深める"一つの道具となる。・自己に関するものを描く作業を通して，クライエント自身が自己を見つめる。 ・クライエント自身が自分理解を深める道具として，かつセラピストのクライエント理解を深める道具として用いられる。
手順	・施行手順はおおむね決まっている。 ・被検査者は一連の絵を提示され，個々のカードについて何か物語を作り話すように促される。	・描画手順はおおむね決まっている。 ・被検査者は「自分」→「気になること」→「背景」→「隠れているもの」の順に描画を求められる。
手法	言語反応（話をつくる）によってアセスメントを進めていく。	主に描画（描画枠のみ設定された自由画）と言語反応（物語る）によってアセスメントを進めていく。
心理療法の立場	被検査者の気質，情緒成熟度，観察能力，知性，想像力，心理的洞察，創造性，現実感覚，家族間の心理的力動などを精神力動学の視点から把握する。	人間主義的アプローチおよび来談者中心療法の考え方が背景にある。「実存」「自己」「いま，ここに」「対話」「思い」等がキーワードとなる。
時制	・過去・現在・未来を重視し，3つの用語を教示に含む。 ・TATでは，物語作りにおいて，過去や未来へ「逃避する」ことも可能。	・"いま，ここに"を重視する。教示には「過去，未来」という言葉は含まれない。今ここに存在する過去，今ここに存在する未来という視点で，過去と未来にふれる。クライエントが抱いている"今の思い"を扱う。クライエントは現在の自分と向き合う。 ・自分描画法では"現在の"ことを尋ねる。その応用として，教示の際に"過去気になったこと～"や"将来について気になること～"と教示することで，現在以外について問うことはできる。面接中，過去のどこかでクライ

表 5-5 つづき

		エントが思い残しを感じているようなら，その頃を思い出してもらいながら自分描画法に取り組み，面接に生かすという方法もある。
刺激素材	30 枚の既成の図版を用いる。	1 枚の画用紙に自分が描いた絵を取り上げる。そこには被検査者の思いが詰まっているはず。
実施方法	集団法としては実施が難しい。その場合は，「集団 TAT 検査」等を使用する。	個人法，集団法ともに実施可能。
導入時期	・実施時期をとくに選ばない。	・初回面接時の実施はなるべく避ける。 ・ある程度関係性ができてきたところで，導入すると効果的。 ・自分描画法ではクライエントは自分自身の問題と向き合わなければならないため，面接初期よりも，ある程度クライエントとセラピストの信頼関係が形成されてから行われる必要がある。つまり治療初期のアセスメントとしてよりも，治療過程でセラピストとクライエントの関係性や治療の進行状況を確認する手法として実施すると臨床的に役立つ。
適用範囲	・幼児から高齢者まで実施可能だが，その際は幼児・児童絵画統覚検査（CAT）や高年者用絵画統覚検査（SAT）等を用いる。 ・筆記具の使用は必要ないので，高齢者や身体不自由などを抱える人にも利用できる。	・幼児から高齢者まで，人を選ばずに実施できる。 ・言語説明が難しい幼児であっても，想像力を働かせることによって楽しく検査を進めることができる。
所要時間	およそ 2 時間かかり，長時間を要する。作業量が多いので，2 回にわけて施行することがある。	短時間で終えることができる。ほとんどの場合，数分から 20 分程度で終える。
教示方法	・被検査者は絵図版に描かれた内容を一つの主題としてとらえ，絵に対する物語を作り，劇的構造を意味的解	実際の手順はおおむね次の 4 つのステップを踏む。 ①『自己像』の描画。つまり「イメージ

表 5-5 つづき

	釈つまり統覚するように指示される。 ・教示は次のとおり。「これは，あなたの想像力の検査です。これから私が絵を 1 枚ずつ見せますから，筋書きなり物語なりを作ってください。その際，その筋書きまたは物語をあらわしたものがこの絵となるようにしてください。絵の中の人物はお互いにどんな間柄でしょうか，この人たちにどんなことが起こったのでしょうか，この人たちは今何を考え，何を感じているのでしょうか，そして話の結末はどうなるのでしょうか，できるだけ想像力を働かせてください。文学的想像を思いっきり発揮していただきたいのです。好きなようにできるだけ詳しいお話をつくってください」。ポイントは，「絵を見てあなたの現実の話をするのではなく，絵から湧き起こった空想の話をしてほしい」という点にある。空想の話をするので，被検査者のテストに対する抵抗は弱められる。被検査者が話さないときは，「それから話はどのようになっていくのですか？」「どんなことを考えているのでしょうか？」など，適宜，テストの遂行を促すような言葉を与えていく。	としての自分」を描く。教示は「では最初に自分の全全体を，その用紙に自由に描いてください。どのように描いてもかまいませんし，どこに描いてもかまいません」。 ②『自分と関連ある人や物，あるいは出来事の存在』の描画。つまり自分のそばに，気になる人物や物品，あるいは出来事等を描く。教示は「では次に，今気になっている何かを思い浮かべてください。気になっている人でも，物でも，出来事でも，なんでもかまいません。思いついたら，ひとつその用紙のどこかに描いてください」。 ③『自分が置かれている心理的環境』の描画。つまり絵の "背景" を描く。教示は「では今度はその絵，全体にぴったりな感じの背景を描いて見ましょう」と伝える。風景画の場合，背景に空が示されていないときは，気分と関連する空をイメージし，描くよう促す。 ④そして最後にクライエントは『この絵のどこかに隠れているものの存在』，つまり深層にふれる。教示は「その絵をよーく見てください。何かが隠れています。何が隠れているのでしょうか…何か思いついたら，その絵のどこかに自由に描いてください』といった順序で描画を行いながら対話を深めていく。 隠れているものを描くときに，検査者から「おやっ」というような好奇心の伝わるニュアンスで教示をすると，被検査者側も落書きをしているような少し楽な気持ちで絵を描くことができる。
用紙	被検査者が記入する用紙は配布されない。作業は絵図版を見て，物語を作るだ	画用紙が用意されると，上手に描かなければという気持ちが喚起されやすい

表 5-5 つづき

	けである。	場合がある。そのときは落書き帳や広告の裏など，何気ない用紙を使用するとスムーズに手が動くことがある。
テーマ	提示される図版が決まっているので，与えられるテーマが限定される。	どのようなテーマを扱っても自由。テーマ選択の自由度が高い。
心理的負担	所要時間が長く，かつ図版も重苦しいものが多く，心理的負担が感じられる。	短時間でできるため，被検査者に負担をかけずに実施できるが，描画内容によっては心理的負担が増すことがある。
自由度	TAT では与えられた刺激図版に物語を付随させるため，自分描画法に比べると作業の自由度はやや低い。	どのような絵を描くかはすべてクライエントに委ねられている。そのため自由度が高い。
達成感	喜びを伴うような達成感はほとんど認められない。	作品を完成させることに喜びや楽しさ，達成感も感じることができる。
安全性	図版から物語を作るように教示されるので，被検査者の心理的安全性は検査者の関わりに委ねられる部分が大きい。	信頼関係ができてから，さらに被検査者のタイミングで "ある思いに関わる問題" を取り扱うことができるので，心理的安全性は高い。
抵抗	・重苦しい図版が多く，心理的抵抗が増す場合もある。 ・あくまで画中の人のストーリーとして語ることから，防衛が薄らぎ，抵抗感が和らぐ。	・絵を描くのが苦手な人もしるし，自分を描くことや，問題としていることを描くことに抵抗を感じ取る人もいる。 ・「自分」を描くため，内的世界が暴露されることを恐れるクライエントは，より防衛的になる恐れもある。
事例性	被検査者が物語をどのように語るかに事例性が認められる。	描画行動，描画内容，物語の創作すべてに事例性が認められる。
図版の特徴	・最初から図版ができあがっている。 ・被検査者の心理状態が図版に投影されやすい。 ・既成の絵から話をつくるため，物語る内容の領域が限定される。	・自分自身で図版を作り上げていく。 ・被検査者自身が今悩んでいることや問題としていることを画用紙に表現できる。 ・自分が問題としていることが，絵に

表 5-5 つづき

	・被検査者が見る絵があらかじめできあがっているため，絵図版が，予期せず被検査者のつらい気持ちを喚起する刺激となる危険性もある。 ・TAT で集められた物語の内容の中に被検査者のパーソナリティの重要な構成要素が現れる。それは 2 つの優勢となる心理的傾向に依拠している。1 つは，「人は自分の過去経験と照らし合わせて曖昧な人間の状況を解釈し，欲求を表す傾向がある」という事実，他は「人は経験の蓄えにあるものと同じように物語る傾向がある」という心理的事実である。	反映されやすい。絵は自分で作成するため物語のテーマは多彩となり，" その人らしさ " がより出やすい。 ・被検査者自身が用紙上に表出する内容や量を調整できるため，自分を守りやすい。しかし自己像を描くため，実施の際に抵抗があるかもしれない。セラピストは被検査者の反応を見ながら，そこにどんな意味があるのかを意識する必要がある。
自己像	TAT では絵図版に自分自身を投映させるが，これにあまり気づかない被検査者もいる。この場合，検査を受けていても自分自身にはあまりふれていないように感じるだろう。TAT は自分について深く考えることがまだ難しいクライエントにとっては取り組みやすい検査かもしれない。	自分描画法では自己像を描くため，自分のことを考えざるをえない状況に置かれる。ゆえに「自分自身にふれても大丈夫」だとセラピストが判断したクライエントに適用することが重要。
色彩	全図版がモノクロで，図版そのものに被検査者が手を加えることはできない。	・色を用いることもできる。筆記用具として主にクレヨン，色鉛筆，ボールペン，鉛筆等を用いるが，とくに決められてはいない。 ・自ら色を塗っていくため，色も一つの解釈の対象になる。被検査者の心理的状態を色合いなどの視点から捉えることもできる。 ・被検査者が絵に用いている色や，描いた絵と色の調和などから，より深い解釈が可能になる。
物語	・すでにある図版をもとにして，過去・現在・未来について物語をつくる。 ・語りにくい図版もあるが，多くが生活場面であるため，何らかの物語は	・1 枚の絵を自分で完成させ，それをもとに物語を作る。 ・" 自分が描いた絵 " について物語をつくるので，語りにくいということは

表 5-5 つづき

	・語られるだろう。 ・すべてがモノクロ図版であり，色に刺激されずに物語を語ることができる。かりに色彩図版であったなら物語の内容が異なるかもしれない。 ・みずから絵を描くことが苦手な人でも，多様に解釈できる図版によって独自の物語を構成することができる。 ・物語の中には意識的または無意識であるにせよ，その人の感情と欲求が現れるとマレーは考えた。被検査者は絵のある人物に自分自身を投影することによって自分自身を語ろうとするため，TAT に対する反応には被検査者の無意識的な防衛機制も働くであろう。カード絵は想像力のテストとして提示される。	・ないはずだが，実際には「語りにくさ」が認められることがある。この「語りにくさ」にも被検査者の今の「思い」が隠されている。 ・「自分が描いた」という思い入れがあり，真剣かつ慎重に物語をつくる可能性がある。また自己像を描いていることから，物語の主人公に自分を投映しやすい。 ・物語の内容として，現在自分が抱えている心理的問題が語られやすい。 ・物語る行為，つまり「まとめる＝振り返り」をすることで，客観的に自分の思いをつかむことができる。 ・提示された絵図版で物語を作るのが苦手な人でも，自分描画法では自分の思うように絵を描き色を塗りそれに沿って物語を構成できるので，表現の幅が広がる。 ・物語を作ることが苦痛と感じる人もいる。その場合は配慮が必要。「物語を作るのが苦痛！」ということがわかるだけでも，今後の面接展開の手がかりとなる。
題名・テーマ	・あらかじめ図版ごとに重要視されるテーマが決まっている。語られるストーリーの中に必ず繰り返し用いられる共通のテーマがあり，そのテーマが，じつは語り手が現実に抱えている感情や人生のテーマの場合がある。そこから語り手の感情を推測する。 ・図版ごとに多彩なテーマを取り上げている。 ・家族関係や母子関係，異性関係，攻撃性などをテーマにしており，あらゆる角度から被検査者を理解することができる。	・語り手・描き手が重要だと感じているテーマを扱う。 ・心理的核心に迫った部分が表現される。 ・自分自身をどう捉えているのか，今問題としていることは何なのかなどというように，被検査者の心の核心をつくものがテーマにされやすい。 ・被検査者がある程度素直に検査に取り組む限りにおいて，被検査者の気になっているテーマが絵になって現れる。

表 5-5 つづき

防衛	現実の自分とは異なる架空の場面を表現するため，防衛機制が働きにくい。	現実の自分についてどの程度絵に表現できるかが問われるので，検査者との信頼関係が築かれていない場合，被検査者の率直な思いの丈を，白紙の用紙にぶつけることは難しい。
対象とする意識領域	・投映という間接的手段を用いて，無意識領域にふれる。 ・TAT の方がより意識の深い部分を対象としている。 ・TAT では被検査者がまだ気がついていない「気になるところ」も扱うことができる可能性がある。 ・自己の無意識的な側面の理解が可能となる。	・絵は「自分像」と「今自分が気になっていること」が意識的作為にあたり，直接的心理的反映という印象を与える。「背景」と「隠れているもの」が投映という意識が及びにくい間接的心理的反映にあたる。自分描画法では対話が及ぶ範囲，つまり意識領域から意識境界あたりにふれる。 ・自分描画法では「今気になっている」ことを描いてもらうため，面接の手がかりとして，まず気になっていると意識していることが取り上げられる。 ・「今はまだ問題にしたくないことは描かない」というように，被検査者が回避することができる。つまり被検査者は面接展開に対する主体性をもつことができる。
思いの現れ方	・被検査者の悩みや不安，欲求といった被検査者の現在の「思い」は隠され，「思い」はダイレクトには現れにくい。 ・被検査者が過去から抱えている深層的な不安や欲求を把握したい場合は TAT を実施する。 ・クライエントに様々な図版を提示することで，クライエントの内面を自分描画法よりも広く刺激する可能性がある。それゆえクライエントの内面を自分描画法よりも深く知ることができる。	・「今の」クライエントの「思い」にふれることができる。 ・被検査者の悩みや不安，欲求といった，被検査者の現在の「思い」がダイレクトに現れやすい。 ・クライエントがそのときセラピストに伝えたくない思いは無理に訴えなくてもよく，またむやみに刺激されないため，クライエントにとって取り組みやすい技法と考えられる。 ・被検査者が現在抱えている，ある思い（悩みや欲求）にふれることが有効と判断したときは自分描画法を実施するとよい。

表 5-5 つづき

思いを語るまでのプロセス	すでにある絵について「空想の物語を作る」という教示がなされるため,自分の思いを表出することにためらいがあったり,まだ自分の思いを表出する準備が整っていない被検査者であっても,比較的取り組みやすい。	被検査者が自分で絵を描いていきながら,自分のペースで思いを形にしていくことができる。教示を受け絵を描き進める際,「何となく描いていしまったけれどなぜそれを描いたのか自分でもよくわからない」という事態になることもあると思われる。そのような場合であっても,自分描画法は,絵を描くプロセスと物語を作るプロセスがあるため,段階を踏んで自分の気持ちを整理していける。
自己表現方法	・手続きは一定の枠内に収まることからして,表現の幅が限られる。 ・自己は物語の登場人物に投映され,無意識的に表現される。 ・「物語化する」ことのみで自己を表現する。	・絵を描いたり,色彩を使えたりと,より幅広い,自分好みの表現が可能となる。 ・表現が幅広くなることによって可能となった絵の形や色彩が気づきへと結びつく場合もある。 ・幅広く自己表現できることが必ずしも治療効果に結びつくとは限らない。例えば,エネルギーの低い状態の人にとっては消耗に結びつく可能性もある。その場合は,用紙の大きさを小さくする,4つの課題の途中で終えるなどするとよい。 ・統合失調症者には自分描画法 は刺激が強すぎる課題となる可能性があり,TAT は適用できても自分描画法は適用できないこともある。 ・「自分を描いてください」という指示が与えられ,自分がより意識的に表現される。 ・自己表現方法が「絵画で表現する」と「物語化する」の二種ある。
解釈	ストーリーを作ることが求められるため,内容に深みがあると感じられる。分析や解釈は容易ではないが,ストーリーの流れから被検査者の統制感や合理性を見ることができ,内容やテーマか	描かれるモチーフが被検査者の感じている現実世界に即しているため,初学者にもある程度の解釈が可能である。とくに,被検査者の自己像と気になっていることを描くという 2 つのステッ

表 5-5 つづき

		プがあるため，被検査者の自己イメージと指向性が比較的明確に現れやすく，そのことを話題にしながらその後の面接を進めることができる。
	らはパーソナリティの深い心理的側面をはかることができる。	
面接場面における有用性	・TAT の実施は，心理療法や短期の精神分析に入るきっかけとなることがある。 ・被検査者は無意識領域にあるので，自分の意志で認めようとしないか，認めることができないでいる。	・自分描画法のようなクライエント自身が描いた絵が面接机の上にあると，セラピストとクライエントともに面接が進めやすくなる。言葉で表現しづらい場合でも，絵のイメージから，クライエントがどのような気持ちを抱いているのか推測できる。 ・言語だけを用いた面接を行っていて行き詰ったときに流れを変える助けとなるかもしれない。 ・面接を進めるうえで，今後の面接の方向性を指し示してくれる。 ・今後，どんな話題を面接の中で取り上げていけばいいのかについて，一つの手がかりを与えてくれる。 ・幼児にとって描画活動は日常的に慣れ親しんだものであるため，プレイセラピー場面にも導入可能で，負担をかけずにアセスメントをする機会を設けることができる。 ・描画という間接的な表現を用いるため，問題と適切な距離をとって表出することができ，工夫を凝らせば教育現場における集団実施も可能。
治療効果	TAT は人間関係や社会的態度，願望，不安等，広範なパーソナリティ研究のほか，行動障害，心身症，神経症と精神病等の査定において役立つ。実施それ自体に治療効果があるというわけではない。	・「自分の"思い"を表現する」というカタルシス効果がある。つまり表現すること自体が楽しかったり癒しとなったりする可能性がある。 ・絵という媒介を用いて，現在に向き合う作業を促進させる効果がある。 ・抱えている問題を描いてそのまま終わりにするのではなく，隠れているもの描き物語る。それらに心を向けることによって，本来望んでいるも

表 5-5 つづき

		のや目標を本人が意識化する可能性もある。その点から自分描画法の実施には治療的意味も含まれる。 ・自分描画法を体験する中で，自分という存在や今自分が抱えている問題と向き合うことができて，さらに何らかの気づきを得ることができることから，自分描画法を実施すること自体に治療効果があると思われる。 ・クライエントは抱えている問題の専門家であり，問題を収めるための方法を知っている。 ・物語を作ることと同様に，絵を描くことや色を使うこと自体が楽しさや癒しへつながったり，逆に，苦痛につながったりする場合がある。

5　被検査者の感想からから学ぶこと

被検査者全 14 名の自分描画法に関する感想を，以下に整理した。

〔体験内容に関する記述〕
・「私が絵を描いたり物語を考えたりしている時は，とくに自分の今の悩みや欲求のことは考えずに取り組んでいた。しかし実際に完成した絵や物語をみると，自分の今の悩みや欲求，心の支えなど，"今の自分"が 1 枚の絵の中に多くあらわれていて驚いた。教示を聞いている時は意識しなかったが，私の"思い"が教示によって無意識的に引き出されたのかもしれない」→思いが無意識的に引き出された。
・「日々の生活が忙しくなると，自分の気になっていることを気にする余裕がなくなり，無視してしまうことがある。自分描画法はその部分に目を向けるきっかけになったように思う」→普段無意識的になっている「気になっていること」に目を向けるきっかけとなる。
・「描いているうちに，自分が本当に気になっていることは何か，整理することができた」→自分探しにつながった。
・「自分描画法は色彩を用い，お絵描きのように楽しめ，被検査者への負担が少ない。また現実の問題について描くため防衛が保たれ，どこか

安心して取り組むことができる」→自分描画法では防衛機能を働かせることができて，安心感がある。

・「描き終わったときには，どんなことが気にかかっていて，自分ってどんな存在なのかがわかった気がする。ただ気がかりなことを解決するには，鯨のようなものとの出会いが必要な気がする。セラピストに何か語りかけられたわけでもないのに，洞察ができてしまった体験だった」→自然と洞察が深まった。

〔イメージに関する記述〕

・「好きな人がまず浮かんだ。背景は特定の場面が思い浮かばなかったので，温かいイメージにした。隠れているものはなかなかイメージできなかったので，背景のきれいなイメージに合わせて花束にした。これから好きな人と仲良くやっていきたいなぁ，という絵になった」→イメージが順次広がった。

・「描いているうちに，どんどんイメージが広がった。その結果，途中でこう描けばよかったと考えが変わり，少し満足仕切れなかった感じがある。しかし描いているうちに楽しくなってきて，嫌な気持ちはなくなった。描画時間に余裕があれば，どっぷりと浸れると思う」→描画するうちに楽しくなって来た。

〔課題〕

・「今気になるものについて描くことに抵抗があった。嘘は描いていないけれど，全部描ききったという感じはしなかった。オブラートに包んで描いたという感じです」

・「背景については考えつくまで少し苦労しました。背景は身近にある風景を描いたので，あまりイメージが膨らんだようには感じなかった」

・「隠れているものを描くことに，少し抵抗があった。隠れているものというよりは，隠しているものが思い浮かんで，はっきりと描くことはできなかった」

・「気になるものを考えるのが難しかった。逆に背景や隠れているものは描きやすかった。とくに“隠れている”という表現は，すべてさらけ出さなくてもいいという安心感があった。逆に“気になるもの”はすべてさらけ出す感覚があったので，やりづらかった」

- 「TAT では自分で考えた物語を検査者に伝えることの抵抗や戸惑いを感じ，自分描画法では自分で絵を描いた上で，物語を検査者に伝えることへの抵抗を感じた」
- 「自分の negative な思いに直面している感じで，自分は嫌な人間だなぁという気がした。実施者が会ったことがない先生だとわかっていたので，絵も，質問紙も，素直に negative な気持ちよくない感じを表出できたと思う。実施者が知り合いだったら違った絵になっていたか，絵は同じでも物語の内容は変わったと思う」→実施者は誰かが問題。
- 「実施者と被検査者との間にある程度の信頼関係がなければ，安心して取り組むことができない」

〔心理療法への貢献〕
- 「完成した作品を通して対話をしたり，関係作りにも役立つ。2 セッション以降の面談に実施するなど実施方法を工夫することで，自分をさらけ出す不安も軽減できるかもしれない」

　以上，自分描画法がもつ特徴があらわになった。いずれの描画法についても言えることだが，自分描画法では本法がもつ長所と効用，短所と限界を見据え，必要なときに必要なことを必要なだけ実施するという必要 3 条件に沿って実施することが何よりも大切である。

6　考　察
　TAT との比較から自分描画法の心理療法における有用性の検討を行うこと，さらに TAT が意図することとの比較から心理療法における自分描画法の視座について検討を行う。同時にアセスメントと心理療法の道具の絡みについて検討する。
〔1〕　自分描画法の有用性に関する TAT 比較の検討
　TAT で語られる物語には被検査者の現在の悩みや欲求といった「思い」が投映されていることが多く，被検査者に気づかれない形で被検査者が今抱いている悩みや欲求を知ることができる。質問紙法では，被検査者は何について聞かれているのかに気づき，本当の答えを隠して意図的に望ましい方向に回答することがあるが，TAT では検査の本来の目的が被検査者には気づかれにくいため，被検査者が意識していないような不安や欲求が現

れやすい。ここでは自分描画法と TAT との相違点について，次の 3 点に絞って検討する。

（1）絵は自分で描いていく

表現の自由度が高く，描画の段階からみずからが強く関わっていることから，ストーリー立てにも取り組みやすい。しかし反対に自分を表現するという点では抵抗感も強く，取り組む際にエネルギーを要する。そのためクライエントとの関係性を適切に見立てたうえで，実施することが重要である。TAT とは異なり，みずから絵を作成しストーリーを考えるため，クライエントにとって嫌なことを強制的に連想させてしまう可能性は低い。一方，TAT では自分の思いを隠そうと意図してストーリー立てることが可能だとすれば，自分描画法は TAT よりもクライエントの思いにアプローチしやすい技法だといえる。

自分描画法では，真っ白な紙に一から自分で絵を描くため個人による多様性が増し，それだけ分析や解釈も検査者の主観に左右されてしまうが，個人の特性が色濃く反映される点は意義深い。また「気になるもの」や「隠れているもの」を描かせることによって，内的なものを意識化させることが期待できる。また描画にどのような題名をつけるかという点も興味深い。しかし，それらの点が逆に侵襲的と受け取られ，被検査者の心理的負担になる可能性もある。

（2）「今の思い」に焦点をあてる

自分描画法は実施の意図が明確であるため，実施するセラピストにとっての，まさに「道具」という印象が TAT よりも感じられることである。そのため，実施するタイミングや，クライエントの反応に応じて「今，この時点で」どの部分を特に取り上げてクライエントとの対話を構築していくのか，見極めが非常に重要である。「気になるもの」「隠れているもの」はクライエントが今抱えている問題であり，それを絵にすることによって，視覚的にも身体感覚的にもじっくりと認識することができる。描画により "今" が鮮明となっていくということは，クライエント自身が "今の問題" に向き合っていくということを意味している。

（3）「対話素材」としての描画

自分描画法では「検査されている」という意識をクライエントは持ちにくい。「これで私の何がわかるのだろう」という不安は生じるかもしれないが，この不安こそ，セラピストがクライエントとの関係性や実施のタイミ

ングを見極めることで軽減される可能性が感じられる。

　自分描画法では，自分で絵を描き，それについて語るため，その人が抱えている問題が，TAT による物語よりも直接的に現れる可能性がある。子どもに対して実施する場合は，自分描画法の方が導入しやすいのではないかと思う。それは子どもにとっては「お絵かき」や「落書き」は身近であり，言語発達が未熟な幼児にも適用しやすい。一方，絵を描くのに抵抗がある成人などに TAT の導入がスムーズになるかもしれない。

　思いの現れ方については，物語には被検査者の現在の悩みや欲求といった「思い」が投映されていることが多いことがわかる。また被検査者に気づかれない形で被検査者が今抱いている悩みや欲求を知ることができるのも自分描画法の特徴といえよう。

　質問紙法では，被検査者は何について聞かれているのかに気づき，真の答えを隠して意図的に望ましい方向に回答することがある。しかし，TAT や自分描画法の場合，検査の本来の目的が被検査者には気づかれにくいため，被検査者が意識していないような不安や欲求が現れやすい。

　以上，TAT との比較によって自分描画法がもつ長所・短所が被検査者によって語られたが，それらをまとめると次のようなことが言えるだろう。

　①自分描画法は被検査者の無意識的な部分を引き出し，"今"の心理的状況を理解するのに役立つ。

　②自分描画法は被検査者を多角的に理解する道具として有用。

　③自分描画法と TAT の共通点は，「ある状況に絡む思いにふれ，その思いをつかみ，収めるまでの心理的経過を心理臨床の場で関わっていく」点にある。

　④自分描画法と TAT の相違点は，「TAT は刺激図（＝絵）が定まっていてクライエントに与えられる。枠組みがある程度決まっているので，査定としての有用性がある。一方，自分描画法はクライエントが絵（＝刺激図）を作っていく。刺激図としての絵作りは流動的であり，どのような絵になるかはまったくわからない。ゆえに査定としての有用性は強調できないが，セラピー促進法としての利用に価値が見出せる。自分描画法が査定として果たす役割は一部貢献と見てよい。

〔2〕　心理療法のツールとしての自分描画法の役割

　本研究結果，共通点としては「どちらも絵画刺激を扱い，絵画刺激を通してアセスメントする。被検査者の感情や思考，イメージなどをそれぞれ

絵図版や描画といった非言語的な媒介に投映する。被検者は自分のイメージ，想像力を活性化させる」，相違点としては「TAT では，被検者の悩みや不安，欲求といった被検者の現在の“思い”は隠され，“思い”はダイレクトには現れにくい。一方，自分描画法では，“今のクライエントの思い”にふれることができる」などのコメントが得られた。また治療的効果については，TAT はアセスメントにおいて役立つが，実施それ自体に治療効果があるというわけではないが，自分描画法では，“自分の思いを表現できる”というカタルシス効果がある，つまり表現すること自体が楽しかったり癒しとなったりする可能性があること等の知見が得られた。

　TAT 創始者である Morgan, C. D. ら（1935）は，TAT をとおして，一連の絵からわき起こる想像的な物語作りにより被検査者自身が認識しえないファンタジーにふれる点を強調した。その 3 年後に執筆した「パーソナリティの探求」（Murray, H. A., 1938）では，TAT の実施目的について，図版提示により「文学的創造力を刺激し，隠されたコンプレックスや無意識のコンプレックスを暴露するような空想を起こさせようとする」と述べた。つまり，全図版は不安，恐れ，悩み，願望など感情を喚起する内容となっており，これを物語ることで被検査者は「自分の境遇，経験，先入観などを投映する」のである。

　TAT で取り扱う人格は，欲求と圧力因子を重視するため，全図版は欲求と圧力が生じやすい図版が選ばれた（Murray, H. A. ら，1943）。

　TAT の発展に尽くした戸川（1959）は，「TAT は空想の物語からその人の人格に関する仮説を作る技術であり，推測の技術といってもよい」と述べている。その戸川が開発した成人を対象とした TAT 日本版（1953）および幼児・児童を対象とした CAT 日本版（1955）では，物語る部分については「物語りの形式（言語・叙述）」「語り手と絵の関係」「態度」等を明らかにし，分析・解釈についての項目としては，欲求因子および圧力因子の種類・対象・水準，内的状態，解決様式，結末のありようとなっている。牛島義友ら（1958）が作成した「集団 TAT 検査」では，欲求（権力，愛情，社会的承認，所属，独立）－反応（攻撃，退行，非現実）－結末（幸福，不幸，不定）の 3 つの項目に関する分析と，個人の関心が社会，家庭，自己のいずれの領域にあるかを見立て，総合的に判定する。

　また佐野・槇田ら（1961）がまとめた精研式主題構成検査では，解釈の視点として「欲求－圧力体制」「知的側面（レベル，生活空間の広さ等）」

「情意的側面」「指向的側面（生活態度,外界に対する認識様式等）」「力動的側面（生活感情等）」「決定要因（家庭的等）」「病的特徴等」となっていて,戸川の視点と比べて,日常生活をより意識していることがわかる。また安香宏ら（1997）は分析枠の例として,「刺激図の認知（例：うずくまった人物 D）」「導入人物（例：男）」「物語の時間的な流れ（例：将来なし）」「物語の結末（例：唐突な結末）」「筋・主題（例：強姦されて泣く女）」「感情調（例：くやしさ）」などを取り上げている。このほかに「絵の情景が物語からきちんとイメージできるか」「物語の筋に一貫性と流れがあるか」「現在,過去,将来のバランスはとれているか」「物語の結末は明るいか,暗いか,あるいは何も語られていないか」「印象に残る言葉づかいはあるか」「反応時間や物語るときの態度はどうか」など, さまざまな側面から見て,総合的な人格特徴を抽出する。

　一方,精神分析的視点から赤塚（2008）は Stein, M. I.（1955）を引用しながら次のような独自の視点を提供している。分析の視点としては,「反応時間（一般的には 20 秒以内に初発反応がみられる, 一般的には 4 分以内に TAT 物語を作り終える, どの図版, どういう状況で沈黙が見られたか）」,「現在,過去,未来に関する叙述の有無と叙述量（一般的には現在に関する叙述量が多くなる）」,「課題解決（課題解決の方向性）」,「主人公について（主人公が被検査者と離れている場合は,受け入れられない自分を投映している場合が多い）」,「主人公の欲求－圧力の分析」,「図版のテーマから母子, 父子, 家族関係およびセクシャリティイ等の分析」などである。TAT は周知のとおり, さまざまな立場から取り扱われており, 分析方法も定まらない。しかしあくまでも言語および非言語反応を解釈・分析するという立場は共通していると考えられる。"アセスメント" という性質を濃厚にもつ道具である。

　一方,自分描画法は取り扱いが現実の世界であったり, ファンタジーであったり, ありえない願望の世界であったり, 描画者の今の気持ちのありようでいかようにでも変化する。" 思い " とは本来時制を問わない, 浮遊状態の心のありように喩えられるという認識が背景に横たわっている。そして " 思い " には, 思いの内容, 質, 深さが関係する。思いの深さで見れば, とくに悩みといったものは感じないし, 問われなければ気づきもしないというレベルから, 何かにとらわれ, 想像やファンタジーといった個人の体験等が再現されやすいレベル, そして直面せざるをえないレベルまで

さまざまな様態がある。悩みが深いときには，その人の今の思いが現れやすい。自分の思いを明確につかみ取れる様態から，不明瞭な思い，そして何かあるが自分でもよくわからない思いのレベルまでさまざまあることがわかる。思いの深さ，質は思いの内容に直接・間接的に影響を与える。自分描画法では，今のその思いがなぜ再現されたのか，その要因について深くはふれない。再現されたものがその人の“思い”に絡んでいるかどうかを見定め，絡んでいると思われるときには真摯にその“思い”に向き合うようにする。ある思いが生じるとき，ある内的・外的体験が私を突き上げるという衝動体験を伴うことがある。これは TAT のねらいと少し似ている。TAT はあくまでもアセスメントという枠組みの中で開発され研究がなされてきたが，自分描画法は心理臨床の中で活用するアセスメントを兼ねた心理臨床道具という位置づけが相応しい。TAT との関連でいえば，TAT がこれまで個人が獲得した欲求−圧力指向性に着目するのに対して，自分描画法は山本（1992）が示した体験論的な心理療法である「TAT かかわり分析」という方向性に馴染む。

Ⅲ　心理臨床における自分描画法の役割と対話の効果

1　自分描画法における自己評価と対話の効果

［目的］：本節では自分描画法の体験者に，心理臨床における貢献内容，限界，対話の効果等について振り返りを求めた。キーワードは自分描画法，臨床貢献，対話の効果であった。
　　整理後の結果を以下に記す。

［対象］：筆者が担当する集中講義「臨床心理学」の受講生 135 名で，全員が大学生女子だった。自分描画法は講義終了後に実施された。

［手続き］：自分描画法を 2 回（1 回目は集団で筆者による教示，2 回目はペアになり 2 人で）実施後，以下の整理項目について振り返りを求めた。レポートの提出は自分描画法実施後 1 カ月以内であった。

［結果と考察］：自分描画法の「対話（集団×2 人）の効果」と「貢献内容」について，数多くの体験者の声が得られたが，紙面の関係上，各項目の代表事例として 2 例記す。

2　対話の効果（集団で施行）

〔1〕　教示に沿って1人で描画するときの「心理状態」

体験者の多くが，最初に自分描画法を体験した時に緊張感をもったことがわかった。

> 「何を描くのか解からない状況で描いているので緊張もするし，とても真剣に描かなければいけないと思った。個人的作業なので黙々と集中して描画することができた」

> 「これから何を始めるのかを聞いた時，正直，こんなことでほんとうに自分の心にある思いがわかるのかと半信半疑だった。しかし，いざ言われたことに沿って描いていくと，意外にも一心不乱に取り組んでいる自分がいた」

〔2〕　教示に沿って1人で描画するときの「絵の内容」と「絵の描き方」

①「あまりこだわりを感じなかった」と答えた人のコメント

> 「1人で描いているときと，対話者を前にして描いているときとは違うことがあった。1人で描いているときは，服や色などはあまり深く考えなかった。自分の絵を描いたときも1色で描き上げ，背景との遠近法も気にしていなかった。その時は，自分では全部わかっていて，心の中にそれなりの景色が浮かんでいるから描かなくてもいいかと思い，細かいところまでは描かなかった。

> 「1人で描いた時は，私は絵が好きなため冒頭し，なぜ今これ（例えばテント，ボートなど）を描いたのかや，どうしてこの位置に描いたのかはまったく考えていなかった。一見明るく楽しそうに見える絵だけれど，裏には考えられる陰の部分があることに気づけずにいた」

②「描きやすかった」と答えた人のコメント

> 「1回目は何も考えないで，自分が思うまま直感的に描けた」

> 「先生に言われるままに書いていて，思いつくままに描いていた。とくに何かを感じることもなく，ありのままを描いた。今，私の生活は人間関係で悩んでいて，心理的に重いと感じていた。そして絵を見て，本当に絵にも暗い感じが出ていた。背景は，いつも夜一人で考えているベランダで，足元には大きな岩が見えた。この絵を見て『正確に結果が出るのだな』と，正直驚いた」

③「描きにくかった」と答えた人のコメント

> 「1回目では，どうしたらいいのか迷いながらやっていて，構成的にも難しく，描きたいように描けなかった。そしてクレヨンという太いペンなので細

かいところも適当になってしまった。しかし，今自分が感じていることが絵にも出てきたことで，心の中で悩んでいたことも少し解決方向へ向かった気がした」

　「1 回目の描画では『自分』→『気になるもの』→『背景』→『隠れているもの』というように題材がまとめてではなく一つ一つ出され，手探りで描いたため不安な感じがした。対話がなかったため，ただ描くことだけに集中していた。頭に浮かんだものをそのまま表現し，頭で考えるというよりも心で描くというような感じだった。『上手に描こう』という意識は働かなかった」
④絵の意味について

　「テーマは公園へ犬とお散歩。ある晴れた日。綺麗な公園に犬とお散歩に来ている。周りには，車やビルも見えるが，公園には花や木など緑があり，楽しそうに散歩している。この振り返りから，『都会のにぎやかさ・人間の技術の進展』と共に，『昔からある自然の木や花などの緑』というように，人間と自然の共生の様子が見られる。自然の中で遊ぶのが大好きである一方，車やビルなど便利なものに引かれる。人間と自然と動物がうまく共生できたらという思いがわかる。そして，自然も動物も車も……といったように，さまざまな欲求があるように見られる。描いているうちにいろいろなことが浮かんできて不思議だった。でもいろんなことが浮かんできたのに，描きたいと思ったことは一つだったというのも不思議だった」

　「絵の題名を『高校時代と今』としたのは，馬術部員であった高校時代の自分を象徴する中心的存在は馬であって，今の自分を象徴するものは飼っている犬であると思い，この絵や後の物語の中にはその両方が絡み合って入っているからです。また，隠れているものが犬で，その犬が私の足に飛びついてきています。このことから，自分は元の部活友達と乗馬クラブに遊びに行く事が楽しみだけれど，今は意識の深いところではペットの犬の存在が一番大きくて，気になるものに寄っていっても，いつも最後はその犬のところへ戻っていっている自分を見ることができた気がします。背景が，自分を少し上から見下ろしているようなアングルで地面しか見えないのも，何か意味があるのではと思いました。柵を描いたことは，自分と自分の気が許せるものだけを柵の中に入れて守っているという印象を受けます」

3　対話の効果（2 人で施行）
〔1〕　教示に沿って 2 人で描画するときの「心理状態」
①「あまりこだわりを感じなかった」と答えた人のコメント

記述なし。

② 「描きやすかった」と答えた人のコメント

　「2人で描いたときは，少し緊張しながらも『これなに〜?』と尋ねながら描くと意外にもすらすら描け，楽しい気分になり描けた。しかしつい会話に集中してしまい，『見られている』というのもあって，絵は雑になってしまった。1人の時は，絵を描くのに必死だったが，2人の時は『この時はこうだったんだよぉ〜，この人はこういう人なんだよ』と，その絵の中に入り込んで話し出すとどんどん解説ができて，気楽な気分になれた」

　「2回目は，友達に指示されながら描いたけれど，1回目に比べ，『一人ではない』という安心感からか，周りを気にせずに描けたような気がする。それに2回目なので，どんな絵を描くのか，どんな指示が次にあるのかがわかっていたので，簡単に絵が描けたような気がする」

③ 「描きにくかった」と答えた人のコメント

　「絵を描いていて，1回目と2回目の人から指示され見られているものではまったく感じが違うと思った。1回目は完全に自分の世界に入れるため好きなように描けたが，2回目は私の場合，安心感よりも人の目が気になり素直に思ったことを描くことができなかった。自分描画法を実施する際は人の目を気にしないよう，絵がすっかり完成するまで相手に見せないというやり方がよいと私は思った」

　「今気になっているもの（人，出来事）（＝私の絵に置き換えた場合 "芸人"）にあたる）を人に見られている状態で描くことが少し恥ずかしく，絵を描くのは嫌だなぁと思ってしまった。実際に自分描画法を行うにあたっては，自分の心で感じるままに描けるような2人の間の信頼性も大事になってくるのではないかと思った」

〔2〕　教示に沿って2人で描画するときの「絵の内容」と「絵の描き方」

① 肯定的印象（例：心理的抵抗は感じなかった）

　「1回目と2回目では，やはり2回目のほうがやりやすかった。なぜかといえば，最初は何を描くか，心を見つめながら考え考え描いていたけれど，2回目は対話しながら描くことによって，一つ一つ思い浮かべて描け，描きやすかった。描く順番も，一つずつ指示されることで，描きやすい順番になっていると思った。楽しく描けたと思う」

　「2回目の方が対話をしながらだったので楽しく描くことができた。また，質問をされることにより，自分の気持ちが見えてくるような気がした」

② 否定的印象（例：心理的抵抗を感じた）

「1 回目に描かれたピアスが 2 回目には描かれていなかった。私の耳の 5 つのピアスの穴にはそれぞれエピソードというか，あけた理由がある。無意識のうちにそのことを知られたくないのだと思った」

「2 回目に描いた絵の方が自分の顔の表情が明るくなり，全体的に和やかなムードの絵になった。これは『外の自分』に切り替わったからだと感じた」

〔3〕　対話の効果

「相手と話しながら絵を描いたときは，相手が過度に私の絵を見つめすぎることなく優しく見守るように接してくれたので，とても描きやすかった。そして，その時の会話内容も，始終相手が喋っているという感じではなく，必要なときに必要なことだけを喋っているという感じだったので，とてもやりやすかった。だが，今回の場合，その相手役が私の友達だったのでそのように感じることができたのであって，もしそれが今までまったく話したこともない赤の他人であったなら，やりにくくてしょうがなかったように思う。よって，誰かに付き添ってもらって絵を描く場合には，事前にその相手とある程度仲良くなっておく (ラポートの形成) 必要性があると感じた」

「適度に話しかけるというのが難しかった。話かけすぎると気が散って描けないし，話しかけないでいると逆に沈黙が続き描きづらい。私の場合も話しかける度合うまくいかず少し描きづらかったが，適度だと緊張もほぐれて内面を探りやすいのだと思う」

4　心理臨床における自分描画法の貢献と留意点

自分描画法は心理臨床において，どのような貢献をするのだろうか。本節では貢献内容と留意点について記す。

〔1〕　自分描画法が「映し出すもの」

以下の 3 点について指摘があった。

①心そのものに関すること

「気持ち」

「自分の今思っている心理的状況；今の心理状態」

②感情や思いに関すること

「無意識のうちに自分のさまざまな感情があらわれる」

「言葉にできない思いが映し出される」

③絵に関すること

「絵は気負いがなくても描けるが，描画をクライエントが手がけるならば，

そのクライエントの気分や特性が出やすいと思う」

「絵のみで判断してすべてを言い切ることはできないだろうが，心があらわれやすいものだとは思う。楽しい気分の時は比較的明るい絵を描くだろうし，悲しい時は，悲しみを感じさせる暗い絵を描くものだ」

「口に出さなくても，自分の心の中にあるものや，感じるものが割にそのまま描き出される。その人の状態を知るにはわかりやすい方法」

「絵を描くことによって，深層心理にふれることができると思う。大人になってくると普段なかなか絵を描くということがないので，自然と心の内を描いてしまうと思う。一方，幼い子どもは大人と違って，『よく見られよう』などという考えなしに絵を描くので，自分の素の部分にふれることができる」

〔2〕　**自分描画法を実施することで，「何がわかる」のか？　自分描画法は「何ができる」のか？**

心理臨床における自分描画法の貢献内容は次のとおりである。

①思いに関すること

「心の奥にある自分自身が意識していない思いを表現できる」

「言葉ではうまくあらわせない抽象的なことを，絵にすることによって自分の目で見つめ，自分は今何が気になっているのか，どうしてそれが気になるのかなどについて考えることができる」

②感情に関すること

「誰にでも起こる『心と感情の葛藤』を少し整理できる。この葛藤は人間の人生を大きく左右させるものであって，へたをすれば死に追いやってしまう」

「言葉ではうまく表せないような微妙な感情の変化がわかる」

③深層に関すること

「直接話を聞くわけではないので，患者に妙なプレッシャーを与えず，より深い心の奥底の気持ちを知ることができる」

「これをやっている最中とっても自然体で，意識せずやっていた。このような状態の時に，人間の本音や自然な心が見えるんだろうなと実感した」

④教示の要素に関すること

「うまく絵にはできなくても色使いや背景，自分自身についても表情からさまざまなことがわかる」

「絵に物語をつけることで，その人が思っていることや考えていることがよりわかりやすくなることがわかった」

⑤自分に関すること

　「自分がわかる。クライアント自身としても，自分で感じていることを言葉や絵で表すことによって，自分を客観的に眺めることができる，良い機会になるのだと思う。自分を客観的にとららえることができると，自然と抱えている問題が何であるかということにも気づき，その対処法までも自分で考えることができるようになるのだろう。それは『自分自身の問題を，自分自身で解決できた』という達成感にもつながり，多少のことでは打たれない，強い心を築き上げていくことにもなるのではないか。とにかく『自分自身を把握する』という部分に大きな意味があるのではないかと私は感じた」

　「自分自身をどれだけ客観的に見つめているかどうかがわかる」

⑥方法論に関すること

　「気持ちが落ち込んでいるとき，問題を抱えているが解決法がわからないとき，対話しながら自分描画法をすることにより気づかなかった気持ちを発見し，そこから次を導き出すことができる」

　「自分の好きなように，自由に描くことができた。小学校以来クレヨンで絵を描くことがなかったし，最近ではノートのすみの落書き程度しかしていなかった。それゆえ『クレヨンで 1 枚の絵を仕上げる』という作業はとても新鮮で昔の懐かしい気持ちを感じさせた」

⑦見立てに関すること

　「自分描画は自分自身の心のあらわれそのものである。自分が今置かれている状況，心理を理解できている人は，具体的に自身があらわれた絵が完成する。一方，理解できていない人は，迷いのある統一されない絵が完成してしまう。その時の素直な心情が自分描画にはあらわされる。例えば，悩みがあるのだけれど，何かわからない。自分が何で苦しんでいるのかがわからない。だから，自分描画を描いても絵が中途半端になる。このような場合に，自分描画を用いて自身を見つめる機会を作る。何度も繰り返すことで，客観的に自身を見つめる効果が出てくると思う。これは自身を見つめる一つの方法であって，自分描画でなければならないわけではない。自分の心情を言葉化するもよし，自分の好きな絵を描くのもよしだと思う。自分自身の心情を表す機会を用いることで，自分とうまく向き合っていけるのではないだろうか」

　「対話しながら描く絵から，描き手は他者と関わると心境がどのように変わるかといった，対人傾向の特徴もわかる。ただし話す相手が誰かにもよるが」

〔3〕　自分描画法は「どのような時に」「どのような人に」役立つか

自分描画法の効果については，数多くの指摘があった。

①人の特徴に関すること

　「心の中に伝えたいことをたくさん溜めているけど表に出せない，どうやって伝えたらいいのかわからない，自分でも自分が何を考えているのかつかめないというような人」

　「言葉で感情を表すことができない人」

②治療セッティングに関すること

　「用紙とボールペンとクレヨンがあればいつでも自分と向き合えるのと同時に，自分の問題を自分でみつめる方向へと道を開くことができる」

③面接に関わること

イ．クライエントの視点

　「表層にある自分だけでなく，無意識的な自分にふれることができるという点で有効」

　「自分の自分自身のとらえ方，周りのものの見方，深層心理－心の奥底で，何を感じているのかなどがわかるという点で有効」

ロ．セラピストの視点

　「具体的に問題を抱えていなくても，自分描画と対話で自分の新たな一面にふれ，新鮮な気持ちになることにより何かを始めるきっかけになるのではないか」

　「悩みを抱えているが，何に悩んでいるのかわからないというような場合に有効」

④そのほかの記述

　「健康な状態であれば欲望や願望が描かれるだろうが，状態があまりよくなかったり，なんらかの悩みや精神的なものが加われば色使いも違うだろうし，欲望や願望だけではなく本人の状態が絵にあらわれるのではないかと思う。この絵を通して，どんな状態であるのか知るための手がかりとして役立つだろう」

　「自分描画法は今の自分を自分で理解できるとても良い方法だと思いました。また，これから自分はどうするべきなのかを客観的に考えることができるので，自分で自分のことをわかりたい時にも使用できる」

　「意識的に描いていてもどこかで無意識的なものが働いていると思う。それは，いくつになっても素直に絵にあらわれてくると思った」

　「架空ではあるが物語を考えさせセラピストに伝えさせるため口に出す行

為も含まれるが，それも一つの表現の仕方の手助けになるのではないだろうか。これまで事実を追求され続け疲れ果てたクライエントにとっては，物語という架空の世界で自分の気持ちを表現することで負担が軽減され，また自分自身を客観視できるようになるのではないだろうか」

〔4〕　セラピストとクライエントの関係について

自分描画法体験者の多くが自分描画法を実施する前提条件として，「セラピストとクライエントの信頼関係ができていること」をあげた。以下は記述の一例である。

「しかし信頼する人でなければ，描画にほんとうの気持ちは出せない」

「二人の信頼関係が成り立っているときに限り，描者の心の奥底を垣間見ることができるのだと思う」

具体例として，一人の体験者は次のような実感を得た。描画に際し，対話状況も重要な要因であることがわかる。

「……最初に教示に従って彼の姿を描いた時は，誰も見ていないとはわかっていても周りに人がいるということもあり，急に恥ずかしくなってしまって顔を描けなくなってしまった。2回目の描画では友人とペアになって描いた。その友人とはいろいろ話をしたりできる仲だったので，対話しながら最後まで描くことができた。相手との信頼関係が大事だということをあらためて感じた」

「隣りで見ていてくれたのがあまり親しくない知人だったので，描くのに多少恥ずかしさがあった。他人というくらい近くない人に見てもらえていたら，また2人以外誰もいないところで描画するのだったら，絵はもう少し暗く描かれていたかもしれない。そうすればきっと影の部分も素直に描けたと思う。意識してか，気持ちと裏腹な妙に明るい絵になってしまった」

〔5〕　留　意　点

体験者の実感として，以下の指摘が得られた。留意すべき点ばかりであり，自分描画法実施に際しては，さまざまなセラピストの配慮が必要となる。コメントのあとに要点を記した。

「見られている意識と一人でやるときの意識ではまったく違うし，結果も異なるものになると思う」→絵の見つめ方。

「自分が思っていることが，心の内から外に出るという面では，面接時によい効果が得られると思うが，やり方次第ではその人の本心が表に出にくくなる場合があると感じた。その一つが対話である。対話によって絵が書きやす

くなり自分の思いが出てくる効果もあるが，対話の仕方や対話する相手によってクライエントの気持ちのあらわれ方が変わることがあるので，気をつけなければいけないと思った」→対話の仕方や面接者の人格特徴。

　「わずかでも "今自分は心の中を描こうとしているのだ" と意識してしまうと，自然とわき上がってくる像を描くことができなかったりする人もいるのではないだろうか」→自分描画時に拘束される状況を作らないように留意する。

　「クライエントが自分の結果をよく見せようと思ったり，セラピストの目を誤魔化そうと意図的に歪曲して描く場合がないとも言い切れないので，そこが懸念される部分だと思った」→クライエントがセラピストを意識しすぎないような雰囲気づくりに留意する。

　「描かれているものはとても重要だと思うが，被験者が描いている過程で考えていることも同じくらい重要なのではないかと思った。描いている間にどうしてもさまざまなことを考えてしまうからである」→描画過程を重視する。

　「カウンセラーとクライエント間に余程の信頼関係がないと，これを実行する際に，自由に絵を描くことは難しいと思う。実際自身で体験してみたものの，後の診断が気になり自由に描けたとは言い難い」→セラピストはクライエントが見られているという意識を薄めるような関わり状況をつくる。

　「すごく戸惑うことが多かった。とくに迷ったのは，自分の気になるものと，どこかに隠れているものの2つ。まず，自分の気になるものと言われた時，複数のものが浮かび，どれにするか凄く迷った。でもどちらを選択したとしても，室内の背景にあってしまう。周りの人が描いた絵が，皆外の明るい背景だったから。後でなぜ自分はこんなのを描いてしまったんだろうと思った。この絵を描き終わった時に，自分としてはあまり良い気分ではなかったことが印象的です」→自分描画法実施にあたって，セラピストは「今，自分描画法が必要なときか」，「どのくらい深く自分描画法にふれればよいのか」について適切な判断を行う。

〔6〕　体　験　談

　135名の体験者による体験談が得られた。以下はその一例である。体験の仕方がさまざまであることがわかる。要点を最後に付記した。

　「心の中の整理できていないもやもやが，少し取り除かれた」→リラックス効果。

　「指示されているとおりに描いているのに，人それぞれ違う絵を描くということに，体験した自分が一番驚いた」→心の複雑さへの気づき。

「はじめ，こんなもので何がわかるものかと思っていたのだが，自分描画法を実際に体験してみて，自分に対して新たな発見をすることができた。この方法は，まるで自分の心の中を客観的にのぞいているような，そんな感覚に襲われる」→自己を見つめる体験。

「絵は心を映し出すとよく聞くが，実際こんなに心の奥底にあるものを映し出すとは思っていなかったから，とても驚いた。この体験から，ちょっとした落書きからも，その人の気持ちが映し出せるのではないかと思う。現在私は小学生に勉強を教えるボランティアをしている。そんな時でも，子どもたちの落書きから何か気づいたり感じたりすることがあるかもしれない。そんなときにこの方法は役立つだろうと思った」→子ども臨床への応用。

〔7〕　その他の記述内容

「自分描画法を受けて，人間の無意識の思いというのは，普段はなかなか表に出ることはないが，このように絵の中の自分を通すことで，それらに自己を投映し，無意識の思いを把握することができるということを学んだ。そして，そのような形で自己を投映する人間をとても不思議に思うのと同時に人間の心というのはほんとうにはかり知れないものなのだということを感じた」

「絵も描き方によっていろいろな気持ちがあらわれるんだなということです。はじめはそんなに深く考えもしなかったけれども，絵を見てみると，その時感じたことや思ったこと，感情などがかなり出ているなとあらためて思う。言葉以上に変化がはっきりあらわれていて，不思議だなとも感じた。こんなにもはっきりあらわれていると思うと，おかしいとも思う。ただ絵を描くだけなのに何がわかるのだろうかと最初は半信半疑な気持ちも多少はありましたが，次第に意外と奥が深いのかもしれないなと感じた。全部なんとなく感じたことではっきりわかったわけではないのだけれど，自分なりにいろいろ発見できたと思うし，なにより楽しめたので，よかったのではないかと思う。最初のときみたいにただ難しいだけだとも思わなくなったので，それもよかったと思う」

以下は，上記の要約である。

1）自分描画法が映し出すものとして，以下 3 点の指摘があった。
①心そのものに関すること：「今の心理状態」
②感情や思いに関すること：「意識せずに自分のさまざまな感情があらわれる」「言葉にできない思いが映し出される」

③絵に関すること：「口に出さなくても，自分の心の中にあるものや，感じるものが割にそのまま描き出される」

2）自分描画法で「〜がわかる」「〜ができる」；つまり貢献内容。

①思いに関すること：「今自分が何をしたいのか，何を思っているのか，その思い」

②感情に関すること：「言葉ではうまく表せないような微妙な感情の変化がわかる」

③深層に関すること：「とても自然体で意識せずやれた。こんな時に人間の本音や自然な心が見えると実感した」

④教示の要素に関すること：「うまく絵にはできなくても色使いや背景，自分自身についても表情等からさまざまなことがわかる」「絵を物語ることで，自分が思っていることや考えていることがよりわかりやすくなることがわかった」

⑤自分に関すること：自己理解につながる内容
「今自分がどのような状態であるのか見ることができる」

⑥方法論に関すること：「小学校以来クレヨンで絵を描くことがなかった。クレヨンで1枚の絵を仕上げるという作業は新鮮で，昔の懐かしい気持ちを感じさせた」

⑦見立てに関すること：「悩みがあるのだけれど，何だかわからない。自分が何で苦しんでいるのかわからない。だから，自分画を描いても絵が中途半端になる。このような場合に，自分描画法で自身を見つめる機会をつくる。何度も丁寧に繰り返すことで，客観的に自身を見つめられると思う」

3）自分描画法は「どんなときに」「どのような人に」役立つか

①人の特徴に関すること：「心の中に伝えたいことをたくさん溜めているけど表に出せない，どうやって伝えたらいいのかわからない，自分でも自分が何を考えているのかつかめない人」「言葉で感情を表すことができない人」

②治療セッティングに関すること：「用紙とボールペンとクレヨンがあればいつでも自分と向き合えるのと同時に，自分の問題を自分で見つめることができる」

③面接に関わること：

イ．クライエントの視点

「本心を語ることのない人に対して，ないしは自身すら気が付かない内面の主張を引き出すことに有効な手段」

ロ．セラピストの視点

「今はセラピストと話はできなくても，気持ちを伝えることはできるという意味で有効な面接になる可能性がある」

4）セラピストとクライエントの関係について

「二人の信頼関係が成り立っているときに限り，描者の心の奥底を垣間見ることができるのだと思う」

5）留意点

次の4点を重視すべきとの指摘があった。

絵のふれかた，対話の仕方，面接者の人格特徴，描画過程

6）体験談

「指示されているとおりに描いているのに人それぞれ違う絵を描くということに，体験した自分が一番驚いた」

「絵を描くだけのことで，こんなにも自分の感情を感じ取れるとは思わなかった」など。

7）自分描画法における対話の効果（多数が効果ありと報告）

肯定的なものとして，「対話しながら自分が描いたものの意味を自分に取り込むことで，相手に伝え返すことができた。対話しながら描くことで自分が気づかなかったものを気づかされる，発見する，自分を理解できると感じた。一人で描いている時には自己満足に近い状態だったが，対話をしながらでは，自分の描いたものを相手も共感してくれている，認めてくれているというような安心感が得られた。自分で描いたのに，対話者と二人で1つの絵を完成しているような一体感や心が温まるような心の変化が感じられた」等の指摘があった。

8）留意点

「対話」しながらの描画法は，話さなくてはならないという義務感を感じさせ，描画に対する集中力が散漫となり，いい加減なものになってしまうのではないかと感じた。描画後の質問がよいのではないだろうか」など。

5　描画を心の理解に利用するときの心得

自分描画法を実施する際の心得について，次の6つが指摘できる。

①自分描画法は子どもにとっても大人にとっても特別な行為である。日

常的に行うものではない。その意味で，自分描画法は「特別」なもの
だということをしっかり心に留めておく。

②自分描画法は「特別」なものだから，「特別な方法」で実施する。

③自分描画法は「特別な方法」だからこそ「特別な意味づけができる」
し，「特別な意味合いが生まれる」

④自分描画法では，できあがった描画に関する「心理的解釈」について，
一義的な解釈をしてはならないし，なおさらのこと拡大解釈をしては
ならない。ある事象に関する心理的意味づけは，その特殊な方法にお
いてのみ有効だと考える。自分勝手に，あらゆる絵について拡大解釈
をしてはならない。

⑤「自由画」は自由画として楽しむ。子どもは絵の天才である。なんで
も自由に描く。これら自由画について，事細かに意味づけることはし
ないほうがよい。

⑥教育相談等において特別な描画法を用いることがあるが，これらの特
殊な手法は，日常的には用いない。「教育相談」に来る子どもの「心理
的理解を図るため」に用いると意味合いが増すということを言ってい
るにすぎない。

6 章　"思い"の特質
——心理療法の視点から

I　『生きる』ということ

　「私は～を認めない！」,「受け入ればむずかしい, つらい」という感情に絡む思いが, 当人の「生きる」ということに関わっていることは紛れもない事実であろう。「覚えられん, つまらん, さびしい……」という否定的な思いは,「今認知症にある」人の生き様に関わっている（小山, 1992）。心理臨床現場では,「生きる」ということは,「思い」とともにあることをしばしば知らされる。生き方が人それぞれ異なるように, 思いにもその場その場で違いがある。その違いがあるからこそ人は他者と一緒にいることができるし,「一緒にいたい」と感じたりする。

　人間は「死なないからには, 気づき続ける」という性質を, 生まれたときからもっている。今ここに「普段, すごく細やかなことにもよく気づいてしまうため, 非常に疲れる」と訴える女性がいる。気づくというのは生きていくうえで大切なことだが, あまりにも気づきすぎるというのは自分を不自由にしたりする。気にしないという力も必要なのだろう。「気にしないでいることができるようになった」は, しばしば心理療法の目標となる。ロジャーズ（Rogers, C. R., 1959）はセラピーの結果変わるものとして,「よりいっそうの自己と経験の一致」「より現実的で, 客観的および外在的な知覚」「心理的適応能力の向上」「よりいっそうの肯定的自己配慮」「よりいっそう評価の主体は自分自身の中にあるとの知覚」「歪んだ像もそのまま受け入れることが出来る」「自己に所有されるものの増大」「よりいっそう社会的に成熟した行動がとれる」など, 15 項目を挙げている。「気にしないという力」を身につけるのが意外とむずかしいのは, この力が,「よりいっそうの自己と経験の一致」「より現実的で, 客観的および外在的な知覚」

「歪んだ像もそのまま受け入れることが出来る」「よりいっそう社会的に成熟した行動がとれる」等に絡んでいるからであろう。ここでいう「気にしないという力」は，無関心でいる力や，無関心を装う力とはまた違う。筆者は「気にしない力」を次のように定義する。「今どのようなことが起こっているかはわかっていて，関心をことさら強調せず，ありのままをしっかりと受けとめようとする態度」を意味すると。これは「日薬」ともいえ，万人が使っている手法であろう。日が経つと忘れる，効果がでるのに何日かかるかは人によって違うという性質がある。何を知覚し，どのように理解するか，そして受けとめ続ける力が問われる。

　無気力な状態で過ごしている20歳男性の話である。無気力ではあるが，「気にしすぎて不自由だ，いっそ死んでしまいたい」という思いを心のどこかで感じている。「福祉施設見学に行く機会があった。その後，"生きる"ということが何なのか，わからなくなった。ただ生きているだけの状態は"生きている"とは言わないと言われたら，今の自分は死者よりも死んでいる気がする。『生きる』と『生かされる』，どこが境目で，自分はどちらに入るのだろうか？」と。小説『カシコギ』（趙，2002）に白血病と闘うタウム（主人公）のベッドサイドの壁に「あなたが虚しく過ごしたきょうという日は，きのう死んでいったものがあれほど生きたいと願ったあした」という文章がある。この言葉が自殺関連サイトで有効な抑止力を発揮するというのは，この言葉が「思い」に深く絡んでいるからだろう。「思い」に絡まないと人は変わらない，という臨床観を筆者はもっている。

Ⅱ　「思い」がもつ固有の特徴

1　日常生活に紛れ込む「思い」

　「思い」は日常生活に紛れ込んでいる。それゆえ「思い」を意識づけることはむずかしい。そのときどきの，その瞬間に生じた"思い"が溜まり，それが膨ら，自分でもちこたえられなくなったとき，人はややもするとパニックに陥る。思いというのはとても不思議なもので，「自分の思い」であっても，それをつかみとることはむずかしい。比喩的に述べる。悲しかった思いや，つらかった思いを心の箱（これが"思い"の姿）にしまい鍵をかける。時間が経過し，その箱を開けると，悲しかったことやつらかったこと

は楽しかったことのように思えたり，よい経験をしたなと思えたりと，否定的に感じられた思いはいつしか肯定的な感じの思いへと変わることがある。いったい，箱の中で何が起きたのだろうか？　いや，箱の中で何か起きているのではなくて，自分自身がいろいろなことを経験していくことでその思い（つまり見方）が変わっていっただけなのかもしれない。魔法使いのように，思えば願いが叶うとまではいかないまでも，大学受験のように，叶ってほしいことは，それに関連する思い（例：絶対に受かる！）が存在しなければ生じにくい。思いはその人自身の中にある。「思い」を重視する面接では非言語を重んじる。「思いの理論」（小山，2002）では，「言葉はある思いが押し出したもの」ととらえる。

　岩城（1976）によれば，プレ猿人は危険を知らせるための音声（原始言語）をもっていた。原始的な音声は，火や弓矢，こん棒等の道具と結合し，道具は，弱いが記憶引き出しの信号としての役割を担ったという。岩城が示した例を挙げよう。

　「猿人のグループが手にこん棒を握りしめて，いよいよ狩猟に出発する。リーダーはこん棒を握った右手を高々とさし上げ，大きくこん棒を振りながら合図の声を張り上げた……」

　このとき，こん棒を振る動作と出発合図の音声は結びついたものとして受け取られ，この行為は「狩猟への出発」を意味するようになる。とは言っても「こん棒による動作それ自体が独立して社会性を持ったわけではなく，こん棒がそれだけでシンボル化したわけでもない。こん棒を振りながらある音声をはっするという行為の全体が狩猟への出発を意味することになった」ことを考えると，「道具はときには音声や身振りといっしょになって特別の意味を持つことはありうるが，本来の使用目的がある以上，つねに二面性をもっていて，決してシンボルになりきるということはない」と岩城は指摘する。音声は道具と結合することでシンボル（意味，象徴）を獲得したのである。

　「思い」は原始言語のようであり，何人も有する心理的能力である。文字での伝達が不十分であった古代においては，伝えるためには言葉を口にするしかなかったから，今よりもずっと思いを言葉にすることの責任は大きかったと思われるし，一つ一つの言葉をもっと大切にしていたのではないかと思う。臨床で問われるのは「思い」が存在してこそ「言葉」がある，という自然な心の営みである。人は言葉だけで癒されるわけではない。そ

の奥にある思いが重要な鍵となる。その「思い」は日常生活においては意識下にあるが，何かが加わるか，または何かにふれると，それはその人の「意思または意志」となって他者が感じ取ることができるものとなる。このとき"意思"と表現する場合は考え（思考）が強調され，一方"意志"と表す場合は志（感情）が強調される。

　「思い」は相手（対象）が存在してはじめて生じる。精神分析家であるセシュエー（Sechehaye, M.-A., 1950）によれば，統合失調症と診断されたルネは「私は私であり，彼は彼であり，われわれの間には何の関係もない，と自分自身に言い聞かせましたが，しかしだれがだれであるか，ということは完全に混乱していました」と述べている。これに関連してセシュエーは次のように述べている。

　「正常人は対象の世界を，相対的な統一され同質化された空間において，種々の見地の協働の下に認識する。すべての対象は他の対象との関連において，その対象の位置する場に置いて知覚される。（中略）自我機能の一部を支えるエネルギーを喪失した病者は，諸対象をその相互的関係において位置させることができない」と述べ，平面において秩序づける空間の枠組みの喪失により，「すべての対象は孤立的，断片的に，そして実際より大きく見える」と指摘している。またルネは「自分自身の主観性意識を失うとともに，彼女はますます感情を外界の事物に移動」させ，その結果，「思考の内的世界と現実的外界とを区別する限界はあいまいとなりついには消失する」と述べている。「思い」は「主観性意識」の中に存在する。自分自身が会話の相手となる独語も思いの一例であろう。人の心は「言葉」や「言葉の奥にある思い」，そして「お互いの関係」，または「そのときの意識状態」によって動かされていると考えられる。自分の意志で起こした行動は継続する。ここにもその人自身の「思い」が関わっている。他者から影響を受けて行動を起こすよりも，自己発生の方が，行動変容が起こりやすい。「痛い痛いの飛んでいけ～」は，痛みを和らげるときに発する言葉。子どもにこう言えば，しばし痛みが和らぐ。不思議な話だが，本当にある話だ。古くから，言葉には霊力が宿っていると評する人もいる。だからこそ言葉は人を幸せにしたり傷つけたりもする。セラピストは言葉を選んで話さなければならない。

　国語学者である中村（2015）は，「思い」は心に瞬間的に浮かんでくる希望から決意までの主観的な思い入れを指すのに対し，「考え」はそれを

具体化する段階の思考内容を指す。総理の「思い」だけでなく，政策という「考え」がしっかりしていないと政治は機能しないという，わかりやすいたとえ話を述べている。思いの理論では，「考え」は「言語化されたある思い」ととらえる。

2 思いの言葉と住処

日本人は「私は……」といった主語を省略してしまう傾向がある。「私はどこどこに行きたい」とは滅多に言わず，「行く？」と聞いてしまう。相手の思い（この場合は意向）をまず聞いてから考えようとする姿勢の背後には，「他人に嫌われたくない」という思いがあるのかもしれない。ところで日本語の「思い」は，それが「どんな思いか」を伝えず，英語では単語を変えることで，「どんな思いか」を伝えるという特徴をもつ。一例を一般書である三省堂修所編『日本語キーワード英語表現辞典名詞編』（1995）等より示す。

> 例：彼は故郷に思い（考え）を寄せた。→ His <u>thoughts</u> turned to his home town.
> 彼は彼女に思い（心）を寄せている。→ He has given his <u>heart</u> to her.
> 彼の思い（愛）は彼女には届かなかった。→ His <u>love</u> never touched her.
> 彼は嫌な思い（体験）をした。→ He had an unpleasant <u>experience.</u>

日本語の「思い」は mind, feeling, think 等とさまざまに表記されることが多いことから，「思い」と一致する英語がないことがわかる。日本語では，たとえば「片思い（unrequited [one-sided] love）」「物思いにふける（be lost in thought [meditation]）」や「思いやり（consideration, sympathy）」「思いがけない（unexpected）」「思いつき（plan, idea, suggestion）」というように，「○○＋思い＋○○」という図式で，複合語としての思いが扱われている。思いという言葉が単独で使われることはあまりない（小山，2002）。そもそも英語はどちらかといえば DIRECT な言語であり，日本語は POETIC な言語であることから，相手に自分の感情を想像してもらわなければならない。英語が YES か NO を迫るのに対して，日本語では，曖昧にしておく

ことが多い。アメリカは多民族が住んでいる国であることから，"思い"を明らかに表現するのは言語しかないとも考えられる。無論ボディ・ランゲージもともに用いられるが，これは補完としての機能が強い。日本のように，同一民族が多く住んでいる国では，お互いの思いが伝わりやすい。それは皆が同じことを考え，思っているということに他ならない。少々乱暴な言い方かもしれないが，だからこそ言葉で状況を説明しなくてもわかり合えるのだとも考えられる。その一例が，2011年3月に起こった東日本大震災のときに示されたように思える。大地震が起こった直後にもかかわらず，整然と冷静に行動する日本人の姿は，海外にいる人に驚きと感動を与えたという。

　ある人は「人間の思いと言うものは，言葉があるから伝わるのだ」と考える。行動や表情によっても相手に伝わるが，その思いの深さなどは，やはり言葉でしか伝わらないという。何が人の心を動かすのかについては，体験，つまり，受け止め方が人によって異なるだけに，多様な意見があるだろう。

　「思い」は前後にいろいろな言葉がくっついて，本来保持している機能を発揮する。思いは意識と無意識の境界に存在するがゆえに，つかみ取ることがむずかしい。それゆえ「思い」を用いた感情表現が数知れぬほどあるのだろう。「思い」にふれることは，ある意味怖いことだ。たとえば「思い＋起こす」，「思い＋やり」，「思い＋返す」，「思い＋つく」，「熱い＋思い」，「片＋思い」，「募る＋思い」，「母＋思い」等，枚挙に暇がない。

　「思い起こす」を考えてみよう。「何を起こしたの？」と問いたくなる。この場合，「思い」は意識に上るか上らないかその境界領域に存在すると考えられる。ここでは当該意識領域を「意識境界」と呼ぶことにする。「起こす」は意識をかき立てる心理的エネルギー（起動力）と見なされる。

　ところで心理的エネルギーは心を生み出すおおもとで，長期間蓄えておくことができない。「週末はあんなに元気だったのに，月曜日になると，途端に落ち込んだ」という人もある。「張り」のない生活はなぜか疲れる。忙しくたくさん予定が入っているときの方が，頭がすっきりしていると答える人は数多い。これらのことから，「何もしないというのも，じつは心理的エネルギーを使っている」ということがわかる。「思い」＋「起こす」→「思い起こす」は，意識領域から無意識領域の狭間に展開する自己内対話と考えられる。

　また「思い＋込み」次第で，心のありようは大きく変化する。人間の心は，この「思い込み」で動くこともある。たとえば栄養学を専攻する学生が，「夜遅くに甘いものを食べたり，食べ過ぎてしまうのはよくないとわかっていながらやめられない。栄養学を学んで人よりよく理解しているはずなのに……」と訴える。自分の行動を変える（行動変容）ということは本当にむずかしい。まして他者の行動を変える（行動変容を目的に関わる）というのはセラピストとクライエント双方に，相当の心理的エネルギーを必要とする。自分自身が意識してしまうすべてのことは，快感でも不快なことであっても自分自身の心の中にあるある出来事と関わっているだけに，意識すると，ある感情と思考が動くのは自然なことだろう。

　「思い」という音の響きはとても優しいので，優しい言葉だと思うかもしれないが，「思い」にくっつける言葉によって，見方がかなり変化する。前後につく言葉が，思いの表層部分であり，「思い」の部分がその思いに関する核心部分だと考えてよいだろう。しかしその「思い」の部分は多くは言葉にならない。原始人の音声に近いと考えられる。鯛を食べたいと思っていたときに，知人の母親が鯛飯をもってきてくれたとしよう。人はこのような状況に出会うと「思いが通じた」と表現する。人の思いが通じ合うのは，思えば奇跡のような出来事である。「思いが通じた」ときは，「奇跡が起こった」くらいに思えばよい。そのくらい明確に「思いが通じた」という体験は稀だということだ。

3　「思い」のイメージと変化

　高度情報化社会にあっても，儀礼時の日本人は言霊や神頼みのようなことへの信仰心が強いように思える。現実主義者と自認する人さえも，お寺や神社に行くと「お守りや絵馬」は違和感なく受け入れる。信じる根拠もないのに何となく信じてしまうのは，人の心の奥底に古来につながる日本文化が染み込んでいるからなのかもしれない。思いをどのように感じ，受け取るか，思いのイメージは人によって異なる。思いはその人自身の中にあるだけに，思いを受け止めることはとてもむずかしい。拝礼時に人は誰にお辞儀をしているのだろうか？　拝礼者を見ている人はさまざまに思いをめぐらすだろう。その答えは拝礼者のみ知るところであろう。思いが押し出す言葉は多義的である。その意味を正確に受け取ることは非常にむずかしい。

　現実に戻ろう。たとえば「あなたはクラス委員長のような人ね」と言われたら，気のいい人は「ああ，私はしっかりしていて，リーダーシップのある人なんだ……」と思ってしまうかもしれないが，自分に疑いをもっている人なら「お節介が好きな人だと言われた」と受け取るかもしれない。言葉の怖さはここにある。重要なのは「言葉が怖い」のではなく，「言葉の奥にある相手の人の思い」が怖いのだ。言葉はある程度気づかれるが，その奥にある思いは察知するのがむずかしい。

　ある思いが変化していく過程には，どんな人またはどんな場合であっても，ある思いを変化させる「何か」がある。そしてその「何か」を提供していくことが心理的援助職の仕事であろう。思いが変化する過程は，同じような苦しみでも，その後の思いの変化は人それぞれに違い，まったく同じということはない。どのように思いを収めるか，そこにもその人らしさ，つまりその人の個性が現れる。ある人の思いは，波のように揺れ動く。楽しいと思う日が何日か続いたかと思うと，何に対してもやる気が出ず，うつうつとした日が何日か続く。この事実は，思いには"度合い"があるということを示唆している。否定的なことを考えすぎると気分が落ち込み，苦しくなっていくように，思い込みが強くなっていくと，思いの容積は大きくなり重くなっていく。思いに自信がもてない人は次のように言うかもしれない。「私は人の思いに気づくのが下手です……というよりも，きっと人の思いにあまり関心がないといったほうが正確だ。そんな自分だから，相手の苦しみに気づけるのか不安に思う。かりにうまく気づけたとしても，思いの4つの過程，『苦しむ→ふれる→つかむ→収める』（小山，2002）を順序よく進める自信がない」と。彼は「人が苦しんでいる姿は見える」が，「思いにふれる」ことに臆病になっている。つまり彼は，思いの第1段階（苦しむ）にいることがわかる。

4　「気づき」と「察する」

　意識することが可能な思いもあるし，意識されにくいハッと気づかれる思いもある。思いが意識境界にあるが所以と考えられる。それゆえ，思いにふれることは，対象者の人間理解につながると考えてよい。気づかれる思いには，「察する」という心の営みが紛れ込むことがある。「察すると何かに気づく→気づくとそれが何であるか察することができる→察すると何かに気づく……」という循環は思いを深める原動力となっている。気づきと

いうものは突発的に生じたり，察しても気づけなかったりする。人は毎日気づきがあるが，一つ一つ立ち止まって考えることはなく，流してしまいがちである。小さな出来事の例として音に関する気づきを取り上げる。「静かにしないと聴こえてこない音もある」というのは事実だ。大きな出来事の例を挙げよう。「人間は死なない限りは気づき続ける。しかし気づき過ぎると大変疲れるし，気にしないという選択も必要だ」。しかしこの場合，「気にしない」ということがまたむずかしい。

　一方，気づきにくい思いもある。これは無意識領域が絡み，その思いはとらえにくくなり，感じることさえむずかしい類の思いと考えられる。「日常のありふれた出来事が自分に与える影響は意外と大きい」と思える事例を挙げてみよう。
　「親不知を抜いたとき，あまりにも何も食べることができなくて，つらい思いをしたことがある」

　外から眺めるだけでは，彼の歯痛は感じえない。「気分が悪いんじゃないか？」「何か深い悩みを抱えているのかもしれない」等々，人はいろいろと察する。しかし察するだけではわからない。適切な察し機能の生育と，歪みがない気づきがあると思いは自然と深められ，心理的治癒につながることが多い。

5　身体に潜む思い

　身体は思いをよく反映する。学校は行きたくないなと思い始めると，急にお腹が痛くなったり，また緊張するとトイレに行きたくなったりする。風邪をひいたときに，「これは風邪じゃない」と思い込むと何とか活動できるが，「風邪かもしれない」と自覚し始めると，急に身体が重たくなったりする。どこか怪我をしていてもそれに気がつかなければ痛みさえ感じないが，傷口を目で見て怪我を認識すると，急にジ～ンと痛みを感じることがある。アトピーで苦しむ人は身体が痒くなることが多いので，しばしば身体的意識が高まる。心と身体は不思議なつながりがある。

　身体的意識は身体に潜む思いと深く関連している。久々にスポーツをして，普段は絶対に痛くならないような指や手の筋肉が痛くなったとき，「自分の身体のこんなところも筋肉がついているんだ」と妙に感心することがあるだろう。読書しているときや散歩しているときなど，普段何でもないときには身体を意識していないことが多い。しかし身体が不調になった途

端，人は身体を意識するようになる。それは少し都合がよすぎると身体を批判する人がいるかもしれないが，それは「身体が危ない」という身体からの警告と言える。ボディ・イメージの性格上，自分のボディ・イメージは自分にしかわからない。他者の身体を見て，その人のボディ・イメージに関する浅はかな思い込みは禁物である。拒食症で苦しんでいる人は，痩せた身体をもって何かを訴えたりする。このときは，身体的意識よりも心理的意識が高まっていると思われる。

Ⅲ　「思い」を心理療法で取り扱うときの留意点

　面接のむずかしさを挙げるといくつも挙げることができる。以下に，臨床現場で遭遇するさまざまな事項について，思いを重視するアプローチの視点から述べる。

1　来談動機
　来談動機はセラピー過程に影響を与える。セラピストに相談に来る人の多くは，自分の中で抱え切れなくなったときに行こうと思う。しかしそのときでも，自分が抱える問題が明確になっているとは限らない。セラピストに心を開いて相談するか否かはほんとうにむずかしい。来談動機を示さなくても面接場面に遭遇こともあるだろう。入院中，心理面接に行くように促されるとき，患者は「おや？」と思う。「私は心の病にあるのか」と。セラピストはクライエントが"病にふれる"まで，まずはひとやま越えなければならない。

2　面接現場における対話
　思いの心理療法では「思い」と自分描画法（小山，2005）等のアセスメントを用いて，"自分"をキーワードに心理面接を展開していく。本療法では「"自分"が直らない限り，"今ある心"は癒えない」と考える。その際，次の2点を重視する。「思い（「〜したい」，「〜したくない」等の意思が底を支える）」と，今の「自分（私）」のありようである。
　「自分＝私」に焦点をあてよう。言語学者である中島（1987）によると，日本語は場面に依存する度合いが高く，省略的表現が多い。主語を立てないため文が論理的に構築されず，柔軟な構造をもつ。情景の構成素を周辺

的なものから中心的なものへと並列的に挙げていく。講演内容は自ずと破格構文が多くなる。端的に言えば，日本語は「直観的・描写的」で求心的構造をもつが，英語は「命題的論理的」で遠心的構造をもつという。なぜ日本語は情緒的な言葉と言われるのか？　中島は「日本文化の反映であろう……主語のない思考法は個の意識を欠く」と述べている。さらに「閉じられた社会で発達した日本語は対人関係に敏感で，相手によって言葉遣いを変える」と指摘する。山口（2004）も日本語の「主語」を定義するのは困難であることを「……は」「……が」の論理的考察から指摘するが，明確な答えを出せないでいる。さらに英語の場合，相手から「no」の問いかけをされたとしても，自分の立場で肯定ならば「yes」で答え，否定ならば「no」で答えることから，英語は「自分を確立する心がある」という。それに対して，日本語では相手の立場を優先するので，相手が「……ではないか」と聞いてくれれば，答える側は相手に合わせて，そのとおりならば「はい」，違えば「いいえ」と答える。これは日本語には自己の主体性がないことの証だと指摘する。それゆえ「自分」の存在をまず明らかにすることは，日本文化に馴染まないということなのだろう。自分描画法では最初に「自己像」を描く。これに抵抗が生じることは周知のことである。ゆえに自分描画法は関係づくりができてからの使用が望まれる。

　中島と山口は，日本語では主語の省略という問題ではなく，主語という概念がそもそも明確になっていないと指摘する。このことが主体を曖昧にする日本文化の特徴の一つとなっていて，その一端が日本文化にある「奥ゆかしさ」と関連があるのだろう。「私＝自分」という存在は，もともと隠れた存在なのであろう。「自分」を浮上させるには勇気がいる。たとえば「私の身体」なのに誰の身体なのかがわからない（例：リストカット），「私の言葉」であるはずなのに，誰がその言葉を発しているのかがわからない（例：いじめの言葉）という臨床事例がある。「思いを汲み取る」とは，人の気持ちになって考えるということであり，それは"共感"よりも奥深い。子どもの頃，「人の気持ちを考えなさい」と親から言われた人は多いだろう。「以前に自分自身が思ったことのある気持ち」を，面接場面で「クライエントの今の気持ちにだぶらせてわかる」のだから，これはとりわけむずかしい。

　自分が他者に何かを話すとき，自分の中ではいくつかの自己内対話をしていることに気づく。そのとき，話す相手が誰かによって，自己内対話の

内容や質・量は違ってくる。対話中，自分自身は自分のことを何も考えていないように思うが，心の奥では，「本当はこう言いたいんだ……」とか，「それ，違う」とか，もろもろ駆け引きしている自分が確かにいる。心の底にある思いを言葉にできる対話は，自然に流れ，たとえ淀むことがあっても，多くの場合，話の展開を次につなぐことができる。

ただ聴いていると，聞き流してしまいそうになるような部分（つまり，……という思いの部分）に，多くはクライエントの思いが存在する。言葉というのはとても深い。言っていることが正しいかどうかではなくて，一つ一つの言葉からその人の思いを汲み取ることがとても重要なのだ。誤っていることを「それは違う」と指摘したり認めさせようとすると，対話は困難になることがよくある。「言葉」よりも，「気遣い（思いの一つの形）」の方が大切だと思えるときも現実にはある。ある実習生は，次のような話をする。

「認知症の方と話をする機会がありました。話の内容を繰り返すことが多くて，会話が成り立たないという印象を受けました。しかし今思うと，その繰り返しにも，その人の思いが込められていたのではないかという気がしてきました……」

繰り返しにはいくつかの意味がある。セラピーで重要な視点の一つは，セラピストが繰り返すのは，「そこが重要だから」繰り返すという点にある。繰り返しにはこのほか，「間合いを持たせる，その間お互いが考える」ための「繰り返し」もある。思いの視点に基づく心理療法で重要なことは，深い経験やクライエントの心をつかみ取ることができる総合的な「人間力」である。セラピストは焦ってはいけない。主訴と思われる言葉や出来事がクライエントによって伝えられると，「わかった！」というような気になって「これだ！」と思ってしまいがちだが，そこからさらに相談テーマを広げていくという態度が重要である。セラピストは「事を解決する」ということに焦りすぎず，まずはクライエント自身が問題点に気づくことに心を注ぐ。

3　セラピストの立ち位置と課題

面接場面でクライエントと話すセラピストは，次のような面接状況をイメージする。なかでも重要なのは，「思い」を底支えする「実存」である。クライエントはまず「ここに，在る」，そして「ここに，ある思いが生じ

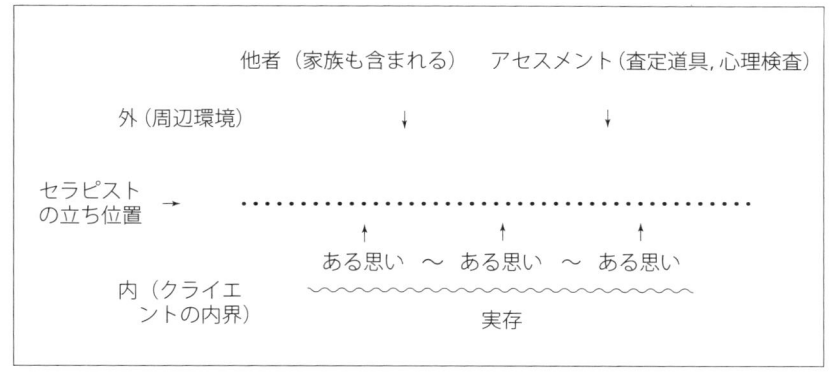

図6-1　面接場面におけるセラピストの立ち位置

る」。セラピストはクライエントの内界をつかみ取り，クライエントのセラピーを深める目的で状況に応じて家族や知人といった他者との面接を実施したり，さまざまな査定道具を用いてアセスメントを実施する。図で示すと次のようになる（図6-1）。

　面接におけるセラピストの課題は次のとおりである。

①他者へのふれ方（例：あなたの夫は反対しているのですね？）
②アセスメント（例：心理療法，検査，道具）
③クライエントの思いを知る（苦しむ→ふれ→つかむ→収める）
　課題1．どのように他者の心の内側に入っていくのか？
　課題2．どのようにしてクライエントの不安を和らげるのか？
　課題3．どのようにしてクライエントの思いにふれるのか？
　課題4．どのようにしてクライエントの思いの中身を知るのか？
　課題5．どのようにしてクライエントの今の課題をつかむのか？
つまり，セラピストは「外も内もみるという感覚」を養わねばならない。
④実存の尊重

4　セラピーの特質

　セラピストはときとして，一人の命に関わる仕事をする。命は「交渉」とは無縁のはずである。まして臨床の場で面接（カウンセリング）は，交渉ではありえない。対話が深まると，ついどのようにして相手を説得しよう

かとか，自分の考えに納得させようかといったことを考えてしまうかもしれない。そうではなく，クライエント自身や周囲にいる他者をも含めた外側の外側から援助することが大切である。セラピーの視点については，心は「直す」という心持ちが大事だろう。クライエントは「飛行機」そのもので，セラピストは「操縦士」のような役割をもつ。操縦士の運転次第で機体はよろめいたりまっすぐに飛んだり，運行（＝面接）という役目を果たしたりする。飛行（＝見立て）を立て直したり，ときには適切な方向性に導いたりするのがセラピストの役割だろう。

　セラピストは完全を求める不完全な人だといえる。セラピストがクライエントに，あることを「促す」という行為は妙技である。決してたやすくはない。面接（カウンセリング）は，「嘘を見抜くこと」を仕事としているわけではない。今，嘘をつかなければならない状態にあることをセラピストが理解することが重要である。嘘も自分の心の一部分なのだから……。

5　聴くこと

　面接を学んでいない人が，次のような不思議な体験をした。

　「昨日仕事中に，店長が私にずっと愚痴をこぼしていました。私は『店長，私に相談しても何の解決策も出せませんよ』と思いつつ，『そうですねぇ』などと言って，とりあえず話を聴いていました。そしたら，言いたいことを言い切ったのか，自分で勝手に前向きになって，最後には『ありがとう』と言われました。私はアドバイスをしたわけでもなく，ただ何となく話を聴いていただけなんですけど……。不思議です。話したいことを聴いてあげることが対話の基本なのかなぁと感じた出来事でした」……。

　対話の基本は「傾聴」にある。騒音の中で大切な話をしようと思うと，たちまち困難となりイラついたりする。静かにしないと聴こえてこない音もある。「他者には自分の弱い部分（注：静かにしないと聴こえてこない音のたとえ）は見られたくない」と思う人は多いだろう。しかし，これは「弱い部分を見られたくないから悩みを打ち明けない」ということに直結しない。弱い部分があるからこそ人はしっかりと聴いてほしい（注：静かにしないと聴こえてこない音のたとえ），受けとめてほしい，わかってもらいたいと思うのではないだろうか……。

　子どもとふれ合う機会をもった，子ども嫌いのある男性は次のように述べる。

「私は子どもが大嫌いです。それは陰性転移が関わっているのでしょう。自分にもあんな小さい時期があったのだと思うと、死にたくなります。子どもと1対1，1対多でいる場合、どのタイミングで話を切り出せばよいのか？　その子に関心を向けつつ他の子どものフラストレーションを溜め込まないようにすればよいのか、私は自己主張の強弱が極端すぎるのです。子どもは子どもらしくあった方がいいと思いますが、思ったことをすぐに口に出すこと、粗雑なところ、下品なところが大嫌いです。それは子どもでなくとも私の嫌いなタイプですが、子どもはとりわけそういった傾向が強くうんざりします。子どもが好きって言う人が周囲にたくさんいますが、不思議でなりません。私の子どもに対する感情は、陰性転移が関わっていたのだろうという気づきがあった、ということです」……。

　クライエントは出会った子どもに、子どもであった自分を重ね合わせ、不快感を募らせている。誰に対して怒っているのだろうか？　自分自身に対して、言い知れぬ怒りの感情をぶつけているように思える。今もって収めきれない幼少期の自己イメージが存在するのだろう。

　また小山（2000）の中年脳障害者事例における自由記述ノートのありようは凄まじい。クライエントの心の内側にたくさんの「思い」が溜め込まれているのだ。そう思うと、その苦しみが伝わってくる。おそらく想像しているよりも苦しみは深く、セラピストはそれに対応しなければならない。面接が深まるにつれ、ノートに書くことが多くなり、字も小さくなっていった。それは「書きたいことが増えていった」から、つまり「心に感じていることが増していったから」だろう。

　事例は、物語のようにきれいに終わるわけではないところがとてもリアルである。"リアル"は、「事例を扱うということは、"その人の人生にセラピストが関わることなのだ"」ということを教えてくれる。それゆえ、セラピストはクライエントの小さな言葉も見つけて拾わなくてはならない。さまざまな事例はそれを教えてくれる。

6　症状理解

　たとえば、見当識障害の意味について、ある方が次のように話した。

　「私の祖父は入院しているのですが、まだ自分が病院にいるということがはっきりわかっていないようです。これは、自分が入院していることを認めたくないという感情のあらわれかなと考えました」と。

　これは他者の病状についての見立てであるが，自分の症状について理解するということはそれより一見簡単そうに思われるが，実はとてもむずかしく奥が深い。

　「私はよく転移を起こします。なびきやすい。自分でもそのことには気づくのですが，そのコントロールはすごくむずかしいです」という人がいる。わかっていると次の手がそこに見えそうに思えるが，わかりすぎると逆に見えにくくなるという矛盾を人間はもっているのだろう。ある女性の話である。

　「私はよく車やバスで酔うのですが，『酔うかも』と少しでも思うと酔いはひどくなりますが，『これで大丈夫！』と思うとほんとうに酔わない。心のありようで現実は変わるのだと思った」……。

　自分学は他者学以上にむずかしいと思い知らされる話である。

7　心理的回復

　心の病気の場合は，はっきり直ったという証が見つけにくい。心理的回復について，「治る」ではなく「直る」という言葉を用いた意味は，心が転倒したり，横になったり，曲がったりしたものを「よりまっすぐになる」という意味である。しかし「まっすぐ」とはいえ，この場合，必ずしも直線的イメージとならないこともある。「治る」と「直る」についてであるが，ある女性は病気をして入院したときに，看護師から「大丈夫，なおるよ」と励まされた。「本当になおるんだな！」と勇気づけられたが，漢字で問えば，「なおる」は「治る」か，または「直る」だったのか？　「個人的にはなぜか「治る」よりも，「直る」の方が“なおりやすい”ような気がする」というクライエントは数多い。

　病気の治療は，ただ生きるためではなく，その人らしく生きるためになされなければ，その人にとって意味のないものになってしまう。セラピーの目標は，「できないことをできるようにする」のではなく，「今，できうる限りのことをする」というアプローチが心理臨床では重要なのだろう。面接（カウンセリング）に本来解決はない。問題を抱えているクライエントに対して，問題に向かっていくことができるためのさまざまなサポートをセラピストは行っていく。どれだけクライエントが問題に向かう気持ちをもつことができるかはセラピストの力量による。クライエントを理解していくときには，心理的な部分からその外側にあるクライエントを取り巻く

さまざまな心理的環境を見ていくことで，よりよくクライエントが見えてくる。人それぞれ見方や感じ方，考え方が違うから，クライエントの感じ方などをより正確にとらえることがとても重要になってくる。

8　心はごまかしがきかない

　心はごまかしがきかない。これが事実だからこそ心身症が生じるのだろう。頭では理解し何か方策を見つけようと努力しても，心は正直者で，ついには身体症状となって現れてしまう。心がどこに存在するかは誰にもわからない。もともと「言葉」は人間がお互いの意志を確認するために紡ぎ出した道具であり，その「言葉」は構成概念である。「心」という実体があるわけではない。心と脳との関係について言えば，脳があるから心が働く，脳がないと心が働かないというのは科学的に明らかだが，だからといって，心が働かない人は脳が働いていないというわけではない。人間は脳と心を満たしてよく機能する存在なのだ。

　何に悩んでいるのかわからず，もやもやしているときには疲労感を感じたり，傷つきやすいと感じたりすることもある。Cさんの話である。

　Aさんは「Bさんに裏切られた」というが，共通の友人であるCさんから見れば，「Aさんは何とも身勝手な人だ」という。「勝手に信頼しておいて裏切られたとショックを受けるくらいなら，信じ切らなければいい。信じ切りたいのならば，裏切られてもよいぐらいの覚悟をもて！と言いたい。しかしそう考えていると，他者を頼ることができなくなる。そうすると周囲にいる人は自分の存在価値に疑問をもつだろう……」。

　傷つく言葉を言われたとき何が悲しいのか？　それは自分がその人に嫌われていると感じることが悲しいのだろう。嫌いだから傷つく言葉を投げかけるのだと瞬間的に感じる。そう感じたとき，自分から相手に近寄るのを意識せずに避けようとしてしまう……。

　感情には感情がよく馴染む。感情はごまかしが効きにくい。つまり，「欺く」という心の営みが届きにくいところに感情があるということだ。厭世気分になっているときに否定されたり，強く言われたときにはがっくりして，さらに落ち込んでしまうかもしれない。落ち込む素地が今あるからだろう。こんなとき，多くの人は「何も言葉はいらないから，下手なことは言わないでほしいと思う」とつぶやく。「今は，嘘は聴きたくない」と言っているように思える。「思い」の世界は人である限り広がりを見せる。だか

らこそ丁寧にふれたいものだと思う。

IV　"思い"の深まり──ステージ仮説

1　思いのとらえ方

　思いの心理療法とは「思いの理論（小山, 2002）に基づく対話を用いた心理療法」の略称である。"思い"とは「『思考と感情およびその絡みによって生成された言葉』で特徴づけられる意識的，無意識的な心的機能すべてを含んだ心の総体」を意味する。自分描画法では，"思い"は「何かに押し上げられ出現する」ととらえる。"思い"は心の一つの単位と見られ，思いの深さは4段階で表すことができる。最初の段階は「思いに苦しむ」，第2段階は「思いにふれる」，第3段階は「思いをつかむ」，そして最後は「思いを収める」段階である（図6-2）。

　人は日常，多くの思いを沈潜させ，さらに今の瞬間は思いの一端がのぞく程度だととらえる。自分描画法と対話療法により対象者が抱いている"今の思い"を浮かび上がらせ，その思いにふれ，つかみ，収める過程を心理療法過程としてとらえていく。"思い"を重視する観点から無意識的なものにふれながら，人間主義的（Rogers, C. R.）かつ実存的アプローチから人間の心の深層に接近していく。

2　思いの特徴

　自分描画法は対象者自身が，自分自身との，あるいは他者との対話力を高めることを第一目的とする。"思い"が表現された描画を対話素材として用い，対象者自身が"今の自分の思い"にふれる。セラピストは触れ感じ取った心理的内容を対象者に伝え返し，対象者から次の応答をもらう。これを繰り返しながら，対象者の"今の思い"をつかんでいく。ある思いに苦しむ対象者がみずから"ある思い"にふれ，それをつかみ取り，最後に収める過程は，対話力の向上プロセスと同期する。

　思いの変容過程を対話力の向上と同期させることを目安としながら，セラピストは対象者の思いを育み，その場に応じた心理的援助を適切に行う。具体的には双方がもつ思いをゆっくりと深めていく。自分描画法は描画法として用いることを役割としているのではなく，面接における対象者

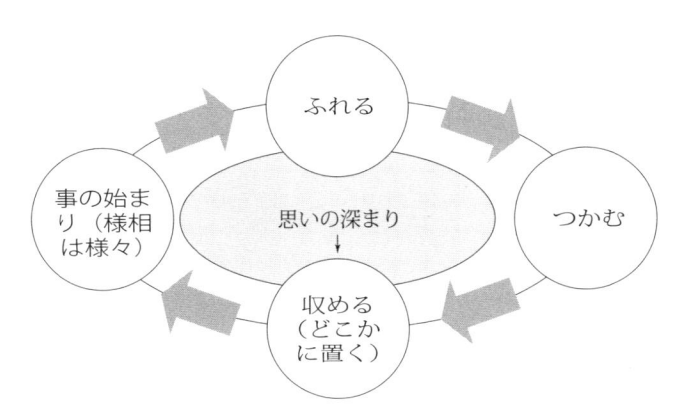

図 6-2　思いの深まり仮説

の"思い"を深めるための一つの心理療法のツールとして用いることを想定している。

7章　対話分析法

Ⅰ　面接の背景

　自分描画法を実施する際の面接理論は，基本としてロジャーズが展開した来談者中心療法（Rogers, C. R., 1951）による。ロジャーズはカウンセリングにおける非指示的アプローチの対話事例として，豊かな表現力と知的な関心をもつ 20 歳代後半の神経症的な青年，ハーバート・ブライアンのケースを取り上げている（Rogers, C. R., 1942）。ブライアンは心理的なブロッキングで悩まされていた。彼は「小学 1 年生の時，自宅に下宿していた女子学生が僕に身体を見せ，僕はすっかり性的な刺激を受けた」こと，「小学校 6 年生ころまで吃音があった」こと，「（今）どうにも生きていけないみたいにブロックされてしまう」ことなどを話し始めた……。ロジャーズは初回面接から終結した第 8 回面接までの逐語録を起こし，ブライアン自身が述べた言葉や示された態度からロジャーズ自身がとらえたブライアンの思いに関する要約（a fair summary of the outstanding attitudes which have been spontaneously expressed）を各回記している。記述の仕方の一例を挙げれば，すべて「私は〜に悩まされている（I suffer from 〜），私は〜なら死んだ方がましだ（I would rather be dead than 〜）」という示し方であり，ロジャーズ自身がブライアンの思いをどのようにとらえたのか，つまりロジャーズ自身の共感の中身がわかる。筆者はこのセラピスト自身が行う共感，つまりクライエントの思いのつかみ方が面接場面ではとても大事だと考えている。面接場面では，「私はこういう人間なんだ」「A さんは私に意地悪するので憎たらしい」など，クライエントが自己洞察を深める場面が多々ある。自己洞察は，いつの時代においても対話療法の根幹をなす。

Ⅱ　対話の意味

1　傾　　聴

　対話療法における傾聴とは，次の要点を備えた聴き方を想定している。つまり，技法的視点からは，

①何を聴こうとしているのかについて，自覚的になる。

②自分の価値観はひとまず横に置く。

③相手に関心を持ち続ける。

④相手がいつでも声をかけられるように，話し続けない。

⑤「もう一度聞きたい」時，「そこが重要だと思う」というメッセージを伝えたい時はクライエント（以下，Cl と略す）の言葉を繰り返す。

⑥非言語メッセージを聴き取る。

　以上の6つの点を抑える。ところで，Cl をとらえる3つの重要な要素がある。それは経験，行動，感情の3点である。その内容は次のとおり。

①経験（experiences）→ Cl が「私に何か起こっている」と話した内容
　　目に見える経験＝目でとらえられるあらゆる体験内容（例：「友達が私をにらみつけた……」）
　　目に見えない経験＝心の中で生じたあらゆる体験（例：「なんだか怒りの感情がわいてきて，誰でもいいから殴りたいなぁなどと思う……」）

②行動（behavior）→ Cl が「したこと，しなかったこと」の内容
　　目に見える経験＝五感による行動体験内容（例：「飲み屋を5軒はしごをした」）
　　目に見えない経験＝心の中で生じた動き（例：「何をやってもダメな人間だと言われないように，宿題だけはちゃんとするようにしている」）

③感情（feeling or emotion）→　経験または行動と関連している感情
　　目に見える経験＝五感による感情体験内容（例：頭にきたので，思いっきり怒鳴りつけた」）
　　目に見えない経験＝心の中で生じた感情（例：感じているが表現し

　　　　　　ない経験「彼が入試を落ちたこと，僕はざまみろ！と内心喜んだ
　　　　　　が，彼の前では，残念だったねと言葉をかけた」

　感情はほんとうにその状況にならないと生まれない。想像上の感情を生み出すのは難しい。役者はこれを乗り越える修行をしている。演技させることで意識を強くさせる。たとえば肯定的な意見であっても，「押し付けられる」と苦しくなってしまう。どうやら，「肯定的な意見の内容」よりも，「相手の感情」の方が強く働くようである。押し付けは逆効果ということである。

　感情を示すことに抵抗がある Cl の場合，セラピスト（以下，Th と略す）がどのように話を展開し，どのような話し方をするかによって，Cl の今のほんとうの感情が出現する，または別の感情が出現するということになる。

　このほか感情で大切なことは，Co 自身が，今の自分の感情に耳を傾けることである。自分に対して受容的感情を抱いている（例：人の話を聴いても今は大丈夫と判断した）ときは…身体の内が温かく感じる，落ち着いた安心感をおぼえる，本来の自分になっているように感じる，身構えないで過ごせる気分になる，孤独感が薄らいでいるような感じがする。また Co が自分自身を怖がっているときは（例：人の話を聴く自信がない）…口の中が緊張している，逃げ出したいような気分になる，自分が役に立たない人間のような気がする，集中できないなどの変化が生じたりする。感情の取り扱いとしては，まず今，ここでの自分の感情に気づくこと，それから自分の感情を素直になること，そして受け入れる，自分の感情を探ってみる，自分が抱いた感情を口に出して言ってみる，自分の感情と意思を統合していく中で，おのずと人間としての成長が遂げられていく。

　Cl からの話に，Co が「応える」ときの留意点は，次のとおり。
・Cl の質問の主旨に沿った応答をする。
・Cl からの質問の途中で話をさえぎらないこと。
・Cl が Co に尋ねやすいような雰囲気を Co がつくる。
・難しい言葉は避ける。
・要領よく，簡潔に表現する。
・相手が理解できたかどうか，確認する。
・答えやすい雰囲気を作る。相手に対するいたわりの気持ち，配慮する態度が大切。
・自分勝手な解釈をしない。

・先入観, 固定観念をもたないで聴く　→　事実を歪曲して受け止める
　危険性に対する予防。
・相手から学ぼうとする積極的・探究的な態度をもつ。

　Co が Cl に「尋ねる（質問する）」ときの留意点には「押し付け的な質問
をしない」「質問は 1 回にひとつに絞る」などが挙げられる。また Co が Cl
を観察するときの留意点には,「非言語情報（例：Cl の目の動き, 顔の表
情, 感情, 服装, 身体の動き）を大切にする」「Cl に不要な緊張感を与え
ないように自然な姿でそこにいること, Co の存在感を強調しない」「Co は
自分の興味関心あるところばかりを観察しない, 観察ポイントは事前に用
意しておくとよい」などが挙げられる。

　Rogers, C. R.（1942）はカウンセラーの 3 条件として, 次の 3 要素を指
摘した。

（ア）自己一致（congruence）
（イ）無条件の肯定的配慮（unconditional regard）つまり受容（accep-
　　　tance）
（ウ）共感的理解（empathic understanding：to sense the client's inner
　　　world of private personal meanings, as if it were your own. Cl の内的世
　　　界－プライベートな, その人なりの内的意味の世界－を, あたかも自
　　　分自身のものであるかのように感じ取ること）

キーワードは「Cl のものの見方（point of view）」「共感的傾聴（empathic
listening）」で, Cl のものの見方に心を傾け, Cl の思いを理解することであ
る。その際の留意点としては,

①相手を対象化して見ない。
②相手に溶け込むが, Co 自身の自主性は保たれていなければならない。
③同一化（identification）とは別物。同一化とは, Th が, ある心理的現
　象に関する Cl の体験過程と, それによく似た Th 自身の体験過程との
　区別ができなくなっている心理的状況をいう。
④感受性豊か（sensitive）であればなお良い。
などが挙げられる。

　Rogers, C. R. が指摘した 3 つの言葉かけとは, 次の 3 点であるが, とく
に対人的認識の言葉が重要だと指摘した（Sutich et al., 1969）。以下に例
を挙げ, 簡略化し示す。

①客観的認識の言葉→「靴を隠してる姿を見たという生徒がいるんです

ね」→一見，客観的。
②主観的認識の言葉→「僕はあの人が嫌い……」「あの人は僕を嫌っているに違いない……」
③対人的認識の言葉→「あなたは～と思っているのですね（……ということが私にはわかります）」

対話療法の際には，なるべく対人的認識の言葉を使うことに心掛ける。具体例は次のとおり。

①あなたは～と考えているのですね…　　例：「これは間違っていない」
②あなたは～と思っているのですね…　　例：「父は必ず帰ってくる」
③あなたは～と言いたいのですね…　　　例：「幽霊は存在する」
④あなたは～なんですね…　　　　　　　例：「気が狂ったようなのね」，「憂鬱なのね」
⑤あなたは～に気づいている…　　　　　例：「自分が怒りっぽくなった」
⑥あなたは～ということを知っている…　例：「このあと何が起こるか」
⑦あなたは～と感じている…　　　　　　例：「きゅうくつだなあ」
⑧あなたの経験では～　　　　　　　　　例：「今は寝ていた方がいいと」

そして最後にかける言葉の例としては，「あなたは友達を理解したいし，友達もあなたを理解したいと思っているようですね。でもそれが難しい……」が挙げられる。このメッセージには，「矛盾を矛盾のまま受入れよう」「感情に寄り添う」「相手に関心をもつ」といった内容が織り込まれている。

「カウンセリングはやればやるほど自信がなくなっていく気がする。難しいと思う」という人がいる。対人認識の言葉で，「～と考えているのですね」と，「～と感じているのですね」という問いかけ内容の違いは明瞭だが，「～と思っているのですね」はその中間のニュアンスが込められていて，Clの応え方は多様となる。あるとき筆者あてに，「先生はたまにすごい勢いで話したり，突然穏やかに語りかけたりと，いろいろな話し方をするのは，意図的ですか？」という学生からの質問があった。そのとき「私は大事なときはゆっくり，ひとまとめに話したほうが聴き手の理解が進むと判断したときは，ひとくくりと言う意味で早く話す傾向があるようです。ただ長々と話すことは，好みません。相手の話を聴きながらそれに応答して

いく，という対話を好みます」と答えた。

　この対話にはどのような要素があるのだろうか？　心理臨床とは異なる場面であるが，『あなたの魅力を伝える面接の英語』（2008，三修社）の著者である言語学者石井隆之氏は，対人コミュニケーションを成功させるコツとして，次の5つの要因を陰陽五行説における5元素（木火土金水）を用いて示している。内容は次のとおり。

　　火（Anger；厳しさ）：火は感情をかき立て，"怒り"を表す。木の logos に対して，火はパトス Pathos を象徴する。

　　水（Kindness；優しさ）：水はどこにでも流れるので柔軟性を暗示する。火の怒りに対して水は優しく，木の「知」に対して水は「情（heart）」を暗示する。

　　木（Logic；賢さ）：木は根（原因）から幹（展開）が伸び，葉（諸事象）が出現するように，論理性を暗示する。「知（mind）」のコミュニケーションにおいて，理性を発揮する。

　　金（Strategy；易しさ）：金言にあるように言葉を巧みに操り，わかりやすく伝えることを重視する。

　　土（Topic；面白さ）：土はいろいろな物を含む包容力がある。普段からの情報収集が重要だ。

　石井は多数の英語面接体験から，これら5つのパターンをバランスよく組み合わせるとコミュニケーションは成功すると説く。頭文字を並べると偶然にも「TALKS」となる。TALKS は対話の要素と考えられる。Topic は主訴，Anger は感情，Logic は思考，kindness は純粋性と受容，Strategy は技法ととらえなおすと，心理臨床における面接の流れと似てくる。

　本来 Th は心を直す技術をもった人であり，話をしたり，人と接することが好きなだけでは Th の役目を果たしたとは言えない。Th とは Cl の心にふれることができる人であり，Cl の心を Cl とともに直すことができる人である。しかし望ましくない Th の対応をとってしまう場合もあるだろうが，これは無意識的な振る舞いなのかもしれない。

　Th は Cl の悩みや悲しみ，過去のつらい出来事などを聴いて，気が滅入ってしまうこともあるだろう。

　ロールプレイの振り返りの場面で，「自分が Th や Cl 役をとるときは，話の内容を考えたり，頭の中で話を整理することに集中してしまうが，観察者役のときは話を客観的に整理できた」と話す人は多い。このことから，

「Th の中に観察者を育てる」ことが，いかに大事かがわかる。

　Th 自身の体験や価値観を押し出してしまうと，Cl を傷つける可能性が高くなる。たとえば「あなたは Th だから言えるのよ！」と返されたりする。心の問題は，答えは一つじゃないところがおもしろいという人がいる。「母から聞きましたが，私は寝ぼけながら『疲れた，疲れた』と言いながら歯を磨きにいったらしいです」という夢中歩行の例などは，無意識的なものの力を感じたりする。「夢中になる」というのは，本当に本人の中にあるものが現れる，ということのような気がする。

　このように見てくると，対話は素晴らしいもののように思えてくるが，実は対話ほど難しいものはないと筆者は感じている。人の悩みを聴くのは「面倒だ」と言う人がいる。この場合，何が「面接はめんどうだ」と感じさせているのかに思いを寄せることが大事だろう。

　最も大きいことは，「生きること」に関してだろう。すべての人が幸せを願っているはずなのに，純粋なその思いだけでは生きることが難しい人間の哀れ，はかなさ……面接をとおして感じてしまう人は多いだろう。幸せになればなるほど怖くなる人もいる。

　面接場面で，Th の「面接に対する慣れ」や「自信過剰」が面接の妨げとなるのは，ときにそれらの要因が相手の考えを否定したり，受け入れないという姿勢になっていく可能性があることと関係がある。面接では「話している中身も大事」だが，「話し方」も大事だ。話す姿勢は，相手に「見える！」。

　Cl は Th から「否定的なことを言われる」と，次の言葉が怖くて言い出せなくなってしまうことがある。たとえば，「私は小学生の頃まで緘黙症でした。家では話せるのに，学校に行くと“話していいのかどうかがわからず”，必要最低限のことしか話しませんでした。そのとき，同級生に『お前は二重人格だ』と言われましたが，『それは違う』と思いました」と Cl は応えた。

　自分描画法では，「自分」を問う。「私は本当の自分を出すのが嫌です。自分を見る周囲の目が怖いからです。人は口では『そんなことないよ』と言ってくれることに対しても，本当にそう思っているの？と疑う自分に対しても嫌になる。だから本当に自分を出すのは嫌！」……人を信じたいけれど，裏切られ傷つくのが怖い。人間の心は深淵である。

2　対話分析

小学 2 年生女子と学童保育指導員との対話である。

> 子ども「ねえ，しずむっていう字，教えて？」
> 指導員「こう書くんだよ（と，用紙に「沈む」という文字を書く）」
> 子ども「わー，むずかしい！　小学 2 年生のしずむっていう字を教えてよ」
> 指導員「沈むって言う字は，沈むしかないのよ。辞書にもそう書いてあるでしょ」
> 子ども「じゃ，1 年生の先生に聞いてみる」
> 指導員「……」

　この子どもは「同じ“沈む”という字でも，学年によって違う“沈む”があるはず」と思っている。もっというと，「私でもわかるように，沈むっていう字の書き方を教えて」と言っているようだ。子どもは丁寧に自分の心理過程を描くことができないし，それをうまく言葉にすることもできない。それをわかるのが対人援助職にあるものの役目であろう。
　次に，対話事例を取り上げる。対話分析では「〜という私」という公式を用いる。対話のあとに，分析結果を付記する。

〔1〕　対話事例 1 ——夏休みに何をしたいのか，希望を聴く私

　友達 1：できれば，パーッとどっか行きたいな。【解放されたい私】
　私 1：どんなところに行きたい？
　友達 2：海に行きたい。できれば，長野以外のところに行きたい。【新しい事をしたい私，違う刺激を求めたい私】
　私 2：行ってどんな事をするの？
　友達 3：海だったら泳いだり，波打ちぎわで遊んだりとしたい。【海で楽しみたい私】
　私 3：海に何か思い出があるの？
　友達 4：小さいころ両親と一緒にいった思い出があるし，海にはいい印象が残っている。【思い出に浸っている私】
　私 4：どんな印象が残っているの？
　友達 5：一緒に両親と泳いだり，貝を拾った思い出がある。【思い出を手繰り寄せている私】
　私 5：他にどんなところに行きたい？

友達6：そうだね……，山とか……。【考え込む私，思いが広がる私】

私6：山だったら，どんな事がしたい？

友達7：景色を見たりとか，山の植物を見たりとかしたい。【違う刺激を求める私】

私7：ちなみに，植物では何を見たいの？

友達8：う〜ん……，花も見たいし……，あ，そうだ。ヒカリゴケという植物が見たい。暗いところで見ると，光っていてきれいなんだよ。【思い浮かんだ事を語る私】

私8：その植物に思い出があるの？

友達9：思い出はないけど，初めて見たとき，きれいだなと思って感動した記憶がある。【印象を語っている私】

私9：あと，どんな山に行きたい？

友達10：えっと……，高い山とかかな。【何も思いつかない私】……

友達同士の何気ない対話である。しかしよくみると，私が聞き役，友達が話し役になっているのがわかる。さらに友達の思いは，相手に質問されるたびに変化することがわかる。不思議だが，ほんとうの話である。普段，多くの人は，このような心の動きに気づいていないだけなのかもしれない。

次に悩みをもつ中学生の対話を紹介する。

〔2〕　対話事例2——中学1年生女子の悩み

Aは身体に障害があり，顔面や手の形成手術をしている。家庭の事情で幼少期より養護施設で生活をしている。軽度知的障害が認められる。駅から徒歩登校をしているが，今朝は雨が降り遅刻した。Aの制服は濡れていた。

生徒1：「もう，こんなに濡れちゃったよ。制服もカバンもびちょびちょだよ」

　→【雨に濡れて自分だけが可哀想な目にあったと思っている私】，《濡れたことへの不快感》

教師1：「本当だ，濡れちゃったね。大変だったね。遅れちゃったのはしょうがないから，急いで着替えよう。時間過ぎちゃったから朝の会を始めているよ。慌てないで着替えようね」

　→【時間を気にしている私】【Aに優しくしようと思っている私】，《焦り，

　心配》
生徒2：「待ってて！」
　　　→【待っていて欲しい私】【皆に優しくして欲しい私】，《期待感》
教師2：「でも朝の会の時間過ぎたから，やらないと1時間目の体育にも遅れ
　　　ちゃうよ」
　　　→【時間を気にしている私】，《義務感，焦り，イライラ，困惑》
生徒3：「待ってて。私だって一生懸命雨の中歩いてきたんだからね。待って
　　　てくれてもいいじゃん（と言って着替えコーナーのカーテンを荒々しく閉
　　　める）」
　　　→【ゆずれない私】【待っていて欲しい私】，《甘え，不信感，不安，怒
　　　　り》
教師3：「Aさんが頑張って歩いてきたのはみんなもわかっているよ。だから
　　　そんなに怒らないでね。どうしたらいいかな…（他の生徒から「早くやろ
　　　うよ」の声あがる）」
　　　→【Aの気持ちはわかっているつもりの私】【どうしたらよいのか困って
　　　　いる私】，《戸惑い，迷い》
生徒4：「じゃあ，勝手にやってれば…。私だってこの雨の中好きで歩いてき
　　　たんじゃないのに。バスに乗れる人はいいよね！」
　　　→【雨の中を歩いてきた大変さをもっとわかって欲しい私】【不満いっぱ
　　　　いの私】，《不満，怒り》
教師4：「駅から歩くと決めたのはAさんだよ。他の人に八つ当たりするのは
　　　やめよう。ちょっと落ち着いて着替えようよ。遅れたのが悪いって，誰も
　　　言ってないよ」
　　　→【Aをわがままだと思っている私】【Aを落ち着かせようと思っている
　　　　私】，《困惑，怒り》
生徒5：「だって1組は遅くなっても待っててくれるんだって。2組だって待
　　　っていてくれてもいいじゃん（カーテンの中で泣き出す）」
　　　→【気遣って欲しい私】【気持ちをわかってもらえない私】，《悔しさ，イ
　　　　ライラ，不満，怒り》
教師5：「そうなんだね。わかった。着替え終わるまで待ってるから急ごうね」
　　　（泣きながら着替えて，睨むようにしてカーテンの中から出てくる）……
　　　→【急ぎすぎたと思った私】【Aは難しい生徒だと思った私】，《後悔，忍
　　　　耐，妥協》

教師のコメント：

　このようにAさんは，一見わがままと見えるような態度をとることがよくあった。登校前や，登校途中に何か面白くないことがあったのだろうかと思っていた。それにしても自分のイライラした気持ちを周りにぶつけるのは周囲の雰囲気を壊してしまってよくないなと感じていた。だから，どちらかというと，なだめたり諭したりして落ち着かせようと対応することが多かったように思う。

　この対話以前からAさんはイライラしているときがよくあり，何か面白くないことがあるのかなということは感じていた。腹痛を訴えることも多くなり，特にマラソンや徒歩通学など，Aさんにとってあまり好きでないことをやらないといけなくなる直前になると腹痛を訴えることが多かったため，「やりたくないから腹痛が起こったり，もしかすると腹痛を理由に逃げようとしているんじゃないか」と思っていた。養護施設の先生に相談したところ，Aさんと話をしたということで，「障害者」「変な顔」と言われることを気にしているらしいということを知らせていただいた。この時点で，たんにAさんはつらいことから逃げようとしているだけでなく，悩みを抱えていることを知ることができた。そこでこの機会を生かして，Aさんの気持ちを聴いてみようと思った。

　　朝の会が終わり，Aさんも少し落ち着いたところで，教師と話をした。
　　教師6：「このごろ，よく怒るようになったと思うけど，どうしたの？」
　　　　→【Aを気遣う私】，《心配，不安》
　　生徒6：「だって，私だって一生懸命やってるのに，私ばっかり注意される」
　　　　→【わかってもらえない私】，《不満，怒り》
　　教師7：「どんなときかな」
　　　　→【Aを気遣う私】，《心配，懸念》
　　生徒7：「B君はよく私にちょっかい出してきてつねったりするのに，先生たちは「言ってもB君にはわからないから」と言って注意しないし。B君なんか大嫌い」
　　　　→【B君が嫌な私】【先生に助けて欲しい私】，《嫌悪，怒り，不満，不公平感，悲痛》
　　教師8：「BくんのことはAさんもわかってくれていると思ったんだけどな……」
　　　　→【Aさんのわかりの浅さにがっかりしている私】，《意外，残念，落胆》

生徒 8：「それに C さんも D さんも変なこと言うし…」

→【私へのいじめは重症だと思っている私】【友達の言葉が気になる私】，《不安，苦痛》

教師 9：「どんなこと？」

→【具体的な話を聴きたがっている私】，《判断保留，困惑，見極めたい》

生徒 9：「私が着替え手伝ってもらっていると，自分でやれとか言う」

→【自分ができないことをやれと言われるとつらく感じる私】，《不満,悲しみ，怒り，苦痛》

教師 10：「それはいけないことだし，先生もそのときは注意しているよね」

→【注意しているからこれでよしと思っている私】【私に落ち度はないと A さんに確認を求めている私】，《言い訳，焦り》

生徒 10：「それに，E くんが "障害者" とか言うのが嫌だ」

→【障害者という言葉が嫌な私】【自尊心を傷つけられたように感じた私】，《不快，怒り》

教師 11：「でもそれは A さんに向かって言っているの？」

→【事情をつかめない私】，《非難，困惑》

生徒 11：「私に言っているわけじゃないけど，その言葉を聞いただけで嫌な気持ちになる。お腹が痛くなってくる」

→【障害者という言葉を耳にすると嫌な気持ちになり，腹痛が起きる私】，《不快，困惑，怒り》

教師 12：「そうか，E 君のことはこれからもそう言うことを言ったら E 君に話をしてみるね。このごろよくお腹が痛いっていうのと関係があるのかな……」

→【E 君への指導を考えている私】【腹痛との関係を考えている私】，《対処法，見通し，因果関係の理解》

生徒 12：「うん。それに道を歩いていると小学生みたいな子が私の顔見て，変な顔と言うんだよ。すごく嫌だ。そういうときもお腹痛くなるよ」

→【変な顔と言われてショックを受けた私】，《ショック，不安，自信喪失》

教師 13：「前からそう言うことはよくあるの？　それは嫌だね」

→【どのくらい長く不快感を抱いていたかを知りたいと思う私】，《心配，理解，懸念》

生徒 13：「このごろとくに言われるような気がする。学園の先生は，私の障害は私のせいじゃないから気にするなって言うけど，自分の身になってみ

なけりゃわかんないよ」

　　→【私の障害は重いと感じさせられている私】，《苦しみ，無理解，孤独》

教師 14：「そうなんだ……A さんの気持ちはよくわかったよ。これからもモ
ヤモヤしたり，お腹が痛くなるようなことがあったら，先生に話してね」

　　→【A の気持ちが少しわかったつもりの私】【これからも相談にのろうと
思う私】，《見通し，受け入れ，理解》

　話し終わった後，A さんは少し落ち着き，皆と同じ活動に入っていった。
【……の私】を考えてみると前半の対話で，とくに A さんの思いと教師
の思いが食い違っているのがよくわかる。【優しくして欲しい私】【私の大
変さをわかって欲しい】【待っていて欲しい】という A さんの思いに対し
て，教師は【時間を気にしている私】【わがままだと思う私】のように自分
の都合を優先している。

　少し間をとった後半では，A さんは【友達の言うことが気になる私】【障
害者という言葉が嫌な私】【嫌なことを聞くとお腹が痛くなる私】などのよ
うに苦しい思いを出してきているし，教師も【腹痛との関係を考えている
私】【A さんの苦しみがわかった私】【これからも相談に乗ろうと思ってい
る私】などと，少しずつ A さんの思いに寄り添おうとしているのがわかる。

　この事例を「思いの深まりの過程」（図 7-1）にあてはめて考えてみると，
A さんは思いに苦しむ段階にあることがわかる。また教師は「苦しんでい
る」ことがわかり，「苦しんでいること」に関わろうとしている段階 3 では
ないかと思われる。次の段階 4「どのように子どもの心に関わるのか」へ
進むには，「どのように」という関わり方がわからないと進むことができ
ない。これが今の教師の課題である。「悩みがある」ということに養護施
設の先生からの情報で気づいたように，他からの情報やアドバイスによっ
て見方が変わってくることがあるので，参考になるのではなかいと思われ
る。今後はしばらく段階 1 〜 3 を繰り返すことで，段階 4 へ進む手がかり
をつかんでいくのが課題だ。「〜の私」と対話分析を行ない，予想した生徒
の「考え」や「感情」を聴き帰すことを繰り返し，相手の苦しんでいる思
いに寄り添っていることが望まれる。

　次は自分描画法を手掛かりとした保育士と母親との対話事例である。

〔3〕　事例事例 3：幼児の R さん

　身長が低く，年齢に見合わないことを母親は気にしている。保育園では
人の顔色をうかがい行動している。保育園では食に対する執着が強く，た

【来談者の心の深まり】　　　【援助者の心の深まり】

思いの深まり～第1過程

第1過程　思いに苦しむ。この苦しみは産みの苦しみといってよい。

動き：思いに苦しむ《例：唸る・吐き出す》

感情：【放（無関心）・哀（憐憫）・虚（無力）・恥（軽蔑）・厭（悲嘆）・痛（嫌悪）・震（恐怖）・焦（不安）】

意味：自分の苦しい思いを自分の中で軽減させようとする心理的試み。心のどこかに内外に対する関心が芽生えている。

わかりのループ1

段階1　来談者の心に「悩みがある」ということがわかる

段階2　来談者が「苦しんでいる」ということがわかる

段階3　来談者が苦しんでいることに自分が関わろうとしているのがわかる

援助者はどんな心を動かすか？
苦しみに「苦しむ」段階では…

「思いを寄せる」心が動く

→ 向かう力 が必要

思いの深まり～第2過程

第2過程　思いにふれる。見る，聴くなどふれ方はいろいろある。

動き：思いにふれる。見るというふれ方の例をあげる。思いが目に入る・思いに目を向ける・思いを眺める・思いを見つめる・心を澄まして思いを聴く《例：自問自答を繰り返す》

感情：【美（嫉妬）・怒（硬化）・憂（鬱憤）・昂（叱咤）・迷（当惑）・入（侵害）】

意味：自分が何を求め何をしたいのかをわかろうともがく姿。勇気を養っている。自分にふれることで自分を対象化できるようになる。ふれ続けると恐くなくなるのが不思議だ。

わかりのループ2

段階4　援助者自身がどのように来談者の心に関わろうとしているのかがわかる

段階5　関わると来談者の心が変わっていくのがわかる

援助者はどんな心を動かすか？
苦しみに「ふれる」段階

「思いをめぐらす」心が動く

→ する力 が必要

思いの深まり～第3過程

第3過程　思いをつかむ。そのうちに思いを思いのままつかめるようになる。

動き：思いを，両手で・身体全体で・身体と心で・心でつかむ（具体的表現：感じ取る，聞き取る，看取る，思いをそのまま感じ取れる）

感情：【省（後悔）・気（覚醒）・構（緊張）・解（弛緩）・造（形成）】

意味：知らず知らずのうちに，自分の「思い」に沿っていることを，実際に行っている姿。

わかりのループ3

段階6　どのように来談者の心が変わっていくのかがわかる

段階7　来談者の心の変わりように，沿っていくことができる

段階8　変化した来談者の心を，そのまま事実として受けとめることができる

援助者はどんな心を動かすか？
苦しみを「つかむ」段階

「思いを定める」心が動く

→ 見分ける力 が必要

思いの深まり～第4過程

第4過程　思いを収める。

動き：思いを収める場所（心のおきどころ）を探す・思いを収める場所を定める（かなりの勇気が必要）・思いが収まる《静かな動き・揺れるが安定》

感情：【和（安心）・受（肯定）・入（許可）・整（配置）・活（生気）・生（収束）】

意味：やれないでいたことが今できているという実感がもてる。

わかりのループ4

段階9　次を考えることができる

段階10　次に取り組むことができる

援助者はどんな心を動かすか？
苦しみを「収める」段階

「思いを合わせる」心が動く

→ 全体を見る力 が必要

図7-1　思いの深まりの過程

（出典）　小山充道：2002『思いの理論と対話療法』誠信書房に加筆。

くさん給食を食べる。保育士が園児の母親と対話している場面である。事前に母親には自分描画法を体験してもらった。以下は対話内容である。

　　保育士：Rさんはあまり自分の意思を表に出さず，人の顔色をうかがって行動しているように見受けられるのですが，何か心当たりありますか？

　　母親：もともとおとなしい子なので……。【Rはおとなしい子どもだと思っている私】

　　保育士：園では給食を食べ終わっても少々物足りないようで，お友達の分もときどきもらっているようなのですが，お家ではどうですか？

　　母親：私はちゃんとRを育ててるのに，周りからちゃんとご飯を食べさせてないとか言われて，子育てちゃんとしろとか，早く仕事見つけろとか言われて……私もがんばってるのに，なんかそんなこと言われたらつらくて……。仕事は事務系がよくて探してはいるんですけど……。【私なりに子どもをみているつもりの私，人から私の生活について文句を言われる私，仕事のことも考えている私】

　　保育士：Rさんを育てながらお仕事を探すのは大変ですよね。お仕事は事務のほうがいいんですか？

　　母親：事務だと，人ともあまり話さなくてもいいし……人と話すのが苦手なので。【話すのは苦手と思っている私，自分に合った仕事を探したいと思っている私】

　　保育士：先ほどお母さんの周りの方々があまりRさんにご飯を食べさせていないと言われるとおっしゃっていましたが，普段は家でRさんにどんなご飯を食べさせてあげるんですか？

　　母親：買ってきたパンとかお弁当とかあげてますけど。あの子もあんまり食べないんで。【私が出したものを食べないのは，あの子はおなかが減っていないからと思っている私】

　　保育士：そうなんですか。お家ではあまり食べないみたいですけど，園ではもりもり元気に食べているので，もしかしたら今のRさんには食べる量が足りないのかもしれませんね……

　　母親：ああ……そうなんですか……園ではいっぱい食べるんですか！　保育園ではどんな感じですか？【保育園ではたくさん食べると聞いて，自分の子どもの見方が間違っているのではないかと気づく私】

　　保育士：Rさん，園ではよくお絵かきして遊んでますよ。せっかくなのでお母さんもちょっとお絵かきしてみませんか？

　　母親：わかりました。ちょっと気分を変えて，絵でも描いてみます【ちょっ

と変化が欲しい私】

（自分描画法の4要素を描いてもらう。描画結果を図7-2に示した）

保育者：できましたか？　気になるものを描くときに「目」を描いてらっしゃいましたけれど，どんな目が気になるんですか？

母親：自分のことをよく思ってくれない，さげすんで人を見るような人の目が気になりますね……。【人の目が怖いと感じている私】

図7-2　母親の自分描画法

保育士：そうなんですか……この絵を見て，お母さんはどう思いますか？

母親：改めて，さみしいなぁと思いました。でも周りとの関係を大事にしたいと少し思いましたし，Rとももっと向き合っていこうと思いました。【少し元気が出た私】

保育士：では今日はこのくらいにしたいと思います。またお話させてください。

母親：ありがとうございました。またお願いします。【この人は安心できる。話す人ができた。少し安堵感をもつ私】

　思いを重視する心理療法（ここでは「思いの心理療法」と簡略化する）では，対話分析を重視し，「対話」という形態から人の「思い」に入り，核心に迫っていく。カウンセリングに基づく対話分析から，「自分（〜の私）」を抽出していく。

　Aさんは大学1年生。高校時代からの友人Bさんから，「妊娠したのでおろそうかと思っている」ということを相談された。Bさんは「Aさんにしか言ってないの……誰にも言わないで欲しい」と言った。Bさんは1週間後，Aさんを保証人として産婦人科を受診し子どもをおろした。Aさんはこのことがきっかけとなり，その後Bさんとうまくつきあえなくなった。さらに体調までも崩しやすくなった。

【対話録】

　Cl（Aさん）：友人のBさんのことで，相談があるのですが……。

　　【Aさんは友人のBさんのことで気になることがある（に違いない）と察した私】

Th：どうぞ，ゆっくりでいいのでお話下さい。

　　　【傾聴の態度をとろうとする私】

Cl：Bさんが私に妊娠していることを打ち明けてきました。

　　　【AさんはBさんとはいろいろなことを打ち明けられる仲なんだ，と（いうことに）気づいた私】

Th：それで……？

Cl：Bさんは，「私にしか言ってないので，誰にも言わないで」と言いました。

　　　【AさんはBさんから信用されている（に違いない）と察した私】

Th：Bさんは，あなたにしか言ってないのですね？

Cl：はい……なんだか私，重大なことを一人で抱え込まされているようで……

　　　【AさんはBさんから難題を背負わされ気重だと感じている，と（いうことに）気づいた私】

Th：それで，あなたは不安になるのですね？

Cl：はい。それでBさんは私を保証人として病院に行き，子どもをおろしました。

　　　【Aさんは，自分もいけないことをしているような気持ちになっている（のかもしれない）と察した私】

Th：Bさんは子どもをおろしたのですね？

Cl：はい。私は，そのことが引っかかって，Bさんとうまくつきあえないのです……

　　　【Aさんは，今，Bさんを信用できていないと（いうことに）気づいた私】

　　　【Aさんは『Bさんが子どもをおろした』ということを受け入れられないでいる（のかもしれない）と察した私】

　対話はこの後も続く。「クライエントの発言→セラピストの察し→セラピストの応答→クライエントの発言→セラピストの気づき→セラピストの応答→クライエントの発言……」と，セラピストの察しと気づきが循環している様子が読み取れる。Rogers, C. R.（1942）は，ハーバート・ブライアンのケースの全般的コメントにおいて，「私は〜」という「ブライアン氏自身が語った感情」を列挙し，経過の比較をしている。たとえば「僕は着実に進歩しています→僕は今までとは違ったやり方で状況に直面しています（中略）→僕は自分をどうしたらよいのか分かっています（中略）→僕は小説を書こうと計画しています……」というように，行為の主体が誰で

あるかを明確にした分析を行っている。困りごとの主体がはっきりすればするほど，怖さも増すが，先が少し見えてくる。

3　"対話"と"自分描画法"を用いたカウンセリングの要点

対話の要点は次のとおり。箇条書きで示す。

①"必要なときに，必要なことを必要なだけ話す"。これは相談者の思いの焦点づけに役立つ。

②「思い」という言葉はなるべく言葉に出さない。言語化しすぎると"思い"は遠ざかる。

③「思い」には4つの段階［苦しむ→ふれる→つかむ→収める］がある。これは思いの深まりを反映し，適切な対応がとれる援助者との対話では，思いを深めることが回復過程そのものともなる。

④対話内容や自分描画法等の自分関連の資料には，心にふれるメッセージが隠されている。それゆえ対話分析と相談者自身による自分描画のふりかえりが重要となる。

⑤援助者は，対話の流れに沿って自分自身の内的状態と他者の内的状態を分別できる力（転移対応力）と，相談者の主訴を"わかる力（共感力）"を養う。

⑥対話の際，接続詞は「でも……」「しかし……」ではなく，「そして……？」が使える対話力を養う。

⑦心の問題には解決はない。心の解決というのはひとつの決着であり，対話療法では解決は「収める行為」ととらえる。収めることを急がず，よく話を聴くことが何よりも大事。

⑧援助者は相談者が「話したい」と思えるような人間関係をつくることに意を注ぎ，配慮力を養う。

⑨援助者の根底には「人間への関心と，相談者の"思い"をわかりたいとする気持ちがあるはず。

8 章　自分描画法の臨床事例

Ⅰ　性的虐待を受けた子どもと非加害親への心理的支援 *
——児童家庭支援センターでの親子並行面接を通して

　本研究は事例研究であり，我々セラピストは児童家庭支援センターにおいて，実父より性的虐待を受けた小 1 女児と被害者の実母に対して親子並行面接を行なった。一人のセラピストは子どもに対しては，トラウマの克服を目的に週 1 回のプレイセラピーを行った。別のセラピストは母親に対して面接を行った。そのセラピーの目的は，母親が子どもの日常をケアできて，かつ子どもの日常を支える協力者となっていけるような心理的回復にあった。

　本論文では，母子の心理的変化および心理的回復過程と，性的虐待事例に対する心理的支援のあり方について検討した。女児がプレイセラピーで示した各心理的過程のイメージは，虐待の再現と survivor としての自己像，安全な居場所のイメージと感情表出，心身のケア，そして自己像の回復であった。一方母親は，性的虐待事実の受容，子どもが受けた被害の感情と心理的ケア，傷心についてイメージを変えた。心理的支援の結果，母子は心理的回復を果たし，家族関係が再構築された。

1　はじめに
児童虐待は年々，増加の一途をたどっている。平成 21 年度の全国児童

　＊　初出：小山充道・小野実佐・今泉明子（2012）「性的虐待を受けた子どもと非加害親への心理的支援——児童家庭支援センターでの親子並行面接を通して」『藤女子大学紀要』49，第Ⅱ部：121-135.

相談所の虐待相談対応件数は 4 万 4 千件を超え，虐待防止法施行以前の平成 11 年度と比較して約 3.8 倍の増加である。しかし，ここ数年の虐待種別の内訳を見ると，身体的虐待とネグレクトが約 40 パーセント，心理的虐待が約 20 パーセント，そして性的虐待が約 3 パーセントという比率に大きな変化はなく，性的虐待の相談受理件数がほかの 3 タイプと比較して非常に少ない状況が続いている（子どもの虹，2011）。その点について山本（2010）は，日本では保護者や親権者，監護責任者，里親が子どもに性的暴力を行った場合のみ性的虐待として扱われるという限定的な定義ゆえ，統計上の性的虐待件数が，実際に児童相談所が扱う子どもの家庭内性暴力被害件数から見るとかなり少なくなっていると述べている。また西澤（1994）は，性的虐待は身体的外傷を残さないことが多く，子ども自身も虐待の事実を秘密にしておこうとする傾向や共犯意識をもたされてしまうため，4 つのタイプのうちで発見が最も困難だとしている。さらに，山本（2010），西澤（1994）をはじめ，さまざまな研究者が，性の問題を公にすることをためらう文化的な抑圧が，社会の中に存在することを指摘している。このような統計上の理由や発見と立証の困難さ，性問題をタブー視する文化・社会的態度から，実際に発覚している性的虐待はごく一部である可能性が高いと考えられる。なお，石川（2008）は子どもの性暴力被害の全体数は年間約 2 万件あると推定している。

　被虐待児の特徴について奥山（1997）は，自己評価が低い，衝動的，攻撃的，他者の顔色を窺う面があることを指摘し，西澤（1994）は，被虐待児への心理的回復にとって，まずは安心・安全な場があることが最も必要だと述べている。とくに，性的虐待を受けた子どもは親密性や愛着に関わる安全感や自己評価，対人関係能力の根幹に深刻な損傷を受けていると山本（2010）が述べているように，性的虐待を受けた子どもの回復にとっては，とくに心理的な安心，安全な場の確保が第一であり，その確保のためには非加害親の存在のあり方が重要だと思われる。

　岡本（2009）は，性的虐待事例では非加害親を中心とした家族参画による家族支援が現実的で有効だとし，非加害親を中心とした家族が子どもを守れるような支援のあり方を深める必要があると考えている。このことからも，加害者から離れ，子どもが回復の道のりを歩み始めたとき，子どもへのプレイセラピーを含むトラウマへの治療的介入だけではなく，安心感・安全感を育んでいかねばならない非加害親への支援も当然必要だと考

えられる。

　虐待などのトラウマを受けた子どもたちへの心理療法的アプローチを，ギル（Gil, 1991）は，修正的接近と回復的接近に分けて整理している。修正的接近とは日常的な生活の中で行われる環境療法であり，回復的接近とはトラウマの解消を目的にトラウマそのものに働きかける心理臨床的接近法である。ギル（Gil, 1991）は，これら 2 つが統合して行なわれることが子どもの回復に有効的に働くとしている。言い換えると，日常での環境療法を担う非加害親と心理療法を担うセラピスト（以下, Th と略す）が連携して子どもの回復を支えることが重要だと言える。このことは，非加害親を子どもの日常的なケアをする人として Th が支えることが必要だということを示唆している。

　本研究では，児童養護施設に附置されている児童家庭支援センター（以下，センターと略す）において，実父より性的虐待を受けた小学校 1 年生女児と，非加害親である母親への親子並行面接を行なった事例を取り上げる。子どもに対しては週 1 回のプレイセラピーを実施し，その中でトラウマに対する心理臨床的アプローチを行った。それと同時に，母親に対しては別の Th が面接を実施した。Th は，母親が子どもの日常をケアし，子どもの心理的回復をめざして日常を支える協力者となっていけるようになることを目指し，心理的援助を試みた。

　本論文では，母子の心理的変化や心理的回復過程の分析を通して,性的虐待事例の支援のあり方を検討する。なお，プライバシー保護のために，事例については，その本質を変えない程度に適宜変更を加えた。

2　事例の概要
〔1〕　家族構成
　母親（30 代前半，非正規職員），長女（小学校 1 年生。以下，クライエント〈Cl〉と略す）
　＊母親からの聞き取りによると，夫は母親と同年代で，一流企業と呼ばれる会社に勤めていた。
〔2〕　母親の主訴
　実父からの性的虐待を受けた Cl に対し，母親は Th に「子どもへの接し方がわからない。また，子どもに対して心理的なケアを行ってほしい」と述べた。この 2 つの求めに応じ，Th は面接を開始した。

〔3〕 面接の構造

面接経過を4期に分けて示す。Clの言葉を「 」, Thの言葉を（ ）, 母親の言葉を『 』, 親Thの言葉を〈 〉, 箱庭のミニチュアやおもちゃを（" "）, 補足部分を《 》とする。面接回数は（# 〜）とする。

Clの担当セラピストは以下, Th, 母親面接担当セラピストを以下, 親Thと記入する。

面接実施期間は, X年7月〜X＋1年12月の約1年5カ月間であった。だいたい週に1回, 約50分間の面接を計44回行なった。

（4）面接までの経緯

X－1年7月, 「実父がClへ性的虐待をしている事実を本人（Cl）から今日聞いた。相談できる機関を知りたい」と取り乱した様子の母親からセンターに電話が入った。Clが母親に話した虐待内容では, 実父に風呂場で性器をいじられた, 執拗に陰部を洗われる, 下着に手を入れられるなどの性的虐待, 熱い湯船に沈められ蓋を閉められ, 熱いお湯を身体にかけられるなどの身体的虐待が挙げられた。その際対応したスタッフは, 重篤な虐待だと察し, 児童相談所への相談を勧めたが, 母親は「Clが児童相談所から事情を聞かれると可哀想だし, 児童相談所は以前相談した時の印象が良くない」と消極的であり, 「弁護士に相談する」と言い, 電話を切った。

Clは虐待事実を告白後, 拒食状態が1週間ほど続いたので, 母親は別居を決意し, Clとともに母方実家に転居した。その後, 母親は警察などさまざまな機関に相談したが, 性的虐待を「信じてもらえなかった」と感じる経験が度重なった。その後, 夫を相手に裁判を起こし, その結果離婚した。その際, 担当弁護士に対しても不信感を感じて, 一度弁護士を変えた。2人目の弁護士と一緒に望んだ裁判の際に, Clへの性的虐待の事実が明らかとなった。Clの母方祖父母への反抗的態度が続いたため, 両者間の関係が悪化しアパートに母子で転居した。母子での生活が始まってから, 今度は母親へ暴言を吐くようになり, Clの反抗的態度が強まった。しかし, 学校での様子は「特に気になるところはない」と担任から言われており, 対人関係や学習に問題は見られなかった。母親はX年6月, 担当弁護士を通じて, 「Clへの心理的な援助をお願いしたい」とセンターに相談を依頼した。数週間後, センターに直接母親から相談の電話があり, その中でX年4月から月に1度親子で児童相談所にも通所していることがわかったため, 児童相談所とセンター間で連携を取り, 当ケースの支援を行なうこととした。

センターにおいては週に1度程度，親子それぞれ別のセラピストによる親子並行面接を実施することになった。

3　面接経過

〔1〕　子ども面接

［第1期　虐待の再現とサバイバーとしての自己像 （#1〜#11）］

　面接室に入室直後，母親と一緒に椅子に座っていたClは顔を伏せたまま無言であった。しかし，Thから遊びに誘うとすぐに応じ，Clは別室に移動した。Clの視線は鋭く，Thの顔色をうかがっているようであった。Clは箱庭の砂を"貝殻"に出し入れすることに没頭し，時折ふと我に返る様子は解離症状のようにThには感じられた。Clは，ぬいぐるみを「可愛い」と抱きしめた直後，すぐに床に落とした。また，Thのことを陰で「ばか」と呟きながらも，抱っこやおんぶを執拗に求めた。このようにアンビバレントな感情表現や執拗な身体接触を求める様子があった(#1)。ClはThに家で書いてきた手紙を渡し，密接な関係をとりたがった。Clは遊びたいにもかかわらず，遊びを選択できない自分に苛立っていた。その後，すべての"動物"を箱庭に投げ入れ，その後に使わない"動物"を除く方法で《動物園》を作成。動物を種類ごとにきちんと区画に分け，配置する様子は強迫的に安全を確保しようとしているように感じた(#2)。軽躁状態で，「うんこを食べるとおいしいな」という文字を描画用紙に書き，気持ちを切り変えられなかった（#3)。Clは，家で作成してきたThの似顔絵，手作りネックレス，折り紙の"蛙"を持参し，Thにプレゼントした。その後，Thに甘えながら，Clは折り紙で"おたまじゃくし"を作った。そしてClは「私，赤ちゃん」と言いThに抱っこをせがんだ。Thに抱っこされClが赤ちゃんになる姿は，Clが持参した"蛙"が"おたまじゃくし"になるイメージと重なった(#4)。"人魚姫"の顔から下を箱庭の砂に埋め，「苦しいと思う？」とThに尋ねる。Thの（苦しんでいるように見える）の返事に，Clは無言のまま「人魚姫の姿を恥ずかしいと思う？」と質問を重ねた。Thが（恥ずかしいと思う）と応えると「でも人魚だよ」と冷淡で感情のこもっていない言い方をした。その後もClは無感情で"人魚姫"が虐げられる表現を繰り返した。Clの表現は，熱い湯船に沈められた虐待の再現とThはとらえた。その後，Clは「生きていくためには仕方がないんだ」と動物界における弱肉強食の世界を箱庭で表現した。最後は，"動物"が大地もろとも

"滝"に飲み込まれた。Th は Cl の無力感や絶望感を感じた（#5）。"たこ"のぬいぐるみをお守りのように Cl は持参した。Cl の"人魚姫"の首から下を砂に埋める表現に対して，Th が（苦しいよ〜）と訴えると，Cl はさらに深く人形を埋めた。Cl は，"人魚"の胸部だけ砂を除き「何だと思う？」と Th に問い，Th が（おっぱい）と答えると「わ〜！　嫌だから！」と恥ずかしがった。そして"人魚姫"の胸に"鮫"を何度も噛みつかせた。その都度，"人魚姫"役の Th は助けを求めたが，Cl の「死ぬんだよ」との冷淡な言葉とともにお墓行きとなった。その後，箱庭のミニチュアはすべて撤去され，砂だけになった。最後に，Cl が砂を移動させる様子は，Th に海の波を思わせた（#6）。Cl は，赤ちゃんになりたがり，Th が抱っこして過ごした（#7）。"馬の親子"の遊び。"子馬"は親が見守ることなく"熊"に噛まれて死に，砂に埋められた。やるせない気持ちになった Th が，（お母さんが何かしたら生き返ったりするかもしれない。おっぱいをあげてみたら）と伝えると，「そうだ！　おっぱいだ！」と Cl は哺乳瓶で"子馬"にお乳を与える。Cl は変化がないことに苛立ち，"子馬"を放り投げたが，そのとき偶然にも"子馬"が立ち上がり，Cl は大変驚いた。その偶然を Cl は遊びにうまく取り入れ，生き返る物語を表現した（#8）。

　Cl は児童養護施設に入所している児童と自分の境遇を比べ，「私だったら寂しい。ママと離れたくない」と語った。この気持ちを行動化するかのように，別室にいる母親を，数回目で確認した（#9）。Cl は自分の"好きなもの"の絵を描き，母親に見せた（#10）。実父の話題を語った後，"おっぱい""うんちとおしり""立ちしょんの男子"の性的な絵を描き，軽躁状態になった。Cl は"人魚姫"を箱庭の砂に埋めた。"王子"は"人魚姫"を助けるが，人魚であることがばれて，離れ離れになる悲劇の物語の後，"人魚姫"ではなく"シンデレラ"が海に飲み込まれ"王子"のキスで目が覚め，結ばれるというハッピーエンドの物語が表現された。"人魚姫"が，Cl の自己像と見ていた Th は，Cl の絶望感，喪失感に触れたように感じた。一方で，別の女性像が"王子"と結ばれる物語は，今後の Cl の変容を示唆しているように思え，Th は微かな希望を感じた（#11）。

［第2期　安全な居場所のイメージと感情表出（#12 〜 #25）］

　Cl はクラスメートの話として「ノートの端から端まで，きっちりと字を書かなきゃ駄目って，すごい大変だと思わない？」と語るが，Th には，セ

ラピー場面で見せる強迫的にきちんとしようと
する Cl の姿と重なった（#12）。箱庭で「怖い
海蛇が魚をついばんでいる」という "海中の風
景" を表現した（#13）。Cl は「動物園より水族
館が好き」と自分の好みを Th に伝えた。また，
Th の行動が Cl の意図に合わないとき，否定，禁
止，苛立ちを言語化して伝えた。児童養護施設

図 8-1　#16 自由描
画：1《鳥の親子》

に入所している他児を見かけた際，Cl は「小さい子って嫌い。うるさいもん」と顔をしかめ，嫌悪感を示した（#14）。Cl は，窓から見える木に "鳥の巣" を発見し，気にかけた（#15）。Cl は，"鳥の巣" を「取ってみたい」と繰り返し訴えた。Th が "鳥の巣" を絵で描くという妥協案を提示すると，Cl は応じた。Cl は「母鳥が卵を温めている冬の巣」と，Th が書いた絵に題名をつけた。その上で，Cl は「春の巣も書いて」と Th におねだりした。Th が描いた "春の巣" に，Cl が鳥の親子の絵を描いた。その隣に "カラス" を付け足し，「襲おうとしているところね」と言ったが，「やっぱり挨拶していることにしよう」と「こんにちは」とのコメントを書き加えた。"カラス" の横には，大事にしている "たこ" と Cl の姿を描いた（図 8-1 自由描画：1）。絵を見ながら Cl は，「子は親を選べないんだよね……」と語り，Th から（選べたらなぁって？）と伝えると，Cl は「ううん」と否定したが，その様子は考え深げであった（#16）。生まれ変わるとしたら「たこになりたい。そしたらワニにも食べられないし，海の一番深い所にいれば安心だから」と，深海が Cl の安全な場所だと語った（#17）。Cl の箱庭は，動物が種類ごとにきっちりと区分けされており，その表現から，Cl にとっての安全な場所は徹底された空間のみであり，しかも安全を確保し続けるためには多くのエネルギーが必要なのだと Th は感じた（箱庭：1）（#18）。Cl は "たこ" のぬいぐるみを持参した。Cl は「何も置かないで砂を触る」と言い，箱庭の砂の感触に浸った（#19）。これまでの展開と異なり，Cl は Th のペースに合わせながら，一緒に折り紙を完成させた（#20）。Cl はプレイでやりたいものを言うがぴったりするものがなく，一つ一つ 2 人で一緒により近いものを探した（#21）。

　はじめてスカート姿で来所した。施設内を探検したいと言うので，一緒に歩く。年長児におんぶされている子を見て「いいな……」と羨ましそうにしたり，同年齢児を見て「友達になりたかった」と語るなど，他児に目

図 8-2　#23 自由描
画：2《自分と友達》

図 8-3　#26 自由描画：
3《将来住みたい家》

を向け素直な感想を述べていた（#22）。《自分と友達》と題する絵を描い
た（#23）（図 8-2）。

　Cl は《自転車に 2 人乗りしている女の子》の絵を描いた。絵の女の子は，
頭と身体のバランスが悪いが，表情は和やかであった（#24）。Cl は，「あ
いつ何かひどいことしたんだよ」と実父から受けた過去の身体的虐待の話
をした。その後，うっすらと残る身体の傷を Th に見せた。Cl は「私，馬鹿
でしょ。嫌だって言わなかったんだよ。馬鹿だよね」と自己否定感を強め
た。Th が（馬鹿じゃないよ。怖いと思って言えないのは，当たり前のこと
なんだよ。私でも言えないと思うよ）と伝えると，「でも，馬鹿だよ……」
と Cl は呟いた。その直後，Th が描いた絵にある黄色の部分見て，「おしっ
こ！　わ〜おしっこ飛ばしている」と下腹部を前に出す仕草をしながら大
笑いし，突如軽躁状態となった。Th は，実父の話題に触れたことに伴うフ
ラッシュバックだととらえた（#25）。

[第 3 期　心身のケア（#26 〜 #33）]

　Cl は《将来》の絵を描いた。Cl は「夢に出てくる家」と言い，母親と
「2 人で住んでいる。こんな家には住めないけど，将来住みたいなぁ〜」と
淡い願望を語った。Cl の自由画には，母子で住みたい “ 家 ”“ 家に続く道 ”，
飼っている “ 馬 ”，川辺でおしゃべりしている Cl と Th，川の中で交尾して
いる “ 魚 ”，山に続く “ 道 ” などが描かれている。Th は，“ 馬 ” や “ 魚 ” の
リアルな描き方，途切れた道の表現といった点を気にかけながらも，和や
かな雰囲気を大事にしたそうな Cl の願いを大切に扱うこととした（図 8-3
自由描画：3）。

　Cl が家から持参したビーズを Th に見せ，「これ盗んだ。友達のだったや

つ。もってきたんだ」と悪気なく語る。Thか
ら（その友達，探してなかった？）と尋ねると，
「探してたよ。でももう付けちゃったから」と
軽く語るClの悪気のなさが，Thは気にかかっ
た（#26）。おくるみに包まれた"ふくろう"の
ぬいぐるみを持参した。

図8-4　#29 箱庭《街》

　生活場面で時折母親に対して行うような感
じで，Thに威圧的な言い方をしたが，すぐに自分の言動を反省し，柔らか
い口調に言い変えた。Thは（相手が受け入れやすい形で伝えると気持ち
がいいよ）と伝えると，Clは頷いた。その後，2人で一緒に絵を完成させ
た（#27）。ミルク飲み人形を持参した。Clは，人形をあやしながら，『自
画像』を描いた。描きながらClは「早く大人になりたい」，大人は「誰に
も何も言われず自由に振る舞える」存在だと語り，干渉されずに自由であ
りたいと語った（#28）。

　箱庭：左上には"動物園"。右上には"神"，"大仏"，"自然"が所狭しに
置かれている。中央は"街"で，人が集まっている。下方には"海"，"動
物"を並べた。全体を三層に分け表現している。箱庭から，"ガラス玉"で
色鮮やかに飾り，神仏といった守りの存在が出現し，海と陸地をつなぐ橋
を表現するなど，以前の箱庭と比べると，変化が感じ取れた。また，どの
ミニチュアを用いるか，何度も吟味を重ね，選択するという徹底ぶりにCl
らしさを感じた（図8-4；#29）。Thが足を軽く負傷した。Clは無言です
ぐに動き，処置をした。身体への対処は早いが，感情面のケアのなさが気
にかかった（#30）。

　Clは産着に包まれた「笑顔の赤ちゃん」を折り紙で作った（#31）。Cl
は面接室においてあった他児の粘土作品を勝手にちぎり，自分の作品に使
用した。Clのわざと悪ぶる態度が，Thは気になった（#32）。Clが学校で
怪我をし，顔面にテーピングをして来所。怪我したときのことについてCl
は，「口からいっぱい血が出た。口に砂がいっぱい入り込んで……痛かった。
でも今は大丈夫」と淡々と語った。そして「泣かなかった。泣いたってな
おるわけない。泣いたって無駄でしょ」と痛みの感情に触れ難いClの姿が，
Thには逆に痛々しく感じられた（#33）。

［第4期　自己像の回復（#34〜#44）］

Cl は，センターの近くにある川での魚獲りに熱中した。魚が獲れず残念がる Cl に他児が魚をくれた。Cl は嬉しい半面，母親が嫌がるだろうと気にしたが，母親は承諾し魚を家に持ち帰った（#34）。再び川に行くが魚は獲れず，その悔しさを Th に責任転嫁した（#35）。また川に行くが魚は獲れない。獲れない理由を Th のせいにしたが，熱中するにつれ不満は収まる。Th が終了時間だと告げると Cl は「最後に1度」と懇願する。そのとき，魚が釣れ「やった！　嬉しい！　先生がチャンスをくれた……ぎりぎりで獲れたんだよね！　嬉しい！」と大興奮。Cl は試行錯誤の末，達成感を得た（#36）。前回の魚について「殺した……あっ間違った，死んだ」と Th を驚かす。後で川に逃がしたことを Th は知り，驚いた気持ちを伝えると「殺すわけないしょ，ごめん間違った」と笑う（#37）。Cl は，花壇でもぎ取った花を「綺麗な花があり落ちていたから拾った」と言い，母親に見せた。Cl は嘘をついた（#38）。

メダカを見た Cl は［こんなに沢山いたら男も女もいるね，そしたら……うふふ］とにやける（#39）。実父とのエピソードに触れ，当時の違和感を語った。そして「お母さんは知らなかったよ，だってお父さん，お母さんの前では商売《＝演技の意味だと Th は受け取った》してたんだもん。私も言ったら駄目だって言われて，言えなかった」と吐露し，抑えていた自分の気持ち，実父の奇異な行動を語った。その後，怪談話をしたり，Cl が苛立つ場面があったが，Th が声をかける中で落ち着いた（#40）。

Cl は終始穏やかな雰囲気であった（#41）。Cl は，学校の宿題，宝石箱，これまでの箱庭写真を家から持参した。Cl が持参した宿題を終わらせ，公園に行く際，気持ちが開放されたようにはしゃぐ姿があった（#42）。Cl は「見ててね」と Th に言う回数が増え，Th は Cl が自主的に動いていると感じた（#43）。Th がセラピーに少し遅れ謝ると，Cl は「私も学校からちょっと遅れて帰ってきたから」とフォローしてくれた。Cl は 10 曲ものリコーダー演奏を Th に披露した。

Th は，Cl がセラピー場面や日常で落ち着いてきていること，母親の稼働話が浮上したことなどから，面接終結を考えている旨の話をした。Cl は「お母さんは大変じゃない。（面接を）終わりたくない」と拒否した。Th は，Cl が前より色々なことに興味をもち楽しそうに過ごしている，Cl の変化を感じているなど，感じていることを伝えた。その上で，（Cl が今困ってい

ることはないか）と尋ねると，Cl は「前の学校ではい
じめられたけど，今の学校では仲良くやっている」と
学校生活を語り，また，「馬鹿じじい」と実父をけなし
た後，「（実父と）一緒にいた時は嫌だったけど」今は
困ったことはないと語った。Cl は，虐待を母親に告白
したときのことについて触れ，「あの時，お母さんが気
づいてくれた」と言った。Th は母親が気づいてくれた
からこそ今の自分があると Cl が言っているように感
じられた。

**図 8-5　#44 自由
描画：4《人魚》**

　その後，可愛らしい"人魚"の絵を描いた。これまで Cl は，自分が失敗
した作品は面接室に置いていき，うまくいったものを家庭に持ち帰ってい
たが，今回はうまく描けたにもかかわらず置いて帰った（図 8-5；自由描
画：4）（#44）

〔2〕親　面　接
［第 1 期　後悔と自責感情を語った悲嘆の時期（#1 ～ #9)]
　Cl が虐待の事実を告白した直後，「『ママは本当に知らなかったの？　本
当は，知ってたんじゃないの？』と疑われ，身の置き所がなかった」と母
親は話した。母子での生活が始まってからは，Cl が母親へ暴言を吐くなど
の反抗的態度が強まったと話す（#1）。「Cl は毎晩のように自慰行為をして
いる」という。母親は Cl が虐待事実を告白するまで「虐待に気づけなかっ
た」ことを後悔し，泣きながら「気づけなかった」と，Th に繰り返し語
った。Cl の母親への暴言や反抗的態度は続いており，親 Th は〈母親への
試し行動の可能性がある〉と伝え，Cl の表現について，母親の理解を促し
た（#2）。「Cl は，私への暴言が減って甘える行動が増えた」という。また，
母親が Cl の下校時刻までに帰宅が間に合わなかったとき，Cl は 30 分も外
で待っていて，母親が「よく泣かないで待っててくれたね。えらいね」と
褒めると，Cl はとても喜び，帰宅後も《いい子でいよう》としていたとい
う。この出来事からも，「私に褒めてもらいたい気持ちが高くなっている」
と母親は実感した。母親は Cl の変化を感じていた。さらに日常場面の Cl
の変化として，「虐待されたことを私に語る回数が減った」伝えた。親 Th
は，〈Cl をよく見て，理解しようとしている〉と述べ，母親の態度を支持
した（#3）。

　母親は、「高校時代から家族に自分の話を聞いてもらえず、今でも実家に不信感がある」、「今振り返れば Cl の反抗的態度は祖父母への試し行動だったと思うが、理解されなかったことで Cl と母方祖父母の関係も悪化している」と、原家族への不信感と、今は頼れない気持ちを泣きながら語った。そして、「虐待をなぜ見抜けなかったのか」との後悔を再び口にした（#4）。

　Cl の母親への暴言が減少した。「拍子抜けするほど素直な状態になった」「絵本を読んで涙を流すという、以前にはなかった感受性を見せるようになった」と、Cl の日常場面における落ち着きと情緒的変化を母親は感じた。また、動物の出産ドキュメンタリー番組を母子で見たその夜、Cl は「虐待体験を夢で見た」と起き、「誰も助けてくれなかった」と母親に伝え、陰惨な夢の話を絵にした。そのとき、母親は「申し訳なさを感じながら、絵を描く Cl にずっと寄り添った」と、涙を流しながら語った。また、「週に 1度センターで話すことで、自分自身が楽になっていることに気づいた」とも語った。この回、母子の情緒的なコミュニケーションが円滑になり始め、親 Th は、心理的安定を取り戻す兆しを感じた（#5）。母親は、嗚咽しながら Cl が虐待事実の告白をした日のことを、あらためて詳細に語った（#6）。Cl は熱湯に沈められた場面や、下腹部を暴行された夢を見た、と夜中に起きてきて、母親に語ったという。母親は、虐待の再現と思われる話を聞く度、実父への「憎悪を感じる」と涙した。そして、母親が夫のストーカー的とも思える執拗な態度に根負けし結婚に至った経緯と、結婚後に「釣った魚にえさはやらない」と豹変した夫の二面性について語った。また、実父と生活していたときに母親は、Cl の身体の傷に気づき Cl に尋ねたことがあったのを思い出し、「今となっては、Cl がごまかすように説明していたように感じられる」こと、また、母親は「その説明に違和感があったものの、追及しなかった自分がいた」と罪悪感について、涙ながらに語った（#7）。「Cl は、されたひどいことを夢でよく見るようで、そのたびに起きてきて自分に話をする」と母親は語った。直近では、《閉じ込められた部屋の四方の壁から手が出て、Cl を捕まえ、壁に同化する》というもの。母親は「つらいけど受けとめて聞く」ようにしていると泣きながら語った。また、最近 Cl は「赤ちゃん返りのように、私の乳を飲みたがる」とのこと。母親は「愛情のかけ方が少なかったからだ」と悔やむ。赤ちゃん返りや夢での被虐待行為の再現は Cl のセラピー場面にも現れた。親 Th は、母親に対して、これらは Cl がトラウマからの回復過程にあるからこその表現だと

感じていることを伝えた。そして Th は，母親が日常場面で積極的に Cl に関わっていることを強調した（#8）。

　母親は「普段の生活の中で，あいつ《夫》に見つかる恐怖に怯えている。悪いことをしていないのに，隠れるような生活をしなければならない。今はまだ Cl のセラピーを優先したいがいずれ遠方への引っ越しも考えたい」と日常生活の立て直しに目を向けるのと同時に，夫への苛立ちと，「子ども達を守れなかったという自責の念ばかり浮かぶ」と，泣きながら心中のつらさを吐露した（#9）

［第 2 期　子どもを理解し受容しようとする姿勢と母親自身の心理的整理の時期（#10 〜 #21）］

　自家用車を購入し，仕事を再開したい気持ちを語るなど，生活に前向きな意欲が見られた。この回は，はじめて涙を流さず，笑顔も見られた面接となった（#10）。Cl が，実父に何度もスーパーに置き去りにされたと母親に話したことから，「別居直後，Cl はスーパーを怖がり全く行けなかった理由が始めてわかった」とのこと。また別居してしばらくの間，Cl は拒食と過食を繰り返し，実父がいないにもかかわらず，「あいつ《夫》がこっちを見て笑ってる」といった幻覚様症状が見られたことにふれ，虐待の後遺症ではないかと言い，Cl の行動を理解しようとした（#11）。Cl の母親への反抗的態度が消失。母親は「1 年前とは比較にならない落ち着いた生活になった」と実感を語った。母親は就職について前向きな姿勢をもつ一方，「男性恐怖があり，不安だ」と心境を語った（#12）。Cl は，「大事にしている物をあいつ《実父》が壊して捨て，《母親には言うな》」と脅していたことを母親に語った。母親は，Cl が実父と生活していたころ，「不自然な物の壊し方や失くし方をしていたこと，おもちゃを貸せない，外出の時はぬいぐるみを必ず持参する，おねだりがしつこいなど，物への固執が強かったことの謎が解けた」という。最近は，「良い意味で物への執着が薄れてきている」と母親は感じた。母親は，Cl の言葉を全面的に信じる態度で Cl の心情や立場を理解しようとしていた（#13）。

　家の中で，「Cl が『生まれ変わりたい，赤ちゃんからやり直したい』と，赤ちゃんごっこをせがんだ」とのこと。赤ちゃんごっことは，Cl が自分を “母親” 役，母親を “可哀そうな赤ちゃん” 役にして “可哀そうな赤ちゃん” を放置し，助けを求めさせる遊びを繰り返すというものであり，母親

は，実父からの受けた心の傷の表現だととらえた。親 Th は，母親がそのように考えて受け止めたことを支持し，〈プレイセラピー場面でも同様の遊びを Cl が求めていて，Cl がもう一度赤ちゃん時代をやり直したいと思っている気持ちの表現だと思われる〉と伝えた（#14）。今まで母親が聞いたことがなかった過去の被虐待体験を，Cl が語ったという。当時，Cl の表情が暗かったことだけは，母親も覚えており，その意味について気づかなかった自分を責め，久しぶりに涙を流した（#15）。

「初回面接の頃は Cl から信頼されていない感じがあり，不安も強かったけど，今は心の距離が近い感じ」と語った。Cl の機嫌が悪く，意地悪な言い方をしたとき，母親は「そんな言い方をなんでするのかな……悲しくなるなぁ」と気持ちを受け止めつつ，表現の仕方に工夫が必要なことを穏やかに諭すと，しばらくして Cl から「ごめんね」と素直に謝るようになった。また，母方祖父母との交流が再会された（#16）。家族のアルバムを時折見ていた Cl が，最近「悲しくなるから見たくない」と言い出した。時折意地悪な言い方をすることもあり，Cl の揺れる心情に対して，母親は受け止める態度を一貫して示している様子あり。親 Th から，母親のひたむきさを労うと，「Cl のことは頑張っているが，実は自分もつらい。今でも家の中であいつ《実父》の影を感じ怖い。男の人も怖くて，エレベーターの相乗りはできない」とつらさを語り，涙を流した（#17）。

母子での生活が安定してきたのを母親は感じている。その上で，母親は「子どもの虐待のことに触れられるようになったが整理しきれない」と語った（#18）。前回までの Cl の意地悪や機嫌の悪さなど不安定さは減少した様子。「娘の状態が良くなってきたと振り返られるようになった」と語った。一方，実父にどこかで会うかもしれない恐怖を母親は語り，転居したい気持ちが強まっている様子であった（#19）。「Cl が突発的に意地悪になる時がある」という。母親は，Cl がフラッシュバックを起こすように突発的に怒るのではないかと考え，その原因は自分だと責めた。その上で，母親も「私もフラッシュバックに苦しんでいる」と言い，夫への恐怖が蘇ると告げた。親 Th は，Cl の心情や背景を理解して関わろうとする母親の姿勢を支持した（#20）。

Cl が今まで話していない壮絶な性的虐待体験を母親に語り，その話の最後を「私は気持ち悪いよね」と自己否定感で締めくくった。母親は「Cl は気持ち悪くない。気持ち悪いことをしたのは夫だ」と Cl に伝えた。話して

「Cl の気が楽になったようだった」と母親は感じた。しかし，「衝撃的な内容を，母親は内心受けとめ切れなかった」と，面接場面で母親は号泣しながら話した。日常生活では Cl を受け入れようと努力しているが，母親自身，整理できない気持ちがあり混乱していることがうかがわれた。そして，コントロールできない男性恐怖を抱えながらも，そこには前に歩み出そうとしている母親の姿があった（#21）。

［第 3 期　内面の葛藤の理解に努めながら，行動に移し始めた時期（#22 ～ #33）］

母親は勇気を出して，母子でピアグループの会に参加した。母親は「自分だけじゃないんだ」と吹っ切れ，「気持ちが開放された」と語った。この体験により，母親は恐怖心が和らぎ，人が多く集まる場所への外出が可能になった。面接中，「母子家庭ですけど何か？」という強気のフレーズを繰り返した。母子家庭であることを引け目に思わずにいようという気持ちを表現しているようであった（#22）。母親は人が多いスーパーでも買い物を楽しめるようになり，Cl も母親の雰囲気を感じたのか，お守りのように必携していたバッグを持たずとも外出可能になった（#23）。母親は「母子家庭と言いたい人には言わせておけばいい」と引け目感をきっぱりと捨て去る発言をした（#24）。

夫と同じ車種の車が，家の前に止まるという出来事があり，「ようやく周囲への恐怖心が薄れたのに，逆戻りの心境だった」と，このことを語ることに時間を費やした（#25）。前回の出来事の影響により，母親は就職と転居をしたい気持ちが強まった様子あり。Cl はささいなことで「ママなんか私が死んじゃえば良いと思っているんでしょ」などと自己否定感を母親にぶつけるが，母親は「家族や大事な人は，互いに大切にしなければならない」と，Cl に伝えている様子。親 Th は母親の関わりを支持したうえで，〈Cl は被虐待体験の影響から自尊心が低下していたり，他の人を大切にする意味は理解できるけれど実感は得にくいかもしれない〉と伝えた（#26）。新学期を機に Cl の苛立ちは収束した。親 Th は母親に，〈母親の一貫した関わりが浸透したのでは〉と示唆した（#27）。Cl は幼少児を見たときにイライラすることがあり，母親は「実は自分も，小さい子を見ると無性にイライラする。そんな自分が怖くて心療内科に行ったこともある。昔は普通にかわいいと思えたのに」と号泣しながら Cl と同じ感情があることを語った

（#28）。就職について，具体的に考えていることを話した（#30）。映画の
キスシーンを見て Cl がふざけてまねたとき，母親は「再び後悔と夫への怒
りが湧いた」と話す。そして自分の学生時代に対人トラブルがあり，被害
者なのに周囲の人に信じてもらえなかった傷つき体験と，夫との振り返れ
ば不本意な結婚の経緯を泣きながら語った。母親は「就職活動を始めるつ
もり」と明るく話して面接を終えた（#31）。母親は，赤ちゃんを「かわい
い」と思えたり，被虐待児の手記を読んでみるなど心境の変化があるとの
こと。そして，「Cl の思春期を支える土台を今つくらないと」との覚悟を口
にした（#32）。Cl は失敗したとき，「自分がバカだったから」と自罰的に
捉える傾向があると母親は語る。そのとき母親は「失敗をしたのはバカだ
からではない」と伝え続けているという。母親は就職活動を始めた（#33）。

[第 4 期　再出発（#34 〜 #44）]

母親は就職活動や転居など，一歩ずつ前に進もうとしていた（#34）。学
校での Cl は，対人関係でトラブルになりそうなときは，まず自分で対処方
法を考え行動し，それでも駄目なときは担任に助けを求めている。学校で
も家庭でも安定しており，「頑張り過ぎてはいない」と母親は感じているよ
うであった（#35）。母親は，就職活動をする中で男性恐怖症的な症状も緩
和され，さらに夫への怒りの感情も「可哀そうな人たち」と，憐れみにと
変化したことに自分自身驚いていた（#36）。

母親の就職が決定した。「いよいよ」始動という気持ちであり，「これか
らの期待が生活を支えている」と語った。母親は，Cl にも「働くことにな
ったので協力して生活していこう，それぞれが出来ることをしっかりがん
ばろう」と伝え，その気持ちに応じるかのように，Cl は学校生活を頑張っ
ているようである。「Cl は自分を良い子に見せるために嘘をつく時がある」
と母親は語った（#39）。母親は，「嘘や誤魔化しが夫と似ている」ため厳
しくしたり夫に似ていることに嫌悪感を抱くと語る。そして夫の過去の具
体的な行動を語った。実際，その行動は非常識だと親 Th も感じたが，母
親は「自分の思考が固いから許せないのかもしれない」と，自尊感情が低
い捉え方をしていた（#40）。

母親が稼働開始した。Cl が自主的に考え行動できていることを母親は喜
び，安心した様子（#41）。母親としては，「いつまで続くのかな」と思う
ほど Cl が落ち着いていると語った。学校生活でも Cl の担任から対人関係

面で成長していると評価された。仕事も家庭も順調だと語った（#42）。母親は「仕事や引っ越しは大変だが，前に進む一歩だと感じる」と前向きであった。母親の職場の歓迎会で「男性と接することを苦痛に感じることもある」と周囲に伝えられ，翌日の職場の雰囲気も変わりなかったことに安心したと語った（#43）。Cl が強引に友達と物々交換していたことがわかる。その際，母親は，物を大切にする気持ちや親が働いて得たお金の大切さをCl に伝え，Cl の成長に伴う課題にも向き合っている様子が親 Th にも伝わった。最近 Cl が，「夫は残念な父親だったけど，良い父親であれば欲しいと思っている」と穏やかな表情で母親に語ったとき，Cl の心の変化を感じたという。また，母親は「一日の時間が短すぎる。あと 4 時間欲しい」と言い，現実を意欲的に進もうとしていた。母親の稼動状況から定期的な通所が困難になってきたことと，母親が「Cl とやっていく」自信を感じている状態であることから，何かあればまた連絡をもらうこととし，面接は終結となった（#44）。

4　考　　察

　本研究では，実父から性的虐待を受けた Cl と，非加害親として Cl のトラウマからの回復を支えようとした母親に対して，2 人のセラピストによる親子並行面接を試みた。Cl の面接経過からは，トラウマ回復への心理的変化と描画行動の意味，親面接経過からは非加害親への支援のあり方と子どもの回復のための非加害親のあり方，そしてセラピスト間の連携のあり方の 3 点について考察する。

〔1〕　Cl のトラウマからの回復過程と描画行動

　最初に 4 つの回復過程について検討する。第 1 期は，Cl のアンビバレントな感情表現や執拗な身体接触，そして解離と思われる症状が見られた。また，実父の話題に触れると，性や排尿の話が突如語られ軽躁状態になった。そして，ミニチュアを用いた辱めや虐げられる場面の表現は，虐待の再現と考えられた。また親面接から，生活場面では Cl の自慰行為，攻撃性，悪夢，幻覚と思われる症状があることがわかった。これらの症状は山本（2010）の《子ども性暴力被害によるとみられる問題症状・行動》に一致するものが多い。Cl は，虐待の再現と思われる場面を遊びで表現し，Th にその場面についての感情を尋ねた。それは想起場面に絡む感情に Th を直面させることを意味し，Cl みずからその感情にふれようとしていたと考

えられた。

　ジョンソン（Johnson, 1989）やブラウン（Braun, 1988）によれば，トラウマが解消され自己イメージに統合される過程は再体験（Reexperience），解放（Release），再統合（Reintegration）という 3 つの過程を経る。この 3 つの R モデルによれば，Cl の表現は，その最初の《再体験》の段階と言えよう。赤ちゃんになりたがった Cl は，西澤（1999）のいうように退行することで，Th からエネルギーを得ていたと考えられる。Cl は面接が進むにつれ，助けを求めても救われない弱肉強食の世界を表現し，抵抗できない圧倒的な力への無力感や絶望感を Th は感じた。それは，性的虐待・家庭内性暴力被害の特徴の《孤立と無力化》（山本，2010）に重なる。

　セラピーの中で，死んでしまった"子馬"が，Cl に放り投げられる中で偶然立った。この出来事を Cl は意味のある偶然として汲み取り，生き返る物語ととらえた。Th には死と再生を表現した Cl の力が，性虐待を生き抜いてきた Cl の状況と重なった。そして，今後の面接への微かな希望を感じさせる新たなお姫様が出現する物語が Cl の育ち直しを象徴しているようであった。この時期は，虐待を再現するとともに，生と死を生き抜いてきたサバイバーとしての自己像を表現した時期だったと考えられた。

　第 2 期は，深海が安全だと語る Cl から，傷つきを癒すには内面の深みに降りていかざるを得ないことが窺われた。西澤（1998）や山本（2010）が虐待児の心理的回復にとって最も大切なのは，安心・安全な場だと述べているが，Cl にとっては生活場面だけではなく，心理的にも安心・安全な場に《自分がいる》というイメージを作ろうとしていたと思われる。この時期，鳥の親子の在りようを気にかける様子は，Cl の今後を鳥の親子に託しているようであった。Cl の「子どもは親を選べない」という言葉の重みを Th は痛感した。同年齢児への憧憬とともに低年齢児への攻撃性といった感情が表出した時期に，実父からの虐待行為を言語化し，自身への否定感が述べられた。その際，実父の話題に触れることはフラッシュバックを起こさせると Th が実感した。この過程は，西澤（1999）の《解放》（Release）の段階と考えられた。この時期，Cl は安全な居場所イメージと感情表出により新たな自己像を模索していた。

　第 3 期に入ると，生活場面での悪夢が影を潜め，将来の淡い期待を感じさせる夢を絵で表現した。それは新たな家族像や将来の自己像に触れるこ

とにもつながった。またぬいぐるみを世話する様子は，Cl 自身への心理的ケアを思わせた。学校場面では嘘をつく，物を窃取する行為が見られたが，母親が一貫した態度で関わる中で収束していった。Th が面接場面で軽い怪我をしたときに，身体へのケアについては積極的に関わるも，怪我について心配するなどの感情はわかず，処置するまでに至らなかった。これは，Cl 自身が怪我をしたときも同様であった。虐待行為を我慢し続け，実父の言いつけを固守し続けてきた Cl の残像はあるものの，その後，「あの時は痛かったけど今は大丈夫」「泣いたって無駄」と語り，痛みを語れるようになったことに，Th は Cl の内面に変化があったことを確認した。

　第 4 期は，枠組みがきちんとしていた面接場面から，公園や川といった屋外での自由度の高い場面へプレイセラピー場面を移行し，魚獲りを通してみずからの苛立ちや不満感をストレートに表現したり，達成感や自己効力感を得る体験を重ねた。最終回では，実父のことを客観的に語り，過去のこととして気持ちに折り合いをつけたことがうかがえた。そして，Cl の「あの時，お母さんが気づいてくれた」との言葉は，母親が自分を助け出してくれたからこそ，今の自分があると語っているように Th には感じられた。西澤（1999）がまとめているように，この言葉による表現は，これまでの遊びによる表現の延長上にあるものと考えられた。

　言語化されたものに呼応するように，イメージの変容を Cl は絵という表現方法で Th に伝えた。それは，面接開始当初，虐げられる役の投映と考えられるミニチュアの "人魚" が，中期は深海で "たこ" に姿を変えながら安全な場所で傷を癒し，最終回には可愛らしい "人魚" へと姿を変えた。この表現は，人魚が新たな生を獲得し，息を吹き返した《再統合》（Reintegration）（西澤, 1999）という一連のトラウマ回復の表現ではないかと Th には感じられた。また底から這い上がろうとする Cl の内面の強さがこの面接を支え，家族を回復へと導いたと思われた。

　小山（2002）の思いの理論でとらえれば，第 1 期は「苦しむ」，第 2 期は「ふれる」，第 3 期は「つかむ」，そして第 4 期は「収める」段階と考えられる。第 3 期において，Cl は「将来の家」「干渉されず自由でありたいという思い」「守りの神の存在」「痛みの感情」等をつかもうとした。一方，母親は「自分だけじゃないんだという思い」「恐怖心」「引け目」「買い物を楽しもうとの思い」「就職に向かう力」等をつかもうと努めた。それぞれが奮闘している様が感じられる。

　描画行動については，4枚の自由描画は語義の通り自由な枠組みでの描画であったことが特徴として挙げられる。ここでは本論文に掲載した自由描画1と3について検討する。

　自分描画法では，思いを浮上させることを目的として，「自分描画→気になる何か→背景→隠れている何か」を順次描いてもらう。そして題名をつけ，絵を見て何かしら思い湧いた物語を話してもらう。一連の行動は，治療的対話を深めるための一つの手段として位置づく。

　#16の自由描画1では，次のような臨床展開が見られた。

　Clが「鳥の巣」を発見（気になるものとなる）。Thが「鳥の巣」を描画すると，Clは「題名」を付け，さらに「春の巣」を描くよう求めた。Thが「春の巣」を付け加えた。するとClは「鳥の親子」を描き，すぐ近くに「カラス」を描いた。カラスはClにとって「隠れたもの」と考えられ，かつ「恐怖対象であり，身近な生き物」でもある。これについてClは「襲おうとしているカラス」と「こんにちはと挨拶するカラス」の狭間にあり葛藤する。しかし「挨拶するカラス」に寄り添う。「たこ」と「Cl自身の自己像」は自分の分身と自分像と考えられ，最後に描いた。

　一方，#26の自由描画3ではいきなり気になるものとして「自宅」が出現する。そして背景として「まだ途切れているが道路，馬」が描かれ，次に隠れているものとして「交尾する魚」が描かれた。交尾する対象が「人間」ではなく「魚」だったことは，「怖くない」という思いの反映と思われた。そしてClは最後にThとClが寄り添う姿を描画している。最後に「自分」がくる。今のClは「最後が自分」と言っているように思われた。

　セラピー場面で自分描画を急がせなかったことが治療展開に有効に働いたと考えられた。本事例は，自分描画法の4つの要素は重視するものの，描画順序に縛られないようにすることが大切だということを教えてくれている。自分描画法では「自分像」は最初に描くが，Clによっては最後に取り扱うのもよい。本事例の場合，この方法がよいのかもしれない。

　今後の留意点としては，一連の被虐体験がClの成長過程に及ぼす影響についてであろう。面接最終回にClが描画表現した"人魚"は，年齢以上の女性で，かつ性的なものをも感じさせた。

　ピーターソン（Petersonら，1997）による「子どもの人物描画用スクリーニング調査指標」によれば，描かれた人物画は自発的な自由画であったため自己像と考えられることから，"人魚"は《性器の隠ぺい》に当たる

のではないかと考えられた。セラピーによって心理的変化や日常場面での適応に良好な変化が見られた Cl だが，意識下に潜む自己像には，性的虐待の影響が残存し映し出されている。Cl にとって性的虐待の傷痕は，非常に根深いものだと感じられた。

　Cl との関わりについては，性的虐待によるトラウマを抱えた Cl への心理療法として，いわば第 1 ラウンドが終わった段階だと考えている。西澤（2011）は，《思春期以降には，性的虐待の影響は心理的・精神的症状として現れることが少なくない》と述べている。また，安齊（2002）も性的虐待を受けた女性との面接で《精神的，性的パートナーの獲得を再外傷化することなく達成していくという課題》があると述べている。これらは，今後，Cl が思春期を迎え，対人関係の深まりや性的な課題に触れる際に，留意すべき点となるだろう。次の課題は，Cl が適度な距離を保ちながら男性と関わるようになることであろう。生きにくさを抱えやすい人だろうということは容易に推察できることから，非加害親や周囲の大人が十分留意し対応していくことが必要だと思われる。

〔2〕　**非加害親への支援と子どもの回復のための非加害親のあり方**

　非加害親への支援の中で扱う課題として，岡本ら（2011）は，《性的虐待事実の受けとめ》，《子どもが受けた被害についての理解（虐待の影響）とケアの必要性》，《子どもの性の発達に関する理解》，《性的虐待の家族への影響についての理解と家族関係の見直し》，《非加害親の果たすべき役割とできること》，《再発防止ときょうだいの被害予防のための方策の検討》の 7 点を挙げている。

　今回の事例の場合，親面接において取り扱った課題は，主に《性的虐待事実の受けとめ》，《子どもが受けた被害についての理解（虐待の影響）とケアの必要性》，《非加害親自身のケア》の 3 点だと考えられる。

　第 1 期は，Cl の虐待についての告白，家庭崩壊の中で母親自身が混乱状態であったこと，子どものフラッシュバックや自慰行為といった虐待の後遺症，母親への暴言や反抗的態度への対処が面接課題であった。面接場面では過去の子どもの行動を振り返る中で，虐待を見抜けなかった自分自身への苛立ち，子どもを守れなかった後悔と自責の念を繰り返し語り，母親が性的虐待の事実を受け止めようと向き合った時期だったと考えられる。

　第 2 期では，母親は過去の Cl の行動を回想しながら，Cl の行動と虐待行為を関連づけ，理解しようとし始めた。子どもが受けた被害についての

理解（虐待の影響）とケアの必要性を感じ，自分自身を動かそうとし始めた時期だと考えられる。第 2 期において，Cl は日常の中で母親への反抗的態度が減少し，赤ちゃんごっこを要求するという形の甘え・退行が表出した。このことは，Cl に安全な生活の場が提供され，母親との愛着の修復が図られたことを意味する。

　第 3 期は，母親は内面の葛藤を収めながら新しい生活のために行動を開始した時期である。日常で表出する Cl の心の揺れや問題行動に対しても，試行錯誤しながらも一貫した態度で接し，Cl の日常に治療的に関わることができていた。そして，第 4 期では，男性恐怖がありながらも就職に踏み出すなど現実を進もうとする速度が加速するように，母親が力を取り戻していく様を Th は感じた。またセラピーの期間，母親は Cl と向き合おうと努めたことで，親子関係の修復と再構築が図られていった。

　親面接の中で，母親の言語化された感情を受け止め続けたことや，本児に対する心理臨床的なアプローチが，非加害親自身のケアとなったと考えられる。しかし，男性恐怖や，母親の夫への感情整理の点については，まだ十分に介入できたとは言えず，今後の課題として残る。子どもの性の発達に関する理解の点については，Cl が幼かったために今回は取り上げなかったが，今後も懸念される点である。

　サンダース（Saunders ら，2000）は，非加害親の望ましい態度として，以下のことを指摘している。「子どもの虐待に関する説明を信じる，加害者である配偶者から独立した意識を作り上げる，その子どもを情緒面で支援する，加害親が継続して子どもに与える恐怖感を理解する力を養う，子どもを救うために必要な場合は介入する力を持つ」と。

　母親は自分自身，夫の性的虐待行為，家族の崩壊に傷つきながらも，本児の告白を受け入れ，夫と別居し，親子並行面接に長期間通所する中で，Cl の行動や心情を理解しようとし続けた。そして，Cl との生活を守るために現実を力強く歩み始めた。セラピー全体を振り返ってみれば，非日常で行なわれる Cl のセラピーと，母親が日常で行なう治療的な療育とがうまく連携し，さらにそれが機能し，結果として Cl の心理的回復につながっていったものと考えられる。

　なお本事例において Th 側の課題として，機関連携のあり方が挙げられる。面接当初，母親は虐待事実発覚時に関係機関に助けを求めたが，ソーシャルサポートを受けられなかったという孤立感と不信感を抱えていた。我

が国では，性的虐待という社会的に受け入れがたい文化が横たわっていることは否めない。子どもの心理的支援に関わる専門職にある者は，より高い意識をもつことが求められていることを肝に銘じたい。

〔3〕　セラピスト間の連携のあり方

今回のケースでは，2人のThが同時期・同時間帯に並行して母子事例を取り扱った。本事例を通しての，Th間の連携のあり方について実感したことを中心に述べる。

西澤（1999）は，虐待によるトラウマを受けた子どもへの心理療法的なアプローチにおいては，環境療法を中心に展開する修正的接近と，プレイセラピーを中心とした回復的接近の2つの方向からのアプローチを組み合わす必要があると述べている。本事例においては，日常生活を支える非加害親への面接と，子どもにとっては非日常である心理療法を，2人のThによる親子並行面接という枠組みの中で，修正的接近と回復的接近という両面からのアプローチとなるよう試みた。

河合（1986）は親子並行面接におけるTh間のパワーバランスのあり方について，Th相互間に信頼感があって，どちらかが全体の状況を把握する力があり，さらにどちらかがチーフの役割を明確に担うことが重要だと述べている。今回は，同年代で心理臨床経験年数もほぼ同じというTh同士であった。何年も同じ職場で事例を一緒に担当してきた間柄ということもありTh相互間に信頼感があったことが連携をスムーズにさせたと考えている。

また，1人ではなく2人で事例を担当したということで，深刻で重いと感じるケースであっても客観視しやすい状況ができたと感じている。ドノヴァン（Donovanら，1990）は「身体的な侵襲や監禁などといった特定の出来事を同定できないために回避不能なショックを受けたとは考えられないというThは，子どもが経験した世界をまったく理解していないことになる」と述べているが，とくに性的虐待に関しては，社会一般においてこのような子どもが経験した世界への理解が進んでいないと感じる。そのような中で，2人のThが事例に向き合うことで，それぞれが状況よってスーパーバイザー的な役割を果たしたことは，事例理解を深めるにあたって意味深いことだった。

またThの役割および視点の方向性に違いがあることも，連携する際に重要だと感じた。子Thは臨床心理士としてセラピー場面でClの表現を取

り扱うことを中心とし，親 Th はセラピーで非加害親の心理的ケアや，子どもの日常を支える環境療法のための心理教育を取り扱うと共に，個と社会をつなげるためのソーシャルワーク的視点をもちながら関わった。このように，Th 同士がセラピーのベースを共有したうえで，それぞれ別の専門性を発揮できるという状況は，パズルのピースの動きに似ている。つまり互いが補い合い，結果として一つの全体像が浮かび上がることで，事例の本質が捉えやすくなり，セラピーの効果も望める。本研究は，Th 間の連携のあり方として，一つのモデルになるのではないかと考えている。

> 付記：本事例は当初は自由画研究であったが，論文化にあたって自分描画法の視点が加えられた。論文としてまとめることを「同じような思いをした人のために役立てるのならば……」と快諾してくださったお母様と，人生をみずから切り開いていく逞しさを Th に教えてくれたクライエントに，心から感謝申し上げます。

Ⅱ　保育園時に脳外科手術を受けた女子中学生の苦悩と心の成長

　本節は 13 歳 11 カ月の女子中学生の事例研究である。彼女は乳幼児期に脳障害に罹患した。彼女は思春期にあり，学級内ではクラスの男子生徒からいじめを受け心理的な苦悩が増大していた。面接期間は 2 年 6 カ月間，面接は全部で 87 回実施された。

　筆者は スクールカウンセラーの立場でクライエントと対面した。面接はクライエント自身が求めたものだった。本報告ではクライエントとスクールカウンセラーの関わりに重点をおき，面接過程については思いの心理療法（小山，2002a）の視点から検討した。彼女は中学 3 年間をかけて "自分" という存在に真摯に向き合い，困難を乗り越え希望する高校へ進学した。

1　問題と目的

　村山（2007）によれば，スクールカウンセラー（以下 SC と略す）制度は 1995 年 4 月から実施され，実施当初は各都道府県に小中高各 1 名ずつ

計 3 名が配置された。SC の配置の方式にはいくつかある。配置された学校の生徒，教職員，保護者がその対象となる単独校方式，配置された学校を拠点として，その周辺のいくつかの学校もその対象とする拠点校方式，そしていくつかの学校を定期的に巡回する巡回方式などである。実際には主として心理療法を業務とする臨床心理士が SC として聖域視された公教育の現場に教育改革の一環として外部の専門家として投入され，教師と連携しながら児童生徒に資する援助を行ってきている。2015 年度は旧文部省のスクールカウンセラー活用調査研究委託事業が始まってちょうど 20 年になる。

　東山（2002）は学校臨床で心理療法家が SC として貢献できる最大の特質は「専門家として子どもの心がわかること」だと言う。また「学校において児童・生徒の心がわかり，子どもと接している現場を教師とともに体験できることが，教師に SC の意味を理解してもらえる最大の利点だ」とも記している。筆者も錯綜とした思春期・青年期の心をわかることが心理療法家の本来の仕事だと考えている。筆者は対話を用いた " 思い " を重視する心理療法を「思いの心理療法」と呼んでいる（小山, 2002a）。ロジャーズ（Rogers, C. R., 1942）はハーバート・ブライアンのケースでクライエントの思いを取り上げている。本療法では，相談過程において相談に関わる者すべてにそれぞれの思いがうごめき，面接が深まるにつれその個々の思いが深まり，その個々の思いの深まりそのものが心理的回復を反映すると考える。橋爪ら（2005）は，「苦しむ→ふれる→つかむ→収める」という思いの深化の 4 つの過程を「心がなおる過程」ととらえ，本過程は「人格をつくりあげていく心の単位」と仮定した。つまりこれが心理療法の効果を見る指標となるという指摘である。岸田ら（2006）はこの思いの心理療法を用いて ADHD の青年に対するセラピーを行なったが，要となるのは目で確かめようもないほどの微細な心の変動の把握である。小山（2015）は，思春期にある女子に対して自分描画法を用いた心理療法を行った。その結果，思いが深まる 4 つの段階は治療展開過程と同期することが示された。面接で大切なのは来談者の思いは「どのような思いなのか」,その「思いが深まる過程」はどのような展開を示しているのか，援助者の来談者に対する理解の深まり（これを筆者は「わかりのループ」と呼んでいる〔小山, 2002b〕）はどのような展開を示しているのか，今クライエントの「どのような心がうごめき」,「どのような心理的力が必要なのか」を見立て，よ

り深く理解することが，心理的回復への手立てになると考える。思いは心の深層より湧いてくるもので，知性で作り上げられるようなものではない。思いは深められないと人の心の豊かさにつながらない。

　本事例は幼児期の脳障害に付随する心理的な苦悩が思春期に発現したケースであり，中学 3 年間をかけて “自分” という存在に真摯に向き合ったある女子生徒の心理療法記録である。“Cl の思い” に焦点づけて以下に記す。

2　事例の概要

【クライエント】K 子さん（以下 Cl と略す），13 歳 11 か月，中学 1 年生女子。

〔1〕　生育歴・現病歴

　現病歴について入学時に家族から得られた資料によると，Cl は 5 歳のとき頭蓋内胚細胞腫瘍で脳外科手術を受け，その際骨髄移植を受けた。現在も月 1 回通院中。薬は朝夕毎日飲んでいる。この他にホルモンに関わる注射を 1 日 1 回自分で打つ。さらに半年に一度，専門病院へ通院するという毎日を送っている。留意事項には，頭部への打撃は避ける，易疲労，手術の影響でホルモン分泌が不十分なため第二次性徴の出現を見守る必要があること，季節の変わり目に喘息が出やすい等が挙げられる。Cl は入学時より医療的保護を考慮すべき生徒であった。家族の心配は，「小学校在学中，悪口を言われたりしていじめにあっていた。中学でもいじめが続いている。友達関係をうまく築くのが苦手なので配慮をして欲しい」と，「いじめへの対処」および「配慮」の 2 点にあった。生育歴については，「産みの母親は Cl が小学校 2 年生のときに病死。父親は昨年の 12 月再婚。現在家庭関係はうまくいっている」とのことである。担任の A 先生との話では「クラスでは物静かだが，クラスの女子が声がけをしてくれている」，「いじめの対象になったことがあったが，これについては指導済み」とのこと。Cl は「走るのは遅いが走りきろうという意欲はある」との話が，筆者の心に残った。

〔2〕　面接目標

　“思い” を重視する心理療法（小山，2002）では，ある思いに苦しむ⇒思いにふれる⇒思いをつかむ⇒思いを収めるという思いの深化に関わる 4 つの過程に着目する。いじめられているという思いに焦点を当てた場合，面接では Cl みずからが「私はいじめられている」という苦しみが自分の心の

中に存在することを苦しいことではあるが自覚し，次に「いじめられる」
ことに伴うつらい感情にふれながら，「いじめられることで何かしら体験す
る心の動き」にもふれる。そして「いじめられる」ことに関わる諸々の思
いをつかもうとし，最後に「いじめられた」という思いをどこかに収める
心の過程を心理的に支えていく。その際，「いじめを消し去るのではなく，
いじめに向き合える力を養う」ことに全力を傾ける。

〔3〕　面接の枠組み

　SC は当校に赴任する際，事前に学校側と次のことを打ち合わせた。6 時
間ある授業時間中の相談は個別相談（家族同席もあり），それ以外は自由相
談とし，この他に相談室にあるパソコンを用いたメール相談，そして随時
の電話相談も受けることにした。保健室前に「むすぶちゃんポスト（名称
は生徒より募集し決定）」を設置。この投書箱へ手紙投函で SC と文通する
という形態での相談も可能とした。個別相談希望の場合は担任か養護教諭
をとおして事前に相談予約するか，保健室前に設置した相談予約ボードに
自分で時間指定する（実際はその授業時間欄に○印を記入する）ことで予
約完了とした。後者の場合は，相談前に養護教諭か担任に面接予約をした
旨の報告をするだけでよい。また相談時間中は授業に出席できないが，学
校側と打ち合わせた結果，この時間はすべて授業出席扱いとすることにな
った。これを全生徒および保護者対象に毎月発行している相談室便りで全
生徒に伝えた。SC との相談はすべて授業時間のいずれかを Cl が選択し，そ
れを担任が認め実施するという学校公認相談であった。相談室の名称は生
徒より募集し，命名された。相談室は 24 畳ある和室で，以前はお茶室だ
った。Cl の来談はすべて Cl の自発意志による。

3　面接過程

　面接期間は初回面接［#1 と略す］から最終面接の 87 回目［#87］まで
2 年 6 カ月余り［Ⅰ～Ⅳ年と記す］であった。面接回数はこの期間に実施
した Cl への面接，父親面接，教員との面接すべてを通算したものである。
　SC は担任の A 先生から直接面接を依頼され，面接を開始した。面接は Cl
自身が求めたものだった。これ以降，SC は A 先生，特別支援学級担任 B 先
生，保健室で Cl としばしば会う養護教諭 C 先生と連携を保ちながら面接
を展開することになった。SC の主たる連携先は C 先生であった。ここでは
「Cl の思いの深まりと SC の関わり，描画展開」をスクールカウンセリング

環境という枠組みで報告する。思いの心理療法の枠組により，面接過程を以下の 4 期に分けた。記述にあたっては，Cl の思いに関わる部分と諸経過について記した。

[第 1 期：～という思いに苦しむ段階〔#1（Ⅰ/9/3）～ #23（Ⅱ/4/22）：7 カ月半〕]

　Cl は初回面接 #1（Ⅰ/9/3）で，「クラスの女子から悪口を言われてショックを受け，教室に入りづらい」と SC に伝えた。話し言葉は小声で短く，我慢している様子が伝わった。表情は柔らかいが，目をそらしたとき重く沈んだ印象があった。Cl は誰かの援助を求めていると感じた。#2（Ⅰ/9/10）で SC は Cl の生育史の聴き取りと親との連携を目的とし父親と面談した。母親は急用があり来談できなかった。父親は呼び出されたことを訝しがり警戒の表情を示したが，SC の態度を見て徐々に打ち解けた。父親は医師も娘の問題が心に関わることなら自分にはわからないといって取り合ってくれない，娘の病態を理解してくれない人が多くて周囲に不信感をもっていると嘆く。父親はあらかじめ持参した Cl の病歴をメモにまとめ，SC に提示した。そして「娘（Cl）は自分と似ていてあまりものを言わない。人と話すのが苦手で悪いところが似たものだ」と苦笑。「男一人で娘 2 人を育てた」と言い，「娘を理解してくれる人を探している」と述べた。父親には悲嘆，嫌悪，不安，無力感が漂っていた。この回，父親は SC と連携を図っていくことを了承した。

　#3（Ⅰ/12/3）では SC は Cl とパズル，ゲームをして過ごす。Cl に尋ねると，靴を隠されることは今でもときどきあるという。チラリチラリと SC に視線を向ける。SC はどんな人かを見ているようだった。#4（Ⅰ/12/17）で SC はおもむろに自分描画法に誘った（1 回目描画）。#7（Ⅱ/1/28）で Cl は SC を 2 度誘った。「ねえ，6 時間目おわったら一緒に帰ろう？」と。「帰りたいけど，仕事があるのでむずかしい」とやんわりと断った。できればずっと相談室にいたい，そう言い出しそうな雰囲気があった。のんびりくつろいでから退室。#8（Ⅱ/2/8）に父親からメールを受信。Cl がクラスメートから受けていたいじめの内容を伝えた。「デブ」と呼ばれる，机に「デブの席」と書かれる，上靴を隠される，靴の中に雪玉を入れられる，廊下ですれ違いざまにサッと離れたり，バイ菌ごっこをされたりしたという。さらに 3 日前，誰かが教室の机に「死ね」とホワイトボード用のマー

カーで書いた。「死ね」という落書きは「デブ」等とは次元の違う内容だと怒りを覚えたこと，またClにとって「死」とは母の死，入院時体験した友の死と，生徒が使う「死」と意味が違うとも記した。この件でA先生は授業を3時間潰して，一連のいじめについて生徒に問いただした。「死ね」と書いた生徒は特定できなかったが，各種の陰湿な行為をした生徒は特定できた。その生徒に対しては直接詫びさせる，手紙を書かせる等で，Clに謝りの気持ちを伝えるようにした。さらにA先生は臨時の学級PTAを開いて問題を検討したいと述べたが，父親はその前にA先生に直接会って話を聞きたいと申し入れ，複数の先生が集まり話し合う場がもたれた。2月5日，Clはほぼ保健室へ行ったままで，翌日も半分以上は保健室で過ごし，両日とも校長先生らと一緒に給食を食べた。校長先生もClのことを気にかけていた。Clの面接状況については，SCから教頭および校長先生に随時伝えた。父親の情報では「7日は少し落ち着いてきて給食は教室で食べた。優しく声をかけてくれる人もできた」という。Clが父親に伝えたのだろう。そして結びの言葉は「小山先生（SC）が相談室へ来る時は娘（Cl）がまた行くかもしれませんが，よろしくお願いします」とあった。

　#9（Ⅱ/2/10）の1時間目，SCはA先生から「クラスでこの件を皆で話し合った後から，生徒からClに仕返しがある」という話を聴いた。A先生は今，クラス全員の責任だとして積極的にクラスでこの話を取り上げている。SCはA先生と，その都度話し合いをもつようにした。この日，Clは6時間目に来室した。Clは「放課後までずっといていい？」と尋ね，SCは了承した。居場所を相談室に求めていることが伝わった。Clから「一緒に帰ろう」という積極的な誘いがあった。C先生と話し合った結果，今日はClの自宅まで一緒に帰ることにした。K駅で降り，歩く。自宅近くまで来ると，Clは「もうここでいい。今日はありがとうございました」と大きな声ではっきりと言った。SCは「これでよかった」と思った。Clは心細かったのだろう。

　SCよりはじめて父親宛にメールを送信〔#10（Ⅱ/2/11）〕，その後からメールの交換が始まった。父親より再びメールを受信〔#11（Ⅱ/2/13）〕。Clは少し落ち着いてきて学校の教科書もようやく広げるようになったこと，その前までは退行現象なのか小3の次女とずっと一緒に遊んでばかりいたこと，今朝も朝からの部活を楽しみに登校したこと，SCに心配をしてもらって申し訳ないこと，クラスの2人の親から電話があり，自分の子ど

もがいじめに参加してしたことで，親子で謝りに行きたい旨の申し出があったが，Cl もせっかく落ち着きを取り戻しつつあったので，子どもさんに学校で Cl に直接話してほしい旨を話したこと等を伝えた。大人がいじめを理解できないでいることへの落胆を表明。最後に「ご心配ただいて本当にありがとうございます。これからもアドバイスよろしくお願いします」という結びがあった。#16（II /3/5）で SC より父親宛にメールを送信。学校側と相談した後，次年度のクラス編成に関して SC が父親の意見を聴くことになった。普通クラスと特別支援学級への所属という選択があるが，Cl の今の状況をつかんで，最も有効な環境を整えることが大事で，Cl の意向を踏まえて SC が動くことを伝えた。SC はこの件で，学校関係者と相談中であった。その後，父親からのメール〔#18（II /3/11）〕では，Cl は現学級に在籍しながら特別支援学級にも通うかどうかについて迷いがあった。「簡単な知能テストのようなものも近々やって下さるとのことで，まだはっきりとは親も先生も方針を決めかねております。私はみんなと一緒に授業を受けられることを希望しますが，どうも Cl は特別支援学級へ行きたがっているようです……Cl は，先週 1 日だけ『登校拒否』で休みましたが，あとは通常通り通学しています。よろしくお願いします」と伝えた。同日実施された Cl の日本版 WISC- III結果からは，ごく軽度の知的面での遅れを認めた。実力テストの成績は思うように点がとれないが，Cl がもっている生活全般にわたる知的能力は日常生活観察からすると，検査結果よりもはるかに高いと思われる。#21（II /3/12）で SC は父親へメールを返信。相談室では自分で調整をとりながら学校生活を送ろうとしている気持ちが伝わること，今後とも何か支えになれればと思っていることを伝えた。

　#22（II /4/8）は Cl が 2 年生になって最初の面談だった。「いじめを受けている。クラスに入るのがちょっと怖い」と訴える。SC はじっと聴いた。#23（II /4/22）では音楽室に SC を連れて行き，Cl が座る机を見せた。「学校へ来るな。でぶ！」とマジックで書いてあった。Cl は自分のことと関連づけ，いじめの再現と受け取った。退室時，「お父さんは怒るから嫌い」とつぶやいた。まだ不快な出来事は嫌な思いとしてある。

［第 2 期：「〜という思いにふれる」段階〔#24（II /5/13）〜 #42（II /11/11）：6 カ月）〕

#24（II /5/13）では「父親はドリルをしろとうるさく言うけど，今日

はドリルを持ってこなかった」と苦笑。父親に逆らった。#27（Ⅱ/6/10）でClは「一緒に帰ろう」とSCを誘った。これで2回目。SCは即座に「一緒に帰ることが必要なときだ」と判断し，一緒に下校することにした。Clは郵便局近くで急に身を隠すような素振りを見せた。小声で「あ，お父さんだ！」と言った。それが人違いだとわかり，Clはホッとした様子を見せた。下校時，父親とは会いたくない様子あり。途中，両親について次のような話をした。母親がくじでペア宿泊券を当てた。「お父さんとふたりで富士山を見てくるから子どもは家にいなさいと言う。もう，ひどいこと言うんだから」と苦笑。実母はClが小学校4年生のとき乳がんで死去。夏休みに実母の故郷T村まで一人で歩いていくつもりだという。友達のところに泊まるからと嘘をつく予定だという。「前のお母さんの方がいい……」としみじみいう。実母はClにとても優しかったようだ。Clは優しくされることを求めている。駅周辺でスカート丈が短い女子高生を見た。「高校はあんな格好で行っていいの？」と驚く。

　C先生との話し合い〔#28（Ⅱ/6/17）〕では，以前父親がClのベッドで昼寝をしたと妹から聞いた後でClは憤然。気持ち悪がったという話，義母の態度が父親寄りになり，Clは義母に父に対する不満を打ち明けることに警戒心をもち始めた等の話が出た。SCにはClは父親に優しくされたいという思い，そして義母に甘えたい……しかし現実はそうではないという思いがあるのではないかと思われた。その日の放課後，Clが来室。「一緒に帰ろう」と誘った。よく相談室を利用している3年生男子と3人で一緒に下校。暑い日だった。駅でジュースを一緒に飲む。嬉しそうな表情をした。SCとClは帰り道が反対だった。SCが先に電車に乗り出発。Clは向う側のホームのベンチに座ってSCに小さく手を振った。#29（Ⅱ/6/24），#30（Ⅱ/7/1）もClに誘われ一緒に下校した。駅周辺で高校生同士が堂々とキスをしている場面に出くわした。SCは病気で脳下垂体を切除し，ホルモン分泌に課題をもっているClの思春期発現状況が気になっていた。Clは何も言わず横目で2人をじっと見た。

　#34（Ⅱ/9/2）でClは天井を向いて大の字になって寝た。珍しくいびきをかいて寝た。#36（Ⅱ/9/9）でSCは両親と面接した。父親は「自分は短気だ」とあっさり認めるが，自分を変えるまでもないと考えている。Clの気持ちに沿った話になってくるも，「あの人（Cl）は主張ばかりする。最近は会話が成り立たない」と愚痴をこぼす。最後には自分を変えることも

必要かとつぶやいた。母親は夫（Cl の父親）が男一人で娘 2 人を育てた苦労を Cl にしたというが，なかなか父親の気持ちをわかってもらえないでいると言う。母親は父親を立てるように穏やかに居た。両親との面接終了後，事前に設定したとおり，A 先生，B 先生，C 先生，情緒障害児学級担任 D 先生，校長・教頭先生，そして SC が集まり，相談室で Cl の心理的現状についての情報交換を行い，Cl を学校全体で守ることを確認。各担当者間の連携を深めた。

　S 市適正就学指導委員会では，「情緒障害児学級で学び指導を受ける」，「本生徒の学習のペースに合わせて，できる限り 1 対 1 の対応で時間をかけて学習内容の理解をはかり，わかった喜びや成就感にふれ，自信や次の学習への意欲をもたせていく」「本生徒を支え合える仲間作りをし，できるだけ自信が持てる活動を与え暖かく援助し，人間関係を築いていけるようにする」「生活の中で，できるだけ自発的な行動を引き出し，社会性の発達を促す」「本生徒にとってできることから生活経験の拡充をすすめ，生活面の自立を高めるため家庭と協力して指導する」「家庭との連絡を密にして，保護者の不安や不満が本生徒に精神的な緊張や不安を与える可能性があることを理解させ，まず本生徒のありのままを受容していくよう理解をはかる」「医療機関との連携をはかりながら，すすめていくこと」等を意見として文書に記した。Cl は現在普通学級に在籍し，週に 1 日だけ特別支援学級で学んでいる。この学習形態が Cl にとってはよいようである。

　#41（Ⅱ/11/4）では赤ペン先生のプリントを持参。「ここでやる」と言い，SC に答え合わせを求めた。「どうしてプリントするの？」と尋ねると，「高校へ行きたいから」という。「どこへ行きたいの？」と尋ねると，「お父さんは S 高校へ行けという。私は W さん（卒業生でよく相談室を利用していた）と同じ女子高校へ行きたい」とはっきり述べた。高校進学への希望をこれほど明瞭に伝えたのははじめてだった。

［第 3 期：「～という思いをつかむ」段階〔#43（Ⅱ/11/18）～ #86（Ⅳ/3/8）：1 年 4 カ月］］

　#44（Ⅱ/11/25）でハムスターのパズルをしていたとき，SC が「僕は前にハムスターを飼っていたよ」と声をかけると，「小山さん（SC），もう飼わないの？」と突然「小山さん」と語りかけた。その後，また「先生」に戻った。Cl の対人意識は明瞭である。#45（Ⅱ/12/2）では落書きをし

て過ごす。放課後，SC は校長先生より下校状況を尋ねられ，今は一人で下校している旨を伝えた。#46（Ⅱ /12/9）と #47（Ⅱ /12/16）ではノートとプリントを持参。SC にわざとらしく「これ買って」と笑っておねだりする。緊張せずに「小山さん」と声をかけられるようになった。今日は三者懇談で 4 時半まで学校にいないといけないので，相談室にいていいかと尋ねる。#48（Ⅲ /1/3）では父親からお年玉として 3,000 円もらい貯金したという。何度も「もうお父さん，嫌いになった」と怒る。（どうして？）と尋ねると，「お風呂に入っていたとき，平気で洗濯物を入れにきて，私は裸を見られた」とか，「私の部屋に入るとき，ノックもしないで入ってくる」という。「私のプライバシーをどう考えてるのって言いたい」とプチ怒り。下校時は大雪。「クラスの生徒が欠席して，その人の給食を届けなければならない。あてにしていた人は，今日は自転車で登校。車で来たと思っていたのに……歩いて帰るのは大変。なんとかして！」との訴えだった。SC は「無理……」と応えた。結局 Cl はしぶしぶ歩いて帰る決心をした。Cl は今自分が言いたいことを話せるようになった。

　#50（Ⅲ /1/27）は Cl の運命を変える出来事があった。上級生の W さんが N 女子高校を自己推薦入試で合格。受験を意識し「公立と私立って，どう違うの？」と尋ねたり，「お父さんは S 高校へ行けというけど……」と戸惑ったりする。「高校に進学する」という出来事が，Cl にとって新鮮なのだろう。目を輝かせている。SC との関係は密になり，もう遠慮はいらなくなった。「父親は嫌い」とはっきり言うし，「高校行ってからは家を出たい」とも言う。#51（Ⅲ /2/17）では修学旅行の行き先である京都御所をインターネットで調べようとするが，プリンターはインク切れ。「お父さんのパソコンで印刷すればいいんじゃない」とわざと応えると，「嫌だ〜」と身体を左右に揺さぶり苦笑した。なかなか相談室を出ようとしない。居心地がよいのだろう。このころは積極的に SC を動かそうとする。

　このころ，来談についても事前に授業担当の先生に断りに行くようになった。あるとき保健室前の相談予約ボードに 4 時間目の欄に○印を書いたが，その後誰かが×に変えたことに立腹。しかしすぐに収まった。いじめにも耐え，乗り越えるすべを身に付けたような印象をもつ。笑顔が多い。

　#55（Ⅱ /5/11）では誕生日プレゼントで，SC が旅行時買った成田山新勝寺のお守りを手渡した。「ありがとう」と嬉しそうに受け取った。「○○さん（Cl）のこと，お祈りしたからね」と付け加えた。1 学期の目標を書

く色紙に，「提出物を期日に出す，進路をしっかりと考える，約束をしっかりと守る」という 3 つの目標を書き込んだ。さらに 3 年間をとおしての目標として，「思いやりのある人になる」という SC 提案の目標を Cl は採択。Cl は「これでいい」と言い納得した。#56（Ⅲ/5/18）では突然「保健のこと話して言い？」と切り出した。これまでホルモン注射を毎日足に打っていたが，身長が実母よりも高くなり，これ以上伸びると毎日ホルモンを注射するのは危険との医師の判断があるという。今は週に 1 回注射していること，「今日は生理が 2 回もあった」ことを伝えた。身体が女性の身体になってきているようだ。脳の回復を感じさせる出来事であった。

　#57（Ⅲ/5/25）で Cl は 4 つの新聞記事を見せた。Cl が小さいころ入院していた小児科病院で，当時入院していた子どもが作詞した歌の披露会があったという内容の記事（入院中の子どもが綴った作文，詩が掲載されている『電池が切れるまで――子ども病院からのメッセージ』〈すずらんの会編，2002〉という本を提示），障害者の旅行を手伝う人が活躍する記事，そして会社をやめ講習会に出て資格を取得した人ががん患者と話をする医療カウンセラーの活躍を伝える記事…いずれも将来の夢と関わる話であった。Cl は自分の将来を考え始めている。

　#58（Ⅲ/6/1）で第 2 回目の自分描画法を実施した。その後ネットで保育士について調べた。「将来，保育士になりたい」と言う。Cl は相談室にあったビニール袋を職員室に届けようとしたり，プリンターのインク切れを M 先生に言いに行ったり，躊躇せず自分から動けるようになった。#60（Ⅲ/6/22）では初めて自分で買ったノートにイラストを描いた。自分描画法施行が引き金となったようだ。皿に入ったオレンジの静物画だった。題は「ガラスの器に入っているオレンジ」。青とオレンジの縦縞模様入り皿の中に，2 切れのオレンジと 1 個のオレンジが入っている絵。「この絵は家で食後に出されたものを，色と形を少しずつかえて描きました。題と言葉は私が今まで思ったことを言葉にしました」と前書きし，「器の中に入っているオレンジ。それはあなたかもしれない。もしそうだとしたら 飛び出そう！　暗い場所から！」と記した。「色鉛筆はいろんな色がある。だからみんな違ってみんないい，とも考えたよ」と話した。昼休み時間は大勢の生徒が入り乱れて相談室にやってくる。脱いだ靴が散乱。Cl は「靴をきちんと脱がないのはダメ。下駄箱に入れるようにしてよ」と親しい男子生徒に向かって言った。その男子生徒は素直に靴を下駄箱に入れた。Cl は「それ

でよし」と小さくガッツポーズ。これ以降, Cl は毎回といってよいくらい絵を描いた。Cl にとって描画は自己表現の手段でもあった。

　#61（Ⅲ /6/29）では「果物シリーズだけど」と言い, 2 枚の絵を提示。1 枚は「スイカの種」という題で,「一つの種は赤い果実で守られている。あなたはその種の一つなのだ！」と記す。SC が（果実の意味は？）と尋ねると「いじめから守ってくれる人のこと。種は友達」と教えてくれた。2 枚目は「さくらんぼ」の絵。「さくらんぼはいつも笑顔だ。そんなさくらんぼみたいに明るくなろう！」との添え書きがある。「1 本で 7 色描ける色鉛筆で書いた」と鉛筆を見せてくれた。駅前の文房具屋だと 1 本 100 円で売っているという。「じゃ, りんごの意味は？」と言うと,「あなたはあなただけではない。違う自分を見つけよう！」と即興で詩を作ってくれた。詩の公募があれば教えてほしいと依頼された。詩作りに手ごたえを感じているようだ。このころ, 同じクラスの 3 年生男子が相談室にいても, Cl はたじろがなくなった。「相談があるんだけど」という。「先生は口が堅い方？」と尋ねる。「○○さん（Cl）が, 僕のこと口が堅いかなと思えば話せばよいし, だめだと思えば話さなくていいよ」と言うと, ややしばらく考えた後で,「仲良しの H さんと, H さんをいじめる I さんとの間で, 私は板挟みになっている」と打ち明けた。SC は H さん, I さんともよく話すので, この話の内容はおのずとイメージできた。「○○さんは H さんとも, I さんとも仲良しでいたいと思うんだよね。だけど I さんが H さんをいじめると仲良しでいれなくなる。これは困るよね……」と返すと, Cl は「私はみな仲良くなってほしいんだ」と言った。「そうなればいいね」と SC が言うと, Cl は「I さんにも私から話す」と言った。

　7 月に入ると Cl は同じ日に, 予約時間のみならず他の時間にも相談室にやってきた。#62（Ⅲ /7/13）では金子みすゞの詩に添えて, フルーツバスケットの絵あり。「みんな違ってみんないい」と言葉を添える。#63（Ⅲ /7/20）社会科の夏休みのレポート課題にさっそく取り組んだ。ネットを利用し情報を得る。高校受験を真剣に考えている。成績は思うように伸びないが, 意欲は高まっている。もうちょっとのことでは驚かないし, たじろがない, という印象がある。描画には「あなたから始まる第一歩」という言葉が添えてあった。

　#64（Ⅲ /8/24）では描画を 2 枚提示。社会科のレポートを一緒に取り組む。S 市の総人口に占める外国人の割合が 9.5 % であったこと, そのうち

ブラジル人が最も多かったこと，国により人口の増減はほとんどなく一定
していることなどがわかり，本人もびっくりしている。最近仲良くなった
1年生女子のTさんが相談室に行きたいけど，その時間，授業を休むこと
になることで迷っているとの話をしてくれた。ClはTさんに相談室での出
来事を話しているようだ。「心配事があったら，一度行って見たら？」と。
描画には「このメガネはみんなの心を見ることができる。まるで望遠鏡の
ように……遠くにいる人を誰でも見ることができる。それはあなた次第で
……」「あなたの心の中には小さな宇宙がある。私達はそれをみんなで守っ
ている。いつもいつまでも。そしてあなたはその宇宙をどこまでもどこま
でも，広げていくのだ！」と添え書きがあった。

　#65（Ⅲ/8/31）では予約相談時間のみならず，昼休み，放課後にも来
室。相談室を基地にしているようだ。スケッチブックに詩とカラー色鉛筆
で描いた静物のスケッチがあり，見せてくれた。「自分の考えを持て」と
書いてある。Clはこの絵を「C先生にも見せて」と言った。了承。C先生
は母性的な女性で，学校でClの母親代わりのような存在になっている。Cl
はC先生を慕っている。返事の多くは「うにゃ」。ユーモアがある。全体
としてゆとりがもてるようになったのがわかる。

　#66（Ⅲ/9/7）では何ももたず来談。入室後，そっと見られないように
何かを描いている。後でそれがイラストだとわかった。「これあげる」とい
う。ハートの中にチューリップを描いたやさしい絵には「心の花を咲かせ
るところ，それはおあしすだ」との言葉が添えられていた。#67（Ⅲ/9/2）
では「運動会前で，今日も長時間行進の練習があった」と真っ赤な顔をし
て入室。体育の授業も正面から取り組んでいる。3枚の描画を提示。1枚
は中心に種。左下方に人の顔。種が花に成長する過程を両目に見立てて描
いている。イメージ豊かな絵である。「これは一つの種。でもこの種からは
たくさんのいろんな種が生まれてくる。そしていつか，花を咲かせる日を
待っているのだ」と言葉を添えた。2枚目は雪だるまの絵。「ひとつの小さ
な力でも，たくさん集まればすごい力になる。最初からダメと思わないで。
最初の一歩を踏み出そう」。そして3枚目は真ん中に女の子が咲いた花を手
に持っている絵。「あなたの心を広い世界に……シャボン玉になって……」
と添え書きがあり，女の子の周りは光が降り注いでいる。Clの了承を得て，
この最後の絵が後に相談室通信に掲載されることとなった（図8-6）。

　#68（Ⅲ/9/28）で提示した絵は「円の中にほぼ笑んでいる少女」の絵。

「いつでも笑顔，そんな人って，すてきだなあ」
と言った。今日は実力テスト。「英語は 50 点と
れると思うよ」とよい表情で語る。放課後また来
ると言う。荷物を置いて退室。#69（Ⅲ /10/5）
で第 3 回目の自分描画法が実施された。

図 8-6　相談室通信
に掲載された絵

#70（Ⅲ /10/12）では O 高校の体験入学の話
をした。筆箱とノートをもらい嬉しそう。今回，
父親が学校まで車で送ってくれたと言う。帰りは電車。父親は近く PTA 主
催の音楽会に出演するために練習を始めた。その姿が滑稽だと笑う。「お父
さんは家族皆から嫌われている」と躊躇せずに言う。もう父は怖くないと
いう感じがした。数学の宿題を一緒にした。ノートには丁寧な字でびっし
り数字が書き込まれていた。相当勉強しているようだ。その後，PTA 主催
の音楽会で父親がビデオ撮影役をしっかりとこなしたことを報告。恥ずか
しがるが，まんざら悪い気もなさそう。「恥ずかしい」を連発。父親の部屋
に電気関係の装置あり。装置の配置を教えてくれた。Cl にとって父親の存
在感は増したようだ。

#71（Ⅲ /10/19）以降，「キセキ（奇跡）」という言葉が描画のキーワー
ドとなった。「miracle」という絵を提示。それには「あなたは奇跡を信じ
ますか？　私は信じます。だって心と心で通じているから」「できないと決
めつけないでいれば奇跡はきっと起こるはずです」と記されていた。#73
（Ⅲ /11/2）では「コスモスみたいにやさしくなろう！」と記したコスモ
スの絵を提示。Cl が描いた絵が掲載される次号の相談通信の発行を気にし
ている。自分が描いた絵が，全校生徒に見られることをくすぐったい思い
で待っているのがわかる。#74（Ⅲ /11/9）に提示した絵は上から大きな
半円が描かれ，大小 10 個の円が浮遊しカラフルな絵である。「私とあなた
がいるから，奇跡（赤い文字で強調）はおこる」と記す。ビー玉が光の反
射を受けて個々に輝く。SC は今日の昼食を Cl のクラスでとることになっ
ていた。Cl の隣の席が空いている。Cl は「座って」と言い，SC は Cl の隣
席で昼食をとった。給食中，Cl はナイロン袋を持ち歩き，「蓋を入れて！」
と言いながら牛乳の紙蓋を集めだした。その日，Cl は回収当番だった。SC
はクラスでも居場所の確保ができていることを確認。#75（Ⅲ /11/16）で
は絵を相談室ノートに描く。小さな花の周りに，いろんな色の丸いものが
8 つ取り巻く。背景は薄い青色の斜線。右側に「みんなちがって」，左側

に「みんないい！」と記した。#76（Ⅲ/11/30）ではイラスト入りの詩集を持参。「小さなポケットミニ」と記した写真入れに入れてある。全部で4枚あり。いずれも題名はなくカラフル。「一つの種からいろんな花が咲く。あなたは一つの種。いろんなキセキの花を咲かせよう！」「身の回りの物。よく見るとちがっているよ。その時はキセキが起きる瞬間だから」「私の歌。世界に広がれ。世界が一つになったとき　世界のどこかでキセキが起こる。目には見えない小さなキセキが」「気がつかないうちに　差別をしていることがある。同じ動物どうしなのに……。差別されている動物の気持ち　あなたには分かりますか，この気持ちが分かる時　世界が一つになった時，目には見えない小さなキセキがおこる」（原文どおり）と添え書きした。Cl は「キセキ」にこだわっている。SC は受験を前にして，「合格」というキセキが起こることを強く願った。面接をどうするか，ここでやってみようということになった。面接のまねごとをした。SC は前向きな力が Cl に働いていることを感じた。「あと少しだ。やるぞっ！」という Cl の意気込みが伝わった。

　#77（Ⅲ/12/7）では円の中心に花がある。円をくるむような絵を描く。「1枚の紙で　世界をくるめたなら，世界の心は一つになる。そして世界中でキセキがおこる。大きなキセキが」と記された絵を受け取る。Cl は「この絵を見てどう思う？」と尋ねた。SC は「だから小さな一歩が大事なんだね」と応えた。Cl は大きくうなずいた。Cl は N 女子高校への進学を決めた。親も了承済みとのこと。Cl は 18 日の体験入学を楽しみにしている。SC には学校の案内パンフレットを持参し見せた。

　#78（Ⅲ/12/21）では入学志願書を持参。「自己推薦文書をまとめるのを手伝って」と依頼。一緒に入学願書に書く文言を考えた。SC はまず Cl に話をしてもらい，そして SC が言葉を補った。N 女子高校の体験入学で茶道を体験。優しくしてくれたことで茶道にも興味をもったという。学校の雰囲気もよく建物もきれい，先生も生徒も優しかったとのこと。

　退室時，Cl は 1 枚の葉書をくれた。裏面には大陸，地球，虹が真ん中に描かれ，「世界中が一つになる時。心が一つになる時。虹色のにじが世界をおおう。そして……大きな，キセキがおこる。それは，世界中が平和になることだから」と記してあった。

　#79（Ⅳ/1/11）では 2 枚の絵を提示。1 枚は後姿で半身の男女が，片手で一緒にボールを持つ絵。「手話は心と心をつなぐ，魔法の言葉。もしも，

世界中で手話が使えたら，きっと大きなキセキがおこるはず」と記した絵を提示。優しいタッチで描いてある。もう 1 枚は揺らめく円の中に宝物が 6 つある絵。「だれにでも大切な宝物があるはずです。その宝物を見つけることができたら，きっとキセキはおきるはず」と記す。"キセキ"という言葉がいつの場合にでも最後に現れる。Cl は強くキセキを願っている。面接の最後に，Cl はおもむろに言った。「この前，1 年生のときに私をいじめた男子の脚をちょっとひっかけたの。いっぱい人がいたから誰だか本人はわからなかったようで，きょろきょろしていた。よろけただけ。これですっきりした」と苦笑。3 年間抱えていたのだろう。小さな復讐を成し遂げた。これで，1 年生のとき以来味わってきたいじめに関わるさまざまな思いは収められた。N 女子高校受験が近い。「合格したら手帳をプレゼントして！」とねだる。SC は微笑み返した。SC には"高校合格"の予感があった。

　#80（IV /1/18）では一緒に面接練習をした。いよいよ 明日が N 女子高校の受験日。Cl はすべての問いに素直に応答。「自分は福祉現場で働く母のように，優しい明るい人間になりたい。将来は保育士になりたい。高校ではインターアクト部に入り，ボランティアや福祉活動をしたい。中学校では JRC に入っていた。1 年生のときにいじめを受けたが，このときクラス全体で考えてくれた。それ以来，クラスは優しくなったのが中学校でいちばん印象に残ること」と話した。実感がこもる話であった。Cl は SC の携帯電話番号を聞いた。合格のとき真っ先に教えるとのこと。この日提示した絵で Cl は真ん中に不思議な動物を描いた。添え書きは次のとおり。「物の見方って人によって違う。人間の良いところは，一人一人が個性を出せること。その個性が輝く時，キセキは必ず起こるはず」。絵にはタコのような生き物が描かれている。わざわざ Cl は「何に見えますか？　タコじゃないよ」と書き加えている。尋ねると「私の中に潜む生き物」と説明した。意味深い表現だった。

　Cl が N 女子高校受験後，N 校から学校側に問い合わせがあった。既往症があるが在学は可能かと。対応した教頭先生は「Cl に関する SC の報告書をいつも読んでいて，C 先生からも大丈夫だという話があり，A 先生からもクラス内での Cl の変化について話を聞いていたので，自信をもって大丈夫だとお答えした」と話した。連携の大切さを垣間見る思いであった。その後 Cl は志望校に合格した。#81（IV /1/25）では 4 枚連続の物語を提示。その内容は次のとおり。1 枚目「私のお母さん（亡くなった実母）」，2 枚

目「私のお母さんはふしぎな種をおいていって，天国へと旅立っていった……」，3枚目「そのふしぎな種はやがて芽を出し，大きな森となった。そして小さなキセキがおきた」，4枚目「その小さなキセキは，森のおくで起きた。小さな花が咲いたのだ。その花が見えるのは，あなたの心しだいなのです」……絵はそれぞれハートと花で彩られていた。Clは亡くなった実母を慕っている。実母に対する思いは強い。#82（Ⅳ/2/1）では描画を3枚提示。はじめて「恋をしました」がテーマとなった。ヒントは『耳をすませば』『千と千尋の神隠し』から得たと打ち明ける。C先生より，この頃は仲良しの男子生徒とときおり一緒に下校しているとの情報をもらう。#83（Ⅳ/2/15）では描画を4枚提示。2枚目の絵は揺らいだ円の中にいろんな形をした図形あり。「あなたと会えた時は，キセキの始まりなのです。目標が達成したら，次は恋の始まり。あなたにとって，最高のキセキになるでしょう」と記す。“恋”を語った。3枚目は大きな星の周りに小さなハートがたくさん浮かんでいる絵。「あなたがいるから，私がいる。相手がいるから，今の自分がある。一人ではこの世界では生きてはいけない。“今の自分を大切に，相手を大切に，なによりも，あなた自身を大切に”まちがいを恐れずに，前進しよう。そしてゴールにたどり着いた時は，大きなキセキがおこるはず」と記した。4枚目の絵にあるカップの取っ手には「courage」と記してあった。思いは内から外に向けて広がってきた。

　Clは，幼少時，頭部手術を受けたS大学病院でお世話になったS医師と看護師をネットで探す。しかし探し切れず残念そうにする。実母と継母の見方について尋ねた。すると次のように応えた。「お父さんは用事があるとき，妹と私の部屋に勝手に入ってくる。でも姉（義姉）の部屋には絶対入らない。子どもを区別している！　それとお父さんはだらしがない。酔っ払う，電気をつけっ放しにして無駄使いする，パンなど必要ないものを買ったり，散らかして和室を自分の部屋のように使ったりする。これが嫌がられる理由」だと言う。理想の男性は「優しい人，短気じゃない人」だという。SCが「それって，お父さんと反対の人？」と言うと，「ピンポン！あたり！」と苦笑。母親については「私を産んでくれたお母さんは自分の母親で，やっぱり気持ちと一緒になっている。お継母さんとは時間がかかる……」と言う。Clにとって，継母が肉親になるにはもう少し時間がかかるのだろう。

　#84（Ⅳ/2/22）では「3月3日はN女子高校へ行く日。9日は病院受

診日で脳外科の先生と話す日。診察はMRIの結果を見て変わったことがないかどうかを診る。次に眼科受診。視野狭窄がないかを診る。この病気は目も影響すると言っていた。今，視野が狭くなった。手元が見えない」と言う。

　高校合格直後に描いた第4回目実施の自分描画法のテーマは「春うらら」であった。#85（Ⅳ /3/1）では紙2枚で作った衝立付きの額の絵，"Happy Tree" を提示。#86（Ⅳ /3/8）では「階段」と名付けた製作物を提示した。階段の周囲には小さな星，ハート，円が浮遊。#86（Ⅳ /3/8）では父親に携帯電話を買ってもらったという。校内持ち込み禁止の電話をそっと見せた。スカイブルーの可愛いドコモ製の電話だった。「C先生のお店で買ったの」と言う。C先生の実家は電器店で，電話も扱っていた。Clが3階にある相談室の窓から外を見たとき，4時間目に登校する女子の姿が目に入った。「あ，あの子，○○さんだ」と言う。不登校気味で心に負担をもっている女子であることはClも知っていた。その女子をしばらく目で追いかけた。その後，宿題のモーツァルトとショパンの経歴をネットで調べた。お茶を1杯飲む。この日，SCはClの求めに応じ，Clとのツーショット卒業記念写真撮影を行った。

［第4期：「〜という思いを収める」段階〔#87（Ⅳ /3/16）〜]］
　#87（Ⅳ /3/16）は卒業式だった。Clはしっかりした足取りで，前をしっかり見て体育館に入場した。Clは式の間中,演壇を見続けた。SCが3月末で退任することをClはこの日にはじめて知った。SCは演壇からClを見つめた。穏やかな表情をしていた。卒業式の日にもらった絵は，黒い用紙に白い文字で記した "白" というタイトルの絵。「私は白という色が一番好き。白という色は，どの色にまぜても，おちついた色になってくれるから……」と記した。

　その日，SCは卒業生を見送るために玄関前に他の先生方と一緒に並んでいたとき，Clのクラスの生徒から色紙をプレゼントされた。クラス生徒全員からSC宛のメッセージが綴られていた。そこにClは「"相談室" でとてもお世話になり，自分はとても強くなれました。3年間ありがとうございました。（Clの署名あり）」と記した。居並ぶ教員に対して，生徒が順番に挨拶をするとき，Clは照れくさそうに黙ってSCの前を通り過ぎた。Clの隣にはClの卒業を心から喜ぶ父親がいた。父親はSCに気づき，近づき，

無言で深々と挨拶をした。SC も深々と挨拶をした。SC と Cl，父親との当学校内での最後の出会いとなり，これで面接終結となった。

4　考　　察
〔1〕　面接過程からとらえた思いの深まり

　心理療法経過から，思いの深まりが Cl の成長そのものであったことがわかる。テーマは「幼少時から脳の既往症をもつ女子へのいじめ」であったが，そこを乗り越えるのにある人は「他の生徒が Cl の既往症の意味をつかむこと」，「人権意識の向上」，「対人関係力の回復」が大事だと言うかもしれない。しかし思春期・青年期の心はそうたやすく理解できるものではない。まず他者が Cl の病気を理解する前に，Cl 自身が自己理解を深めることが重要となるが，それがいかにむつかしい心の作業であるかは，不治の病を抱える事例等でも周知のとおりである。人権意識の向上も己を変えなければ言葉が浮つく。これも大変難しい心の作業である。また対人関係力の回復というよりも，成長途上にある青年の場合は対人関係力の獲得と言った方が現実的であろう。思いの心理療法では，"自分の思い"に焦点をあて，対話を重視する。しばしば描画は対話を促進する道具として用いられる。この場合，描画そのものに意味があるのではなくて，描画を生み出す何かに注目する。以下，思いの深まりの各段階で生じたことについて考察する。

［第 1 期「思いに苦しむ段階」］

　Cl が抱いたつらい思いは，主に「"デブ！"という身体的中傷に関わる痛み，恐れ，不安」「"上靴を隠される"という心理的負担に関わる嫌悪，不安」等のいじめに関係するものであった。「クラスの女子から悪口を言われてショックを受けた」，「教室に入りづらいと感じ始めた」と SC に伝えた。SC は時機を見て第 1 回目の自分描画法を実施した〔#4（Ⅰ/12/17）〕が，「教室で仲良しの友達と話している」（図 8-8）という描画は現状と裏腹の絵だった。描画より Cl が苦しみに耐えていることが伝わった。Cl は本面接をとおして両親と自分との関係を問題にした。Cl は短気な父親にいささか閉口気味であり，優しい義母だが父親寄りの姿勢を見せ始め，父親の不満も言えなくなったことで生じた閉塞感もあり，自宅での生活は決して楽しいことばかりではなかった。さびしかったのだろう。Cl は打ち解

けた SC と一緒に帰ろうと何度も誘った〔#7（Ⅱ/1/28），#9（Ⅱ/2/10），#28（Ⅱ/6/17），#30（Ⅱ/7/1）〕。今は一緒に帰ることが必要なときと判断した SC は，何度か Cl と一緒に下校した。安心感が欲しかったのだろう。Cl は必死に耐えている〔#13（Ⅱ/2/18）〕。特別支援学級への入級希望の有無を尋ねたが Cl は答えが出せないでいた〔#17（Ⅱ/3/11）〕。#22（Ⅱ/4/8）は2年生になって最初の面談だったが，クラス替えがあり，またいじめを受け「ちょっと怖い」と言った。#23（Ⅱ/4/22）では「学校へ来るな。でぶ！」と言われ，いじめの再現があった。Cl は一貫していじめに対する苦しみを味わい，怖れ，嫌悪，不安感を感じていた。第1期の課題が「向かう力を養う」ことに向けられたのは，傷ついた心のありようからすれば自然なことであろう。しかし苦しみの中にいても，Cl は着実に「向かう力」を蓄えていったのがわかる。

[第2期「思いにふれる段階」]

　この時期，Cl は多くのことを体験した。「父親への反抗」と「楽しい遊び」〔#24（Ⅱ/5/13）〕，「奉仕活動」〔#25（Ⅱ/5/20）〕，「学習目標を立てる」ことと「折り紙を作る」〔#26（Ⅱ/6/3）〕，「超ミニスカート姿の女子高校生」〔#27（Ⅱ/6/10）〕，「SC との下校」〔#28（Ⅱ/6/17），#30（Ⅱ/7/1）〕，「父親への恐れを表明」と「SC の守り」〔#29（Ⅱ/6/24）〕，「目の前で男女高校生がキスをする」〔#30（Ⅱ/7/1）〕，「不登校気味の女子生徒の寝顔を見る」〔#33（Ⅱ/8/26）〕，「相談室で大の字になって寝る」〔#34（Ⅱ/9/2）〕，「2学期の目標を立て，苦手なことをできるだけできるようにする，本をたくさん読む，特技を増やすと記したこと」〔#35（Ⅱ/9/9）〕，「父親から叩かれたこと」〔#37（Ⅱ/9/30），#39（Ⅱ/10/14）〕，「家族で温泉へ行ったこと」〔#38（Ⅱ/10/7）〕，「お金が欲しい……自由に動きたいという思いがわいたこと」〔#40（Ⅱ/10/21）〕，「高校進学を決意」〔#41（Ⅱ/11/4）〕などなど，「する力」が徐々に身についてきていることがわかる。Cl はつらさをこらえ，一緒に帰ろうよと言うが，それも我慢できるようになった。友達とも日常生活で折り合いをつけようと Cl なりに努力した。「自分を自由にさせてくれるもの＝お金」にも具体的にふれた。これらはいずれも何かを「する」力の養成と関わっている。しかし #42（Ⅱ/11/11）ではまだクラスの女子から"見られている"という不安な意識があることもちらつかせる。思いに苦しむ第1過程が少し顔をのぞかせた。

［第 3 期「思いをつかむ段階」］

　思いの心理療法によれば，第 3 期は思いを両手で，身体全体で，心で「つかむ」段階である。この時期は「私は」「何を」「どのように」つかむのかが重要となる。この場合，「つかむ」とは「思いを思いのままつかむ」というニュアンスが隠されている。つかむためには対象を意識し，何らかの働きかけを自分自身がすることが必要となる。以下，Cl がつかんだ対象と経過を，その思いが生じた時間の流れに添って項目別に記す。

　① "自分" をつかむ作業

　#43（Ⅱ /11/18）で Cl は静かに過ごした。「私は」「心を」「落ち着かせる」，そんな静けさだった。#48（Ⅲ /1/3）では，「私は」「私を」「女性として意識する」，また「私は」「1 学期の目標を」「提出物を期日に出す，進路をしっかりと考える，約束をしっかりと守る，思いやりのある人になると決めた」のも，「自分」をつかむ作業であった。#60（Ⅲ /6/22）以降，Cl は自発的に，何かにとりつかれたように絵を描き始めた。自分描画法がそのきっかけとなったようだが，自分を表現する手段をもったことは意味深い。#68（Ⅲ /9/28）では「私は」「理想の女性像を」「描いた」，3 回目の自分描画法（図 3）〔#69（Ⅲ /10/5）〕では，「私は」「嫌なくらげ（隠れているもの）」を「描いた」。くらげは白いクレヨンで描いたので，よく見ないとわからない存在。嫌なものにふれてももう大丈夫，というメッセージが伝わる。Cl は心の中にあった「不快な感情」をつかんだ。くらげはこれまで SC にも言わず隠していた存在だった。話すのが怖かったのだろう。#71（Ⅲ /10/19）以降，Cl は「キセキ」をテーマにした描画をたくさん描き始めた。近くにある「キセキ」は高校合格，遠くには「保育士になる」という「キセキ」もある。「私は」「皆を」「受け入れたい」〔#72（Ⅲ /10/26）〕，「私は」「自分を」「優しい人にしたい」〔#73（Ⅲ /11/2）〕，「私は」「自分が描いた絵を」「公開してもよい」〔#74（Ⅲ /11/9），#75（Ⅲ /11/16）〕，「私は」「自分のこれまでの生き方を」「4 枚の描画で表現した」〔#76（Ⅲ /11/30）〕，4 回目の自分描画法〔#84（Ⅳ /2/22）〕では「私は」「自分を」「輝かせたい」というメッセージが前面に出た。態度はいつものとおり落ち着いていて言葉も少ないが，心の中は激しくうごめいていることが描画内容からも伝わった。

　② "SC" をつかむ作業

　その後，Cl は一時であるが「私は」「SC を」「小山さんと呼んだ」〔#44

（Ⅱ /11/25）〜 #47（Ⅱ /12/16）〕。このころ，Cl は SC を身近な存在として感じ始めたようだ。#54（Ⅲ /3/16）には「私は」「SC を」「もっと知りたい」との思いから，「SC の家に遊びに行きたい」とも言った。これは「SC」をつかむ作業である。面接終了前の #85（Ⅳ /3/1）には，SC に幸福になってほしいというメッセージを託し，「Happy Tree」と記した木の絵をプレゼントした。「私は」「Happy Tree を」「SC にあげる」……Cl からSC への心のこもったお返しだった。

③ "集団でいても大丈夫" という思いをつかむ作業

「私は」「修学旅行計画を」「ネットで検索し調査した」〔#49（Ⅲ /1/20），#52（Ⅲ /3/2）〕。これは「修学旅行＝集団で過ごす」ことをつかむ作業と言える。このころ，Cl は学校行事も負担をあまり感じないで参加できるようになってきた。これは「学校行事」をつかむ作業と見られた。

④ "高校進学（将来）" をつかむ作業

仲良しの 3 年生女子 W さんが N 女子高校を受験し合格した。Cl にはこのとき高校進学が現実のものとなり，「私は」「高校受験を」「現実のものとした」〔#50（Ⅲ /1/27）〕。#55（Ⅱ /5/11）の誕生日プレゼントのおねだりは，「私は」「誕生日プレゼントを」「SC からもらいたい」というメッセージであった。SC はこの機会を活かし，高校合格祈願のお守りをプレゼントとして手渡した。#57（Ⅲ /5/25）では「私は」「自分の将来を」「意識している」と，福祉に関連する新聞記事を提示した。Cl は高校合格のための道筋を自分なりに確認。将来の夢にふれ，つかむ一歩を踏み出そうとしている。2 回目の自分描画法（図 8-9）〔#58（Ⅲ /6/1）〕では，将来保育士になったときの夢物語を語った。「私は」「保育士に」「なりたい」というメッセージである。高校の体験入学に積極的に行くようになり，「私は」「高校というものを」「味わいたい」との思いを深めた〔#65（Ⅲ /8/31），#66（Ⅲ /9/7），#67（Ⅲ /9/2），#69（Ⅲ /10/5），#70（Ⅲ /10/12）〕。そして「私は」「入学願書を」「（相談室に）持参した」〔#78（Ⅲ /12/21）〕。

⑤ "父親" をつかむ作業

#51（Ⅲ /2/17）では「私は」「父親の行為を」苦笑しながら「嫌だと言えるようになった」。父親はこういう人だと割り切れるようになってきたと同時に，父親への怒りも自分で沈静できるようになった。これは「父親」をつかむ作業と言える。#70（Ⅲ /10/12）では「私は」「父親を」「滑稽に思った」と言い，怖いというイメージが強かった「父親」をつかんだ。も

う父親は怖くない。

⑥ "いじめ" をつかむ作業

#53（Ⅲ/3/9）では「私は」「勉強を」「したいと思う」ようになり，少々のからかいやいじめには，耐えられるようになった。これは「いじめ」をつかむ作業であった。#79（Ⅳ/1/11）ではClをいじめた男子の脚を少し引っ掛け，小さな復讐を遂げる。「私は」「いじめを」「やっつけた」〔#79（Ⅳ/1/11）〕とのメッセージが伝わった。#86（Ⅳ/3/8）でClは相談室の窓から，知人の不登校傾向のある女子が4時間目に登校したのを見た。いじめに絡んだ人でもあった。Clは「登校困難」という苦しい思いをつかんだようだ。

⑦ "女性性" をつかむ作業

#56（Ⅲ/5/18）でClは「生理が2回あった」とSCに打ち明けた。これは「私は」「自分を」「女性として感じている」というメッセージであり，女性であること（＝成長）の受け入れ作業をしていると考えられた。

⑧ "奇跡" をつかむ作業

#71（Ⅲ/10/19）以降，「キセキ（奇跡）」という言葉が描画のキーワードとなった。「miracle」という絵を提示。それには「あなたは奇跡を信じますか？　私は信じます。だって心と心で通じているから」「できないと決めつけないでいれば奇跡はきっとおこるはずです」と記されていた。#74（Ⅲ/11/9）に提示した絵は上から大きな半円が描かれ，大小10個の円が浮遊しカラフルな絵である。「私とあなたがいるから，奇跡（赤い文字で強調）は起こる」と記す。ビー玉が光の反射を受けて個々に輝く。SCは今日の昼食をClのクラスでとることになっていた。Clの隣の席が空いている。Clは「座って」と言い，SCはClの隣席で昼食をとった。給食中，Clはナイロン袋を持ち歩き，「蓋を入れて！」と言いながら牛乳の紙蓋を集めだした。その日，Clは回収当番だった。SCはクラスでも居場所の確保ができていることを確認。#75（Ⅲ/11/16）では絵を相談室ノートに描く。小さな花の周りに，いろんな色の丸いものが8つ取り巻く。背景は薄い青色の斜線。右側に「みんなちがって」，左側に「みんないい！」と記した。#76（Ⅲ/11/30）ではイラスト入りの詩集を持参。「小さなポケットミニ」と記した写真入れに入れてある。全部で4枚あり（図8-7）。いずれも題名はなくカラフル。「私の歌。世界に広がれ。世界が一つになったとき　世界のどこかでキセキが起こる。目には見えない小さなキセキが」「気がつかない

うちに　差別をしていることがある。同じ動物
どうしなのに……。差別されている動物の気持
ち　あなたには分かりますか，この気持ちが分
かる時　世界が一つになった時，目には見えな
い小さなキセキが起こる」「一つの種からいろん
な花が咲く。あなたは一つの種。いろんなキセ
キの花を咲かせよう！」「身の回りの物。よく見
るとちがっているよ。その時はキセキが起きる
瞬間だから」と添え書きした。

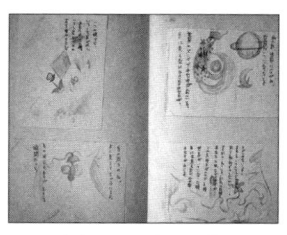

**図8-7　イラスト
入りの詩集例**

　Cl は「キセキ」にこだわっている。SC は受験を前にして，「合格」とい
うキセキが起こることを強く願った。面接試験にどう対応するか，ここで
やってみようということになった。面接のまねごとをした。SC は前向きな
力が Cl に働いていることを感じた。「あと少しだ。やるぞっ！」という Cl
の意気込みが伝わった。

　⑨ "母親" をつかむ作業

　#81（Ⅳ/1/25）で Cl は実母に対する思いを 4 コマ連続のイラストで表
現し提示した。Cl は病気で亡くなった実母を慕っている。実母に対する思
いは深い。義母が嫌いなのではない。実母を自分の中に収めなければ義母
とは素直に付き合えないと言っているように SC は感じた。Cl は今，「実母」
をイメージの中でつかもうとしている。Cl はおそらく面接中，ずっと「実
母」にふれ続けていたのだろう。

　⑩ "恋" をつかむ作業

　#82（Ⅳ/2/1）の描画でははじめて「淡い恋」がテーマとなった。この
頃は，仲良しの男子生徒と時折一緒に下校することもある。もう SC を誘
わない。

　⑪ "既往症" をつかむ作業

　#83（Ⅳ/2/15）では既往症の自己理解を図った。「病名は（まだ）知り
たくない」という Cl の言葉は，既往症についてはまだ「ふれる段階」にあ
ることがわかる。自己理解を急いではならない。

　以上つかむ段階での Cl の心の展開を見れば，つかむ対象はさまざまで，
それも時間の流れで一つの出来事が次の出来事を触発するという印象をも
つ。筆者は，面接は「時間（＝思いが深まる段階）を飛ばしてはならな
い。SC 主導で時間を飛ばし SC の関心あるテーマで面接を展開しようとす

ると，Clの自然な心の流れが妨げられる。だからClに添っていくことが必要となる」と感じている。つかむ対象（＝テーマ）を時間系列で見ると，最初のテーマはClの意識表層にあり，ふれやすい（例：自分，SC，集団……）。学校で往々にして問題として上げられるテーマでもある。しかし後に出てくるテーマ（例：既往症，恋，母親……）ほどClの深層にあり，ふれるのが難しいことがわかる。これはClが対話によって思いを深めたという一つの証となる。小山（2002）の思いを重視した対話療法では思いの深さを問題にする。

[第4期]

　#87（Ⅳ/3/16）の卒業式の日，第4期に入ったと思われる。Clは「白」をテーマにした描画をSCにプレゼントした。白は何でも描き込める。真っ白な自分でいたいとの思いが伝わった。収めの作業開始である。

　以上，第1期から4期までの思いが深まるプロセスを図7-1に示した。援助者の「動く心」はClの心のありように沿うように動くことが重要であり，「沿わずに動くと互いの心がずれ始める」という心理的事実は多くの臨床家が体験するところであろう。図7-1では，たとえば第1過程においてある思いが停滞しているとき，重い心の病をわずらっている場合を除き，いきなり第3過程が出現するはずはないと見る。対象は「ある思い」であり，思いの深まりはClにより異なる。Clの思いに添うというのは，Clの思いの深まりと同じ深まりを共有するということである。具体例を挙げる。第2段階での「する力」の「する」の内容が重要なのは周知の事実だが，その際「どのような心」を使って「何をする」のかについて，Clの思いの深まりに沿って設定していくというのが援助者の仕事であろう。SCが本事例のClに対して大切にした「する」仕事を次に示す。「黙って」「聴く」（第1段階）→「思いをやりながら」「Clの願いをわかろうとする」（第2段階）→「Clの思いをつかもうとしながら」「Clの体験を見守る」（第3段階）→「Clの思いの意味を共有しながら」「意思を育む」（第4段階）であった。

〔2〕　父親の思いの深まり

　SCは#2（Ⅰ/9/10）ではじめて父親に会った。このとき父親は娘に対する周囲の無理解を嘆き，「娘を理解してくれる人を探している」と述べた。父親には悲嘆，嫌悪，不安，無力感が漂っていた。これは小山（2002）が

示した思いの第1過程（思いに苦しむ）をよく反映している。#8（Ⅱ/2/8）
で父親よりメールを受信。この中で父親はClに対する執拗ないじめにふ
れ，激しくこれに抗議。怒りが前面に押し出され，学校側に説明の申し入
れを求めた。父親は「する力」を押し出している。その一方，Clの心の状
態を丁寧に見ている。娘を守るために，また会うだろうSCに「娘をどうぞ
よろしく」と依頼した。Clを守ろうとする肉親の愛情をSCは感じ取った。
SCは父親宛にメールを送信〔#10（Ⅱ/2/11）〕。SCがClをどのようにと
らえているか，Clに対する見方と対応の姿勢を伝えた。SCは父親との連
携を図った。父親は#11（Ⅱ/2/13）にメールを再送信した。父親は自宅
でのClの様子と，相手の気持ち，目線，立場に立って考えることができな
いClの周囲にいる大人を嘆き，落胆を感じていると伝えた。「これからも
アドバイスよろしくお願いします」との結びがあり，連携が緊密であるこ
とがうかがわれた。#12（Ⅱ/2/13）でSCより父親へ返信メールを送信し
た。メールのやりとりでSCはよりいっそう父親との連携を図った。SCは
学校担当者の動き，SCの考え，（「死ね」を「あっちへ行け」と同じような
意味でいともたやすく用いる生徒の感覚は，大人の感覚とはかなりの差が
あるように思うこと，人をいともたやすく傷つける生徒は，いともたやす
く傷つけられる傾向があると感じていること，SCはClから，傷つけられ
ているけれどじっと我慢する心のありよう，Clの輝く目をじっと見ると大
人の私が教えられること，強くなれと……これからも○○（Cl）さんの件
で動くこと等を伝えた。父親は再びメールを送信〔#14（Ⅱ/2/24）〕。周
囲の大人の無理解を嘆くも，「今が踏ん張りどころ」だと言うSCは父親を
支持。SCは父親との連携を図った。

　#15（Ⅱ/2/25）でSCは父親へメール送信。Clが気持ちよく学校生活
を送ることができる，これをめざして進んでいきたいと伝え，いじめは許
されないことを肝に銘じなければならないこともSCの意思として伝えた。
#16（Ⅱ/3/5）でSCより父親宛にメールを送信。次年度のクラス編成に
関して父親の意見を聴いた。普通クラスと特別支援学級への所属という選
択があるが，これをどのように位置付ければClの学校生活がスムーズにな
るか，Clの意向を踏まえてSCが動くことを伝えた。SCは学校関係者とこ
の件で相談中であった。何よりも今のClの状況をつかんで，最も有効な環
境を整えることが大事だと考えていると伝えた。

　父親よりメール受信〔#18（Ⅱ/3/11）〕。現学級に在籍しながら特別支

援学級にも通うという形をとるかどうかについて迷いあり。父親は「みんなと一緒に授業を受けられることを希望しますが，どうも Cl は特別支援学級へ行きたがっているようです」と冷静に Cl を見ている。両親も普通学級に必ずしもこだわってはいない様子あり。クラス編成に際して，Cl の知能検査を実施することにも特別な抵抗はないようだ。その後 WISC-Ⅲを実施。その後父親へメール送信〔#21（Ⅱ/3/12）〕。Cl は相談室で，自分で調整をとりながら，学校生活を送ろうとしていること，今後とも何か支えになれればと思っていることを伝え，父親とのよりいっそうの連携を図った。父親からのメールはその後なく，SC が父親と次に出会ったのは Cl の卒業式の日だった〔#87（Ⅳ/3/16）〕。式が終わり，校庭に居並ぶ教員に，順次卒業生が別れの挨拶をする場面となり，Cl はちょっと照れくさそうに SC の前を過ぎ去った。隣に喜びを隠せない父親がいて，父親は SC に気づき何も言わず深々と挨拶をした。SC も同様に挨拶を返した。これが Cl との最後の対面であった。思えば #21（Ⅱ/3/12）には，父親はもう Cl に対する思いを定め，自分の動き方もわかり，そのうち全体を見通せる力をつかんだのではないかと思われる。SC は連携の大切さを肌で感じ取った。

〔3〕　自分描画法から見た Cl の思いの深まり

　自分描画法は心を外界に投映し，描者に自分という存在に対する気づきを高める道具として一つの心理査定法であり，同時に治療的対話をしながら描画するため，本描画法そのものが心理療法という側面をもつ。SC は Cl に対して，結果から見ると 4 回自分描画法を実施したことになる。

　#4（Ⅰ/12/17）で SC はおもむろに自分描画法に誘った（1 回目描画）。描画に取りかかるときには少し面食らったような表情があったが，目立った描画への抵抗はなく，描くほどに熱がこもった。Cl はクレヨンと色鉛筆を使用した。「気になるもの」は「友達の I さん」，「背景」は「教室」，「隠れているもの」は「猫」だった。描画テーマは「教室で仲良しの友達と話している」（図 8-8）。絵を描き終えて Cl は次のように話した。

　「晴れた日にクラスの友達の I さんと，教室でいろいろ話していました。その話の中身というのは，何の動物が好き？　どういう服が好き？　とかいった話でした。そういう話をしていたら，外に猫がいるのに気がつきました。とてもかわいい猫でした。その猫に給食の残りをあげました。猫は喜んで食べました」……

　日常の静かなほのぼのとした生活風景で，苦悩は認められないような物

図 8-8　1 回目自分描画法

図 8-9　2 回目自分描画法

語だった。クラスメートからいじめにあっている現実からはほど遠い，Cl の期待感があらわれた絵だと思われた。Cl には「クラスの皆と仲良くしたい」との思いがある。このあと Cl はピラミッド作り，本読みなどをして過ごした。相談時間が終わる頃，唐突に「母親は再婚だ」と述べた。母親との関係が課題としてありそうに思えた。この日はその後 2 回（昼休み，放課後）相談室に出入りした。事例の経過から見て，第 1 回目の自分描画法は描画行動を促すきっかけとなったと考えられた。

　#58（Ⅲ /6/1）で第 2 回目の自分描画法を実施した（図 8-9）。

　描画法に取りかかったとき Cl は若干考え込んだが，描き出すと止まらなかった。「気になるもの」は「モグラ」，背景は「お花畑」，「隠れているもの」は「猫」であった。絵についての物語は次のとおり。「想像の仲で，私が保育士になったつもりの話。ある晴れた日，外に散歩に行こうと皆で出かけた。お花畑でモグラがひょっこり顔を出して，皆が可愛い〜と言ったら，モグラが驚いて引っ込んだ。保育園に変える途中，猫がいた。その猫はなついちゃって，あとをついてきたので，園で飼うことにしました」と楽しそうな表情で勢いよく話した。

　1 回目と 2 回目の自分描画法実施の間にはおよそ 1 年半あったが，Cl は 2 回目の自分描画法を体験した直後突然絵を描き出した。自分描画法は Cl 自身の気持ちの吐き出しを活性化したものと考えられる。その描画内容を追って見ると，「教室で仲良しの友達と話している」と題した 1 回目の絵は，今，現実には友達と話せない状況にあることと裏腹な絵であり，これは Cl の願望を表した絵だと思われた。2 回目自分描画法のテーマ，「私が保育士になったつもりの話」では，今なりたい職業を描いた。Cl は保育園での楽しかった思い出を今でも忘れていない。保育園で接した保育士は優

しかった……その思いは今もある。Cl は人から
優しくされること，人に優しくすることを思い
描いている。やさしくふれることの意味を課題
としている。

　第 3 回目の自分描画法（図 8-10）は #69（Ⅲ
/10/5）に実施された。

図8-10　第3回目自分描画法

　描画後の物語では「私の席は黒板の一番前で，
隣にいる Y さんがとても嫌で，気持ち的には海かどっかに行って気分転換
したい気分。隣にいるのはくらげ。くらげはやわらかくてほわんほわんと
している。けど触ると強敵！　Y さんなの」と説明した。気になるものは
「クラスの中の Y さん」で，隠れているものは「くらげ＝ Y さん」。Cl は Y
さんを警戒している。背景は「海の中」である。市立図書館で講談社発行
『千の風になって』を借り持参。描画を 4 つ提示。また「相談室通信」へ
の描画掲載にも意欲を示す。10 月 9 日に O 高校への体験入学をすると言
う。美術部か華道部に関心あり。Cl のペースでいろいろなことが進んでい
るのがわかる。この日はおしゃれというほどでもないが身だしなみを整え，
いつもと違った感じがした。

　教室場面の自分描画法で，Cl は今描きたいものをそのまま描いたと思わ
れる。それは「くらげとの対決」であった。まだ Cl はくらげとどのように
向き合えばよいのかがわからない。しかしくらげを描けたことは意味深い。
Cl はくらげをつかもうとしている。Cl は多数絵を描いたが，その中で，唯
一具体的に不快なものを描いた絵だった。高校の体験入学に参加し，キセ
キが起こることを願った Cl の思いが高じたときと同期している。

　〔#84（Ⅳ /2/22）〕の第 4 回目の自分描画法は高校合格直後に描いた「春
うらら」の絵であった（図 8-11）。Cl は「旅立ち」をテーマにした。真ん
中に Cl の制服姿を描く（自己像）。右上に高校の校舎（気になるもの）。背
景は斜線で示した「不安感情」。絵を見ながら Cl は「N 高校に合格して春う
らら～みたいな気分の自分。どうやら心配していることがあるらしい。そ
れは高校のことだった（みんなについていけるか～とか，先生方のきたい
に答えられるか～とか）。そんなとき，ふと足もとを見ると，ピンク色のハー
トの花（隠れているもの）が咲いていたのに気づいた。それは忘れかけ
ていた思い出や，心の支えになってくれた人たちだった。それに気づいた
自分は，新しい一歩を歩んでいくのでした。ジャンジャン　～おわり end

〜」と記した。隠れているものは「小さな花」「信頼できる人。だからハートで描いたの」と説明した。自分を支えてくれた人たちを忘れてはいけないとの自戒の念が伝わった。同日の放課後，Cl はまた別の絵を SC に手渡した。くねった糸の周りに小さな形をしたものが浮遊。何かはわからない。タイトルは「魔法の糸」。「魔法の糸，それは目には見えない糸。でもいろんな場所で役に立つ。この糸をいつまでもつかえるようにするのが，あなたなのです」と記す。

図 8-11　4 回目自分描画法

　絵そのものから Cl は何かをつかんだことがわかる。これから起こるだろうことを Cl は期待を込めて描いた。自分描画法は面接の深まりを反映しているように思われた。しかし最初の自分描画法があまりにも自己肯定的な絵だったことから，描画内容からだけでは Cl の心の状態を推し量ることは難しいこともわかった。自分描画法は，同じ個人に対して面接の中で継時的に実施していくのが望ましいと考えられた。この 4 回目描画が最後の自分描画法となった。

〔4〕　SC と教師－親との連携

　Cl が経過報告で見るように成長を遂げたのは，SC とクラス担任 A 先生，B 先生，C 先生，そして教頭・校長先生との連携が背景にある。とくに C 先生の存在は大きかった。C 先生は常時学校にいて，いつでも保健室で Cl を受け入れることができる体制にいた。Cl の目には C 先生が慈母（母親代わり）と映ったのではないかと SC は思っている。そうだとすれば週に 1 度顔を合わす SC は父親代わりになったのかもしれない。Cl にとって A 先生はそのまま担任の先生として映り，Cl は A 先生を信頼していた。B 先生も Cl に優しく接し，いつも見守っていた。Cl の動きはすぐに SC に届き，SC はこの 3 年間，ずっと Cl を見ていたことになる。週に 1 度の SC の勤務を補完する意味でも，朝と放課後の C 先生との打ち合わせは重要だった。C 先生は受容的な人柄で，情報はすぐに関係する先生方に伝わった。SC が毎回書いた報告書を教頭・校長先生は読み，報告書は SC との話し合いに活かされた。学校臨床現場ではあまりにも多彩なことが事例に影響を与え，援助の枠組みが造りにくい。SC には配慮，気配り，少し先を見通せる感性も求められるだろう。誰にでも「思い」はある。Cl も悩むが教師も悩んでいる。学校臨床では，援助は Cl に関わる者すべてがうまく連携して実現でき

るものではないか，連携の大切さを心底教えられた事例であった。

　　謝辞：事例の公表につきましては，K さんご自身とご両親，そして養護
　　教諭 C 先生および当該中学校の校長先生から承諾を得ました。心より
　　感謝申し上げます。なお事例がもつ意味を歪めない範囲内でプライバ
　　シーに配慮し，随時修正を加えた個所があることを付記します。

Ⅲ　多彩な身体症状と就労困難を訴えた男性に対する　　　　自分描画法の適用 *

1　はじめに

　近年，保健・福祉・臨床心理領域のみならず，医療領域においても"患
者の声をより正確に聴き取る"ということが研究テーマになってきている。
がん医療におけるコミュニケーション・プロトコール（SHARE）（内冨ら，
2007）の開発はその一例であるが，診断を下すための半構造化面接手順を
示した精神科診断面接マニュアル（SCID）は，面接における留意点を具体
的に指摘している。たとえば「面接者は被検者個人に心理学的な興味を示
す。信頼を得るには被検者の話す内容に強い共感と興味をもつ」「面接者に
は社会人としての言葉づかいが求められる。敬語，謙譲語の基礎は習得し
なければならない」「被検者の話をおうむ返しに確認してはならない。被
検者の発言が不明瞭なので，面接者が確認している印象を被検者に与えか
ねないからである。被検者の発言が不明瞭ならば，その場でわかるまで聴
く」「被検者が置かれている文化を理解し，共感と感情移入を行い，被検者
の精神内界を了解する」等と記され，患者の声を聴き取るための筋道が示
されている。これらは医療領域におけるコミュニケーション技術の向上を
目的としている。患者は何を求めているのか，治療者は何を聴いているの
か，より正確な情報を獲得するためには患者に関わる医療者すべてが，患
者の声に耳を澄まさなければならない。病状は関係の中で変化し，いかよ

　＊　初出：小山充道（2009）「多彩な身体症状と就労困難を訴えた男性に対する
　　自分描画法の適用」『名寄市立病院医誌』17（1）：42-48.

うにでも展開を見せる。本事例は医学的，心理的，社会的なものが絡み錯雑とした要因を含む事例であるが，患者のありのままの声をよく反映しているように思われる。

2　事例の概要

症例：Mさん（以下，Mと略称），42歳，男性，独身。借家にて単身住まい。

診断名：高尿酸血症。ガウトマロン錠50 mg（1日2回朝夕食後），ウタゲン−U（1日3回毎食後）そして不眠症に対してロヒプノール錠1（1日1回就寝前）が処方された。

現病歴：I年4月，心筋梗塞および肺炎にて約2カ月間A病院に入院。その後も身体状態がすぐれず，退職・就職を繰り返した。I＋8年後の4月，ヘルニア，痔で肛門科，蓄膿症で耳鼻科受診。その後，尿酸値が高く，痛風疑いにてB病院内科を受診した。臨床心理士として筆者が勤務していたB病院には臨床心理室があり，心理療法が必要な際は内科治療と抱き合わせで面接を実施することになっている。本症例は多種多病かつ不定愁訴が前景に現れ，その背景には心理的なものがありそうとの主治医の判断により，内科治療と心理療法を同時に実施することになった症例である。面接と査定を筆者が担当した。総面接回数は15回，面接期間は約10カ月であった。面接目的は「思いこみ（混み）」があり，今ある「思い」を整え，Mの中に戻すことにあった。面接では，エビデンスを得る目的で心理査定を実施した。

3　心理療法過程

以下に略述する。

［1回目面接：I年4月27日（以下，I /4/27と略す）］

会ったときから「親子関係が断絶状態にあり，これを修復したいが自分にはできない。苦しい……」と胸の内を打ち明ける。話を要約すると，「暴力的な父親の影響で幼少時から自分はマインドコントロールされ反抗期を逃した。そして家族との関係が破綻した」という内容であった。依存欲求が強く，理解者を求めているように感じた。

査定では，Mに心理的負担をかけないようにするために，簡便な心理検

査を選んだ。まず欲求，反応および結末予想を見る目的で集団 TAT を実施した。その結果，所属感のなさ，攻撃性の低さ，淡い幸福感を抱いている等の情報が得られた（表 8-1）。

［2 回目面接：5/11］

自分は祖父や母親から口減らしの対象とされ，他人の家に出され，幼少時から苦労が耐えなかったという。父に対して「怖い」というイメージをもっている。「冬場，窓開けて，雪の中に放り投げられた体験がトラウマになっている」と身体を震わす。「父親はストレス解消ができない人。趣味も少ない。歌を歌うような人ではない」と教えてくれた。その父親が昨年末，脳血管障害で倒れた。

査定では，全般的な人格特徴を見る目的でバウムテストを実施した。柿の木を描いた（図 8-12）。「取って食べたい柿の木だ」と説明した。絵からは幸福を求める気持ちと同時に幼さも感じ取れた。

［3 回目面接：5/25］

「実は両親の老後の世話を求められている。しかし自分の力では負えないし，負いたくもない」という。「それが言えないで苦しい」と言い，さらに「これだけ私を傷つけた親なんだから，面倒を見なくていいよね」と同意を求める。「まだ小さい頃の心の傷が癒えていないんですね」と声をかけると「そのとおりです。この年になって恥ずかしいですね」と声を大きくした。「姉弟に任せたい」ともいう。退室時，「私はアダルトチルドレンですか？」と尋ねた。「どういうことでしょう……？」と尋ねると「私は未成熟な人間ですよね」という意味であった。

査定は心身に関する自覚度を見る目的で CMI を実施した。その結果，身体的にも精神的にも自覚度は低く，健康値を示した。しかし心身に関する状況は決して健康とは思えず，問診に対する答えの信憑性にはおのずと限界があることがわかった。

［4 回目面接：6/8］

「両親とのコミュニケーションを良くしたい」と話す。父親は偽善者で，障害のある母親は障害を見せつけ，従わせる人だという負のイメージから抜け出せないでいる。親の扶養は「義務感が 50％」と説明した。「愛情が

表 8-1　実施した質問紙法の心理検査結果

心理検査		1 回目実施		2 回目実施		3 回目実施		4 回目実施
集団 TAT（欲求・反応・結末予想）	1	所属・攻撃（以上 − 2），幸福（＋ 2）。社会領域のみ − 2.	10	所属・攻撃・不幸（以上 − 2），社会的承認（＋ 2）。全領域共 0 か＋ 1	—		—	
バウムテスト（人格特徴）	1	丘の上に実が離れてなる柿木	8	丘の上の柿木が，きゅっと締まってきた。	14	幹が太い	15	山登りの絵
CMI（心身に関する自覚度）	3	領域Ⅱ（身体的自覚症 22，精神的自覚症 2。全項目 30％以下）	11	領域Ⅰ（身体的自覚症 21，精神的自覚症 0. 疾病頻度のみ 55 ％の自覚度。他は全項目 25 ％以下。	—		—	
MAS（不安をどの程度意識しているか）	4	？＝ 0，L ＝ 4，A ＝ 9 点。不安感情のなさが顕著。	9	？＝ 0，L ＝ 4，A ＝ 16 点。妥当な不安感情に近づく。	—		—	
YG（性格特徴）	5	AD 型（非攻撃性，思考的内向傾向）	13	A" 型。非攻撃性と思考的内向傾向）	—		—	
TEG（自我構造）	7	CP ＝ 0，NP ＝ 20，A ＝ 20，FC ＝ 18，AC ＝ 8，D ＝ 20，Q ＝ 0 台形型で，自分の幸福を強く意識するマイホームタイプ。	12	CP ＝ 9，NP ＝ 15，A ＝ 18，FC ＝ 18，AC ＝ 12，D ＝ 17，Q ＝ 28　現実を受け入れかつ自己主張する台形型に近い。	—		—	
東大式記銘検査（記銘能力）	6	無関係対語，3 試行目で全問正解。無関係対語は 1 回目 1 問正解。2, 3 回目は 2 問正解。		不要。	—		—	

欲しい」「私は精神年齢が低い」と自己評価が極端に低
い。

　査定は顕在性不安感情を探る目的で MAS を実施し
た。その結果，A スコアは 9 で，不安感情のなさが顕
著であった。実際は不安感情に彩られながらも，質疑
に応える限りにおいては「不安はない」と言う。目の
前で不安感を示しているのに，応答結果は「不安なし」。
その狭間にどのような心理的要因が介在しているのか
にふれることが重要だと考えられた。

図 8-12　第 1
回目バウム

[5 回目面接：6/22]

　親から「身体を良くして，再度働きなさい」というメッセージが届いた
という。両親を介護する動機について，(恩返し？) と尋ねると「綺麗ごと
過ぎる」と答える。(義務感？)「固くなり過ぎる」，(絆？)「ない」，(博
愛？)「宗教的だなあ」と，どれもぴったりこないと話す。(話せるお母さ
んが欲しい？)「伴侶が欲しい……相談できる」と打ち明けた。

　査定では，全体的な性格特徴を探る目的で YG を実施した。結果は AD 型
で，目立った性格特徴は見出せない。「そのとおりに出ていますね。2 〜 3
年前は今以上に悩んで情緒不安定だったけど，いろいろな相談機関に行っ
て，自分以上に苦しんでいる人がいることを知ってから少し変わりました」
と話した。

[6 回目面接：7/6]

　面接時間に 10 分遅れたことを気にしている。環境が整わないと，すぐ
に心が揺れてしまう。自由連想を行うと，「赤→目の前が真っ赤→停留所
→風が吹く木陰→バスを待っている自分→周囲の人がちょろちょろ自分を
見る→周りのマンションに住む人が自分を見る→若い女性が道路を歩きな
がら自分を見ている→すれ違いざまに挨拶する（どんな顔をしているよう
ですか？）少し真顔で少し笑顔→周囲を見渡してようやく帰宅（どんな感
じ？）ひと汗かいて気分がいい」と展開した。おそるおそる周囲とふれ合
っている様子がうかがわれる。M にとっては日常生活をどのように送るか
が課題なのだろう。

　査定は記銘能力を確かめる目的で東大式記銘検査を実施した。その結果，

有関係対語試験結果は普通水準の記銘力保持を示したが，無関係対語試験になると途端に混乱が生じた。正答が 1 ～ 2 問だったことから，多くのことを一度に伝えるよりも，一つのことをゆっくり正確に伝えた方が理解しやすいことがわかった。

[7 回目面接：7/13]

今はヘルニア治療として通院リハビリ，気分転換にウオーキング，心を整える作業として面接が日課になっている。

ときどき自室の天井に顔を向けて「（自分に対して）アホ,間抜け」と叫んでいるという。それでもなかなか賢くならないと嘆く。祖父で苦労させられた父，その父親に苦労させられている自分，不幸は世代に受け継がれるという。

査定は自我構造を探る目的で TEG を実施した。自分の幸福を強く意識することを示唆するプロフィールを見ながら，次のように素直に話す。「両親に言いたいことがあるが，半分無駄かなという思いがある。しかし半分は前向きな気持ちになってきた。それでも自分や他人を傷つけることがひどく怖い。自分の損得を考えると，いい顔をしていたいし嫌われたくない。ずるい，汚いと思うこともある」と。

[8 回目面接：8/3]

3 カ月前に関係をつなぐために送った姉への誕生日プレゼントに対して，昨日礼の電話があったという。M は 3 カ月遅れの返礼に抗議する。一方，姉と話ができたことには素直に喜ぶ。その電話で，姉は父親に対して複雑な思いをもっていたことを吐露した。M は孤独感から少し放たれたと感じた。

バウムテストに変化があるかどうかを見るために，再度実施した。描いた木の絵を見て，「普通は丘の上に柿の木はならないが，気持ちはいい。柿は重みで垂れ下がるし，渋柿だったら……」と，内心不安があることを伝えた（図 8-13）。

[9 回目面接：8/31]

「話すうちに両親や姉の心が少しずつわかるようになってきた」といい，「自分は小心者だということに気づいた」と言う。「先手を打ってサービス

をするのは粉飾ですよね」と同意を求める。（サービスが取引になっているってこと？）と応じると、「自衛策ですよ」と自己分析した。

　顕在性不安感情の変化をみるために、2回目のMASを実施した。第1回目の結果は不安感のなさが目立ったが、今回は妥当な不安感情が認められるようになってきた。

図8-13　第2回目バウム

［10回目面接：9/28］

　「面接に来てから、いろんなことが良い方向に進んでいる」と言う。"ここで話す"ことが心理的回復に役立っているようだ。8月末に父親の誕生日に手紙を送った。父親から返礼の電話があり、「たまには遊びに来い」と言われた。敬老の日には母親に手紙を送った。返礼の電話があり、「見舞いに来なかったことを非難されたが、最後に体重増加に気をつけろとアドバイスされた」と嬉しそうに言う。今の目標は「両親を怖くないと思う気持ちをつくりたい」であった。

　査定では欲求・反応・結末予測の変化を見るために2回目の集団TATを実施した。その結果、夢見ごこちの幸福感が現実的な幸福のありように変化し、"不幸"が全面に押出された。しかし面接体験からは「こんな自分でも社会的承認が得られる」という実感をもてるようになってきたという。

［11回目面接：10/19］

　「自己主張なんてずっとなかったのに、最近言えるようになってきました。ここでたくさん主張しているからでしょうね」と、面接の場が自己主張するための練習の場となっていると言う。双方苦笑。先日町内会主催のハイキングに参加し、同年輩の人と話す機会をもったこと、年末年始は思い切って両親のいる実家で過ごそうかと思っていることなどを話した。

　査定では心身に対する自覚度の変化を見るために、2回目のCMIを実施した。その結果は前回同様心身に対する自覚度は低かったが、「疾病頻度」のみが55％程度ではあるが自覚されるようになってきた。

　これまで主に簡便さ故質問紙法の心理査定を用いてきたが、Mの心をよく反映しているとは言いがたい印象を筆者はもった。Mは描画好きと聴いていたこともあり、ここで自分描画法（小山、2005）を導入した。第1回

自分描画法結果は次のとおり（図8-14）。

　ステップⅠ：自分像

　　　「心筋梗塞，不整脈してから連鎖的に今まで弱い部分が全部出た。左膝軟骨が飛び出てる，左足，鈍痛がある，腎臓は透析の一歩手前まできている，腰がヘルニア，左背中ヘルペス，鼻は蓄膿症気味，頭は時に頭痛がある，不眠症で夜睡眠薬もらっている，尻は痔で痛い」と顔をしかめながら，多彩な身体の病気を抱えている自分を描いた。

図 8-14　第 1 回目自分描画法

　ステップⅡ：気になるもの

　　　「母親（左下方）はもともと小柄で足が悪い。年取ってますます小さくなってると思う」という。

　ステップⅢ：背景

　　　「芝生の上には緑，土も多少ある。茶色がそう。空は青空でしょう。ときたま雲がある。白いところがそう」と説明する。

　ステップⅣ：隠れているもの

　　　「親兄弟でしょうね」と言いながら，一番下に家族の姿を描く。

　ステップⅤ：物語と題名

　　　物語は「ある日晴れた日，親兄弟で家庭菜園をやっている風景ですね。家庭菜園で母と一緒に手伝いやっている。喜んでいる姿がある。多少は満足げな顔。幸せまでいかないが……ガーデニング，できたら近い将来やってみたい。親兄弟とは不平不満ありますけど，互いに胸襟ひらいて，誤解，偏見をとって話せるようになりたい」であった。題名は「家族」。

　ステップⅥ：振り返り

　　　描いて「少しすっきりした」と話した。

[第 12 回面接：11/9]

　体重が増加した。両親との関係では，今まで「帰って来いといってくれるまで待っていた」のが，このころは「自分からこの日に帰りたいという気持ちが出てきた」という。第 2 回自分描画法を実施。その結果は次のとおり（図 8-15）。

　ステップⅠ：自分像

　　「顔が自己主張している。自分にちょっと自信
　がわいてきた。手は控えめ。遠慮がち。手が出な
　い。身体全体が大きくて，ちょっと自分が出せる
　感じ」

ステップⅡ：気になるもの

　　「シマネコが好き。台の上にいる。これ僕。別の
　街に住んでいたとき，野良猫が私になついた。肩
　の上に上がったり，躾けたとおりに動いて，飼う
　のがおもしろくなった」

**図 8-15　第 2 回
目自分描画法**

ステップⅢ：背景

　　「芝生。大地に根を張りたい。空はすがすがしい。気分爽快。山はど
　っしり。やっぱり環境って大切ですね。花は美しい。きれい。でも今
　は根無し草……」

ステップⅣ：隠れているもの

　　「対人関係。自分のルーツ！」とはっきり言う。

ステップⅤ：物語と題名

　　「手が出せない」

ステップⅥ：振り返り

　　「私はちょっと控えめにしているが，本意ではない。外は気持ちよく
　晴れているのに私の心はまだ根無し草。自分の都合で，ノーと言える
　勇気が欲しい。ちょっと力がついて表情は明るい。しかし，まだ何が
　起こるか分からない……」

　人格構造の変化を見るために 2 回目 TEG を実施した。その結果，前回の
極端なマイホーム思慕のプロフィールから，少し自己主張が感じられる平
凡なプロフィールへと変化した。M はゆっくりと何かに取り組むための勇
気を蓄えつつあるという印象をもった。

［第 13 回面接：12/7］

　大家さんが半強制的に部屋の掃除を指示した。「整理すると気分がとて
も良くなった。今も整理整頓するようにしている」と話した。年末，実家
で過ごす計画に関して，「場合によっては無理かもしれない」という。「痔
が悪化したから」が理由。その場合でも「自分から行けないと言う。行け
る場合は，いつ行くか言うつもり」と言い，決して主体性が揺らいだので

はないと伝える。「でも私の言っていることは理想です
ね。綺麗事ですね」と現実はなかなか思うように展開
しない，という見通しがあることを伝えた。面接の終
結にふれ，3月末くらいをめどにとの話が出た。

　全体的な性格特徴を見るために，2回目 YG を実施
した。その結果は A″ 型で，1回目結果と大差はなかっ
た。

　第3回自分描画法結果は次のとおりである（図
8-16）。

**図 8-16　第 3 回
目自分描画法**

ステップⅠ：自分像
　　「用紙に向かって右端一番上で温泉につかっている人。ちょっと遠慮
　　がちしている」

ステップⅡ：気になるもの
　　「私の手前でお湯につかっている父母」

ステップⅢ：背景
　　「お風呂」

ステップⅣ：隠れているもの
　　「一番下に赤いクレヨンで，コミュニケーション不足と記す」

ステップⅤ：物語と題名
　　「コミュニケーション不足」

ステップⅥ：振り返り
　　「私は真中にいます。家族で温泉につかっている。皆で温泉に入れれ
　　ばいいなと思う。でも私の言っていることは理想ですね。願いですが，
　　コミュニケーションがとれればすっきりするんですが……」（お風呂に
　　入りながら，何を話しているんですか？）「いい湯だなって歌を歌って
　　いるんですよ」（お父さんは？）「6年前に背中を流したことがありま
　　すね。実家に帰ったとき，めずらしく喜んでくれました」（お母さん
　　は？）「今，思いつかない」（他にどんなことを思いますか？）「皆と一
　　緒にいて，皆がコミュニケーションで困っている。不平不満が爆発す
　　る可能性もあります。山は死火山で，この温泉は海辺のホテル……実
　　際はホテルなんか，泊まったことがないのに……」

ちなみに温泉入浴者の左上端は弟，その右に義兄，その2人の手前に姉
がつかっている。右側両親の手前には2人の姪がつかっている。

図 8-17　第 3 回目バウム

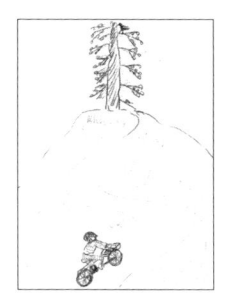

図 8-18　第 4 回目バウム

[第 14 回面接：Ⅱ /1/11]

　年末に大腸炎になり，帰省をキャンセルしたという。「自分の意志で母親に電話した」と報告。その結果，「15 分も母親と話せた」と満足げ。電話で，気丈な母親が「週に 2 回，デイケアサービスを受けていると聞いて，それはいいことだと返事した」と誇らしげに話す。母親のイメージは「上等な人だと思えるようになった」，父親は「傷つける人」から「傷つけられやすい人」とイメージが変化した。残る課題は「姉との和解」だという。

　査定ではバウムテストの変化を見るために，3 回目を実施した。木は小ぶりだがそれなりに整っていて，実をつけつつある様子がうかがわれた（図 8-17）。

[第 15 回面接：2/1 終結]

　母親は高齢者で，「近い将来特養でも入るのだろうか？」とこの先を案じている。また「外向きに行動している姿を見てホッとする」とも言う。面接で「自分が変わったと自覚できる」こと，「よく見られようと思うのをやめた」こと，「嫌われ者でもいい。敵役でもいい。今はそうですか，と言える」と，はっきり言う。

　バウムテストの変化を見るために 4 回目を実施した。実のなる木を自発的に描いた（図 8-18）。覚悟を決めて山を自転車で登っていく。山頂には嫌われ者のカラスが止まっている木がある。しかし白黒のイメージしかない」という。水路が開かれ，推進力と道具が手に入ったという。ここで面接は終了となった。

4　考　察

　質問紙法を用いた心理査定は簡便ではあるが意図的な操作を挿入できる
場合があるために，その結果を全面的に頼ることは危険である。本事例は
趣味が描画であることから，描画を用いて人の思いにふれることができる
自分描画法を実施することにした。自分描画法の目的は 次の 3 点にある。

①心理療法の中で，見えにくい心の部分である “思い” を浮き上がらせ
　る道具として用いられる。

②描画内容（“思い” の部分）と物語構成（“思い” の全体）から，“思
　い” を重視した対話を行なう手がかりが得られる。この場合，“思い”
　は何かに押し上げられ出現するものととらえる。

③自分描画法で発達水準および病的水準の把握がある程度可能となる。
　疑いある場合は，他の心理アセスメントを適宜追加実施し，発達水準
　および病的水準に関する信頼性を高めていく。自分描画法は発達水準
　および病的水準に関する情報の一端を与えてくれる。

　実際はクライエントが抱いている “今の思い” を浮かび上がらせ，その
思いにふれ，つかみ，収める過程を心理療法過程としてとらえていく。“思
い” を重視する観点から無意識的なものにふれながら，人間主義的・実存
的アプローチから心に接近していく。クライエント自身が，自分自身との，
あるいは他者との対話力を高めることを第一目的とする。“思い” が表現
された描画を対話素材として用い，クライエント自身が “今の思い” にふれ
る。セラピストは感じ取った心理的内容を伝え返し，クライエントから次
の応答をもらう。これを繰り返しながら，クライエントの “今の思い” を
つかんでいく。ある思いに苦しむクライエントがみずから “ある思い” に
ふれ，それをつかみ，最後に収める過程は，対話力の向上プロセスと同期
する。自分描画法は描画法として用いるだけでなく，面接におけるクライ
エントの “思い” を深めるための一つの道具として用いられることを想定
している（小山，2002）。

　実際手順は，「自己像の描画（イメージとしての自分）」→「気になるも
のの描画（自分と関連ある人や物, あるいは出来事の存在の描画）」→「背
景の描画（自分が置かれている心理的環境）」→「隠れているものの描画」
→「題名をつける」→「物語をつくる」という 6 つの過程を順次辿ってい
く。

　自分描画法の結果から，次のことがわかった。

①心理的には，家族から孤立していることに耐えられなくなった。とりわけ両親にどのように接近していくかを考えていた。

②面接を深める中で，徐々に家族に接近できるようになってきた。

③家族との関係修復作業はイメージの変化だけでなく，現実行動が伴うようになってきた。

④ようやく裸の付き合いをしてもよいくらい気持ちも座ってきたが，まだ温まりながらも充分に話せないでいる。

この心理的変化は自然であり，了解できる。

実施した心理査定結果と対応させると，次のようなことが指摘できる。

①面接当初は多彩な病気を持っているのに身体に対する気づきが比較的浅く，心理的困惑が前景に出現していた。

②しかし査定は質問に対して応えるという特性を有するものが多かったことから，無意識的な抵抗が働き，「私は大丈夫です」とのメッセージが得られたものと考えられる。

③したがって，査定結果の信憑性については，面接内容と自分描画法およびバウムテスト結果を重ね合わせ，総合的に判断することが望ましいと考えられた。

④Mにとって自分描画法とバウムテストは馴染みよく，「ぴったり感」が得られたようだ。

心理療法過程からMの心理的回復を見ると，次のように展開したと考えられる。小山（2002）の思いの深まり，つまり「思いに苦しむ→ふれる→つかむ→収める」の4過程で見ると，各面接は次のようにまとめることができるだろう。

①「思いに苦しむ」プロセスは，1回目から4回目までで，この間Mは「親子関係の断絶」「暴力的な父親から受けたトラウマ」「幼少時から家から出された悔しさ」「窓から投げ落とされたショック」「両親の面倒を見たくないという思い」等に苦しんでいることがわかる。

②「思いにふれる」プロセスは4回目あたりから11回目までと考えられる。この間，Mは「両親の世話（をする）」「コミュニケーション（を良くしたい）」「愛情（が欲しい）」「女性（イメージの中で会う）」「アホで間抜けな自分」「両親や姉の心」「自分は小心者」「両親の誕生日にプレゼントを贈る」「両親や姉を怖くないと思える心」「自己主張」「町内会の同輩」等にふれた。

③「思いをつかむ」プロセスは自分描画法を実施した 11 回目あたりから 14 回目くらいだと考えられる。つかむ対象は「身体の病気」「老いた両親」「親兄弟」等である。

ところで M はまだ「思いを収める」ところまでは辿りついていない。最終面接時，「母親は特養に入るのか」とつぶやいた。徐々に弱る母親を息子の眼差しで見ることができるようになってきているようだ。自分自身も「人から嫌われてもそうですかと言える場所」に収めようとしている。現実は彩られてはいても，思いの世界はまだ白黒だという。彩色はこれからなのだろう。

本事例が筆者に伝えたことはたくさんあるが，まとめると次のようになるだろう。

①多彩な病気の背景に心理的な要因がある場合，心理的な訴えが前景に現れると同時に身体に対する感受性が鈍り始める（例：身体をみずから傷つける人）。M はこの特徴を有していた。

②不安感が高いのに，心理査定では不安得点が低いなど，心理査定結果と実際の様子が違う場合，どのような査定道具が患者の心理をよく反映するのか，道具の選択に意を尽くさなければならない。つまり患者に合った心理査定を選ばなければならない。M には自分描画法とバウムテストがよく適合していたように思われる。

③人の心の世界では，「一歩踏み出す」ということがどれほど大変なことかを，患者と向き合う人は知らねばならない。本事例からも，親との信頼感樹立はたやすいことではないことがわかる。

5　おわりに

事例研究のねらいは，研究ということで削ぎ落としたものを拾い集め，再構成し，生命感を復活させる作業とも言える。患者と治療者間の人間関係が心身に対して影響を及ぼすこともあるだろう。何が要因となって何が結果として産み落とされたのか，よくわからないこともある。しかし事例を積み重ねることによって，事例研究から得たものが根拠となり，共通理解となり結実する可能性がある。事例を積み重ねていく作業は地道ではあるが，心理臨床の本道だと筆者は感じている。

IV　高齢認知症者の自分描画法

1　はじめに

　現在，日本は急速に高齢化社会に向かいつつある。内閣府の『2015 年版高齢社会白書』によると，65 歳以上の高齢者人口は過去最高の 3,300 万人で，総人口に占める 65 歳以上人口の割合（高齢化率）は過去最高の 26％となった。内訳は 65 ～ 74 歳人口（前期高齢者）が総人口に占める割合は 13.4％で，75 歳以上人口（後期高齢者）の割合は 12.5％である。一方，15 ～ 64 歳の生産年齢人口は 7,785 万人で，8,000 万人を下回った。これからの日本では，高齢者への心理的支援が重要な社会的課題となってくるのは間違いない。

　本節では，高齢者は今どのような思いをもち毎日を過ごしているのか，自分描画法でどの程度，その思いをつかみ取れるのかを探る。言葉が不自由な高齢者でも，絵で思いを伝えることができるかもしれない。自分描画法では，絵の上手さは主たる問題ではない。どのような思いで描かれた絵なのかに意味がある。

　自分描画法の体系化には一般群（心理的に健康な人々）と臨床群（心理的に何らかの困難をもつ人々）の基礎資料を得る必要がある。本節では，すでに認知症と診断された高齢者に対する自分描画法施行の実際を記す。

2　研究事例

　これまで収集した自分描画法体験者の感想をまとめると，「自分描画法を導入することで，人と話しやすくなった。不思議だが，思いがすっとあらわれるようになった」「自分描画法を実施する過程で，自分への振り返りが比較的短時間に行われ，思いもわりと抵抗なく深められた」「自分描画は心を見立てるひとつの心理的な素材として，人の心の質的分析に役立つように思う」という 3 点に集約される。

　協力をいただいたのは，ある高齢者施設 Y 園である。園とのやり取りも重要な研究ステップであることから，以下にその概要を記す。

実施内容：

「研究協力をいただいた高齢者の方に，今の思いを絵に描いてもらい，その絵を見てお話しをしていただきます」

①実施者：研究統括者は小山充道。実施者は私のほかに信州大学大学院臨床心理学専修院生が加わります。

②対象者：人の話がある程度理解できて，クレヨン等で絵が描ける高齢者の方々。

③実施日：平成○年○月から○年○月の間に実施。

④所要時間：お一人，説明含めて 40 分間くらいで終了の見込みです。

⑤その他

・クレヨンや用紙など，必要な道具はすべて持参します。

・絵を描いて，お話しさせていただく「時間」が必要となります。

・資料はその場で回収し，二次利用については，学術的な利用に限定とします。

・すべて匿名で行います。

目的：

仮説：その人が抱く“思い”は，認知症の重度度とは別物である。

①自分描画法は利用者（認知症者）の思いを引き出すひとつの手法となるか？

②認知症の重症度と自分描画法から得たその人の“思い”の質との比較検討。

③認知症者に自分描画法を実施する際の留意点を見出す。

本研究は医療・保健・福祉・臨床心理分野にまたがる。

研究協力施設は，高齢者総合福祉施設 Y 園であった。老人保健施設，指定介護老人福祉施設（特別養護老人ホーム）の指定を受けている。本施設は身体上または精神上著しい障害があるために，要介護 1 以上の介護認定を受け，在宅での生活が困難な 40 歳以上の人が利用できる施設である。施設内ではケアプランに基づく食事，入浴，排泄，身辺介護に関わる各種サービスはもとより，機能訓練を含めた各種レクリエーション，手芸，書道，音楽，折り紙，俳句，生け花等のクラブ活動への自由参加の機会があり，また入所者はお花見，家族ふれあいまごころデイ，ぶどう狩り，餅つき大会，運動会などの季節折々の行事に参加している。施設内には出張喫茶店があり，安価でコーヒー等を楽しむこともできる。今回は家族および

表 8-2　対象者 8 名の概要

居住場所	人	年齢	介護度	寝たきり度	認知症度	主な既往歴	
特別養護老人ホーム	A	87	3	B2	Ⅰ	くも膜下出血	
	B	81	4	B2	Ⅱa	精神疾患	精神障害 1 級
	C	84	4	B2	Ⅲa	脳梗塞	
グループホーム	D	90	3	A1	Ⅱa		
	E	83	2	A1	Ⅲa		
	F	77	3	A1	Ⅲa		糖尿病
	G	81	1	A1	Ⅱa	老人性うつ病	糖尿病
	H	76	2	A1	Ⅰ		

（補記）　介護度［1（軽度）〜 4（重度）］，寝たきり度［A（軽度）〜 B（重度）］，認知症度　［Ⅰ（軽度）〜Ⅲ（重度）］

本人の受け入れ，そして施設側の了承が得られた 3 名が対象となった。

　その他に認知症対応型共同生活介護施設（グループホーム）も併設。ここは認知症で家庭介護が困難になった要介護 1 以上の介護認定を受けている 40 歳以上の人が，介護福祉士や看護師らの介護のもと，家庭的な雰囲気の中で共同生活をしてもらう施設である。つまり「要介護 1 以上の認定」と「認知症」および「共同生活可能」の 3 つの条件を満たす人が入所している。入所定員は 9 名であるが，今回はそのうち家族および本人の受け入れ，そして施設側の了承が得られた 5 名が対象となった。

　研究協力が得られた 8 名の方々は全員女性だった。生活歴については，個人情報保護の観点から記載が許されるものに限った（表 8-2）。

　以下に 8 名の方々の自分描画法結果を記す。

〔1〕　A さん，87 歳

　身体状況：立ち上がりや歩行が自力ではできず，車椅子が必要。排泄や入浴，衣服の着脱についても全介助が必要。周囲の動きや変化に関する直観的把握は比較的良好であるが，軽度の見当識障害が認められる。会話はおおむね成り立っている。

　バウムテスト結果は，樹冠は右側に若干の枝葉が描かれ，左は枝のみとなって枝先が描かれていない。幹と根元は直線で描かれ装飾がない。大地は薄い一筆書きの線で表した（図 8-19）。基本的な生活の支えはあるが，飾りをつけるまでには至らないと言っているかのようである。

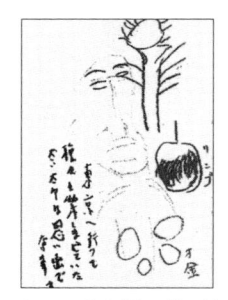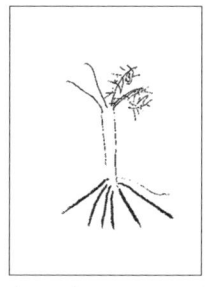

図 8-19　A さんの自分描画法（左図）とバウムテスト（右図）結果

一方，自分描画法における 6 つの視点については，以下のとおり。

①自分：真ん中に上半身を大きく描いた。

②気になるもの：りんご

③背景：畑（上方に "畑" が描かれている）

④隠れているもの：「お金」（下方の 4 つの円）と，「東京へ行って，種々を楽しませていただいた事は思い出になります」との文字

⑤物語：「（私は）畑へ行った。りんごを作ったり，いろいろな作物を作るから……それが楽しみなんです。作って，（畑へ）行くたびに（作物の）成長を見るのが楽しみ！　お天とうさんの下だから……お金は求めたいものを（得るために）必要！　ここには一万円札や銀貨もあります。私はいつもニコニコしているのが得意！（と言い，とても豊かな表情をする）（その後，私は）ホップを作って県内一になり，大臣表彰を受けました。東京へ行ってそのとき帝国劇場で観劇を見ました」と淀みなく話す。題名は「お百姓」。

⑥振り返り：「物足りないけど，これしか描けない」と言う。絵について，何かつけたすことはないかと尋ねたところ，「鍬を使っている姿。鎌で草取りしたり，畑へ行くときは手ぬぐいかぶったり，エプロンしたり……朝起きると手ぬぐい頭にして畑に出ます。この絵はむずかしくて描けない」と言う。

　筆者のコメント：描画しながら，生き生きと過去の生活体験を思い浮かべる。過去大臣表彰を受け，東京へ行き観劇を見た，という思いが A さんの生きる支えの一つになっているようだ。A さんは自分描画法を体験することで，「過去」にふれ，過去の「よい生活」を追想している。「りんご（ちょっとした思いつき）」→「畑（関連して想起された "仕事内容"）」→

図 8-20　B さんの自分描画法（左図）とバウムテスト（右図）結果

「お金（生活の糧，つまり収入）」→「自分の働く姿にふれる」→絵全体を見て「感想を話す」→「題名をつける」→「物語をつくる」という一連の思いの生成の流れは淀みなく展開した。

〔2〕　B さん，81 歳

　身体状況：排泄，入浴，衣服の着脱等，日常生活のほとんどに介助を要するが，介助により，車椅子に移乗することはできる。認知面では地誌的失見当識ほか時間や名前の誤謬等，見当識障害が認められる。また語りかけられることの意味がつかめず，意志伝達はもとより意思疎通に困難がある。心理的には躁鬱ゆえ高度の気分や意欲の変化が認められる。

　バウムテスト結果は，四角い形の樹冠が特徴的である。実のなり方は整然とすべての林檎がぶら下がっている。根や地面は描かれなかった。「これはりんごだ」と説明し，右上に「檎林（林檎が逆になっている）」と記した。バウムテスト結果，四角い形の樹冠から描者は「かたぶつ」で「保守傾向が強い」ことがうかがわれる。根が描かれていないことや 1 本の線で描かれた幹からは，現実との接触の仕方が「気づかないで不安定」なのか「自己防衛から不安定」であるのかは不明であるが，不安定感が存在することは伝わる（Bolander, K., 1977）。

　一方，自分描画法における 6 つの視点については，以下のとおり（図8-20）。

①自分：真ん中に顔だけ描いた。

②気になるもの：ある人の名前を言う（実の妹の夫で有力者だと言う）

③背景：松

④隠れているもの：「庭石。表の川から」と言い，肌色のクレヨンで曲がりくねった 2 本線を下方に引く。「庭の傍に川が流れていた」と言っ

ているようだ。

　⑤物語：「左手悪い。機織り（養蚕）して……こんな絵しか描けないで
　　（情けない……）。私は一番粗末な育てられ方をさせられた。松は庭広
　　いから，専門家に切ってもらった。私，こんな恥ずかしい……１年生
　　より下手だ」と描画の出来具合を気にしている。題名は「私の似顔絵」。

　⑥振り返り：何も言わずじっとしている。絵について，何かつけたすこ
　　とはないかと尋ねたところ，「桃も畑で作っている。描くのむずかし
　　い」と言った。

コメント：最初に付き添ってくれた介護士が「こちらはＳ大学の先生で
すよ」とＢさんに紹介すると，いきなり「あんた，Ｉ（人名）を知っている
か？」と言った。そしてすぐに「知ってるはずだ」と付け加えた。介護士
からの情報によると，ＩさんはＢさんの義理の弟で元校長をしていたらし
い。「先生」という末尾がスッとＢさんの心に入っていったようだ。生活
は苦しかったが，自分はその後，裕福になった。そして偉い人と知り合い
になったという。Ｂさんは誇りを持っている。

　自分描画法の際は自分の顔を丁寧に描いた。最初，白いクレヨンで輪郭
を描き，徐々に上塗りをする。そして最後に黒色で輪郭を仕上げた。空は
描かなかった。丁寧な描画である。話が楽しくなってくると，話題を変え
るのが難しくなる。自分描画法で，いっとき自分の人生を振り返った。

　自分描画法の展開を見ると，介護者による筆者の紹介（「先生ですよ」）→
有力者である妹の夫を思い浮かべた→松→川べりにある庭→畑（仕事内容）
→自画像だとの認識を高める→人生の物語を展開という流れになる。最初
の言葉賭けが，それ以降の関わりに強い影響を与えたことがわかる。

〔3〕　Ｃさん，84歳

身体状況：立ち上がりや立位保持等の複雑動作はできない。歩行や両足
での立位保持等の移動動作および着替え，食事，排泄等の日常生活全般に
わたって自分一人の力では困難で介助を要する。介助により車椅子への移
乗は可能である。ときに徘徊，失禁，独語等の行為が認められる。

　バウムテスト実施時に，Ｃさんは「よくひょうたんなんか作ったよ。台風
なんか来て……」と述べた。木は「柿が鈴なりに実った木」であるが，右
方向にやや傾きながらも真っすぐに伸びている。その木から細い枝が伸び，
その枝に整然と実ったあまたの柿の配列の様子だけを見ると，紋切り型で
「視野の限定，狭い現実性」（Koch, C., 1952）を感じ取ることができる。し

図8-21 Cさんの自分描画法（左図）とバウムテスト（右図）結果

かしたくさんの実は生活の豊かさを示唆し，一つの曲線で描かれた大地や，木が用紙の中央部分に描かれたことを勘案すると，描者なりの心の実りが伝わってくる。ちなみに，Cさんをよく知る担当介護士は「施設でよく行く場所に鈴なりの柿の絵がある。これを思い出したのだろう」との話しがあった。仮にそうであったにしても，その絵が心に残ったという点が，描者の「思い」を重視するアプローチでは重要である。

　一方，自分描画法における6つの視点については，以下のとおり（図8-21）。

①自分：真ん中に上半身を描いた。

②気になるもの：歯抜けで，しわだらけ（文字）

③絵の背景：聖地の参拝。

④隠れているもの：病院ぐらし（文字）

⑤物語：物語をみずから作るのは困難な様子。題名は「聖地」。

⑥振り返り：「絵描けない」と，絵の上手下手にこだわる。何かつけたすことはないかと尋ねたところ，「ない」と応えた。筆者から4つの要素について尋ねた。

　　［自分］→「髪の毛，眉は太いんだよ。歯，抜くもんじゃないね。（私は）新しい服なんか，あまり作らないからね……これはいつも着ている古い服」だと言う。

　　［気になるもの］→「歯抜けでしわだらけ（文字）。私は後妻に来ました。20年も年上。結婚式，簡単にした。一人暮らし長いの」という。

　　［隠れているもの］→「身体痛めているから，病院暮らし多かった」（その後）「家（の者）に黙って勤めたことある。（実）姉が亡くな

った日（通夜），聖地へ行った。自分の身体の罰は前世にある。夫は金を貯めるのに熱心だった。（また）戦争に行かず，皇居の守衛をしていた。ぜいたくなことばかりしていた（ので，自分に罰があたった。つまり病気になった）。父はいい人でした。54歳で早死にした」と父親に対する尊敬の念と，夫に対してこだわりがあることを伝えた。

　コメント：施設内でも毎日身だしなみに気を使っている人である。入所前から某宗教の熱心な信者であった。その教えがCさんを支えているように思えた。物語作りでは，自分の生き方（様）を語った。絵の上手下手にこだわる。最後に俳句を読んだ。以前，施設内で自分が作ったものを紹介してくれた。実施者である筆者に，自分自身のことを伝えようとするCさんの意思を筆者はひしひしと感じた。

　自分描画法の展開を見ると，まず「自分の老いた姿」を思い浮かべ，すぐに結婚，死別，一人暮らしという日常生活を想起した。隠れているものは「病院ぐらし」で，題名は「聖地」であった。物語を作るのは困難だとわかり，筆者から自分描画法の4要素について，繰り返しになるが応答を求めた。その中で「隠れているもの」については，「身体の病気で病院暮らしのつらさ」「隠れて収入を増やすために仕事をしたという勤勉さ」「姉の死去→聖地参拝→自分が病気になったことの因果を想起（前世の罰としての病気）」「父親に対する敬慕の念」について，高揚感をもって想起した。

〔4〕　Dさん，90歳

　身体状況：立ち上がりや歩行は自力ではできない。排泄，入浴，衣服の着脱等に全介助が必要である。日常自立度については，介助により外出し，日中はほとんどベッドから離れて生活できる水準にある。認知症度については，地誌的失見当識を認めるほか，現年月日や人名等，変化するものについての認識には誤謬が顕著である。意思疎通には目立った問題を認めないが，振る舞い全般に退行が認められる。

　バウムテストでは時間を5分くらいかけて幹を描き，丁寧に枝を描いた。その結果，2つの線で描かれた幹と，左右対称に伸びた枝のみの木が描かれた。まっすぐで平行な幹は「模範的」で，ある意味「頑固さ」を感じさせるが（Koch, C., 1952），根も樹冠や実も描かず筆を置いたことからは，過去や未来に拘束されることなく現在に意識付けられた生活を体験している様が浮かび上がる。

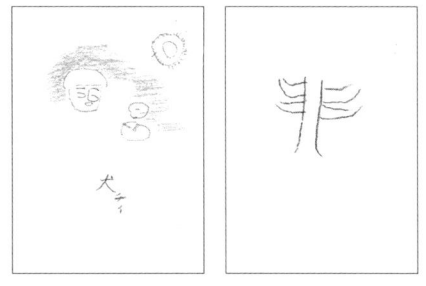

図 8-22　D さんの自分描画法（左図）とバウムテスト（右図）結果

　一方，自分描画法における 6 つの視点については，以下のとおり（図 8-22）。
　①気になるもの：子ども（頭と身体の輪郭と片手を描く。誰かはっきり
　　しない様子あり）
　②絵の背景：「ただ塗った（緑色の空と，赤い太陽)」と言う。
　③隠れているもの：犬のチィ
　④何かつけたすこと：なし
　⑤感想：（とくに話さず）
　⑥題名：お犬の散歩
　⑦物語：「(子どもについてお話しして？)家の子どもだね。小さいの。学
　　校へ行ってる。可愛いの。私がチィと名づけたの。チィチィと呼ぶと
　　すぐに来るの。他の人が呼んでも来ない。私が呼ぶと来るの。可愛い
　　よ。私が帰るとそばによってくるの。可愛いよ。(このチィは？)チィ
　　ね，私がチィとつけたの。あ～いい名前ついた。チィや～といえば出
　　てくる。可愛いんだよ。そばによって，尾っぽ振ってくる。(色は？)
　　茶色。どこにいるのかわからないのに，出てくるの。ごそごそ～と。私
　　幸せ～」
　コメント：やっとの思いで自分の顔を描いた。うまく，しかも若く自分
を描けて CI は苦笑した。チィ（犬）と子ども（人間）の取り違えがあるよ
うだ。自分描画法では「私になつく子ども，犬がいて，私は幸せです」と
読み取れる。チィに関する話はどんどん出てくるが，子どもについて尋ね
ると，説明がつかず混乱が認められた。実際はもう子どもは高齢者となっ
ている。空にはお日様がさんさんと輝いている様子を描いた。
　自分描画法の展開を見ると，気になるものとして「子どもを想起」，その

後緑色で背景を塗る。隠れているものは「私にだけ返事をする犬のチィ」
で，題名は「お犬の散歩」。物語はスラスラ作り話す。主旨は「私には“子
ども”がいる→“子ども”から緑色の空と赤い2つ輪をもつ太陽が描かれ，
さらに“子犬のチィ”が想起され，私だけに反応する犬と紹介→私は幸せ」
と展開。その応答内容から，自分描画法によりDは幸せ気分を味わったも
のと推察された。

〔5〕　E，83歳

身体状況：立ち上がりや歩行が自力ではできない場合がある。排泄や入
浴等に一部または全介助が必要だが，介助により外出し，日中はほとんど
ベッドから離れて生活している。認知面では理解の低下とともに意思疎通
の困難や夜間徘徊，失禁等を認めることもある。

バウムテストでは「実のなる木」という指示で，漢字の“木”という文字
を左方に，下から3つ書き直した。最初は「横に一線」，次に「十字」，そ
して「木」という文字になった。しかしなかなか「木の絵を描く」という
指示が伝わらない。やっと伝わった後に，Eは5分くらい時間をかけて真
っすぐに伸びた一本の幹を棒状に描き，そこから枝を3本伸ばした。Eは
実に丁寧に描いた。認知障害を持ちながらも，Eなりに実った木が描けた
ようだ。その結果にEは満足気であった。木の幹と枝のみ意識を集中させ
描いた。認知症により現実をそのとおり感じ取ることができない心理状況
の中にあって，木の特徴を精一杯伝えようとしていることを，傍で見てい
た筆者はひしひしと感じた。

一方，自分描画法における7つの視点については，以下のとおり。
①気になるもの：のど（文字で書く）
②絵の背景：声（と話し右側にジグザグの絵を描く。声の伝わり方をジグザグで表現している）
③隠れているもの：こへ（文字で書く。“こ”の文字の下方が脱落している）
④何かつけたすこと：（とくになし）
⑤感想：（とくに話さず）
⑥題名：声（いかにも声が出なくて困っているという風に嗄れ声を出す）
⑦物語：「半分おしゃべりができなくなったの。声がね……（声が出ない）」と言っている。「のど」の「ど」というひらがなを忘却。筆者が紙に書いて示すと，「と」を描き（模写），その下に点々を振った。

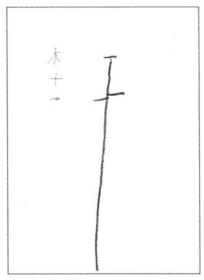

図 8-23　E の自分描画法（左図）とバウムテスト（右図）結果

　コメント：喉を何度も指で指す。「ここが悪い」のと訴えている。介護福祉士の話によれば，「まったくのどの病気はない」とのこと。心気症状と見てよいようだ。筆者は「私を心配してね」と訴えているように感じた。自分描画法の展開を見れば，「のどからの嗄れ声が気になる→声が嗄れ声になる様子をジグザグ模様で表現→"こへ"が気になると文字で表現」と，「声が変なの」というメッセージを，絵，文字そして言葉で伝えようとしているのがわかった（図 8-23）。

〔6〕　F，77 歳

　身体状況：立ち上がりや立位保持等は自分一人ではできない。日常自立度については，介助により外出し，日中はほとんどベッドから離れて生活できる水準にあるが，夜間徘徊，失禁等がときに認められる。認知面では顕著な理解の低下が認められ，意思疎通が難しい状況にある。

　バウムテストでは「実のなる木」の「木」に反応して，F は用紙の右中央端に「デシン」と丁寧に文字を綴った。何度も「絵を描いて下さいね」と伝えても「絵」という言葉の意味が理解できずにいた。そばにいた介護士も「デシン」の意味はわからないというが，「木」から「電信（デンシン）柱」を想起させたのかもしれない。「木」という筆者の言葉が F の心に届いたようだ。

　一方，自分描画法における 7 つの視点については，以下のとおり。

①気になるもの：□ン□ロ□（と実の弟の名前を書く。弟は死去しているが，生きていると思っているようだ）

②絵の背景：（何も描かず。そこまで気がまわらないという感じ）

③隠れているもの：「げんき」と文字で書いた。

④何かつけたすこと：なし

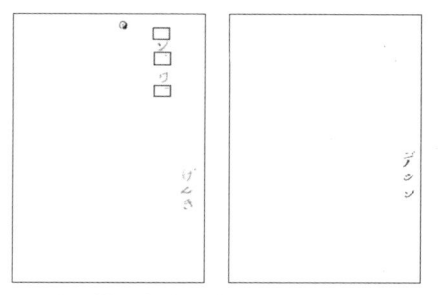

図 8-24　Fの自分描画法（左図）とバウムテスト（右図）結果

（注）自分描画では文字（人名）の一部を消去した。

⑤感想：とくに話さず。

⑥題名：□ン□ロ□（死去した実の弟。弟との仲がよかったかどうかは
　　不明）

⑦物語：（物語りという指示が理解できずに，きょとんとしている。自
　　分の顔を実に丁寧に小さく上方に描いた。あまりに小さいので眉，眼，
　　口が黒で塗りつぶされてしまったが，それにも気づいていないようだ
　　った。

コメント：自分描画法の展開は，気になる「弟」をまず想起し，背景は
描けず。隠れているものとして「げんき」という文字を書いた。Fが力を注
ぎ描いたものは，「小さな自分像」と「弟の名前」，そして「げんき」とい
うメッセージの 3 つである。Fには重度の認知症を認めるも，実家族名と
健康が気になるものとして意識化されていることがわかる。実弟とFとの
姉弟関係と，お互いの健康が心残りとしてあるのかもしれない（図 8-24）。

〔7〕　G，81 歳

身体状況：動作については立ち上がりや歩行が不安定で一部介助を必要
とし，排泄や入浴も一部介助が必要である。施設内での生活はおおむね自
立しているが，介助なしでは外出はできない。日中はベッドから離れて生
活できる状態にある。軽度の見当識障害を認めるも，意思疎通には困難を
認めない。

バウムテストでは左右対称の枝と幹，りんごを描いた。左右対称（均衡）
が理想のようだが，人生は左右対称とはいかなかったようだ。描画しなが
ら，悔いている感じが伝わった。理解は良好と思われた。

一方，自分描画法における 7 つの視点については，以下のとおり。

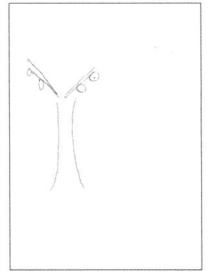

図 8-25　G の自分描画法（左図）とバウムテスト（右図）結果

①気になるもの：（バウムテストの直後だから？）りんごの木の絵
②絵の背景：（風景なし）
③隠れているもの：広い道
④何かつけたすこと：（なし）
⑤感想：「ちっともいい感じじゃない。この絵をどこかに出すの？」と窺った。説明をすると納得。
⑥題名：「つけようがない」
⑦物語：「自由（に描くの）だから，むずかしい。うまく描きたいけど，手が利かない。ちっともいい感じ（の絵）じゃない。学校のとき，描いたっきり。（私に）できるものは，縫い物きり。広い道，昔，りんごを作ってた。（私の実家は）狭いところばかり通っているから。広い道は通ったことがない。私は 80 になる。若い頃は戦争ばかりで困る。今は裕福すぎて困る。私はすぐにもったいないというので嫌われちゃう」と話した。

コメント：自分の人生を振り返っている。"広い道" は憧れか。G は人に嫌われることを気にしている。絵も上手に描こうと，そのできばえを気にする。

　自分描画法の展開を見れば，自分像を「顔」だけ描き，顔の下に「りんごの木の絵」を描いた。「りんごの木の絵」をなぜ描いたのか？　推測ではあるが，直前に実施したバウムテストの影響を受けているのではないかと思われた。顔とりんごの木の絵をくっつけると，人間の全身が浮かび上がる。枝は両手，木は躯幹，りんごの実は「生活の実」なのだろうか……背景は描かなかったが，隠れているものとして「広い道」を茶色のクレヨンで描いた。物語からは「手が利かないので絵が下手になったのが残念」

「私は縫い物ができる」「りんご農園で働いていた」「私は戦争体験者で節約生活が身にしみこんでいるので，今の裕福な生活はそのまま受け入れることはできない」「だから若いものから嫌われる」というGの思いが伝わった。Gは老人性うつ病と診断されていて，気分と関わる背景を描くことができなかったのは，この"うつ"と関係があるのかもしれない。題名を「つけようがない」と表現したのは，「これはまとまりがない絵」と言っているのか，それとも「広い道に立っている私には笑顔があるが，笑っている私を言い表すのは恥ずかしさがある」とも，「描いていると何かざわめいてきた。これはなんだろう……」と期待感と不安感を同時に感じていたのかは定かではない。自分描画法による面接では，こののち描画者と関係を深めながら，これらの点を聴いていく（図8-25）。

〔8〕 H，76歳

身体状況：立ち上がりや歩行が自力ではできない場合があり，排泄や入浴等にも一部または全介助が必要である。介助により外出し，日中はほとんどベッドから離れて生活できる。認知面では比較的良好であり，ときに見当識障害を示すことがあるも日常生活は施設内でも社会的にもほぼ自立している。

バウムテスト結果は線画となった。木は用紙の左端にそっと描かれ，葉も実も樹冠も描かれず，全体的に消極性や物悲しさを伴う寂しさを誘う木となった。

一方，自分描画法における7つの視点については，以下のとおり。

①気になるもの：「なほし」（仕事としてやっていた洋服のリフォーム）

②絵の背景：（気づかず）

③隠れているもの：「元の生活にもどりたかった」と文字で記した。理解力あり。

④何かつけたすこと：（なし）

⑤感想：（なし）

⑥題名：「ここにいればいいです。皆良くしてくれるから」

⑦物語：「洋服のなほしをやってたけど，もうできない。元の生活に戻りたいけどできない……　いいえ，ここにいればいいです。皆が良くしてくれるから」と態度を急変させた。

コメント：自分の人生を振り返っている。ここで人生の残りを過ごすという決心がつかないでいる。現実的には「もう自分を見てくれる人はいな

図 8-26　H の自分描画法（左図）とバウムテスト（右図）結果

い」とわかっているにもかかわらず，心はまだ揺らいでいるようだ。自分
描画法を実施する中で，自分に言い聞かせているようだった。「ここにい
よう！」と。自分描画法の展開を見れば，気になることから過去のリフォー
ムの仕事を想起→気分と関係する背景を描かず（つまり気分を隠した？）
→隠れているものとして "元の生活に戻りたかった＝自宅で仕事をする生
活を続けたかった" とのメッセージを伝えた→題名で自分に言い聞かせた。
「ここにいるんだ」と，物語は今描いたことをつなげた H の生活内容となっ
た。「悔しい」という思いが伝わった（図 8-26）。

　筆者は 8 名の対象者とは初対面であった。図 8-27 は自分描画法実施時
の風景写真である。上方が対面，真ん中が施設担当者の見守り，下方が担
当者付き添い状況での実施風景である。原則として自分描画法を実施する
際は，筆者が一人で実施できる場合は対面面接とし，対象者の描画および
手続き理解に施設担当者の仲介的援助が必要な場合はそばについていただ
いた。
　自分描画法実施後に，付き添った介護士 M さんからお話をうかがった。
・「私が知っている話以上の話は出なかった。相手が誰かを動物的嗅覚で
　感じ取っているようだ。毎日会っている私たちには話を深めるが，は
　じめて会った人には深い話はしない。認知症者でも，『相手が自分に
　とって脅威を与える人かどうか』については敏感だと思う。月に 2 回
　くる相談員には，このごろようやく話をするようになったくらいだか
　ら」
・「ほとんどが認知症にかかっていて，夫は死去。一人暮らしが長い人が
　多い。見てくれる人といっても，兄弟の子どもだったり，血が薄い」

- 「何度か自分描画法を実施すれば, 効果が現れるような気もする。やってみなければわからない」

筆者が感じたこと。

- 「皆が人生を振り返っている。良き日, 苦しんだ日, 悔いることなどに強烈にふれている。思いがたぎるのだろう。認知症者も勿論相手が誰かは察知する。おそらく「自分を支援してくれる人かそうでない人かといった, 身体で覚えた感覚（嗅覚）に近いものなのかもしれない……」

- 「自分描画法は, ある程度面接を重ねた相手に実施するのが無難である。思いを扱うだけに, 施行には危険性を伴う」

- 「認知症者にはとりわけ大人としての対応が必要。大人として接せられることで, 大人の心を養える。だからこそ丁寧な言葉で接することが重要である。人は他者と向き合うことで自分自身を意識づける傾向がある。たとえば相手を赤ちゃん扱いすると, 相

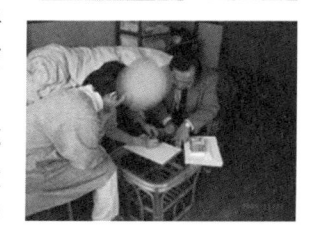

図 8-27　自分描画法実施時の風景

手も赤ちゃんになっていく」「赤ちゃん言葉で相手に語りかけていくと, 相手は赤ちゃん言葉を学び赤ちゃん言葉を使う。そして赤ちゃんのように振る舞うようになる（退行を促してしまう）」「大人扱いすると, 相手も大人になっていく」「大人言葉で語りかけると, 相手も大人の言葉を学んでいく」というように。これが「対話」のひとつの特徴といえる。

- 「身体は “治す”, 心は “直す” の心持ちで接する」

- 「対話療法では, 病識を深め育てる対話を心がけることによって, 認知症者自身が, 自分の力で “自分の思い” を変化させていく」

担当者からの返事は次のとおり。

「昨日は大変貴重な研究に携わることができ, 有難うございました。利用者の思いを引き出すひとつの手法として, 今後のケアに役立てられればと思いました。

　本日，施設長にも内容と描いた絵を見てもらいましたが，私たちにとっても大変良い成果が得られたと申しておりました。S 市でご活躍の先生ですから，また何かの機会にお世話になることもあるかと思います。その際は，是非よろしくお願いします」

　　謝辞：本研究実施にあたっては，ご理解をいただきました対象者およびご家族の方々に感謝申し上げます。

付録　自分描画法記録用紙

　以下に自分描画法記録用紙を掲載する。記入例を示したので参考にして欲しい。

I　自分描画法（SPM）記録用紙（第 2 版）

対象者	名前：		性別：（男・女）	年齢：	年 月 日生（満　歳　ヵ月）
	所属：		実施日　年 月 日	実施時間 ： ～ ： （計 時間 分）	
	家族構成：				

実施者：	その他：

SPM 開始および展開状況：

描画順序	内容	
ステップ I「自分」		
ステップII「気になる人，物，出来事」		
ステップIII「背景」		
ステップIV「隠れているもの」		SPM 描画
ステップV「物語と題名」	①物語： ②題名：	

ステップⅥ 「振り返り」	
【SPM に関する描画状況】	
【描画時の行動】	

バウムテスト所見

バウムテスト結果（図示）

心理的状況に関する見立て

［1］**事実の分析**（対話中出現した，以下の5つの事実について検討する）
①被検査者が自発的に話した内容（心理的事実）
②実施者が気づいたことを被検査者に尋ねた結果得られた内容（応答的事実）
③沈黙の中で被検査者が何かに気づき，独り言のように話した内容（独語的事実）
④被検査者に関する動かぬ事実〔例：性別，家族構成，学年，身体的状況など〕（実在的・身体的事実）
⑤被検査者に対する社会の反応〔例：被検査者の幼馴染であるPは，被検査者は普段，怒りっぽい人だと言った〕（社会的事実）

［2］**思いの分析**（葛藤内容の分析を含む）
実施者は，被検査者 の思いの内容と質を見極める（例：～という思い）。さらに 被検査者 の葛

藤内容に関する臨床的洞察を行う（例：被検査者はどのようなことに苦しみ，葛藤しているか
を察する）。

［3］発達・病理的視点
思いの分析から「思いに関する発達および病理水準」を探る（例：～という思いは，中学生で
ある被検査者がおかれている現状況をみれば，現実離れしているように思える）。

［4］潜在的可能性の指摘
被検査者の潜在的可能性に関する臨床的洞察を行う（例：被検査者は潜在的にどのような可能
性をもっているかに着目する）。

［5］総合的な見立て
被検査者 に対するセラピストの総合的な見立てを記す。

Ⅱ　自分描画法（SPM）記録用紙——見立ての記録例

対象者	名前：A	性別：(男)・女	年齢：　19XX 年 Y 月 Z 日生（満 14 歳 8 ヶ月）	
	所属：B 中学 3 年生	実施日20XX年Y月Z日	実施時間 13：00～13：50(計 0 時間 50 分)	
	家族構成：母親と子ども 3 人の，4 人家族で同居中。A は 3 人兄弟の長男である			

実施者：C	その他：（気づいたことをメモする）

SPM 開始および展開状況：自然な流れで SPM は開始され，A は徐々に描画に集中するように
なった。

描画順序	内容	
ステップⅠ「自分」	左中央に描かれたサッカー選手。	
ステップⅡ「気になる人，物，出来事」	サッカーボール。	
ステップⅢ「背景」	場所はサッカー場，ベッカムがいて太陽が照りつけている。	
ステップⅣ「隠れているもの」	ミミズ	A の SPM
ステップⅤ「物語と題名」	①物語：（僕が）サッカーをしていたら，地面からミミズが出てきた。（僕は）絵が下手で，形が変になったので，このサッカーボールは未知のサッカーボール。背景には，本当はサッカーゴールを描きたかったが，絵が下手なのでやめた。太	

	陽はちょっとリアルにしたくて，温度の違いを表すために 3 色使って描いた。金髪の人はベッカム。髪型がわかりやすいので描いた。（僕は）ミミズにびっくりしている。…でも，表情が笑っているから気づいていないことにする。他には，モグラとクマを描こうかと思った。 ②題名：サッカー選手の僕
ステップⅥ 「振り返り」	振り返りでは「意外とおもしろかった。夢中になった」と応えた。応答に対しては終始素直に答え，要領を覚えた後は，SPM を楽しんでいるようだった。

【SPM に関する描画状況】

最初，「自己像（A）」はハリガネ人間で顔がなかった。A は「気になるもの」として A が蹴ったサッカーボールを描いたが，ボールは用紙遠方から用紙前方に迫り出すかのように描かれている。A は，今気になるものとして描いたボールを，「未知のボール」と呼んだ。

次に「背景」として，サッカー場→ベッカム（右方中央に描かれたとんがり頭の男性）→太陽と順に描いているときに，「これじゃ，おかしい」とつぶやき，服，顔，髪を描き足した。

A 自身は青いユニフォームを着ているが，現に A が所属するチームのユニフォームは赤である。隠れているものとして A はあまり迷わずにミミズを描いたが，ミミズについて「キモイ。踏んでも死なない…」と言った。A はミミズを太く，生き生きと描いた。

【描画時の行動】

A は「僕は絵を描くことが苦手」だと言い，描きながらもずっと「下手だから…」「変だから…」「描けない」を連発した。学校の美術の成績もよくないという。また「僕は授業態度があまりよくなくて，すぐ騒いで先生に嫌われる」とも言う。そう言いながらも，描画に向かうときは異様なほどの集中力を示した。

バウムテスト所見

描き方は慎重かつ丁寧であり，筆圧は強く力を込めて描いている。考え過ぎて行動になかなか結びつかないことがあるかもしれない。木を描いてから最後に地面を丁寧に描いていることから，普段は心理的構えが機能し安定していると思われる。木のサイズは用紙の 5 分の 4 くらいを占め，大木である。自分に対する関心が大きいことが感じとれる。木はバランスよく用紙の真ん中よりも少し上方に位置している。心理的な安定の強調と社会を意識した自分自身への関心がうかがわれる。

　　　樹皮にはところどころ傷があり，人との関係に敏感である。地平線かやや高いことから，視線はこの先を見ていると考えられる。木は狭い丘の上に立ち孤立感が漂う。枝に葉がないことも孤立感を感じさせる。自立心はあるものの勢いは見られず，表面的には穏やかに見える。しかし表面からは見えない樹冠内の枝や根はいずれも先端が尖っていて，内なる攻撃性が窺える。

実は多く均等に樹冠内に成っていることから，全般的な要求水準の高さと，成果を求める心が映し出されている。

心理的状況に関する見立て

［1］事実の分析（対話中出現した，以下の 5 つの事実について検討する）

①A が自発的に話した内容（心理的事実）

　・描きながら，ずっと「下手だから…」「変だから…」「描けない」を連発した→A にとって

　　"絵を描くこと"はとても苦手でコンプレックスとなっている。しかしA自身が言うほど絵は下手ではない。下手だとの思い込みの強さが自己防衛に絡む。

- 「美術の成績がよくない」と言った→学校の「美術」に，今回のSPMが絡んでしまった…。しかし後に氷解した。
- 「僕は授業態度があまりよくなくて，すぐ騒いで先生に嫌われる」と言った→自己評価の低さに自尊心が絡んでいる。

②セラピストが気づいたことをAに尋ねた結果得られた内容（応答的事実）

- （絵を描くの，つらかった？）との声かけに，「意外とおもしろかった。夢中になった」と応えた→描画に集中できた。
- （これは何？）「未知のボール」→A自身がボールを「未知のボール」と呼んだことからも，サッカーに対する将来への希望と不安が現れているように感じられた。
- （青いユニフォームを着ているんですね）と声をかけると，Aは照れくさそうに「何となく」としか言わなかった→Aが属するチームのユニフォームは赤である。Aは青いユニフォームを着ているが，青いユニフォームは，日本代表か外国のクラブチームがよく身につける。「青いユニフォームを着たい」との思いが伝わる。
- （これは誰？）「最高にいれねぇ奴だ」「クソだ」など暴言を吐いた→あこがれのベッカムを貶めた。反動形成かもしれない。
- （これは何かな？）「キモイ。踏んでも死なない…」と言った→Aはミミズを太く，生き生きと描いた。Aはミミズに本能的な生命力と恐怖感を感じているのかもしれない。

③沈黙の中でAが何かに気づき，独り言のように話した内容（独語的事実）

- 背景を描く段階で，「これじゃ，おかしい」とつぶやきながら，服，顔，髪を描いた→描画に思いがこもってきた。

④Aに関する動かぬ事実（実在的・身体的事実）

　学校での美術の成績評価は2。ただし彼は苦手な授業のときはすぐ騒ぎ，授業態度があまりよくない生徒と見られている→授業態度が成績評価に影響を与えている可能性もある。慎重に考える。サッカー部員だったが，怪我でベンチ入りすらかなわなかった。チームは全国大会に出たが，彼はピッチに立っていない。

⑤Aに関する社会の反応（社会的事実）

　直接的な社会との交流は描かれず。隠れている弱い生き物（ミミズやモグラ）や強い生き物（クマ）を意識することで，社会とふれ合うことができているのかもしれない。）

[2] 思いの分析（葛藤内容を含む）

- 「ベッカムのようなサッカー選手になりたい」…「けれど，本当になれるのか？」→強気と弱気が交錯。
- 「日本代表選手になりたい」…「けれど，本当になれるのか？」→青いユニフォームで気持ちを高めよう。

[3] 発達・病理的視点

　「サッカー選手になりたいけれど，本当になれるのか？」という葛藤を，Aは人に知られたくないと思っているようだ。この思いはAの自尊心と密かに絡んでいる。これは自意識が高まる思春期特有の思いと思われる。発達的に見ても自然な展開と考えられる。病理的なサインは今のところ見当たらない。

[4] 潜在的可能性の指摘

　Aはベッカムを右側に寄せて小さく描いた。「ベッカムのようになりたい」という目標を，人

に知られたくないのかもしれない。自分はわかるが他者には気づかれないように描画。恥ずかしいのか，案外控えめな一面が出ていると考えられた。

[5] **総合的な見立て**

　Aは，背景にとんがり頭のベッカムを描いた。Aはベッカムに対して「最高にいれねぇ奴だ」「クソだ」など暴言を吐いた。Aが好むビエリやロナウドではなく，あえてベッカムだけわかるように描いたことから，ベッカムの実力やヒーロー性に対する憧れおよび同一視と同時に，妬みが他者に対する抵抗を生み出しているのかもしれない。同じ青いユニフォーム姿のチームメイトの表情は怒ったり，泣いたりしている。対人関係に不安を感じているのか，それとも描いたのは自分の分身という設定なのか…。Aは弱い生き物として見られるミミズやモグラに，本能的な生命力と同時に畏敬の念を感じているのかもしれない。強い生き物というイメージのあるクマを意識することでミミズ（Aの分身?）はより浮き上がる。

　Aは「高校に行ってもサッカーをしたい。しかしピッチに立てるかどうか不安を感じている。でも他人にはこの葛藤を知られたくない。察知されると僕は壊れてしまいそう…」という思いが伝わった。思いの内容は発達的水準と照らし合わせれば妥当と思われる。また描画過程および物語の展開は自然な展開を見せ，病理的なサインは認められない。Aは「他者から真に頼られる」という機会を得た後，心理的に活性化する可能性がある。

む す び

　本書は次の 3 つの研究テーマのもと，過去 11 年間にわたって取り組んできた科学研究費による研究成果であり，社会への還元を意図しています。

1. 文部科学省の科学研究費(萌芽研究「"自己描画法"に関する臨床発達基礎研究～描画の収集と質的分析」研究課題番号：16653060　2004 ～ 2006 年度（3 年間）
2. 日本学術振興会科学研究費（基盤研究 C「自分描画法に関する臨床基礎研究～思春期・青年期への取り組み」研究課題番号：19530630　2007 ～ 2010 年度（4 年間）
3. 日本学術振興会科学研究費（基盤研究 C「幼児期の自分描画法（SPM）に関する臨床基礎研究」研究課題番号：23530912　2011 ～ 2014 年度（4 年間）

創造的研究の機会をいただきました独立行政法人日本学術振興会および文部科学省には深く感謝申し上げます。ありがとうございました。

　自分描画法研究を推進するにあたり，本研究の意義についてご理解をいただきました関係諸機関および研究に関心をもち個人として研究協力をいただいた方々から，多大な援助をいただきました。また研究応募に自発的に応じられ，本研究に快く協力いただきました高齢者の皆様には，この場を借りて重ねて感謝申し上げます。

　また幼児の自分描画法に関する示唆および 2 章の自分描画法の枠組み作りにあたっては，題材の取捨選択や文言の修正などに関して，保育に関する実践経験が長い，妻えり子（北海道恵庭市学童クラブ指導員）の協力を得ました。あらためて感謝いたします。

　以下は自分描画法研究にご理解をいただき，さらに研究協力をいただいた機関一覧です。ここに記して感謝の意を表します。

　信州大学教育学部・信州大学大学院教育学研究科臨床心理学専修
　長野県須坂市立日滝小学校，豊洲小学校，日野小学校，須坂小学校，森

上小学校，以上5校

長野県須坂市立相森中学校，常盤中学校，以上2校

長野日本大学高校

長野市社会福祉協議会　氷鉋老人福祉センター，長野市ふれあい福祉センター，湯福老人福祉センター，以上4施設

須坂市社会福祉協議会　須坂井上町ふれあいサロン，須坂八幡町ふれあいサロン，以上3施設

高齢者総合福祉施設須坂やすらぎの園

名寄市立大学保健福祉学部，名寄市立大学短期大学部，以上2校

名寄市社会福祉協議会

北海道名寄高校，名寄光凌高校，天塩高校，以上3校

名寄市名寄東中学校

藤女子大学人間生活学部

　次は自分描画法研究にご理解をいただき，個人的に研究協力をいただいた方々です。ここに記して感謝の意を表します。なお未成年者については保護者から掲載にあたっての了承をいただきました。また肩書は原則として研究実施当時のものとなっていることを付記します。(なお敬称を略させていただきます)

飯盛弘基（信州大学大学院臨床心理学専修　さいたま少年鑑別所法務教官）

橋爪園子（信州大学大学院臨床心理学専修　長野県岡崎市教育委員）

吉池美香（信州大学大学院臨床心理学専修　前信州大学付属病院精神科）

岸田茜(信州大学大学院臨床心理学専修　前信州大学付属病院精神科)

横田聡子（信州大学大学院臨床心理学専修　国立病院機構小諸高原病院精神科）

檜尾浩次・たみ子（保護者）・檜尾俊汰・みう（保育園児）

小山良太・葉月（保護者）・小山紅葉（幼稚園児）

久保田基成（保護者）・久保田悠里（中学校生徒）

波多礼子（長野県須坂市相森中学校養護教諭）

久保田宏（名寄市立大学学長）

白井祥子（学校法人藤学園藤幼稚園長）

竹村昌江（藤女子大学保育学科教務助手）・竹村實朗（幼稚園児）

清水孝雄園長・清水貴子副園長（学校法人清水学園札幌あかしや幼稚園）

前田元照園長・結城郁子教頭（学校法人高陽学園ミナクル幼稚園）

小野実佐（社会福祉法人常徳会興正こども家庭支援センター心理判定員）

今泉明子（（社会福祉法人常徳会興正こども家庭支援センター心理相談員）

John D. Rasch, Ph.D.（Professor of the Rehabilitation and Mental health Counseling Department at the University of South Florida）

Frederica Marshall, M.A.（President of the National Sumi-e Society, Artist）

　このほかにも私が講義を担当した清泉女学院大学人間学部，岩手大学教育学部生の方々および秋田大学大学院心理教育実践専修臨床心理学分野大学院生の方々から，これまで自分描画法に関して有益な助言をいただきましたことを深く感謝申し上げます。

　思えば私は大阪教育大学大学院でロジャーズ研究所留学を終えて間もない頃の東山紘久先生（京都大学名誉教授）に来談者中心療法のオリエンテーションを受けましたが，それから早37年経ちました。教育現場では子ども中心，医療現場では患者中心という考え方は臨床における基本であり，誰も疑う人はいないように感じます。そして現在は“来談者中心”という臨床姿勢に絡む質の研究が盛んなようです。

　余談ですが，今日，私たちがインターネットから離れて生活するのは難しい時代となりました。電話代もネットで確認してほしいという時代，ストレスを感じる人も多いかと思います。しかしネット世界がもつスピード感，簡単・快適・便利さは刺激的で，いったん手に入れたからにはもうなかなか手放すことは難しいでしょう。しかしネットは人が操作する，つまり「操作者中心」という点に着目することが重要でしょう。面接は「来談者中心」，ネットは「操作者中心」ということを考え合わせると，「自分が自分自身を引き受ける」ということがいかに難しいことかがわかります。面接では，それは自分のことなのに「他者に問題解決を委ねたい，自分と直

面するのは怖い……」という場面があります。インターネットの問題でも，自分がネットから離れればそれで済むはずなのに，なぜかネットに没入してしまう……そんな場面は今日見慣れた風景でしょう。根幹は「自分」にあることがわかります。思考の質や感情の質のみならず，思考と感情の絡み具合にも着目することが重要でしょう。

「人間らしさ」「自分らしさ」といった生身の人間をどこまでも追い求めたロジャーズの精神は，今の時代にあってこそ心理臨床の根幹となってよいことをあらためて感じます。

筆者創案の"自分"描画法は心理臨床でどのような貢献があるのか，その可能性と限界を見極めるために，これまでたくさんの研究を実施してきました。膨大な研究結果資料が集まり，分析はまだ完全には終わっていません。それゆえすべての結果を本報告書に収めることは困難でした。今回は分析結果のうち，おおよそ言える程度の知見について記しました。

最後に，自分描画法研究が人々の心の健康に寄与することを切に願っています。

引用文献

赤塚大樹（2008）TAT解釈論入門講義. 培風館.

安香宏・藤田宗和編（1997）臨床事例から学ぶ――TAT解釈の実際. 新曜社.

朝野熙彦（2000）入門 多変量解析の実際 第2版. 講談社, pp.56-69.

朝日新聞（2008.11.29付）もっと知りたい！ 電車落書国際集団とは.

朝日新聞（2009.9.27付）落書き「誰が」対処は適切？ 認めた女子中学生, 窓乗り越え
　　ケガ.

安齊順子（2002）父からの性的虐待を受けた女性への心理面接. 心理臨床学研究, 20
　　（3）, pp.221-229.

石川瞭子（2008）性虐待と性暴力のはざまで――性虐待の未然防止. In: 石川瞭子編：
　　性虐待の未然防止――現場からの報告. 現代のエスプリ. 至文堂, pp.496.

岩城正夫（1976）原始技術史入門――技術の起源をさぐる. 新生出版, pp.152-173.

牛島義友・野村勝彦（1958）「集団TAT検査の手引き 改訂版」と「集団TAT検査用
　　紙」. 金子書房.

内富庸介・藤森麻衣子（2007）悪い知らせをどう伝えるか. 週刊医学界新聞 第2759
　　号. 医学書院.

岡田康伸（2003）子どもの問題行動と母子の心理療法. In: 松尾恒子編：母と子の心理
　　療法. 創元社.

岡本正子（2009）性的虐待を受けた子どもと家族のケア及び援助枠組みに関する研究. 厚
　　生労働科学研究費補助金政策科学総合研究事業（政策科学推進研究業）. http://mhlw-
　　grants.niph.go.jp/niph/search/NIDD00.do （2012/01/17閲覧）

岡本正子・八木修司（2011）性的虐待を受けた子どもへのケア・ガイドライン（児童養
　　護施設・情緒障害児短期治療施設版）.（厚生労働科学研究＜政策科学総合研究事業＞）
　　子どもへの性的が虐待への予防・対応・ケアに関する研究（研究代表者柳澤正義）平
　　成20・2122年度総合研究報告書, pp.253-389.

奥山真紀子（1997）被虐待児の治療とケア. 臨床精神医学, 26（1）: pp.19-26.

笠松宏至・百瀬今朝雄・佐藤進一編（1994）中世政治社会思想 下（日本思想大系）. 岩
　　波書店.

河合隼雄（1986）児童の治療における親子並行面接の実際. In 河合隼雄：心理療法論
　　考. 新曜社, pp.218-226.

岸田茜・小山充道（2006）アスペルガー障害をもつ一青年に対する心理療法過程. 信州
　　心理臨床紀要, 5: pp.31-43.

京都市歴史資料館（2006）二条河原落書 ver.1.03.

黒田浩司（2006）WAI（Who am I）. In: 氏原寛他編：心理査定実践ハンドブック. 創
　　元社, pp.364-368.

串崎真志（2007）相互ウォッチワード・テクニック（Mutual Watchword Technique）
　　の試み. 関西大学文学部心理学論集, 1: pp.11-18.

ゲーテ著, 高橋義人編訳, 前田富士男訳（1982）自然と象徴――自然科学論集. 冨山房,
　　pp.282-284.

子どもの虹情報研修センター 児童相談所における虐待相談の内容別件数の推移.

引用文献

http://www.crc-japan.net/contents/situation/pdf/10011303.pdf（2011 年 11 月 25 日閲覧）

小俣和義（2001）同一セラピストによる並行母親面接の導入と進め方. 心理臨床学研究, 19（2）: pp.119-131.

小山充道（1992）脳障害者の心理療法. 北海道大学図書刊行会, pp.160-181.

小山充道（2000）心理的喪失に気づいた中年脳障害者との対話療法. 心理臨床学研究, 8（1）: pp.69-80.

小山充道（2002a）思いの理論と対話療法. 誠信書房.

小山充道（2002b）学校における思春期・青年期の心理面接. 金剛出版.

小山充道（2004）自分描画法研究——保育園児から 40 歳代まで適用の結果わかったこと. 日本心理臨床学会第 23 回大会（東京国際大学）. ［日本心理臨床学会第 23 回大会発表論文集, pp.185.］

小山充道（2005）自分描画法研究——小学生の資料分析. 日本心理臨床学会第 24 回大会（国立京都国際会館）. ［日本心理臨床学会第 25 回大会発表論文集, pp.208.］

小山充道（2005）自分描画法研究——中学生の資料分析. 日本箱庭療法学会第 19 回大会（明治大学）. ［日本箱庭療法学会第 19 回大会発表論文集, pp.114.］

小山充道（2005）自分描画法研究——心理療法における自己像. 信州大学教育学部紀要, 11（5）: pp.155-166.

小山充道（2005）思春期に現れやすいサイン. 児童心理, 2005 年 11 月号（通巻 832 号）: pp.65-68.

小山充道(2006)幼児期, 脳外科手術を受けた女子中学生の苦悩と心の成長. 日本心理臨床学会第 25 回大会(関西大学). ［日本心理臨床学会第 25 回大会発表論文集, pp.23.］

小山充道（2006）心理療法における心理アセスメントの活用；ワークショップ研修講師. 日本心理臨床学会第 25 回大会（関西大学）, 2006/9/15 10:00-17:00.

小山充道（2007）描画を臨床に生かすには——心理療法における描画の活用. 臨床心理学, 7（2）: pp.165-173.

小山充道（2007）青年期の自分描画法. 日本心理学会第 71 回大会（東洋大学白山キャンパス）. ［日本心理学会第 71 回大会発表論文集, pp.314.］

小山充道（2007）高齢者の自分描画法——成人資料との比較. 日本心理臨床学会第 26 回大会（東京国際フォーラム）［日本心理臨床学会第 26 回大会発表論文集, pp.211.］

小山充道（2008）自分描画法を用いた高齢者に関する臨床心理学研究. 日本心理臨床学会第 27 回大会（筑波国際会議場）. ［日本心理臨床学会第 27 回大会発表論文集, pp.190.］

小山充道（2008）自分描画法における臨床基礎研究——青年期における特徴. 日本心理学会第 72 回大会（北海道大学）. ［日本心理学会第 72 回大会発表論文集, pp.412.］

小山充道編著（2008）必携臨床心理アセスメント. 金剛出版, pp.58-363, 299-313, 374-378.

小山充道（2008）自分描画法を用いた高齢者に関する臨床心理学研究—高齢者と大学生の思いの特徴. 高齢者問題研究, 24: pp.17-33.

小山充道（2008）自分描画法. In: 小山充道編著：必携臨床心理アセスメント. 金剛出版, pp.374-378.

小山充道（2009）多彩な身体症状と就労困難を訴えた男性に対する自分描画法の適用. 名寄市立病院医誌, 17（1）: pp.42-48.

小山充道（2009）自分描画法（SPM）の有用性に関する比較研究──実用性を絡めて．日本心理学会第73回大会発表（立命館大学）．［日本心理学会第73回大会発表論文集，pp.435.］

小山充道（2009）自分描画法における高校生の諸特徴．日本心理臨床学会第28回大会（明治学院大学）．［日本心理臨床学会第28回大会発表論文集，pp.222.］

小山充道（2010）"思い"の特質──心理療法の視点から．札幌学院大学心理臨床センター紀要，10: pp.41-51.

小山充道（2010）高校における自分描画法の活用に関する検討．日本心理臨床学会第29回大会（東北大学）．［日本心理臨床学会第29回大会発表論文集，pp.294.］

小山充道（2010）自分描画法（SPM）とTATにおける有用性に関する比較研究．日本心理学会第74回大会発表（大阪大学）．［日本心理学会第74回大会発表論文集，pp.322.］

小山充道（2010）心理臨床最前線──心理アセスメントの現在．日本心理臨床学会誌『心理臨床の広場』3（1）（通巻5号）: pp.42-43.

小山充道（2012）TAT. In: 津川律子編著：投映法研究の基礎講座．遠見書房，pp.104-127.

小山充道（2013）幼児の自分描画法．日本心理臨床学会第32回大会発表（東京大学）［日本箱庭療法学会第19回大会発表論文集，pp.114..

小山充道（2015）第6章 思春期（教育場面）. In: 高橋依子他編：臨床心理検査バッテリーの実際．遠見書房，pp.56-74.

佐野勝男・槇田仁（1960）精研式文章完成法テスト解説──成人用．金子書房.

佐野勝男・槇田仁・山本裕美（1961）精研式文章完成法テスト解説──小・中学生用．金子書房.

佐野勝男・槇田仁・坂村裕美（1961）精研式主題構成検査解説──児童・生徒用（本検査はTAT・BG版図版，児童・生徒用整理用紙で構成）．金子書房.

佐野勝男・槇田仁（1961）精研式主題構成検査解説──成人用（本検査はTAT・MF版図版，成人用整理用紙で構成）．金子書房.

坂井聖二（1998）児童虐待を理解するための基本的な問題点. In: 吉田恒雄編：児童虐待への介入──その制度と法．尚学社.

佐藤方哉（1991）「落書き」を心理学的に考える．言語，20（9）（通巻237）: pp.20-25.

杉山登志郎（2007）子ども虐待という第四の発達障害．学研教育出版.

杉山登志郎（2011）性的虐待の実態とケア．子どもの虐待とネグレクト，13（2）．子どもの虐待防止学会.

すずらんの会編（2002）電池が切れるまで──子ども病院からのメッセージ．角川書店.

趙昌仁（2002）カシコギ．サンマーク出版，pp.56.

戸川行男（1953）TAT日本版 絵画統覚検査解説．金子書房.

戸川行男代表, 臨床心理学研究会編（1953）「TAT日本版試案1　絵画統覚検査図版」と，「早大版TAT　絵画統覚検査用紙」．金子書房.

戸川行男編（1955）幼児・児童絵画統覚検査解説──CAT日本版．金子書房.

戸川行男・本明寛・松村康平他編（1955）「CAT日本版試案　幼児・児童絵画統覚検査図版」と，「早大版CAT　絵画統覚検査用紙」．金子書房.

戸川行男（1959）TAT概観. In: 戸川行男・村松常雄・児玉省他監修：TAT（心理診断法双書）．中山書店，pp.2-37.

引用文献

中釜洋子（2008）親面接の進め方. In: 中釜洋子：家族のための心理援助. 金剛出版.

中島文雄（1987）日本語の構造. 岩波書店，pp.181-195.

中村明（2015）（ことばの食感）「思う」と「考える」. 朝日新聞（2015.1.31 付）

西川好夫（1954）色彩の心理. 法政大学出版局，pp.16.

西澤哲（1994）子どもの虐待——子どもと家族への治療的アプローチ. 誠信書房.

西澤哲（1999）トラウマの臨床心理学. 金剛出版.

西澤哲（2011）性的虐待が子どもに及ぼす心理的影響とそのアセスメント. 子どもの虐待とネグレクト，13（2）. 日本子ども虐待防止学会.

橋爪園美・小山充道（2005）「思いの理論」に基づく臨床人格発達研究——対人的出来事場面における心的過程と対処行動の分析. 信州大学教育学部紀要，114: pp.121-132.

東山紘久（2002）スクールカウンセリング. 創元社，pp.182.

樋口耕一（2012）KH_Coder 2.x リファレンス・マニュアル. Internet よりダウンロード（2015 年 3 月 25 日閲覧）

深田尚彦（1986）人物画テスト. In: 家族画研究会編：臨床描画研究 I ——特集描画テストの読み方. 金剛出版，pp.12-32.

星野命（1986）20 答法. In: 詫摩武俊監修：パッケージ性格の心理 6　性格の理論と把握. ブレーン出版，pp.169-185.

松枝到（1991）「落書き」を定義する. 言語，20（9）（通巻 237）: pp.20-25.

松岡武（1995）決定版 色彩とパーソナリティ. 金子書房，pp.90-114.

村山正治（2007）スクールカウンセラー・システム. In: 村山正治編：学校臨床のヒント. 金剛出版，pp.11-15.

山口明穂（2004）日本語の論理. 大修館，pp.108-193, 277-278.

山本和郎（1992）心理検査 TAT かかわり分析——ゆたかな人間理解の方法. 東京大学出版会

山本恒雄（2010）日本における性的虐待の実態と対応の現状. 子どもの虹情報研修センター紀要，8: pp.56-78.

吉原健一郎（1999）落書（RAKUSHO）というメディア——江戸民衆の怒りとユーモア. 教育出版.

李家正文（1952）便所らくがき藝術史——黄金藝術の誕生とその展開. 人間探求，30（10 月号）: pp.22-41.

Bailey, J.（2008）Why psychology? Graffiti written above the toilet roll holder in a toilet of a leading British university read, 'Sociology degrees--please take one.' Psychology is often similarly misunderstood. What is it really like? *Psychology Review*, 14.1: 18(2).

Bijou, S. W.（1976）*Child development: The basic stage of early childhood*. Prentice-Hall.

Bolander, K.（1977）*Assessing personality through tree drawing*. Basic Books Inc.（高橋依子訳（1999）樹木画によるパーソナリティの理解. ナカニシア出版，pp.160-161.）

Bowlby, J.（1969）*Attachment and Loss.Vol.1: Attachment*. The Hogarth Press.（黒田実郎・大羽蓁・岡田洋子（1976）母子関係の理論①愛着行動. 岩崎学術出版社.）

Braun, B. G.（1988）The Bask (Behavior, Affect, Sensation, Knowledge) model of dissociation. *Dissociation*, 1: pp.4-23.

Bugental, J. F. T. & Zelen, S. L.（1950）Investigations into the 'self-concept': I . The W-A-Y technique. *Journal of Personality*, 18: pp.483-498.

Daniels, M.（1988）The myth of self-actualization. *Journal of Humanistic Psychology*,

WINTER 28: pp.7-38.

Daniels, M.（1992）*Self-discovery*. The Jungian Way.（老松克博訳（2000）「私」を見つける心理テスト──ウォッチワード・テクニックの世界. 創元社.）

Donovan, D. M. & McIntyre, D.（1990）*HEALING THE HURT CHILD: A developmental contextual approach*.（西澤哲訳（2000）トラウマをかかえた子どもたち. 誠信書房.）

First, M. B., Spitzer, R. L., Gibbon, M. & Williams, J. B. W.（1997）Structured Clinical Interview for DSM-Ⅳ Axis I Disorders.（高橋三郎監修，北村俊則・岡野禎治監訳，富田拓郎・菊池安希子訳（2003）精神科診断面接マニュアル SCID──使用の手引き・テスト用紙. 日本評論社.）

Gardner, H.（1980）*Artful scribbles: The significance of children's drawings*. New York: Basic Books.（星三和子訳（1996）子どもの描画──なぐり描きから芸術まで. 誠信書房.）

Gil, E.（1991）*The healing power of play: Working with abused children*. New York: Guilford Press.（西澤哲訳（1997）虐待を受けた子どものプレイセラピー. 誠信書房.）

Jones, D. N.（1987）*Understanding child abuse*. Macmillan Press.（鈴木・小林・納谷訳（1995）児童虐待防止ハンドブック. 医学書院.）

Johnson, K.（1989）*Trauma in the lives of children*. Alameda, Hunter House.

Jung, C. G.（1921）*Psychologische typen*.（林道義訳（1987）タイプ論. みすず書房，pp.354-439.）

Kaiser, D. H. & Deaver, S.（2009）Assessing attachment with the bird's nest drawing: A review of the Research. *Art Therapy*, 26-1: pp.26-33.

Kirschenbaum, H. & Henderson, V. L.（1989）*Carl Rogers reader*. Houghton Mifflin Company. pp.226-227.（伊藤博・村山正治監訳（2001）ロジャーズ選集（上）. 誠信書房，pp.274-275.）

Koch, C.（1952）*The tree test: The tree-drawing test as an aid in psychodiagnosis*. Verlag Hans Huber.（林勝造・国吉政一・一谷彊訳（1970）バウム・テスト──樹木画による人格診断法. 日本文化科学社，pp.63, 83, 107.）

Koch, K.（1957）*Der Baumtest: der Baumzeichenversuch als psychodiagnostisches Hilfsmittel 3. Auflage*. Verlag Hans Huber, Bern.（岸本寛史・中島ナオミ・宮崎忠男訳（2010）バウムテスト第3版──心理的見立ての補助手段としてのバウム画研究. 誠信書房.）

Kuhn, M. H. & McPartland, T. S.（1954）An empirical investigation of self-attitudes. *American Sociological Review*, 19-1: pp.68-76.

Machover, K.（1949）*Personality projection in the drawing of the human figure*. C. C. Thomas.（深田尚彦訳（1998）人物画への性格投影. 黎明書房.）

Morgan, C. D. & Murray, H. A.（1935）A method for investigating fantasies. *Archives of Neurology & Psychiatry*, 34: pp.289-306.

Murray, H. A.（1938）*Explorations in personality: A clinical and experimental study of fifty men of college age*. Oxford University Press.（外林大作訳編（1961）第3章 人格の変数. In: パーソナリティⅠ，pp.133-224,（1962）18. 主題統覚検査. In: パーソナリティⅡ，pp.500-514, 誠信書房.）

Murray, H. A. and the Staff of the Harvard Psychological Clinic.（1943）*Thematic Apperception Test: Manual*. Harvard University Press.

引用文献

Naumburg, M.（1966）*Dynamically oriented art therapy*. Grune & Stratton.（中井久夫監訳・内藤あかね訳（1995）力動指向的芸術療法．金剛出版，pp.31-32, 120, 236.）

Osgood, C. E., Suci, G. J. et al.（1957）*The measurement of meaning*. University of Illinois Press, pp.3-4, 130, 162-166.

Peterson, L. W. & Hardin, M. E.（1997）*CHILDREN IN DISTRESS: A guide for screening children's art*.（津波古澄子・安宅勝弘訳（2001）危機にある子を見つける――描画スクリーニング法．講談社.）

Rogers, C. R.（1942）*Counseling and psychotherapy*. Houghton Mifflin Company.（末武康弘他訳（2005）カウンセリングと心理療法――実践のための新しい概念（ロジャーズ主要著作集 1）岩崎学術出版社，pp.236-399.）

Saunders, B. E. & Meinig, M.（2000）Immediate issues affecting long-team family resolution in cases of parent-child sexual abuse. In: Reece, R. M.（Ed.）: *Treatment of child abuse*. Baltimore: Johns Hopkins University Press.（郭麗月監訳（2005）虐待された子どもへの治療――精神保健，医療，法的対応から支援まで．明石書店.）

Stein, M. I.（1955）The Temantic Apperception Test. Addison Wesley.

Reisner, R.（1977）*Graffiti: Two thousand years of wall writing*. Max Gartenberg.（鈴木重吉・片山厚訳（1977）落書きの世界．時事通信社.）

Rogers, C. R.（1942）*Counseling and psychotherapy: New concepts in practice*.（末武康弘・保坂亨・諸富祥彦訳（2005）カウンセリングと心理療法――実践のための新しい概念．岩崎学術出版社，pp.254-255.）

Rogers, C. R.（1959）Koch, S.（Ed.）: *Psychology: A study of a science, Vol.3. Formulation of the person and the social content*. McGraw-Hill. pp.184-256.（伊藤博・村山正治監訳（2001）クライエント・センタードの枠組みから発展したセラピー，パーソナリティ，人間関係の理論．In: ロジャーズ選集 上．誠信書房，pp.286-313.）

Sechehaye, M.-A.（1950）*Journal D'une schizophrene*. Universitaire de France.（村上仁・平野恵訳（1971）分裂病の少女の手記．みすず書房，pp.75, 114, 117.）

Winnicott, C., Shepherd, R. & Davis, M.（Eds.）*Psycho-analytic* Explorations by Winnicott, D. W.（1987）（牛島定信監訳，倉ひろ子訳（1998）スクィグル・ゲーム．In: 子どもと青年期の治療相談（ウィニコット著作集第 8 巻　精神分析的探究 3）．岩崎学術出版社，pp.71-92.）

索　引

著者略歴

小山 充道（こやま・みつと）

　　　　　　1952 年 3 月生まれ。　専攻：臨床心理学専攻（心理療法，カウンセリング）
　　　　　　1977 年 3 月　弘前大学教育学部卒業。
　　　　　　1979 年 3 月　大阪教育大学大学院教育学研究科修士課程修了（教育学修士）
　　　　　　1983 年 3 月　北海道大学大学院教育学研究科博士後期課程単位取得退学
　　　　　　　　　　　　　教育学博士（北海道大学；1990 年）
　　　　　　1989 年 1 月　臨床心理士(公益財団法人臨床心理士資格認定協会登録 385 号)
　　　　　　1996 年 4 月　University of South Florida 大学院客員研究員（リハビリテーシ
　　　　　　　　　　　　　ョンカウンセリング専攻）
　　職歴：1984 年 4 月　札幌学院大学人文学部助教授(～大学院臨床心理学研究科教授)
　　　　　　2002 年 4 月　信州大学教育学部教授（大学院教育学研究科臨床心理学専修教
　　　　　　　　　　　　　授）
　　　　　　2006 年 4 月　名寄市立大学保健福祉学部教授
　　　　　　2009 年 6 月　放送大学大学院臨床心理プログラム客員教授（現在）
　　　　　　2010 年 4 月　藤女子大学人間生活学部教授（現在）
　　　　　　日本心理臨床学会理事，日本心理臨床学会学会誌『心理臨床学研究』常任編集
　　　　　　　委員，公益財団法人日本臨床心理士資格認定協会評議員，日本臨床心理士会
　　　　　　　『日本臨床心理会雑誌』編集委員，社会福祉士および精神保健福祉士国家試
　　　　　　　験委員ほか
　　著書：『脳障害者の心理臨床』『病の心理学』『失語症・回復への声〔編著〕』（以上学
　　　　　　　苑社），『脳障害者の心理療法』（北海道大学図書刊行会），『心理臨床大事典
　　　　　　　〔分担執筆〕』（培風館），『行動科学（基礎看護学講座）〔共著〕』（医学書院），
　　　　　　　『家族と福祉領域の心理臨床〔共著〕』（金子書房），『思いの理論と対話療法』
　　　　　　　『臨床心理学全書第 13 巻　病院臨床心理学〔共著〕』（以上誠信書房），『学校
　　　　　　　における思春期・青年期の心理面接』『必携臨床心理アセスメント』（金剛出
　　　　　　　版），『投映法研究の基礎講座〔共著〕』『臨床心理検査バッテリーの実際〔共
　　　　　　　著〕』（以上遠見書房）ほか

自分描画法の基礎と臨床

2016 年 10 月 31 日　初版発行

著　者　小山充道
発行人　山内俊介
発行所　遠見書房

〒 181-0002　東京都三鷹市牟礼 6-24-12
　　　　　　　三鷹ナショナルコート 004
　　　　　　　　　　　　（株）遠見書房
TEL 050-3735-8185　FAX 050-3488-3894
tomi@tomishobo.com　http://tomishobo.com
郵便振替　00120-4-585728

印刷　太平印刷社・製本　井上製本所
ISBN978-4-86616-020-7　C3011
©Koyama Mitsuto 2016
Printed in Japan